SIBERC

可持续与创新桥梁系列丛书

钢桥U肋加劲板焊接残余应力与受压稳定

赵秋 著

人民交通出版社股份有限公司
China Communications Press Co.,Ltd.

内容提要

U 肋加劲板是构成桥梁钢箱梁顶底板的主要受力构件，其受压稳定承载力能否满足要求是设计者较为关心的问题。本书从受压钢构件主要影响因素——焊接残余应力和初始几何缺陷出发，对受压 U 肋加劲板稳定承载力进行了系统研究，并考虑了加劲板中 U 肋与被加劲板采用两种不同强度等级钢材进行混合设计。书中对焊接残余应力、初始几何缺陷和受压稳定三部分研究均采用试验测试、数值模拟和理论分析相结合的研究方法，得到其力学机理，最终给出便于设计和研究应用的计算方法。

本书可供桥梁专业技术人员、科研人员，以及高等院校相关专业研究生和高年级本科生参考使用。

图书在版编目（CIP）数据

钢桥 U 肋加劲板焊接残余应力与受压稳定 / 赵秋著.
—北京：人民交通出版社股份有限公司，2017.11
ISBN 978-7-114-14384-7

Ⅰ.①钢… Ⅱ.①赵… Ⅲ.①钢桥—加劲肋—肋板—焊接—残余应力—研究 ②钢桥—加劲肋—肋板—焊接—受力性能—稳定性—研究 Ⅳ.①U448.36

中国版本图书馆 CIP 数据核字（2017）第 317714 号

可持续与创新桥梁系列丛书

书　　名：钢桥 U 肋加劲板焊接残余应力与受压稳定
著 作 者：赵　秋
责任编辑：卢俊丽　张江成
责任校对：宿秀英
责任印制：张　凯
出版发行：人民交通出版社股份有限公司
地　　址：（100011）北京市朝阳区安定门外外馆斜街 3 号
网　　址：http://www.ccpress.com.cn
销售电话：（010）59757973
总 经 销：人民交通出版社股份有限公司发行部
经　　销：各地新华书店
印　　刷：北京市密东印刷有限公司
开　　本：720 × 960　1/16
印　　张：19
字　　数：296 千
版　　次：2017 年 11 月　第 1 版
印　　次：2017 年 11 月　第 1 次印刷
书　　号：ISBN 978-7-114-14384-7
定　　价：76.00 元

可持续与创新桥梁系列丛书

序

PREFACE

我国幅员辽阔、地形复杂、水系发达，桥梁在交通工程中具有极其重要的地位。从古到今，我国桥梁建设取得了很高的技术成就，为中华民族的发展繁荣提供了重要的基础条件，成为中华灿烂文明的重要组成部分，也为世界桥梁的发展作出了重要的贡献。新中国成立以来，桥梁建设日新月异；改革开放以来，更是成就辉煌。中国已成为世界上的桥梁大国，并正从桥梁大国向桥梁强国迈进。这些桥梁的建设基本上由中国的工程技术力量完成，充分体现了中国人的聪明才智，闪耀着自力更生、奋发图强的光芒和屹立于世界民族之林的伟大精神。

我国目前仍处于现代化建设的重要时期。在今后相当长的时间内，基础设施建设任务还很艰巨，仍然有大量的新建桥梁。随着有限的交通空间的建设和先易后难的规律，今后的桥梁建设自然条件将更加复杂与困难，工程造价将急剧上升，资源、能源耗费及对环境的影响可能更大。因此，应该以新材料、新结构、新技术研发的创新活动，强调节能、环保与低碳等可持续发展的理念，全面推进桥梁工程科学技术的进步，促进基础设施建设和社会经济建设的健康、协调和可持续发展。

与此同时，随着越来越多桥梁投入使用，伴随着桥龄的增长，在气候、环境等自然因素的作用以及一些不可预测的自然破坏力作用下，不少桥梁的老化和功能退化已呈现加速的趋势；且随着社会对交通运输能力要求的不断提高，荷载等级、交通流量、行车速度等也必然提高，再加上我国超载车辆的问题长期没有得到解决，如何保证桥梁的安全、耐久、全寿命服务品质等可持续发展问题，都是摆在我们面前的重要问题。

可持续与创新是当今国际土木工程领域的发展趋势，越来越受到关注与重视。欧盟在 Erasmus Mundus 计划中推出了"Innovation in Design, Rehabilitation and Control of Structures"（结构设计、修复与控制的创新）联合培养硕士的项目；葡萄牙的 Minho 大学与 Coimbra 大学联合成立了"Institute for the Sustainability and Innovation of Structural Engineering"（结构工程可持续与创新学院）；以可持续与创新为主题的国际会议不断举办，如 International symposium on Innovation and Sustainability of Structures in Civil Engineering（土木工程结构创新与可持续国际学术研讨会）的系列会议。在桥梁工程方面，国际桥梁与结构工程协会（IABSE）分别于 1996 年和 2002 年颁布了两份重要的文件，即《国际桥梁与结构工程协会可持续发展宣言》和《结构工程实践中的道德准则》。此外，2004 年国际桥梁与结构工程协会还在其会刊《国际结构工程》上刊登了题为《可持续工程——付诸实践》的系列文章。

随着国际交往的不断增多和经济社会发展的内力要求，在我国的桥梁工程建设等领域，可持续与创新理念已引起关注。然而由于大规模建设时间紧、任务重、人才缺乏，大量的技术人员的时间与精力主要以完成现有的任务为主，对可持续与创新的研究与实践还没有深入展开，还没有专门以此为主题的研发机构，远不能满足我国的桥梁建设与使用管理要求，也落后于发达国家水平。

为此，福州大学以桥梁工程研究所为基础，以国家“外专千人计划”专家 Bruno Briseghella 教授为负责人，以陈宝春、吴庆雄领导的省级科研创新团队“大跨度拱桥新技术”为主要力量，成立了“可持续与创新桥梁福建省高校工程研究中心”(Sustainable and innovative bridges-Engineering Research Center，简称 Siberc，赛博克)。中心通过引入国外的知名专家学者研究团队，进行国外人才与国内科研骨干的融合和交流；以国际上“可持续与创新”的新理念，联合国内外企业实体，建立协同创新体制与机制，结合我国的实际情况，开展桥梁工程新技术、新结构、新材料的创新研发与应用推广。中心目前主要研究方向有桥梁概念设计，无伸缩缝桥梁，拱桥与组合桥梁，超高性能混凝土在桥梁中的应用，桥梁防震减灾，中小跨径桥梁合理构造形式，既有桥梁的评估、养护、维修与加固等。

中心计划将相应的研究成果和相关的学术交流与教材，以“可持续与创新桥梁丛书”的形式，在人民交通出版社股份有限公司出版，形成品牌图书，努力为提升我国桥梁工程可持续发展与创新水平作出贡献。

可持续与创新桥梁福建省高校工程研究中心(Siberc)

2013 年 6 月 18 日

序

PREFACE

随着社会经济的发展与桥梁技术的进步,大跨径钢桥在我国的应用越来越多,闭口U形加劲肋钢箱梁是当前应用较多的结构形式,其受压稳定一直是设计者和研究者比较关注的问题。本书是对相关问题进行研究的专著,有着重要的理论与工程意义。

本书作者赵秋在同济大学攻读博士学位期间就开始了U肋加劲板的焊接残余应力、几何缺陷和受压稳定性能的研究,在混合钢U肋加劲板焊接残余应力与受压稳定性问题的研究方面取得了重要成果。自2010年来福州大学进行博士后研究与工作之后,他继续该课题的研究,并获得国家自然科学基金等项目的资助。通过努力,取得了较为系统的成果,形成本书。

特向大家推荐本书。

陈宝春

2017年10月

前　言

——FOREWORD——

近二十年来,我国建成了多座大跨度钢箱梁桥,对世界桥梁的发展产生了巨大的影响,这标志着我国在钢箱梁桥建造方面已经处于世界先进水平之列。在钢箱梁研究方面,U 肋加劲板稳定问题是除正交异性钢桥面板疲劳问题外,设计者最为关心的问题。然而,国内对闭口 U 肋加劲板的研究还未形成较为系统的研究成果,在设计时所应用的设计理论多来源于国外规范和研究成果。结构设计必将向精细化发展,对于 U 肋加劲板件的设计应能充分发挥钢材强度的使用效率,俗话说“好钢要用到刀刃上”,把强度等级不同的钢材最适宜地设置在 U 肋和被加劲板上,实现最佳的结构设计。焊接残余应力和初始几何缺陷是影响受压钢构件稳定性能的主要因素,也是其研究基础,因此对受压 U 肋加劲板稳定问题需要进行系统研究。

本书共分为 10 章。第 1 章:主要对焊接残余应力和受压加劲板稳定进行了文献综述,并提出受压 U 肋加劲板面临的问题;第2~5 章:进行了混合钢 U 肋加劲板焊接残余应力数值模方法研究,并应用盲孔法残余应力测试试验对数值模拟方法进行了正确性验证,进一步提出了混合钢 U 肋加劲板焊接残余应力的简化分布与计算公式;第 6 章:通过试验试件测试与分析,得到 U 肋加劲板的整体几何缺陷和局部几何缺陷分布模式与大小;第 7 ~ 10 章:在同时考虑焊接残余应力和初始几何缺陷影响情况下,通过试验验证和数值模拟相结合的方法,对混合钢 U 肋加劲板的整体稳定与局部稳定性能及其计算方法进行了分析,进一步提出混合钢 U 肋加劲板的受压稳定承载力计算方法。

上述工作是作者在攻读博士学位时开始的,特别感谢我的博士导师同济大学吴冲教授带我走进钢结构桥梁的研究领域,使我始终在教学和科研上一直充满着极大的兴趣。之后进入福州大学从事博士后研究与工作,继续开展该课题研究,感谢合作导师陈宝春教授多年来的关怀和帮助以及对该课题研究的支持。书中研究内容于 2011 年获国家自然科学基金资助(项目批准号:51108087)。作者所带研究生郭智勇、翟战胜、张骏超,以及在阿德莱德大学读研的聂宇,为本书做了部分工作,在此一并向他们表示感谢。

书中如有差错和不当之处,恳请读者和同行专家批评指正。

赵秋

2017 年 10 月

目　录

CONTENTS

第1章　概　论

1.1　研究背景

加劲板被广泛应用于土木、航天航空和海洋工程领域,常常出现在钢箱梁桥、钢板梁桥、船舶和飞机等结构上。随着我国经济的发展,越来越多的桥梁工程采用钢结构作为设计方案。在考虑降低桥梁上部结构自重或降低梁高时,大部分设计者会进一步优先选择正交异性钢桥面板设计方案。因为带有加劲肋的正交异性钢桥面板有自重轻、建造速度快且承载力高等优势,所以其被广泛应用于悬索桥、斜拉桥及梁桥的钢箱梁的建造中[1]。正交异性钢桥面板结构最早起源于美国。20 世纪 20 年代,为研发可移动的桥梁,美国工程师尝试将普通钢板铆接于钢梁上,其最初目的是降低每跨桥梁的上部结构质量,以便于吊装。1938 年,美国钢结构协会(American Institute of Steel Construction,AISC)开始出版关于正交异钢桥面板结构的文献,因其由“战舰甲板”结构演化而来,当时将其称为“战舰桥板”。该结构包含直接承受外部荷载的最顶层钢板,和在其下部设置的工字钢纵梁和横梁。荷载由纵梁传递至横梁(与现在常见的荷载由横梁传递至主梁的结构相反)。20 世纪 50 年代,德国工程师为了降低战后建筑材料紧缺对工程质量的影响,需把要桥梁做得轻些,减少用钢量。因此,他们选用由纵向开口肋和较密横向间距横梁构成的桥面板,并且应用梁格法进行钢桥面板分析。到了 50 年代后期,随着正交异性板理论的成熟,钢桥面板可以作为连续正交异性板来进行分析。

正交异性钢桥面板首先应用在 60 ~ 90m 的中等跨度钢梁桥,随后被用于悬索桥和斜拉桥,现在则已应用于不同类型的桥梁体系中[2]。在主梁的形式上,正交异性钢桥面板较多应用在钢箱梁中,而钢板梁桥已很少建造,正交异性钢桥面板钢桁梁桥有逐步增多的趋势。对于钢箱梁桥,无论是钢箱的顶板(钢桥面板),还是钢箱的底板和腹板,均是由带有加劲肋的加劲板构成。常见加劲肋可分为开口加劲肋和闭口加劲肋。带闭口 U 肋的加劲板由于其抗扭性能好、刚度较大、用钢量和焊接量少、屈曲稳定性能好等优点而经常作为桥梁钢箱梁的顶底板。闭口加劲肋与开口加劲肋相比具有许多优势。首先,闭口加劲肋将垂直作用的交通荷载进行横向传递的性能更好,因此闭口加劲肋相较于开口加劲肋有更宽的间距,更少的加劲肋数量,从而减少了正交异性板的重量;其次,闭合加劲肋可以为较长的连续梁提供较强的抗弯和抗扭刚度,因此横隔板的数量也可减少,由焊接产生的不良影响也随之减少。

为了提高桥梁在风荷载作用下的性能,大跨度缆索承重桥梁的钢箱梁经常采用流线型截面而非简单的矩形截面,一般称为扁平钢箱梁。典型的扁平钢箱梁横截面如图 1.1 所示。与普通钢箱梁相比,扁平钢箱梁高宽比比较小,有自重轻、抗风性能好等优点。扁平钢箱梁这种结构形式首先是在丹麦发展起来的,1964 年应用于丹麦跨径 600m 的悬索桥 Littlebelf 桥,1985 年应用于跨径 290m 的斜拉桥 Farös 桥[3];在国内,1996 年首次应用在悬索桥西陵峡长江大桥,1999 年应用在斜拉桥汕头礐石大桥(分离双箱式)。扁平钢箱梁结构虽然在国内起步较晚,但发展迅速,目前已建或在建的应用扁平钢箱梁的大跨度桥梁已有数百座,如国内最大跨度的斜拉桥——主跨 1 088m 的苏通大桥的主梁也采用这种结构形式。

扁平钢箱梁截面由顶板、底板、腹板、横隔板和风嘴等组成,部分钢箱梁还在梁体中间布置有纵隔板。顶板(桥面板)由纵向加劲肋和母板组成,部分设计可能考虑设置横向加劲肋,其主要作用是将母板所受的荷载向下传递以及为车辆行人提供交通平台。横隔板是正交异性桥面板结构的重要组成部分。横隔板起到防止顶板发生横向屈曲,阻止箱梁截面周边形状变形,限制横截面的横向弯曲畸变应力和纵向正应力,改善荷载横向分布和局部约束截面扭曲的作用,横隔板另外一个主要作用是固定通过箱梁内部的各类管道。可将纵隔板看成是箱梁的中间腹板。纵隔板通常选用实腹式和桁架式两种结构形式,其主要作用是将顶板受到的荷载传递到下部结构并抵抗剪力。底板形成完整的箱梁闭口截面,闭口截面抗扭能力较强,适用于大跨度桥梁和弯曲桥。为减轻桥梁自重,可以将底

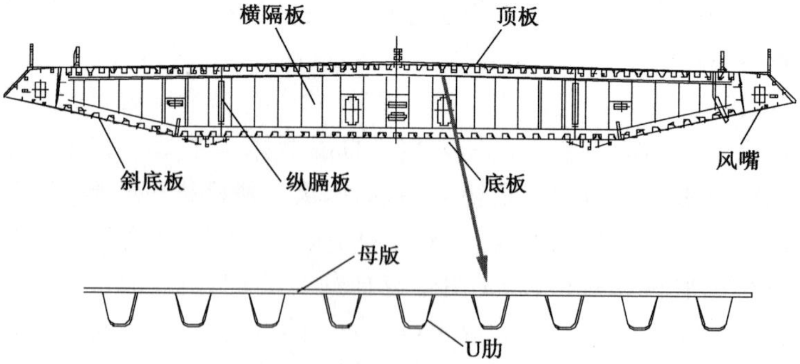

图 1.1　扁平钢箱梁构造

板两端一部分设置为斜板，以减少横隔板面积，进而减少桥梁用钢量。风嘴起到降低风压和提高临界风速的作用。

随着桥梁跨度的增大，建造桥梁的用钢量也急剧增加，如斜拉桥跨径达到千米，钢箱梁采用常用的Q345钢材设计，自重将达到总荷载的85%以上[4]。当采用强度更高的钢材设计，可以达到减轻结构质量、节约钢材、降低造价的目的，但材料与加工成本相应增加。精细化的结构设计应考虑发挥钢材强度效率，好比俗话说“好钢要用到刀刃上”，把高低强度等级不同的钢材放在最适宜它们的地方，实现最佳的结构设计。混合钢梁的应用就是一个实例，美国早已将混合钢梁设计列入桥梁规范[5]。混合钢梁是指在梁的不同部位，根据受力状态和破坏形态，采用不同强度等级的钢材组合而成的钢梁。其目的在于充分利用材料自身强度，优化结构，降低工程造价。在英文文献里，hybrid steel girder是指不同强度等级钢材组合成的钢梁，为与钢、混凝土两种材料组合而成的组合梁(composite girder)区别，hybrid steel girder可译为“混合钢梁”。一般工字梁，腹板面积和翼缘板面积相差不多，但腹板对弯曲抗力的贡献大约只有翼缘板的1/3。如果腹板的钢材强度降低1/2，梁的抗弯承载力只降低10%左右(抗剪承载力也有一定程度的降低)。据此，弯矩较大而剪力并不控制的腹板采用价格较低的一般强度等级钢材，翼缘板采用强度较高的钢材，实现了结构合理的搭配[6]。1998年开通的美国田纳西州马丁河桥(Martin Greek Bridge)，中间支点附近梁段的钢材采用HPS485W，跨中梁段采用混合设计，横向联结和腹板采用345W钢材，通过优化设计使主梁用钢量减少24.2%，造价减少10.6%。美国田纳西州福特城桥(Ford City Bridge)于2000年7月开通，它的主梁在负弯矩区采用HPS485W钢材，其余部位采用345W钢材，使得钢梁自重减轻20%。2002年美国密苏里州修建A6101桥，主梁高应力区部分采用HPS70W钢材，其余部分采用345W钢材，主梁自重减少17%，全桥总费用减少11%[7]。

受混合钢梁的启示，钢箱梁的主要受力构件——U肋加劲板的U肋和母板同样可以采用不同强度钢材进行设计，以充分发挥材料自身强度，这样的U肋加劲板可以称为混合钢U肋加劲板。加劲肋的作用是提高母板的屈曲强度，因为通常在钢板上添加纵肋和横肋要比增加板厚的效果好。根据这一受力特性，在钢箱梁设计时，加劲肋屈服强度相对于母板可以适当地降低些。世界最大跨度斜拉桥——我国苏通长江大桥(主跨1 088m)，用于钢箱梁顶底板的母板板件采用Q370qD，而U肋采用Q345qD设计，是应用混合钢U肋加劲板设计的一个实例。虽然两者强度等级相差较少，但也是一种新的尝试。从文献[8]的分析中可以看出，U肋加劲板结构占钢箱梁总质量的65%左右，如能采用混合钢U

肋加劲板设计钢箱梁的顶底板，效益是可观的。国内桥梁结构所使用的钢材主要有桥梁用结构钢、低合金高强度结构钢以及碳素结构钢，屈服强度分布在195～460MPa之间，共有11个强度等级。目前，钢桥钢材以Q345和Q370为主，Q420钢材应用逐渐增多，桥梁用钢已表现出向更高强发展的趋势。在国外屈服点高达690MPa的桥梁用钢已经使用多年[5]，国内一些钢厂也正在研制更高强度的桥梁用钢。如此之多的钢材强度等级，为混合钢结构设计提供了较多选择。

桥梁建设属于公共投资工程，投资巨大，如工程成本降低，经济效益会十分显著。更精细化的桥梁结构设计是社会发展的需要，使得一座桥或一个构件均不限于应用一种强度钢材制造，做到材尽其用。但由于混合钢U肋加劲板设计目前还没有系统的理论研究支持，不方便在工程设计中应用。当U肋加劲板作为斜拉桥和自锚式悬索桥的主梁上下翼缘以及梁式桥的受压翼缘时，加劲板的受压稳定问题将变得比较突出。因此，有必要针对混合钢U肋加劲板的初始缺陷、受力机理和抗压稳定承载力进行系列研究，这样既可以填补我国钢桥研究方面的一些空白，又为钢箱梁应用混合结构设计提供技术储备，具有重要的工程经济意义和社会经济意义。

1.2　加劲板受压稳定研究现状

以斜拉桥为例，主梁在轴力为主、弯曲为辅的外力作用下顶底板的应力分布，如图1.2所示，梁式桥钢箱梁的顶底板应力分布如图1.3所示。从图1.2和图1.3中可以看出，虽然U肋加劲板受力不均匀，但其不均匀程度较小，为了使分析简化，可以将U肋加劲板看作均匀受压构件来分析。

在扁平钢箱梁受压稳定分析时，可以把顶底板视为由横隔板和腹板支承的四边简支加劲板。加劲板的长度a和宽度b分别近似等于扁平钢箱梁横隔板间距和有效支承的腹板间距。一般情况下钢箱梁腹板间距与横隔板间距相比较大，也就是四边简支加劲板的长宽比较小，受力破坏模态趋于柱式破坏。这样，四边简支加劲板可进一步简化为单根加劲肋与其相邻部分母板组成的单块U肋加劲板，进而可以按两端简支的轴心受压构件计算。

加劲板极限承载力问题研究包括两方面的内容：一方面是对加劲板受力屈曲模态的研究；另一方面是对加劲板极限承载力计算方法的研究。第一类研究注重于发展数值分析和经验公式，以预测整体失稳和局部失稳模态；第二类研究注重利用简化模型以预测构件的极限强度，包括整体稳定和局部稳定[9]。影响加劲板极限承载力的因素很多，包括初始缺陷、几何尺寸、边界条件以及荷载条件等[10]。鉴于本书研究的构成扁平钢箱梁顶底板主要受力构件——U 肋加劲板是以承压为主的构件，这里仅对承受单轴向均布压力作用的加劲板极限承载力研究现状予以介绍。

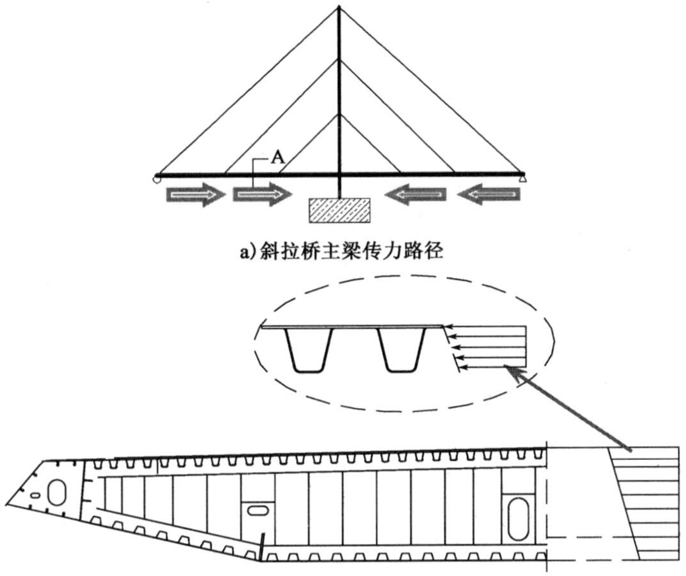

a) 斜拉桥主梁传力路径

b) 箱梁截面应力分布

图 1.2 斜拉桥钢箱梁受力模式

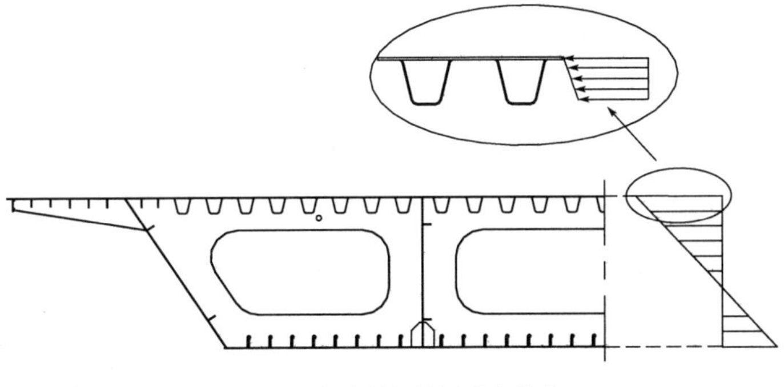

图 1.3 梁式桥钢箱梁受力模式

1.2.1 加劲板受压屈曲模态

加劲板极限承载力计算理论、方法研究的前提是对加劲板件受力行为有充分的认识，对各种破坏模式间的临界点要有很好的把握，这对实际设计非常重要。随着计算机技术及有限元技术的不断发展，Grondin G. Y.，Sheikh I. A. 等[11-13]采用有限元程序对T形肋加劲板的受力行为进行了参数分析研究，全面考虑了各种因素对加劲板受力行为的影响，包括加劲板的几何尺寸、初始缺陷以及荷载条件等。研究结果表明，对于承受单向均布压应力的加劲板件，随着加劲肋参数的变化将经历以下5种基本的破坏模态：板引起的整体屈曲破坏（PI）、加劲肋引起的整体屈曲破坏（SI）、肋间板块屈曲破坏（PB）、加劲肋局部屈曲破坏以及整体材料屈服破坏（ST）。各屈曲破坏模态如图1.4所示。对构件屈服后形态（加劲板达到极限承载强度后形态）亦加以论述，得到相关失稳模态对初始缺陷极为敏感的结论。加劲板极限承载力计算方法的研究基于破坏模态，如PI、SI整体失稳破坏采用正交异性板方法计算极限承载力，PB局部屈曲破坏采用梁柱理论计算。

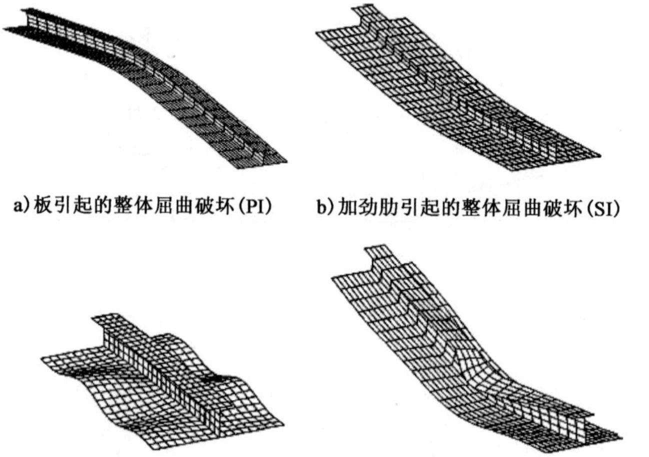

a）板引起的整体屈曲破坏（PI）　b）加劲肋引起的整体屈曲破坏（SI）

c）肋间板块屈曲破坏（PB）　d）加劲肋局部屈曲破坏以及整体材料屈曲破坏（ST）

图1.4　加劲板屈曲破坏模态

赵秋、翟战胜[14]对无纵横加劲肋的四边简支板、纵向加劲肋等间距布置的四边简支加劲板、纵横向加劲肋等间距布置的加劲板进行屈曲模态和临界屈曲应力分析，结果表明：对于四边简支板或四边简支加劲板，临界屈曲应力与板宽、板长和板厚均有关，减小板宽和板长以及增大板厚可提高临界屈曲应力。随着加劲肋刚度比的变化，四边简支加劲板一般表现为3种失稳模态：①加劲肋与被加劲板一同发生整体屈曲；②在加劲肋处形成波节，加劲肋与被加劲板发生屈曲；③加劲肋为刚性加劲肋不会发生失稳，只有被加劲板发生失稳。临界屈曲应力随加劲肋刚度比的增大而增大，第一种模态时增大幅度最大，第二种次之，第三种逐步趋于定值。

整体失稳破坏模态与局部失稳破坏模态通常用加劲肋的临界刚度比 γ_l^* 来表示。巴勃莱(Barbré)和 G・毕尔格麦斯特等[15]用平衡法对一根纵向加劲肋的受压矩形板求解屈曲荷载，分析得到加劲肋的刚度与屈曲系数的关系函数以及单根刚性加劲肋的刚度临界值。Giencke E. 基于加劲板的整体屈曲系数等于被加劲肋分割的板元以加劲肋为节线的屈曲系数得出加劲肋的最小理论刚度比，提出刚性加劲肋需要的最小刚度比的概念。小西一郎[16]把 Giencke E. 的计算结果与 Kloppel 和 Scheer 的计算结果进行比较，发现两种方法的计算结果比较接近。

对于图 1.5 四边简支的加劲板，对边作用均匀分布的压力 P 时的欧拉应力 σ_{cr} 和失稳模态如图 1.6 所示。当由式(1.1)定义的加劲肋刚度比 γ_l 较小($\gamma_l \leqslant \gamma_l^*$)时[$\gamma_l^*$ 为临界刚度比，式(1.2)]，为加劲板件整体失稳，失稳状态下加劲肋与面板共同变形，加劲板的受力与正交异性板较接近，欧拉应力 σ_{cr} 随加劲肋刚度的增加而增加；当加劲肋的刚度比 $\gamma_l > \gamma_l^*$ 时，失稳模态在加劲肋处形成节线，为加劲间板件的局部失稳，加劲板件的受力近似于由加劲肋围成的四边简支板，欧拉应力 σ_{cr} 达到最大值，并随加劲肋刚度的增加保持不变，继续增加加劲肋的刚度不能提高加劲板的欧拉应力。$\gamma_l > \gamma_l^*$ 的加劲肋称为刚性加劲；$\gamma_l \leqslant \gamma_l^*$ 的加劲肋称为柔性加劲[17]。

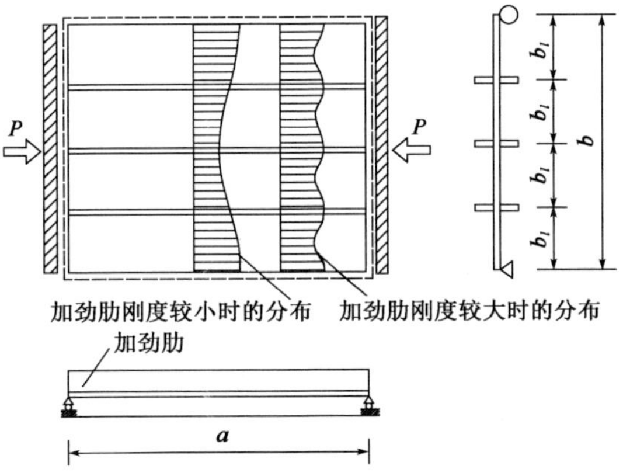

图 1.5 四面简支、对边均匀受压加劲板

加劲肋的刚度比 γ_l 定义为：

$$\gamma_l = \frac{EI_l}{Db} \tag{1.1}$$

式中：E——弹性模量；

I_l——单根加劲肋对被加劲板的抗弯惯矩；

D——被加劲板的抗弯刚度，$D = Et^3 b/[12(1-\nu^2)]$；

b——加劲板的宽度；

t——被加劲板板厚；

ν——泊松比。

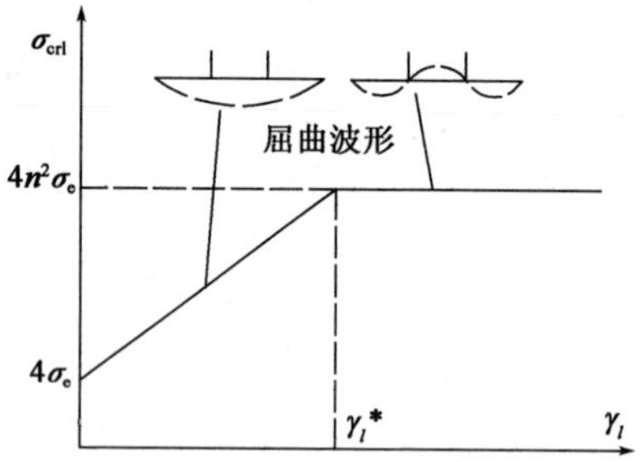

图1.6　四边简支加劲板对边均匀受压时的失稳模态及欧拉应力与加劲板刚度的关系

当加劲肋均匀布置并且等刚度时，根据正交异性板的稳定理论，临界刚度比为：

$$\begin{cases} \gamma_l^* = 4\alpha^2 n(1+n\delta_l) - \dfrac{(\alpha^2+1)^2}{n} & (\alpha \leqslant \alpha_0) \\ \gamma_l^* = \dfrac{1}{n}\{[2n^2(1+n\delta_l)-1]^2-1\} & (\alpha > \alpha_0) \end{cases} \tag{1.2}$$

式中：α——加劲板的长宽比，$\alpha = a/b$；

a——加劲板的长度；

n——被加劲板分割的局部板件的数目，$n = n_l + 1$；

n_l——纵向加劲肋的数目；

δ_l——单根加劲肋的截面面积与被加劲板的面积比，$\delta_l = A_l/(bt)$；

A_l——单根加劲肋的截面面积；

α_0——加劲板的临界长宽比，由下式计算：

$$\alpha_0 = \sqrt[4]{1+n\gamma_l} \tag{1.3}$$

γ_l——式(1.1)所定义的加劲肋刚度比[17]。

1.2.2　加劲板受压稳定理论

在目前桥梁结构中，大多限制加劲肋的尺寸，以防止加劲肋失稳破坏模式发生。因此单向受压板的屈曲破坏表现为整体失稳破坏(PI、SI)和肋间板件局部屈曲破坏(PB)。两种破坏模式采用的计算理论不同。目前的研究成果认为,受压柱理论适合于肋间板局部屈曲破坏(PB)模态,而正交异性板理论适合于整体失稳破坏(PI、SI)模态。出于实用的目的,早期的大部分算法都非常简单,适合于手算,部分编入到相应规范之中;近年来,由于计算机的应用,出现了不少复杂的算法,部分算法精确度得到提高[10]。

1. 局部稳定

许多计算手册和规范提供了对于单肋加劲板和多肋加劲板的局部稳定简化计算方法。这些资料假设被加劲板和加劲肋是沿着相交线铰接,忽略了被加劲板和加劲肋之间的相互转动约束。实际情况下,转动约束是介于铰接与固接之间的。早期规范包括 1971 年日本专栏委员会出版的《结构稳定手册》[18]、1988 年美国工程师 Galambos T. V. 编写的《金属结构稳定性设计手册(第四版)》、1990 年美国工程师 Gaylord E. H. 和 Gaylord C. N.[20]编写的《结构工程手册》,以及 1991 年美国工程师 Beedle[21]编写的《金属结构稳定性(第二版)》。

最早对加劲板稳定性的研究大部分是建立在弹性理论基础上,以及依靠试验得到。1921 年铁木辛柯[22]用能量法对一根、两根和多根纵向加劲肋的简支矩形板的屈曲荷载进行了求解。赫瓦拉(Chwalla)根据铁木辛柯研究成果进一步研究了综合荷载的情况。Cox 和 Martin[23]在不考虑加劲肋扭转刚度的情况下,用里兹法求解微分方程得到四边简支、对称母板中面布置 2 ~ 3 根纵、横向加劲肋的板的屈曲,但是这只能用于对称加劲的情况,忽略了偏心导致的微分方程更高的阶次。1943 年 Levy S. 和 Krupen P.[24]利用大形变理论对两端固定的受压板件进行了研究。1951 年 Coan[25]用大形变理论研究了带有初始缺陷板件的受压性能。1960 年 Yamaki[26]探究了受压板件在边缘处的变形情况,以及初始缺陷对受压边缘屈曲变形的影响。1970 年 Rushton[27]研究了受压板在不同边界条件下的屈曲后性能。1972 年 Dawson 研究了带有初始缺陷的板件受压时的屈曲后性能[28]。Rhodes 和 Harvey 在 1971 年研究了单轴受压加劲板在不同边界条件下的受力性能[29],接着他们又在 1977 年研究了板的屈曲后性能[30]。1975 年到 1977 年期间,Williams 和 Walker[31,32]一起提出了带有初始缺陷的板结构在受压时的设计方法,接着他们又探讨了板屈曲分析的解法。在 1993 年到 1995 年期间,Bedair 和 Sherbourne[33-41]对加劲板进行了一系列研究,研究内容十分全面,涵盖了加劲板设计可能遇到的大部分情况。他们首先通过一系列研究探索了板和加劲肋的交互作用以及局部屈曲相关问题,分析了扭转约束、板内弯矩以及约束转化对局部屈曲和屈曲后性能的影响;研究了被加劲板和加劲肋在非均匀荷载作用下的性能;提出了局部屈曲荷载、屈曲后刚度、极限强度以及有效宽度的计算方法;Bedair 和 Sherbourne 还提出了半解析方法以确定加劲板在多种荷载(压力、剪力和板内弯矩)作用下板的局部屈曲性能。

1932 年 Von Karman T. ,Sechler E. E. 和 Donnell L. H. [42] 提出有效宽度概念,将板件截面极限荷载等效于板宽为 b_e 时屈曲应力达到屈服强度 f_y 时的荷载。也就是,这种计算方法认为除了在板的两侧支承边宽度各为 $b_e/2$ 应力均达到屈服强度外,把中部宽度为$(b-b_e)$的板看作完全不承担压力。实际上,有效宽度是作用应力、初始缺陷的函数,并且如果板内存在残余应力,随着轴向压力的加载,有效宽度开始增加;当荷载到达一个数量以后,有效宽度开始减少。所以在 Karman 理想模型的基础上,许多修正的模型和对应的计算公式使有效宽度的概念更加完善。美国和我国薄壁型钢结构规范基于各自的试验,提出适用的有效宽度计算公式;日本《道路桥示方书》[43] 假设初始变形为 $b/150$,最大残余变形为 $0.4\sigma_y$ 时,由弹塑性有限变位法求得有效宽度;小西一郎[16] 基于试验对一些已有的曲线进行了评价。B. W. Schafer 和 T. Pekoz[44] 提出一个具有多条纵向加劲肋加劲板有效宽度的设计方法。Jeom Kee Paika 等[45] 在卡曼理论的基础上考虑残余应力等其他条件对有效宽度公式进行了修正。

2. 受压柱理论

在板件局部稳定有效宽度基础上,进一步将加劲板中被加劲板与加劲肋作为整体考虑,发展成为受压柱理论。在受压柱理论中,将受压加劲板件简化为压杆模型计算极限承载力,即把被等间距布置的纵向加劲肋分割的加劲板模拟为横向没有联系的受压柱,每个柱包含加劲肋及相邻部分板件。这样,柱的非弹性屈曲强度就可以采用有关柱的理论公式进行计算,通常用有效宽度计入板件的局部屈曲影响。该方法的缺点是不能考虑边界条件之间相互作用和横向薄膜作用,在极限荷载下,各柱的变形和屈服是一致的,这与长宽比较小的四边简支板不尽相同。

1975 ~ 1976 年,Horne 和 Narayanan[46-50] 利用受压柱理论分析了一系列受压连续加劲板,并得到了受压破坏的近似解。假设板被离散为一系列的铰接柱,每根柱带有一根加劲肋和一块被加劲板。之后,针对每根柱都进行了数值模拟,得到加劲板破坏前的荷载—位移关系特征。通过降低截面材料性能,将初始缺陷和残余应力造成的影响考虑进计算。Horne 和 Narayanan 还通过假设子板与加劲肋之间是铰接的,所以忽略加劲肋对板的扭转限制,以此研究局部屈曲情况。

由于加劲板被假设为由一系列相互间无关联的柱组成，所以边界条件对模型没有影响。这种情况只适合于宽度无限大的加劲板。Dwight 和 Little[51,52] 认为该方法有明显的缺陷，因为该方法假设局部屈曲总是最早发生。对于板长宽比很大的情况，有可能整体屈曲先于局部屈曲发生。因此，他们建议使用有限应力方法而不是有效宽度法。1978 年 Frieze[53,54] 研究了薄壁钢箱梁和柱的弹塑性屈曲性能；同年，他针对 Dowling 的试验，探究了在动态荷载作用下箱梁的屈曲性能。

在计算加劲板极限荷载的众多压杆公式中，各国规范所常引用的公式有 Perry 和 Johnson-Ostenfeld 压杆公式。BS5400[55] 在制定规范条文时，对受压加劲板件承载力基于 Perry 压杆法进行了计算。Carlsen 对 Perry 公式进行了修改，基于数值计算结果提出残余应力对极限强度的折减，并提出初始变形为 $0.01b$、残余应力为 $0.2\sigma_y$ 时板的有效宽度计算公式。Dwight 和 Little 基于 Perry-Robertson 公式得到初始缺陷对柱曲线承载力影响的表达式，他们建议采用有效应力来代替有效宽度，并提出基于折减的应力和柱长细比的承载力曲线。

3. 正交异性板理论

分析加劲板整体稳定的理论很多，最简便和常见的方法就是正交异性板理论。该方法用于分析加劲板受到侧向荷载或是平面内荷载。该方法的原理是把加劲板简化为一块刚度与原结构相同的均匀的矩形平板。由于纵横肋形状或间距不同，故矩形平板两个方向的惯性矩不同，因此称为“正交异性板”。使用该方法的前提是加劲肋紧密排列且间距一致[56,57]。

1949 年 Klitchieff 和 Belgrade[58] 探究了带有横隔板和纵向加劲肋且两端简支的加劲板，在受到纵向均匀压力和侧向力同时作用时的稳定性。随后，Cox 和 Martin[59,60] 合作研究了单向受力的四边简支板的初始屈曲模态，试验试件带有 2 ~ 3 个加劲肋，试验研究分别在 1954 年和 1963 年完成。Cox 在 1963 年参与了 Martin 的试验并协助其进行理论分析，试验目的是为了验证用于计算加劲板初始屈曲应力公式的准确性。1956 年 Hoppmann 和 Baltimore[61] 利用正交异性板理论分析简支加劲板在静荷载和动荷载作用下的性能。两年以后，Soper[62] 分析了板受到侧向荷载时的性能，并列出了大量的挠度数据，并以数值方式求解非线性方程组。

铁木辛柯[22] 建议如果对等间距平行布置加劲肋的板采用正交异性板理论时，正交异性板微分方程中 D_x 的取值应该由加劲板的直接试验决定，且试验证明 v_x、v_y 通常可以在计算时取零。Sherbourne 等[63] 用正交异性板法得到在均值轴向压力作用下无初始缺陷的简支加劲板的屈曲和屈曲后性能，而且这个方法已经为加拿大标准协会(Canadian Standards Association)所采用。Eirik Byklum 等[64]采用大变形板的理论,推导出加劲肋对板的正交异性整体屈曲的影响方程。

Massonnet 和 Maquoi 用添加刚度的正交异性板法得到在纯纵向弯矩作用下箱梁受压翼缘极限强度的计算公式,并用伽辽金方法得到荷载—变形关系及应力分布,以非荷载边达到屈服应力时的平均纵向薄膜应力作为梁的极限强度。Jetteur 采用正交异性板法时基于 Reissner 变化原理,对四边简支的加劲板方程进行求解,把材料刚好达到其屈服应力时的状态作为结构的极限状态。但是实际上由于泊松作用,在非荷载作用边的约束会导致附加的失稳应力 N_y,而且对板件的屈曲和屈曲后形态影响很大。Jeom Kee Paik 和 Anil K. Thayamballi 等[65]假设板的最大应力边界处发生屈服时板件达到破坏状态,求解了正交异性板的两个控制方程,得到考虑大变形(薄膜力作用时)正交异性板方程的解,并得到对应单向、双向柔性加劲下加劲板在双向拉压荷载下极限强度的计算公式;对母板和加劲肋取不同的屈服强度的钢材,提出用最简单的面积换算得到换算板的等效屈服应力。Hovichitr 等[66]在 1977 年提出了分析正交异性、等间距分布、简支的加劲板的分析方法,假设加劲肋和板的一部分作为一个整体,利用微分方法分析板的稳定性和抗弯能力。正交异性板理论相比于受压柱理论最大的优势就是前者考虑了板作为整体时的作用。正交异性板也有一些限制,如加劲肋的形状必须相同、肋间距要相等。Murray 和 Katzer[67]探究了受压柱理论和正交异性板理论的精确性,利用了 24 个试件进行了试验,随着加劲肋从 1 个增加到 3 个,受压柱理论的精确性逐渐提高。试验发现 Massonnet 和 Maquoi 的正交异性板理论多估计了加劲板强度近 35%。Maaskant[68]在 1989 年利用正交异性理论探究了加劲肋等间距分布的简支加劲板的弹性和屈曲后性能。O. F. Hughes 等[69]用软件 ABAQUS 计算了一些加劲板的极限强度,并与正交异性板的计算结果进行比较,发现两者在一定条件下有较大的偏差,并对可能引起的原因进行了探讨。

4. 有限元数值分析

有限元方法是一种被广泛使用于工程和物理领域的数值模拟方法。随着计算软件的发展,有限元在土木工程领域的使用越来越广泛[70]。前面介绍的各种分析方法都必须对分析对象、荷载以及破坏形态作出一定的假设和简化,无法全面考虑各种因素的影响。采用非线性有限元方法进行极限承载力的分析可以包含材料、几何双重非线性影响,同时计入初始几何缺陷、焊接残余应力的影响。

早期的有限元法或者有限条法一般都是假定加劲肋为一个柱单元或者离散的板单元，这种简化模型计算结果的精确性取决于对柱单元换算刚度和柱、板之间连接模拟的准确性。随着计算机计算能力的加强和计算软件功能的完善，如今的计算模型能够较好地模拟实际结构进行计算分析。

在分析板的稳定性时，许多学者采用有限元方法进行计算。板平面被划分为一系列相互关联的单元。这种计算方法的精确性取决于方程的选取以及边界条件的界定。1968 年 Przemieniecki[71,72]最早提出了离散单元方法，用于分析复杂结构的稳定性；他在 1973 年又提出结构局部失稳的有限元方法。Hagedoorn[73]在 1973 年利用弹性有限元模型分析了受到偏心荷载的加劲板及其构件的屈曲情况。同一年 Crisfield[74]利用有限元模型分析了加劲板在大形变情况下的弹塑性屈曲性能。Wegmuller 等[75]在 1973 年利用有限元分析了加劲板的偏心和非偏心受力情况；1974 年，Wegmuller[76]进行了全尺寸模型试验，设计了偏心加劲板试件，并与有限元模型得出的结果进行对照。Crisfield[77-79]在 1975 年到 1976 年间，联合其他学者，分别研究了加劲板在单轴受力作用下的变形情况，偏心加劲板在大变形情况下的弹塑性屈曲情况以及钢箱梁横隔板的破坏机理。Soreide[80,81]在 1976 年总结了前人的有限元计算方法，分析了加劲板在不同计算方法下的破坏模态；并于 1978 年利用有限元进一步研究了加劲板在极限状态下的受力机理，并提出计算方法。Komatsu[82]在 1980 年利用有限元和试验相结合方法，分析了带有初始缺陷的正交异性钢板桥面板在单轴受压时的弹塑性屈曲情况。

I. A. Sheikh、G. Y. Grondin 和 A. E. Elwi[83-85]等用试验及有限元的方法对受压加劲板件母板的初始变形形状和大小、残余应力大小、作用外荷载的方向、板的宽厚比、板的宽厚比和板与加劲肋截面面积比这些参数进行了分析，得到它们对板件极限承载力的影响。M. Toulios 和 P. A. Caridis[86]研究了加劲肋间板件长宽比变化对稳定承载力的影响。Ueda 等[87]分析了初始缺陷、焊接残余应力对加劲矩形板极限承载力的影响。S. Z. Hu 和 L. Jiang[88]用非线性有限元软件，计算分析了单加劲受压板件在荷载作用下加劲板的塑性屈曲后形态，并与模型试验结果进行了比较，两者结果比较接近。

有限条理论也被用于正交异性板的分析。一些学者最早将有限条分析应用于薄板结构和多层板结构分析。随后有学者将有限条分析用于研究板的稳定性和循环荷载作用下的震动效应[89-92]。但是用有限元或者有限条等方法不像前面提到的理论求解方法能够得到较准确的解，因此往往需要校核和检验。

除了有限元和有限条方法，其他学者还提出了一些数值模拟的方法用于解决加劲板的稳定问题。Djahni[93]提出了一种用于分析加劲板的数值模拟方法，荷载作用于加劲肋横截面，荷载的大小由平衡方程以及板与肋连接处的最大承载能力确定，简化后的模型可以得出一组包含3个非线性偏微分方程的方程组，结合外部荷载，可以通过动态松弛技术解方程组。该方法最初用于板肋，后来Webb和Dowling[94,95]将其应用于T肋，发现Djahni利用有限离散单元解方程的做法不够精确，于是提出了相应提高精确度和收敛度的计算策略。

1.2.3 U肋加劲板受压稳定计算方法

当需要建造大跨度斜拉桥和自锚式悬索桥时，往往对组成钢箱梁的U肋加劲板的受压稳定性能比较关注，因此国内外均对U肋加劲板受压稳定承载力开展了系列研究。Shengjin Chen等[96]对正交异性U肋加劲钢桥面板缩尺模型进行了非线性行为研究，通过改变U肋及母板的宽厚比，共设计30个试件，研究发现当前的设计方法可能导致桥面板的局部屈曲。C. C. Chou等[97]以San Francisco-Oakland Bay桥为工程背景，首先采用美国AASHTO规范和日本JRA规范评估试件的极限承载力和破坏模态，并设计U肋加劲桥面板缩尺模型进行抗压承载力试验，对该桥钢箱梁的设计强度进行验证，采用有限元数值模拟方法进行U肋加劲板抗压承载力模拟，分析表明考虑残余应力和初始几何缺陷影响的数值模拟方法能够较为可靠地获得桥面板极限承载力和屈曲模态。吴冲等[98]以苏通大桥为工程背景，取钢箱梁标准节段的U肋加劲板进行缩尺，共设计3个试件进行稳定承载力试验研究，得到U肋加劲板模型的极限承载力。赵秋[99]采用有限元建立U肋加劲板稳定承载力模型，结合相应的试验，研究了整体几何缺陷、局部几何缺陷、残余应力以及材料本构关系变化对承载力的影响，通过参数分析拟合出U肋加劲板整体稳定和局部稳定折减系数简化计算公式，提出了受压U肋加劲板稳定承载力的一种简化计算方法。李立峰等[100]对闭口U肋加劲板的非线性稳定分析方法进行了探讨，在分析方法中计入几何非线性、材料非线性、初始缺陷以及残余应力的影响，设计3组共6个U肋加劲板进行稳定承载力试验，试验结果与理论计算值吻合良好。狄谨等[101]以杭州湾跨海大桥为工程背景，对扁平钢箱梁中的U肋加劲板按1/3比例进行缩尺，改变加劲肋母板厚度、U肋厚度、高度和间距等参数，共设计4组9个构件，通过抗压试验，得到U肋加劲板构造尺寸变化对极限承载能力和破坏模态的影响。张茜等[102]以苏通大桥扁平钢箱梁中的U肋加劲板为研究对象，基于能量法推导出四边简支的加劲板在单向受压条件下的屈曲应力计算公式，并与Timoshenko法、小西一郎法及有限元法的计算结果进行了对比，分析结果表明能量法的计算值最接近于有限元结果，证明了该公式的可行性。D. K. Shin 等[103]采用有限元方法分析 U 肋加劲桥面板的极限承载力，对不同长细比参数的母板和 U 肋进行组合，共建立 112 个数值模型，将有限元分析结果与 Eurocode 3 EN 1993-1-5 规范、FHWA-TS-80-205 规范及其他相应的计算公式进行对比，分析表明当长细比参数较大时，采用 Eurocode 3 EN 1993-1-5、FHWA-TS-80-205 规范的计算结果偏保守，参考文献[103]中的方程不仅形式简单，而且能提供更为精确的预测结果。

1.3 初始缺陷研究现状

1.3.1 焊接残余应力

1. 试验测试

在影响 U 肋加劲板抗压稳定承载力的众多因素中，焊接残余应力的分布形式与数值大小是其中关键的一项。为了用有限元方法更加精确地计算出 U 肋加劲板抗压承载力，必须掌握 U 肋加劲板上的焊接残余应力分布。研究学者一般采用试验测试和数值模拟方法得到焊接残余应力分布，或者采用两者相结合的方法，以期能获得较为准确的结果。目前，对于焊接残余应力的测定，可分为物理测量和机械测量两类方法。物理测定方法又可细分为 X 射线衍射法、超声波法、磁波法、中子衍射法等；机械测定方法可细分为小孔法、切块法、切条法、切环法等。

1934 年德国学者 J. Mathar[104]首次提出采用小孔释放法进行焊接残余应力的测量。该方法通过在试件表面钻取一定深度和直径的小盲孔，由孔周的应变花测得钻孔前后的应变变化，即释放应变，从而计算得到相应的残余应力。1981 年，盲孔法测定方法纳入美国材料标准 E837-81，其应用价值进一步得到认可[105]。在小孔释放法中，应变释放系数 A、B 的确定是计算残余应力测定值的前提。对于通孔法，可由 Kirsch 理论解计算出系数 A、B，而对于盲孔法；则需要由试验对系数 A、B 进行标定[106]。一些学者对国内一些常用钢材的应变释放系数进行了研究，以改善标定系数精度，提高测定结果的可靠度。张小鹏等[107]对 SM400Zl 钢进行标定试验，提出在同一测点多次扩孔的改良盲孔法；在此基础上，结合形状改变比能理论对标定结果线性回归，提出应变释放系数塑性修正公式。游敏等[108]分析了 16Mn 钢和 IGr18Ni9Ti 不锈钢钻孔后测读应变的时间与应变值之间的关系，试验表明测试时间对所测得应变值有不可忽略影响，且不同材料对应的测试时间也有所不同。裴怡等[109]以低碳钢为试验材料，对盲孔法中释放系数 A、B 与孔深和孔径之比的关系进行研究，依据试验结果建议孔深取值为 1.2 倍孔径，A、B 系数在弹性范围内与应力水平无关，且在应力一定时为一常量。还有学者采用有限元方法模拟不同材质的应变释放系数，并以试验验证数值模拟结果的准确性。谭明鹤等[110]选取 Q370c 钢进行模拟，并对应变释放系数公式进行推广，使其能应用于不同应变花尺寸及不同材料。侯海量等以 921A 钢为研究对象通过数值模拟提出应变释放系数塑性修正公式。刘一华等[111]对 304 不锈钢进行模拟，通过改变材料弹性模量考虑钻孔时的加工硬化影响，得到应变释放系数随加工硬化的变化规律。马雯波、张晓宏、郑建毅等[112-114]分别对 Q345R 钢、铝合金 LF6 和 ASTM E837-08 钢进行数值模拟，并提出了相应的应变释放系数塑性修正公式。

1961 年德国学者 Macherauch[115]提出 X 射线衍射法测试残余应力。该方法选取试件测试区域为衍射平面，由于残余应力的存在，各晶格之间的间距发生变化，这使得由于衍射所产生的干涉线峰值点偏移，由该偏移与应力之间的关系即可测点残余应力分布。2001 年，C. H. Ma 等[116]提出用 X 射线小角衍射法进行残余应力的测试。与传统方法相比，该方法在测试薄膜试件时能够有效提高辐射量，从而为高角度的布拉格衍射峰提供更高的强度，此外不均匀采样对残余应力结果的影响也相对较小。在国内，马昌训等[117]采用不同方向和衍射角的 X 射线测得 7075 铝板表面残余应力分布，对试验结果进行误差分析，认为合适的曝光时间、曝光数量以及试件表面处理能够减小测试误差。鞠明等[118]采用 X 射线衍射法和 Ortner 方法相结合，对经喷丸强化后的 AM1 镍基单晶合金的表面残余应力进行了测试，分析了测试晶面数量、晶面位置和衍射角的步长精度对残余应力实测值的影响。苟国庆等[119]对高速列车焊接接头所用母材 A5083P-O 铝合金进行残余应力测试，将 X 射线衍射法测试结果与拉伸标定试验、盲孔法及有限元方法所得结果进行对比，各方法测试结果有良好的一致性。

超声波测试法是近些年来一种较为新颖的测试方法。当测试材料内部分布有残余应力时，超声波在其中的传播速度将发生变化，由此即可测得沿该声波路径上的平均残余应力[120]。刘艳华等[121]采用超声波法对 45 号钢摩擦接头残余应力分布进行测试，相比以往超声波方法只适合于在各向同性材料上测试，提出适用于各向异性材料的残余应力计算公式。路浩等[122]采用超声波法对厚度仅为 5mm 的铝合金薄壁构件进行测试，得到残余应力分布情况，并采用激光全息小孔法和有限元方法对超声波法测试结果进行了验证，证明了该方法用于薄壁构件残余应力测试的可靠性。

北田俊行等[123]选用3个U肋加劲板试件进行残余应力试验,母板和U肋选用不同强度组合,钢材牌号为SS 41与SS 50Y,得到U肋加劲板横断面各部位的焊接残余应力大小的分布范围。大橋治一、依田照彦、樋口康三[124]对两种不同构造尺寸的U肋加劲板进行了残余应力试验,钢材类型均为SS 400(与国内Q235钢相当)。Evy Van Puymbroeck[125-127]在2014年对闭合U肋加劲板的残余应力分布进行了研究,得出残余应力分布图,利用钻孔法对大尺寸构件模型进行残余应力的测量(模型长8.2m、宽4.1m,带有6根U肋)。国内学者吴冲[98]以苏通长江大桥为研究背景,试验构件按1/2.5比例对实桥钢箱梁部分顶板进行缩尺,钢材牌号为Q345,通过切条法测试U肋加劲板的焊接残余应力。

2. 焊接热过程

焊接热过程的准确计算和测定是焊接应力和变形分析的前提。自20世纪30年代起,焊接热力学的分析开始获得较大的关注,Rosenthal[128,129]提出移动热源模型及与之相应的准稳态热流量,假定随温度变化的材料热物理性能并忽略焊接过程中相变潜热及散热的影响,由此计算出薄板焊接温度场的解析解。苏联的Rykalin[130]通过研究,形成了焊接热过程计算的经典理论——Rosenthal-Rykalin公式体系。Grong[131]在书中引用并验证了Rykalin的研究结果。Nippe[132]等在焊接温度场的分析中引入瞬态热传递的影响,研究发现在焊接热影响区的测试值与采用Rosental公式所得解析解有较为显著的差异。Rosenthal假定热源是集中于一个点、一条线或是一个平面,材料无论在任何温度下都认为是固体,不发生相变;材料的热物理性能不随温度而变化以及焊件尺寸无限大等[133]。然而,这些假设条件与焊接传热递的实际情况有较大的差异,位于热源处的奇异点导致无限的温度水平,致使距离热源较近部位的温度发生较大的偏差,而这里往往是我们最关心的部位。不过解析解仍有它的优点,它计算简单且可以比较直观地看到各个变化参数对温度的影响。为了减少在融合区(Fusion Zone,FZ)的中心处和附件区域出现不可靠的计算值,有必要考虑热源分布模式。高斯分布(Gaussian Distribution)作为常用的热源分布模式,由Pavelic[134]在1969年提出。1983年,美国麻省理工学院Eagar和Tsai[135]在对Rosenthal-Rykalin公式的修正方面迈出了重要的一步,将二维高斯分布热源引入Rosenthal-Rykalin公式,推导出半无限体上运动的高斯热源作用下的焊接温度场计算公式,提高了热源作用区域附近的焊接热过程计算精度。

国内学者汪建华等[136,137]根据薄板、厚板、有限厚板以及高速热源、低速热源五种情况下的基本解析式，讨论了板厚、坡口、接头形式和焊缝位置等因素的影响，导出各种情况下的热流修正系数，建立了不同接头形状下的焊接传热系统，可以说是对解析方法的一个较全面应用的例子。1999 年，日本国立金属研究所 Mguyen 和 Ohta 等人[138]将双椭球的体积分布热源应用于半无限体，推导出焊接温度场的计算公式，首次在解析解中考虑了热源的体积分布。但是，如果把这个公式用于一般有限厚度的焊件时，还需要采用多次热源反射法来处理。2004 年，日本国立金属研究所 Mguyen 和 Ohta 和澳大利亚悉尼大学 Simpson 等人[139]推导了有限板厚和双椭球体体积分布热源情况下的焊接热过程计算公式，并用试验数据对公式进行了标定。这样，就可以直接利用该式计算一般焊接情况的温度场，不再需要采用多次热源反射法来处理。

电子计算机的发展推动了数值模拟在焊接热过程计算中的应用。数值分析法能够处理焊接过程中各种复杂的边界条件、热源分布和非线性问题，具有解析法不可比拟的优势。因此，数值分析在焊接热过程的研究中得到了广泛的应用。1969 年，Pavelic[140]采用有限差分法建立二维的平板焊接模型。该准稳态模型考虑了表面传热、辐射散热损失和随温度变化的热物理性能，并对有限差分法和有限元法计算结果进行了对比。1973 年，Hibbitt 和 Marcal[141]首次将有限元分析方法用于焊接残余应力分析中。Paley 等[142]建立三维无限长条板的焊接有限元模型，分析中采用高斯热源模型并忽略热损失的影响。加拿大的 Z. Paley 编制了可以分析非矩形截面以及常见的单层、双层 U 形、V 形坡口的焊接传热计算机程序，采用差分方法，考虑了材料热物理性能与温度的关系，并将熔化区内的单元作为加热的热源来处理。美国的 G. W. Krutzy 于 1976 年的博士论文中用有限元建立了二维焊接温度场的计算模型，并考虑了相变潜热问题。在实际的焊接过程中，对焊接表面电弧的精确观察是非常困难的，因此用于模拟电弧焊接过程中现象的数学模型，并研究焊接工艺参数如何影响焊接质量，已经成为必不可少的系统技术[143]。焊接池中的热传递和流体流动现象的量化表示越来越受到关注，以便将加工条件与所生产的焊件的质量联系起来，并且将该信息用于优化焊接过程的自动化[144]。通常，理论模型提供了一个强大的替代方法来检查焊接过程的物理概念，估计重要的输入参数，得到计算参数变化的影响。多学者在这方面做出了杰出贡献[145-147]。

在国内，1981 年西安交通大学唐慕尧等首先用有限元法计算了薄板准稳态焊接温度场。之后，上海交通大学在焊接热传导数值分析方面做了许多工作，提出了求解非线性热传导方程的变步长外推法，建立了焊接温度场的有限元计算模型和相应的计算机程序。20 世纪 90 年代焊接热传导分析可以说已达到较为成熟的程度,随着计算机容量的扩大和速度的加快,三维瞬态焊接温度场的分析已不存在实质性的困难[148,149]。

3. 数值模拟残余应力

由于焊接中的热量集中,焊接线附近区域经受热循环,热循环在材料中引起不均匀的加热和冷却,从而在焊件中产生不均匀的塑性变形和残余应力[150]。拉伸残余应力通常是有害的,增加了焊缝对疲劳损伤、应力腐蚀开裂和断裂的敏感性[151]。因此,需要研究焊接残余应力场的分布规律和数值大小[152]。三维热弹塑性有限元法可以模拟整个焊接过程中的动态应力和变形,详尽地掌握焊接应力和变形的产生及变化的过程,不仅可以计算出焊接残余应力,还可得到结构的焊接变形,同时较为准确地考虑各种工艺参数的影响。随着大型有限元软件的开发并取得了良好的效果,这种方法被越来越多的学者采用。

多年来各国学者和专家对焊接产生的残余应力和残余变形进行了大量的研究。早期,如苏联的奥凯尔勃洛姆用图解的形式分析了一维条件下焊接过程中的应力应变过程,对了解焊接应力与变形产生的原理和本质有重要的贡献[153]。可以说至今它仍然是焊接应力与变形在教育领域的理论基础。基于该理论提出了以残余塑变来计算焊接变形的方法。这一方法在 C · A · 库兹米诺夫的著作里得到进一步的发展并形成一个较完整的系统[154]。

20 世纪 70 年代以来,上田幸雄和村川英一提出了考虑材料力学性能与温度有关的二维和三维焊接热弹塑性有限单元法[155],使对复杂的动态焊接应力应变过程进行分析成为可能,并发展成为一门新的学科——“计算焊接力学”。此后他们在焊接热弹塑性基本理论应用、焊接应力的发生机制和残余应力分布形态、应力消除退火、焊接裂纹及其力学指标、基于固有应变理论的三维残余应力测定法、高精度焊接变形预测、焊接应力应变对焊接接头强度的影响等方面有许多发展,取得了丰硕成果[156]。

最早的二维有限元分析出现在 20 世纪 70 年代初期[157-161]。由于三维模拟需要大的计算能力和计算成本,在很长一段时间内二维模拟仍然主导着大量的研究,Michaleris 等[162]比较了对接焊接板的二维和三维模型,二维模型具有较大的融合区域,比三维模型获得较大的拉伸纵向应力区域。完全三维模型是基于实体单元建模,单元包括所有应变和应力分量,因壳单元用三个坐标描述也可以被认为是三维模型。焊接的第一个三维残余应力预测是由 Lindgren 和 Karlsson[163]提出的,他们在对薄壁管进行建模时使用壳单元。Näsström 等[164]首先尝试在焊接模型中使用壳单元和实体单元混合建模。Gu 和 Goldak[165]也做了同样的研究，但仅用于热分析。Dong[166,167]使用壳单元来研究壁厚和焊接速度对管道残余应力的影响以及模拟多道焊。这被用于对管道中的修补焊缝进行建模[168]，也用于在面板中的修复焊缝[169-171]。

焊接残余应力的分布取决于结构尺寸、材料性能、约束条件、热输入、焊接次数和焊接顺序等因素。Akbari 等[172]建立异种钢管对接焊有限元模型，两类钢管材料分别为 A106-B 和 A240-TP304，分析结果表明，焊接热输入对残余应力分布和大小有显著影响。Dean Deng[173]分别对低碳钢 S15C 和中碳钢 S45C 建立焊接有限元模型，通过连续冷却相变图分析熔池区域、热影响粗晶区和细晶区的马氏体组成。研究表明，固态相变过程中的金属体积变化对于低碳钢残余应力分布影响较小，而对于中碳钢的残余应力分布则有显著影响。

20 世纪 80 年代初，西安交通大学和上海交通大学等就开始了关于焊接热弹塑性理论及在数值分析方面的研究工作。上海交通大学先后开发了二维和三维焊接有限元程序，引入高温蠕变和相变的影响，并在薄板焊接失稳变形研究方面取得了进展。同时应用预测焊接变形的残余塑变法和固有应变法，通过焊接热输入和板厚可以确定残余塑变或固有应变的总和及其所在位置，从而可以由一次弹性有限元计算预测较复杂焊接的焊接变形[137]。国内学者汪建华等[174]探讨了热源模型、网格密度、时间步长和熔化潜热等因素对非线性瞬态焊接温度场计算精度的影响，提出相应的优化建议，通过平板堆焊和压缩机塞焊的温度场分析证明结论的正确性。陈佳权等[175]建立以 S355K2G3 碳锰钢为材料的平板对接焊模型，模型采用 ANSYS 中的生死单元技术模拟焊缝的生成以及热源的移动，焊接温度实测结果与有限元分析结果具有较好的一致性，证明了采用生死单元法模拟焊接过程的有效性。赵明等[176]针对焊接数值模型中如何计入相变潜热的影响进行了讨论，提出了焓法、显热容法和液体分数法这三种方法的计算公式，建立以 AISI SS304 不锈钢为材料的 GTAW 平板堆焊模型，通过与实测结果对比，表明考虑相变潜热的模型计算结果正确，通过分析结果给出合适的热处理温度。赵秋等[177,178]以文献[98]切条法测试的残余应力结果验证 U 肋加劲板数值模拟方法的正确性，通过数值模拟方法分析了 U 肋加劲板焊接残余应力的分布规律，并提出残余应力分布的简化计算方法。

1.3.2 初始几何缺陷研究现状

作为扁平钢箱梁顶底板主要的受力构件——U 肋加劲板在加工制作过程中不可避免会产生面外变形，这些面外变形通常称为初始几何缺陷。初始几何缺陷的存在对受压构件稳定承载力有不可忽略的影响。然而在利用数值方法分析几何缺陷影响过程中，由于初始几何缺陷的出现是随机的，没有一定的规律，不方便采用实际缺陷来分析构件的承载力。目前国内外大部分学者[179-183]采用数值模拟方法计入初始几何缺陷对承载力影响，对于整体几何缺陷的模拟，通常将加载初偏心和初始几何弯曲两种缺陷等效为沿构件加载方向的正弦弯曲变形；而对于局部几何缺陷的模拟，通常将板件特征值屈曲的最低阶屈曲模态按比例等效为局部初始几何缺陷的形态[184,185]。对于几何缺陷的幅值，大部分文献按照我国《钢结构设计规范》(GB 50017—2003)[186]或欧洲规范[187]中计算构件承载力时对钢结构初始几何偏差的取值。

1.4 受压 U 肋加劲板存在的问题

我国《公路钢结构桥梁设计规范》(JTG D64—2015)参照了国外的桥梁钢结构规范，结合国情进行改进，为广大钢结构桥梁工程师提供了宝贵的设计和施工指导。但是，国外钢结构桥梁规范的制定基础是基于国外的钢材特性和工程经验。我国的钢材生产工艺决定了钢材在力学性能上与国外钢材的不同。此外，美国、日本等国的钢结构规范是基于 20 世纪 60 ~ 90 年代的工程经验。我国近年来由于经济发展的需要，对于桥梁跨度、承载力的要求越来越高，需要更加精细的设计计算方法来满足新时代的桥梁结构设计需求。同时也需要在钢结构桥梁各主要方面有自身的技术基础，为更为先进的设计方法提供支撑。

现实中的钢制构件不可避免地存在几何缺陷和力学缺陷。通常，几何缺陷分为整体几何缺陷和局部几何缺陷，整体几何缺陷又可以分为杆件的初弯曲和加载初偏心；力学缺陷包括残余应力和截面各部分屈服点不一致。其中，对压杆弯曲失稳影响最大的是初偏心、初弯曲和残余应力[188]。计算受压 U 肋加劲板承载力必须考虑上述初始缺陷对承载力的影响。由于初始偏心的影响和初始弯曲大体相同，常和后者一起考虑[188-191]。根据研究结果，大部分规范对于整体几何缺陷采用杆件长的 1/1 000 计入初始弯曲。许多文献对这一点已达成共识。焊件的残余应力是由于焊接过程不均匀的热作用产生的，产生过程非常复杂，影响的因素很多。目前，对于常见的工字形截面和箱形截面的残余应力分布形式通过大量的试验测试已经比较清楚。但 U 肋加劲板的焊接残余应力测试试验很少，目前只有国外少数几个试验，而国外的钢材品种、焊接工艺和国内是有差别的。特别对于混合钢 U 肋加劲板更是如此。另外，不同断面尺寸的 U 肋加劲板残余应力分布与大小也会不相同，不同钢种或不同钢种混合的 U 肋加劲板焊接残余应力分布与大小同样也不相同。如果采用个别试验测得的残余应力分布形式用到不同构造尺寸的U肋加劲板中,不能代表实际构件的受力情况。需要研究U肋加劲板焊接残余应力分布规律,便于承载力计算时计入。

受压U肋加劲板可以发生强度破坏、整体失稳、局部失稳及整体与局部失稳相关破坏,破坏机理较为复杂,特别对于混合钢U肋加劲板,不同钢材强度的混合使之破坏更为复杂。虽然国内针对如苏通长江大桥等大跨度桥梁设计开展过受压U肋加劲板承载力试验研究,但均针对的是等强钢,并缺乏系统性研究,特别在分析中没能准确计入残余应力影响。因此,有必要进行混合钢U肋加劲板的稳定承载力试验与理论的系列研究,揭示其破坏机理,最终提出受压U肋加劲板的设计计算方法。

本章参考文献

[1] Ya S, Yamada K, Ishikawa T. 2010. Fatigue evaluation of rib-to-deck welded joints of orthotropic steel bridge deck[J]. Journal of Bridge Engineering, 16(4):492-499.

[2] G. P. 汉斯, D. A. 富尔梅治. 现代公路钢桥设计[M]. 胡春农,译. 北京: 人民交通出版社, 1982.

[3] 王伯惠. 斜拉桥结构发展和中国经验[M]. 北京: 人民交通出版社, 2003.

[4] 赵秋, 吴冲. 钢材强度对千米级斜拉桥主梁用钢量的影响[J]. 工程力学, 2009(S1): 57-61.

[5] AASHTO. AASHTO LRFD bridge design specifications [S]. Washington D C: American Association of State Highway and Transportation Officials (AASHTO), 2010.

[6] Atorod Azizinamini, High Performance steel: Research Front-Historical Account of Research Activities[J]. Journal of Bridge Engineering, May 2004, 212-217.

[7] 李燕, 高日. 高性能钢梁混杂设计方法及整体稳定性分析[J]. 钢结构, 2008, 23(2): 47-49.

[8] Shin D K, Le V A, Kim K. In-plane ultimate compressive strengths of HPS deck panel system stiffened with U-shaped ribs[J]. Thin-Walled Structures, 2013, 63: 70-81.

[9] Bedair O K. A Contribution to the stability of stiffened plates under uniform compression[J]. Computers and Structures. 1998, 66(5): 535-570.

[10] 王清泉. 大跨度斜拉桥扁平钢箱梁腹板极限承载力试验研究[D]. 上海: 同济大学, 2006.

[11] Grondin G Y, Chen Q, Elwi A E, et al. Stiffened steel plates under compression and bending[J]. Journal of Constructional Steel Research. 1998, 45(2): 125-148.

[12] Grondin G Y, Elwi A E, Cheng J J. Buckling of stiffened steel plates-a parametric study [J]. Journal of Constructional Steel Research. 1999, 50(2): 151-175.

[13] Sheikh I A, Grondin G Y, Elwi A E. Stiffened steel plates under uniaxial compression[J].

Journal of Constructional Steel Research. 2002, 58(5-8): 1061-1080.
[14] 赵秋，翟战胜. 开口肋加劲板屈曲模态与临界屈曲应力分析[J]. 建筑科学与工程学报，2016,33(2): 48-55.
[15] (德)G. 毕尔格麦斯特，H. 斯托依普. 稳定理论[M]. 北京：中国建筑工业出版社，1964.
[16] 小西一郎. 钢桥[M]. 北京：人民铁道出版社，1981.
[17] 吴冲. 现代钢桥[M]. 北京：人民交通出版社，2007.
[18] Column Research Committee of Japan. Handbook of Structural Stability [M]. Corona, Tokyo, 1971.
[19] Galambos T. V. Guide to Stability Design Criteria for Metal Structures[M]. 4th ed. Structural Stability Research Council, John Wiley and Sons, New York, 1988.
[20] Gaylord E H, Gaylord C N. Structural Engineering Handbook [M]. McGraw Hill, New York, 1990.
[21] Beedle L S. Stability of Metal Structures, a World View, 2nd edn [M]. Structural Stability Research Council, USA, 1991.
[22] Timoshenko S P, Gere J M. 弹性稳定理论[M].2 版.北京：科学出版社，1965.
[23] Martin D W, Cox H L. The buckling modes of longitudinally stiffened at panel[J]. Aeronautical Quarterly, 1963, 14: 346-398.
[24] Levy S, Krupen P. Large deflection theory for end compression of long rectangular plates rigidly clamped along two edges [S]. NACA TN 884, 1943.
[25] Coan J M. Large deflection theory for plates with small initial curvature loaded in compression [J]. Journal of Applied Mechanics, 1951, 18: 143-151.
[26] Yamaki N. Post-buckling behaviour of rectangular plates with small initial curvatures loaded in edge compression [J]. Journal of Applied Mechanics, 1960, 27: 407-414.
[27] Rushton K R. Post-buckling of rectangular plates with various boundary conditions [J]. Aeronautical Quarterly, 1970: 163-181.
[28] Dawson R G, Walker A C. Post buckling of geometrically imperfect panels[J]. ASCE, Journal of the Structural Division, 1972, 98: 75-94.
[29] Rhodes J, Harvey J M. Plates in uniaxial compression with various support conditions at unloaded boundaries[J]. International Journal of Mechanical Sciences, 1971, 13,787-802.
[30] Rhodes J, Harvey J M. Examination of plate post-buckling behavior[J]. ASCE Journal of Engineering Mechanics, 1977, 103: 461-479.
[31] Williams D G, Walker A C. Explicit solutions for the design of initially deformed plates subject to compression [J]. Proceedings of the Institution of Civil Engineers, 1975, 59: 763-787.
[32] Williams D G, Walker A C. Explicit solutions for the plate buckling analysis[J]. ASCE

Journal of Engineering Mechanics, 1977, 103: 549-568.

[33] Bedair O K, Sherbourne A N. Plate/stiffener assemblies in uniform compression: Part I-buckling[J]. ASCE, Journal of Engineering Mechanics, 1993, 119: 1937-1955.

[34] Sherbourne A N, Bedair O K. Plate/stiffener assemblies in uniform compression: Part II-post-buckling[J]. ASCE, Journal of of Engineering Mechanics, 1993, 119: 1956-1972.

[35] Bedair O K, Sherbourne A N. Toward rational predictions of the local stability of plate/stiffener assemblies[C]. Proceedings of 11th Canadian Society for Civil Engineers Conference, Vol. 4, 1993, pp. 139-148.

[36] Bedair O K, Sherbourne A N. Plate/stiffener assemblies under non-uniform edge stress[J]. ASCE Journal of Structural Division, 1995, 121(11): 1603-1612.

[37] Bedair O K, Sherbourne A N. The elastic stability of partially restrained plates under compression and in-plane bending[J]. Journal of Constructional Steel Research, 1995, 35(3): 339-360.

[38] Sherbourne A N, Bedair O K. Stability of stiffened plates under combined compression and in-plane bending[C]. Proceedings of 11th Canadian Society for Civil Engineers Conference, 1993, 4:129-138.

[39] Bedair O K, Sherbourne A N. On the stability of plates under combined compression and in-plane bending[J]. Computers and Structures, 1995, 53: 1453-1464.

[40] Bedair O K, Sherbourne A N. Unified approach to the local stability of plate/stiffener assemblies[J]. ASCE, Journal of Engineering Mechanics, 1995, 121(2): 214-229.

[41] Bedair O K. A Contribution to the stability of stiffened plates under uniform compression[J]. Computers and Structures. 1998, 66(5): 535-570.

[42] Von Karman T, Sechler E E, Donnell L H. The Strength of Thin Plates in Compression. Transaction, ASME, Vol.54, APM54-5, 1932:53-56.

[43] 日本道路协会. 道路桥示方书[S]. 平成 8 年 12 月.

[44] Schafer B W, Pekoz T. Cold-formed steel members with multiple longitudinal intermediate stiffeners[J]. Journal of Structural Engineering. 1998, 124(10): 1175-1181.

[45] Paik, Jeom Kee, A K Thayamballi, et al. An analytical method for the ultimate compressive strength and effective plating of stiffened panels[J]. Journal of Constructional Steel Research. 1999, 49(1): 43-68.

[46] Horne M R, Narayanan R. An approximate method for the design of stiffened steel compression panels[J]. Proceedings of the Institution of Civil Engineers Part II, 1975, 59: 501-514.

[47] Horne M R, Narayanan R. Strength of axially loaded stiffened panels[M]. IABSE, 1976, 36: 125-157.

[48] Horne M R, Narayanan R. Ultimate strength of stiffened panels under uniaxial compression

[C]. In Steel Plated Structures ed. P. J. Dowling. Crosby Lockwood Staples, London, 1976: 24-50.

[49] Horne M R, Narayanan R. Design of axially loaded stiffened plates[J]. ASCE, Journal of the Structural Division, 1977, 103(11): 2243-2257.

[50] Horne M R, Narayanan R. The strength of straitened welded steel stiffened plates[J]. The Structural Engineer, 1976, 54: 437-443.

[51] Dwight J B, Little G H. Stiffened steel compression flanges-a simpler approach[J]. The Structural Engineer, 1976, 54: 501-505.

[52] Little G H. Stiffened steel compression panels-theoretical failure analysis[J]. The Structural Engineer, 1976, 54: 489-501.

[53] Frieze P A. Elasto-plastic buckling in thin-walled beams and columns[J]. Proceedings of the Institution of Civil Engineers, 1978, 65: 857-874.

[54] Frieze P A, Dowling P J. Interactive buckling analysis of box sections using dynamic relaxation[J]. Computers and Structures, 1978, 9: 431-439.

[55] Institution B S. Steel,concrete and composite bridge[S]. 英国, 2000.

[56] Guyon Y. Calcul des ponts larges a poutres multiples solidarisees par des entretoises[J]. Annuales des Pont et Chaussees de France, 1946, 10(9): 553-612.

[57] Massonnet C. Methode de calcul des ponts a poutres multiples tenant compte de leur resistance a la torsion[J]. Pub. Int. ABSE, 1950, 10: 680-748.

[58] Klitchieff J M, Belgrade Y. On the stability of plates reinforced by ribs[J]. Journal of Applied Mechanics, 1949, 16: 74-76.

[59] Cox H L. Computation of initial buckling stress of sheet stiffener combinations[J]. Journal of the Royal Aeronautical Society, 1954, 58: 634-638.

[60] Martin D W, Cox H L. The buckling modes of longitudinally stiffened at panel[J]. Aeronautical Quarterly, 1963, 14: 346-398.

[61] Hoppman H W, Baltimore N J, Magness L S. A study of orthogonally stiffened plates[J]. Journal of Applied Mechanics, Transactions of the ASME, 1956, 23: 243-250.

[62] Soper W. Large deflection of stiffened plates[J]. Journal of Applied Mechanics, 1958, 25: 444-448.

[63] Sherbourne A N, Liaw C Y, Marsh C. Stiffened plates in uniaxial compression[J]. IABSE, 1971, 31: 145-177.

[64] Byklum E, Steen E, Amdahl J. A semi-analytical model for global buckling and postbuckling analysis of stiffened panels[J]. Thin-Walled Structures. 2004, 42(5): 701-717.

[65] Paik, Jeom Kee, A. K. Thayamballi, B. J. Kim. Large deflection orthotropic plate approach to develop ultimate strength formulations for stiffened panels under combined biaxial compression/tension and lateral pressure [J]. Thin-Walled Structures, 2001, 39 (3)

215-246.

[66] Hovichitr I, Karasudhi P, Nishino F, et al. A rational analysis of plates with eccentric stiffeners[J]. IABSE Proceedings, 1977: 1-14.

[67] Murray N W, Katzer W. The collapse behaviour of stiffened steel plates which have high aspect ratios under axial compression[C]. In Instability and Plastic Collapse Of Steel Structures, ed. L. J. Morris, 1983: 432-445.

[68] Maaskant R. Interactive buckling of biaxially loaded elastic plate structures[D]. Ph. D. Dissertation, University of Waterloo, 1989.

[69] Hughes O F, Ghosh B, Chen Y. Improved prediction of simultaneous local and overall buckling of stiffened panels[J]. Thin-Walled Structures, 2004, 42(6): 827-856.

[70] Barkanov E. Introduction to the finite element method[D]. Institute of Materials and Structures Faculty of Civil Engineering Riga Technical University, 2001.

[71] Przemieniecki J. S. Discrete-element methods for stability analysis of complex structures[J]. The Aeronautical Journal of The Royal Aeronautical Society, 1968, 72.

[72] Przemieniecki, J. S. Finite element structural analysis of local instability[J]. AIAA Journal, 1973, 11: 33-39.

[73] Hagedoorn H J. An elastic finite element analysis of the buckling of eccentrically stiffened plates and shells[D]. Ph. D. Dissertation, Cornell University, 1973.

[74] Crisfield M A. Large defection elasto-plastic buckling analysis of plates using finite elements [R]. TRRL, Report no. 593, 1973.

[75] Wegmuller A. W, Costem C N. Finite Element Analysis Of Plates and Eccentrically Stiffened Plates[D]. Fritz Engineering Laboratory, Lehigh University, 1973.

[76] Wegmuller A W. Full range analysis of eccentrically stiffened plates[J]. ASCE, 1974, 100: 143-159.

[77] Crisfield M A. Full range analysis of steel plates and stiffened plating under uniaxial compression[J]. Proceedings of the Institution of Civil Engineers, 1975: 595-624.

[78] Crisfield M A. Large defection elasto-plastic buckling analysis of eccentrically stiffened plates using finite elements[R]. TRRL Laboratory, Report no. 725, 1976.

[79] Crisfield M A, Puthli R. A finite element method applied to the collapse analysis of stiffened box girder diaphragms[J]. In Steel Plated Structures. Crosby Lockwood Staples, London, 1976: 311-337.

[80] Soreide T H, Bergan P G, Moan T. Ultimate collapse behaviour of stiffened plates using alternate FE formulations[J]. Steel Plated Structures. 1976:618-632.

[81] Soreide T H, Moan T, Nordsve N. On the behaviour and design of stiffened plates in the ultimate limit stat[J]. International Journal of Ship Building Progress, 1978, 22: 238-244.

[82] Komatsu S, Nara S, Kitada T. Elasto-plastic analysis of orthogonally stiffened plates with ini-

tial imperfections under uniaxial compression[J]. Computers and Structures, 1980, 11: 429-437.

[83] Grondin G Y, Chen Q, Elwi A E, et al. Stiffened steel plates under compression and bending[J]. Journal of Constructional Steel Research, 1998, 45(2): 125-148.

[84] Grondin G Y, Elwi A E, Cheng J J. Buckling of stiffened steel plates-a parametric study [J]. Journal of Constructional Steel Research, 1999, 50(2): 151-175.

[85] Sheikh I A, Grondin G Y, Elwi A E. Stiffened steel plates under uniaxial compression[J]. Journal of Constructional Steel Research, 2002, 58(5-8): 1061-1080.

[86] Toulios M, Caridis P A. The effect of aspect ratio on the elastoplastic response of stiffened plates loaded in uniaxial edge compression[J]. Computers and Structures, 2002, 80(14-15): 1317-1328.

[87] Ueda Y, Rashed S M, Paik J K. Buckling and ultimate strength interaction in plates and stiffened panels under combined inplane biaxial and shearing forces[J]. Marine Structures, 1995, 8(1): 1-36.

[88] Hu S Z, Jiang L. Finite element simulation of the test procedure of stiffened panels[J]. Marine Structures. 1998, 11(3): 75-99.

[89] Turvey G. A contribution to the elastic stability of thin walled structures fabricated from isotropic and A contribution to the stability of stiffened plates under uniform compression 563 orthotropic materials[D]. Ph. D. Dissertation, University of Birmingham, 1971.

[90] Turvey G J, Wittrick W H. The influence of orthotropy on the stability of some multi-plate structures in compression[J]. Aeronautical Quarterly, 1973, 24, 1-8.

[91] Yoshida H, Maegawa K. Buckling strength of orthogonally stiffened plates[J]. Journal of Structural Mechanics, 1979, 7: 161-191.

[92] Cheung Y K, Delcourt C. Buckling and vibration of thin flat-walled structures continuous over several spans[J]. Proceedings of the Institution of Civil Engineers, Part II, 1977; 93-103.

[93] Djahni P. Large-deflection elasto-plastic analysis of discretely stiffened plates[D]. Ph. D Dissertation, Imperial College of Science and Technology, 1974.

[94] Webb S E. Stiffened plating under combined in-plane and lateral loading[D]. Ph. D Dissertation, Imperial College of Science and Technology, 1980.

[95] Webb S E, Dowling P J. Large deflection elasto-plastic behaviour of discretely stiffened plates[J]. Proceedings of the Institution of Civil Engrs, Part II,1975, 59: 501-514.

[96] Chen S J,Yang K C. Inelastic behavior of orthotropic steel deck stiffened by U-shaped stiffeners[J]. Thin-walled structures,2002,40(6):537-553.

[97] Chou C C,Uang C M,Seible F. Experimental evaluation of compressive behavior of orthotropic steel plates for the new San Francisco-Oakland bay bridge[J]. Journal of Bridge Engineering,

2006,11(2):140-150.
[98] 吴冲,曾明根,冯凌云.苏通大桥正交异性板局部模型极限承载力试验[J].桥梁建设,2006,9(2):21-23.
[99] 赵秋.U肋加劲板焊接残余应力与受压稳定方法研究[D].上海:同济大学,2010.
[100] 李立峰,邵旭东.正交异性闭口加劲板的承载力分析理论及试验研究[J].土木工程学报,2007,40(6):42-48.
[101] 狄谨,周绪红,吕忠达,等.正交异性钢箱梁U型肋加劲板极限承载力试验[J].中国公路学报,2009,22(2):59-64.
[102] 张茜,狄谨,周绪红.闭口肋加劲板屈曲临界应力计算方法[J].交通运输工程学报,2012,12(5):37-42.
[103] Shin D K,Le V A,Kim K. In-plane ultimate compressive strengths of HPS deck panel system stiffened with U-shaped ribs[J]. Thin-Walled Structures,2013,63:70-81.
[104] Mathar J. Determination of initial stresses by measuring the deformation around drilled holes[J]. Trans. ASME,1934,56(4):249-254.
[105] 宋天民.焊接残余应力的产生与消除[M].北京:中国石化出版社,2006.
[106] 侯海量,朱锡,刘润泉.盲孔法测量焊接残余应力应变释放系数的有限元分析[J].机械强度,2003,25(6):632-636.
[107] 张小鹏,王娜.基于大型炉体焊接残余应力测试的盲孔法研究[J].力学与实践,2007,29(3):45-49.
[108] 游敏,郑小玲,王福德,等.盲孔法测定焊接残余应力适宜测试时间研究[J].武汉水利电力大学(宜昌)学报,1999,21(1):54-57.
[109] 裴怡,包亚峰,唐慕尧.盲孔法测定时计算公式中A、B值的研究[J].机械强度,1997,19(1):18-21.
[110] 谭明鹤,王荣辉,黄永辉.盲孔法测残余应力中应变释放系数的修正方法[J].热加工工艺,2007,36(19):65-68.
[111] 刘一华,贺赟晖,詹春晓,等.盲孔法中释放系数的数值计算方法[J].机械强度,2008,30(1):33-36.
[112] 马雯波,陈曙光,刘荟琼,等.盲孔法中应变释放系数的有限元模拟标定[J].焊接学报,2011,32(2):97-100.
[113] 张晓宏,赵海燕,蔡志鹏,等.小孔法测量残余应力时孔边塑性应变的有限元分析及修正[J].机械工程学报,2005,41(3):193-200.
[114] 郑建毅,何闻,沈润杰.小孔法中校准系数的有限元数值标定技术研究[J].机械工程学报,2011,47(14):26-31.
[115] Macherauch E. X-ray stress analysis[J]. Experimental Mechanics,1966,6(3):140-153.
[116] Ma C H,Huang J H,Chen H. Residual stress measurement in textured thin film by grazing-incidence X-ray diffraction[J]. Thin Solid Films,2002,418(2):73-78.

[117] 马昌训,吴运新,郭俊康. X射线衍射法测量铝合金残余应力及误差分析[J]. 热加工工艺,2010,39(24):5-8.
[118] 鞠明,黄坚,吴毅雄. X射线衍射法测AM1镍基单晶合金的残余应力[J]. 机械工程材料,2013,37(3):99-102.
[119] 苟国庆,黄楠,陈辉,等. 高速列车车体铝合金残余应力[J]. 西南交通大学学报,2012,47(4):618-622.
[120] Fukuoka H,Toda H,Yamane T. Acoustoelastic stress analysis of residual stress in a patch-welded disk[J]. Experimental Mechanics,1978,18(7):277-280.
[121] 刘艳华,杨思乾. 超声波测定摩擦焊接头残余应力[J]. 焊接学报,2000,21(3):55-59.
[122] 路浩,刘雪松,孟立春,等. 高速列车车体服役状态残余应力超声波法无损测量及验证[J]. 焊接学报,2009,30(4):81-84.
[123] 北田俊行,中井博,古田富保. 閉断面補剛材を有する鋼板の初期不整に関する研究[C]. 土木学会論文集,1991,428(15):127-136.
[124] 大橋治一,依田照彦,樋口康三. 長大斜張橋鋼床版の初期不整の実測データとその圧縮強度の評価[C]. 土木学会論文集,1996,549(37):55-64.
[125] Van Puymbroeck E, Nagy W, De Backer H. Determination of residual stresses with the incremental hole-drilling method to improve the design of critical components in bridge constructions [C]. 16th International Conference and Exhibition: Structural Faults & Repair. 2016.
[126] Nagy W, Van Puymbroeck E, Schotte K, et al. Measuring Residual Stresses in Orthotropic Steel Decks Using the Incremental Hole-Drilling Technique[J]. Experimental Techniques, 2017 Jun 1;41(3):215-216.
[127] Van Puymbroeck E, Nagy W, De Backer H. Effect of Plasticity on Residual Stresses Obtained by the Incremental Hole-drilling Method with 3D FEM Modelling[C]. In10th international conference on residual stresses 2016, 2:235-240.
[128] Rosenthal D. Mathematical theory of heat distribution during welding and cutting[J]. Welding Journal,1941,20(5) :220-234.
[129] Rosenthal D. The theory of moving sources of heat and its application to metal treatments [J]. Trans. ASME,1946,43(11) :849-866.
[130] 雷卡林. 焊接热过程计算[M]. 庄鸿寿,徐碧宇,译. 北京:中国工业出版社, 1958.
[131] Grong. Metallurgical modeling of weding(2nd Editon)[M]. London: The Institute of Materials, 1997.
[132] Nipps E F,Meril,et al. Cooling rates in arc welding in 1/2 In. plate[J]. Welding Journal, 1949,22(11):556-564.
[133] Rosenthal D. Mathematical theory of heat distribution during welding and cutting[J]. Welding journal. 1941,20(5).

[134] Pavelic V, Tanbakuchi R, Uyehara OA, et al. Experimental and computed temperature histories in gas tungsten-arc welding of thin plates[J]. WELD J. 1969 Jul;48(7):295.
[135] Eagar T W, Tsai N. Temperature fields produced by traveling distributed heta sources[J]. Welding Journal (Miami, Fla). 1983, 62(12): 346-355.
[136] 汪建华，陈楚. 不同接头形状下的焊接传热计算机系统[J]. 焊接学报，1990，11(1): 57-64.
[137] 汪建华. 焊接数值模拟技术及其应用[M]. 上海：上海交通大学出版社，2003.
[138] Nguyen N T, Ohta A, Matsuoka K, et al. Analytical solutions for transient temperature of semi-infinite body subjected to 3-D moving heat sources[J]. Welding Journal (Miami, Fla). 1999, 78(8): 265-274.
[139] Nguyen N T, Mai Y, Simpson S, et al. Analytical Approximate Solution for Double Ellipsoidal Heat Source in Finite Thick Plate[J]. Welding Journal (Miami, Fla). 2004, 83(3): 82-93.
[140] Pavelic V,Tanbakuchi R,Uyehara O A,et al. Experimental and computed temperature histories in gas tungsten-arc welding of thin plates[J]. WELD J,1969,48(7):295.
[141] Hibbitt H D, Marcal P V. A numerical, thermo-mechanical model for the welding and subsequent loading of a fabricated structure[J]. Computers & Structures, 1973, 3(5): 1145-1174.
[142] Paley Z,Hibbert P D. Computation of temperatures in actual weld designs[J]. Welding Journal,1975,54(11):385-392.
[143] Kim IS, Basu A. A mathematical model of heat transfer and fluid flow in the gas metal arc welding process[J]. Journal of Materials Processing Technology, 1998 May 1;77(1): 17-24.
[144] Szekely J. Keynote address transport phenomena in welds with emphasis on free surface phenomena[C]. Recent Trends in Welding Science and Technology, Gatlinburg, Tennessee, USA. 1989:3-7.
[145] C. Sozou, W. M. Pickering, Magnetohydrodynamic flow due to the discharge of an electric current in a hemispherical container[J]. J. Fluid Mech, 1976, 73: 641-650.
[146] J. G. Andrews, R. E. Crane. Fluid flow in a hemisphere induced by a distributed source of current[J]. J. Fluid Mech, 1978, 84:281-290.
[147] D. R. Atthey, A mathematical model for fluid flows in a weld pool at high currents[J]. J. Fluid Mech, 1980, 98 (4): 787-801.
[148] 汪建华，戚新海. 三维瞬态焊接温度场的有限元模拟[J]. 上海交通大学学报，1996，30(3): 120-125.
[149] 蔡洪能，唐慕尧. TIG 焊接温度场的有限元分析[J]. 机械工程学报，1996，32(2): 34-39.

[150] Deng D, Murakawa H. Numerical simulation of temperature field and residual stress in multi-pass welds in stainless steel pipe and comparison with experimental measurements [J]. Computational materials science. 2006,37(3):269-277.

[151] Murugan S, Rai S K, Kumar P V, Jayakumar T, et al. Temperature distribution and residual stresses due to multipass welding in type 304 stainless steel and low carbon steel weld pads[J]. International Journal of Pressure Vessels and Piping, 2001, 78(4):307-317.

[152] Brickstad B, Josefson BL. A parametric study of residual stresses in multi-pass butt-welded stainless steel pipes[J]. International Journal of Pressure Vessels and Piping. 1998, 75 (1):11-25.

[153] 奥凯尔勃洛姆. 焊接应力与变形[M]. 北京：中国工业出版社，1958.

[154] C A 库兹米诺夫. 船体结构的焊接变形[M]. 北京：国防工业出版社，1978.

[155] 上田幸雄，村川英一，麻宁绪(日). 焊接变形和残余应力的数值计算方法与程序[M]. 成都：四川大学出版社，2008.

[156] 陈楚. 数值分析在焊接中的应用[M]. 上海：上海交通大学出版社，1985.

[157] Ueda Y, Yamakawa T. Thermal stress analysis of metals with temperature dependent mechanical properties[J]. Mechanical behavior of materials. 1972:10-20.

[158] Ueda Y, Yamakawa T. Analysis of thermal elastic-plastic stress and strain during welding by finite element method[J]. Transactions of the Japan Welding Society. 1971;2(2): 90-100.

[159] Ueda Y, Yamakawa T. Mechanical cracking characteristics of cracking of welded joints [C]. Proc of 1st Int. Symposium on Precaution of Cracking in Welded Structures Based on Recent Theoretical and Practical Knowledge, The Japan Welding Society, Tokyo, 1971.

[160] Y Fujita, Y Takeshi, T Nomoto. Studies on restraint intensity of welding[M]. IIW Doc X-570-573, 1970.

[161] Y Fujita, T Nomoto. Studies on thermal stresses with special reference to weld cracking [C]. Proc of 1st Int. Symposium on Precaution of Cracking in Welded Structures Based on Recent Theoretical and Practical Knowledge, The Japan Welding Society, p. IC6. 1, 1971.

[162] Michaleris P, Feng Z, Campbell G. Evaluation of 2D and 3D FEA models for predicting residual stress and distortion[J]. ASME-PUBLICATIONS-PVP. 1997, 347:91-102.

[163] Lindgren L E, Karlsson L. Deformations and stresses in welding of shell structures[J]. International Journal for Numerical Methods in Engineering, 1988 Jun 1;25(2):635-655.

[164] Näsström M, Wikander L, Karlsson L, et al. Combined solid and shell element modelling of welding[C]. InMechanical Effects of Welding, 1992: 197-205.

[165] Gu M, Goldak J, Haaland K. Mixing thermal shell and brick elements in FEA of welds [C]. InProc. of 10th Int. Conf. on Offshore Mechanics and Arctic Eng. (OMAE), 1991, 3:1.

[166] Dong Y, Hong JK, Tsai CL, et al. Finite element modeling of residual stresses in austenitic stainless steel pipe girth welds[J]. Welding Journal, 1997, 76(10).

[167] Zhang J, Dong P, Brust FW. A 3-D composite shell element model for residual stress analysis of multi-pass welds[J]. Proc. SMiRT 14, 1997, 1:335-344.

[168] Zhang J, Dong P. 3-D residual stress characteristics in pipe repair welds[C]. InProc. Of the 5th Int. Conf. on Trends in Welding Research, 1998: 949.

[169] Dong P, Hong JK, Zhang J, et al. Effects of repair weld residual stresses on wide-panel specimens loaded in tension[J]. Journal of pressure vessel technology, 1998, 120(2): 122-128.

[170] Dong P, Hong J K, Rogers P. Analysis of Residual Stresses in AI-Li Repair Welds and Mitigation Techniques[J]. Welding Journal, New York, 1998, 77:439-s.

[171] Dong P, Zhang J, Li M V. Computational modeling of weld residual stresses and distortions-an integrated framework and industrial applications[J]. ASME-Publications-PVP, 1998, 373:311-336.

[172] Akbari D, Sattari-Far I. Effect of the welding heat input on residual stresses in butt-welds of dissimilar pipe joints[J]. International journal of pressure vessels and piping, 2009, 86(11):769-776.

[173] Deng D. FEM prediction of welding residual stress and distortion in carbon steel considering phase transformation effects[J]. Materials & Design, 2009, 30(2):359-366.

[174] 汪建华,戚新海,钟小敏. 三维瞬态焊接温度场的有限元模拟[J]. 上海交通大学学报, 1996, 30(3):120-125.

[175] 陈家权,沈炜良,尹志新,等. 基于单元生死的焊接温度场模拟计算[J]. 热加工工艺, 2005, 34(7):64-65.

[176] 赵明,武传松,陈茂爱. 焊接热过程数值分析中相变潜热的三种解决方案[J]. 焊接学报, 2006, 27(9):55-62.

[177] 赵秋,吴冲. U 肋加劲板焊接残余应力数值模拟分析[J]. 工程力学, 2012, 29(8):262-268.

[178] 赵秋,吴冲. U 肋加劲板焊接残余应力的一种简化计算方法[J]. 工程力学, 2012, 29(10):170-176.

[179] 李立峰, 邵旭东. 扁平钢箱梁闭口 U 形加劲板屈曲特性理论分析[J]. 公路交通科技, 2008, 25(3): 88-92.

[180] 杨娜,龙丽华. 初始缺陷和轴力对变截面 H 型钢梁屈曲性能的影响[J]. 北京交通大学学报, 2006, 30(6):52-56.

[181] 李立峰,邵旭东. 正交异性闭口 U 肋加劲板的承载力分析理论及试验研究[J]. 土木工程学报, 2007, 40(6):42-48.

[182] 胡会勇,宋恒扬,余晓琳. 自锚式悬索桥钢箱梁局部稳定研究[J]. 城市道桥与防洪,

2008(6):121-126.

[183] 周奎,宋启根. 钢结构几何缺陷的直接分析方法[J]. 建筑钢结构进展, 2007, 9(1): 57-62.

[184] TEH L H, CIARKE M J. Tracing Secondary Eguilibrium Paths of EIastic Framed Structures [J]. J. Engrg. Mech ,ASCE, 12(12): 1358-1364.

[185] 沈世钊,陈昕. 网壳结构稳定性[M]. 北京:科学出版社,1999.

[186] 中华人民共和国国家标准. GB 50017—2003 钢结构设计规范[S]. 北京:中国计划出版社,2003.

[187] EN1993-1-1, Eurocode 3: Design of steel structures-Part 1-1: General rules and rules for buildings[S]. Brussels: European Committee for Standardization, 2005.

[188] 陈绍蕃. 钢结构设计原理[M]. 北京: 科学出版社, 2005.

[189] 李开禧, 肖允徽. 钢压杆的柱子曲线[J]. 重庆建筑大学学报, 1985(1).

[190] 李杰, 郑凯锋. 考虑大挠度效应及初偏心的压杆稳定性分析[J]. 昆明理工大学学报(理工版), 2005, 30(4): 59-62.

[191] 钱冬生. 钢压杆的验算是怎样用压溃理论代替压屈理论的[J]. 桥梁建设, 1974(3).

第2章 U肋加劲板焊接残余应力分布试验研究

采用盲孔法对混合钢U肋加劲板焊接试件的残余应力分布进行测试，得到U肋与母板不同强度组合以及不同构造尺寸的U肋加劲板的纵向焊接残余应力分布，该研究成果作为混合钢U肋加劲板稳定承载力研究依据。

2.1 焊接残余应力产生

2.1.1 焊接残余应力概念[1,2]

焊接构件由焊接而产生的内应力称为焊接应力，按作用时间可分为焊接瞬时应力和焊接残余应力。焊接瞬时应力为焊接过程中某一瞬时的焊接应力，它随着时间而变化；其中，弹性焊接应力将随焊接生成的不均匀温度分布的移去而消失，焊后残留在焊件内的焊接应力称之为焊接残余应力。

焊接残余应力具体产生过程可描述为：在焊接过程中，焊接区以远高于周围区域的速度被急剧加热（图2.1），导致局部熔化。焊接区材料受热而膨胀，热膨胀受到周围较冷区域的约束，并造成（弹性）热应力，受热区温度升高后屈服、极限强度下降，热应力可部分地超过该屈服、极限强度，结果使焊接区形成了塑性的热压缩，冷却后，比周围区域相对缩短、变窄或减小。最终在这个区域就呈现拉伸残余应力，周围区域则承受压缩残余应力。再有，冷却过程中的显微组织转变会引起体积的增加，如果这种情况发生在较低的温度，而此时材料的屈服、极限强度足够高，则会导致焊接区产生压缩残余应力，周围区域承受拉伸残余应力。可以运用下面的经验法则判别产生残余应力的情况：构件最后冷却的区域以热应力为主时，呈现拉应力；而以相变应力为主时，呈现压应力。与负载应力相比，即与外力相平衡的内力相对比，残余应力是发生在没有外力情况下的内力。所以，由极不均匀的焊接温度场使得材料产生的热膨胀量不同，从而最终导致的塑性应变与相变应变是产生焊接残余应力与变形的根本原因。

焊接是通过熔化金属进行连接的工艺过程，它必然产生热应力、残余应力和变形。从力学的观点出发解释其产生机理以及研究其对焊接结构所给予的影响的理论体系称为焊接力学。以前的焊接力学主要通过试验或简单的理论公式来进行定性研究，然而随着热弹塑性有限元法的普及，详细模拟焊接过程中的力学现象已成为可能[3]。

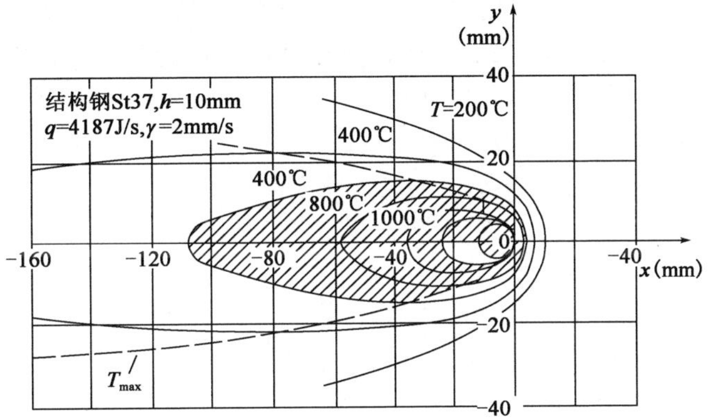

图2.1　无限板上匀速直线运动的焊接热源周围的温度场等温线

注：阴影区的屈服应力可以忽略不计，虚线表示局部最高温度点的位置。

2.1.2　焊接残余应力产生机理

日本学者上田幸雄在文献[3]中通过对图2.2所示的3根棒组成的理想化模型作为残余应力产生机理的演示，可以帮助我们很好地理解和再现稳态下焊缝方向的力学现象。设图中s、c、s棒的断面积分别是$A_0/2$、A、$A_0/2$，其中A_0比A大得多，棒的长均为L。棒的一端固定，另一端可以滑动。为了简单起见，材料假定为如图2.3所示应力—应变曲线不随温度变化的完全弹塑性体，其弹性模量为E，屈服强度为σ_y，热膨胀系数为α并与温度无关，初始温度取0℃。

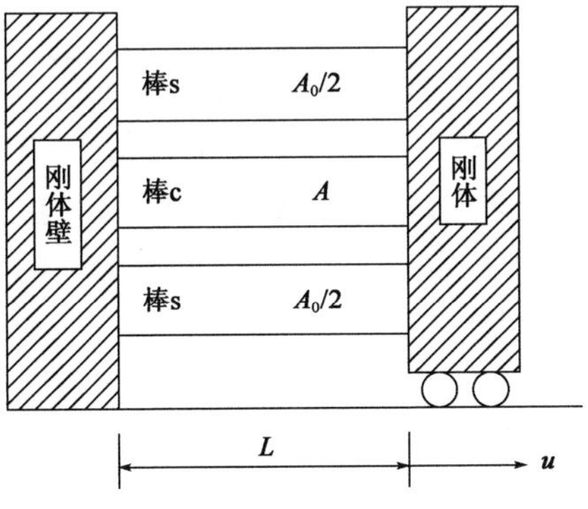

图2.2　解析模型

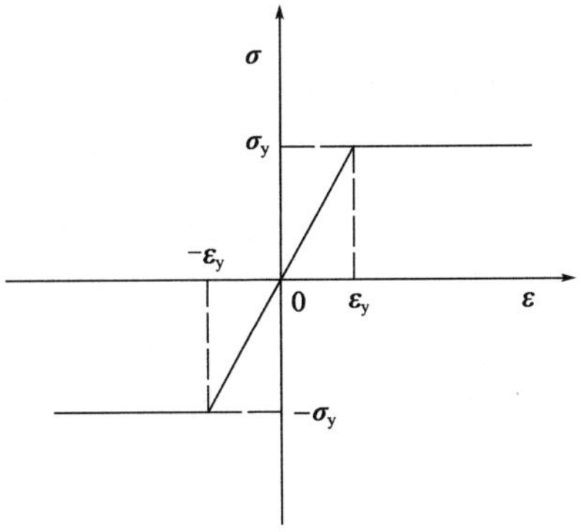

图2.3　材料的应力—应变曲线

从图 2.2 中的力学模型中可以看出,左面的刚体壁固定,右面的刚体可以平行移动,棒 c 经受热循环 $T=0℃\rightarrow T_{max}\rightarrow 0℃$。现对棒 c 从 0℃加热到最高温度 T_{max},然后再冷却到 0℃的过程进行解析。分析其力学行为发现,在这种条件下,最高到达的温度 T_{max} 不同,加热和冷却过程中产生的塑性应变则不一样,其残余应力也有很大的差异。如图 2.4 所示,把热循环分解为 3 个过程来分析:

①低温加热($0℃\rightarrow T_{max}\leqslant T_y\rightarrow 0℃$);

②中温加热($0℃\rightarrow T_y\leqslant T_{max}\leqslant 2T_y\rightarrow 0℃$);

③高温加热($0℃\rightarrow 2T_y\leqslant T_{max}\rightarrow 0℃$)。

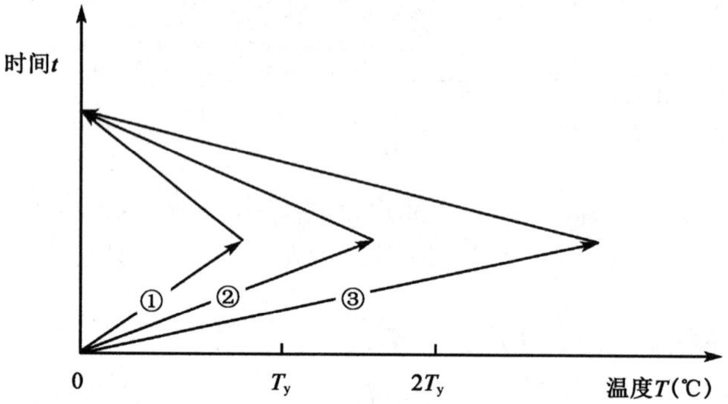

图 2.4 最高温度不同的加热条件

上式中出现的 T_y 将要在后面的式(2.7)中定义。

所得到的高温、中温和低温的热循环分别对应于图 2.5 的 a)、b)、c)。下面参照这些图来进行分析。

1. 低温加热[图 2.4 中路径①:$0℃\rightarrow T_{max}\leqslant T_y\rightarrow 0℃$,见图 2.5a)]

(1)加热过程(从 $T=0℃$ 开始到 $T_{max}\leqslant T_y$)。

首先,棒 c 的温度从 $T=0℃$ 开始加热到 $T_{max}\leqslant T_y$。随着温度的增加,在棒 c 中产生热应变 αT 并使之膨胀,由于其位移受到与刚体壁相连接的棒 s 的控制,棒 c 中产生压缩应力,而棒 s 中则产生拉伸应力。如果 T_{max} 比 T_y 低,则 3 根棒全部表现为弹性行为。在这个加热条件下,如果刚体的位移为 u,各个棒的位移也是 u,因此其全应变可以用下式来表示:

$$\varepsilon=\frac{u}{L} \tag{2.1}$$

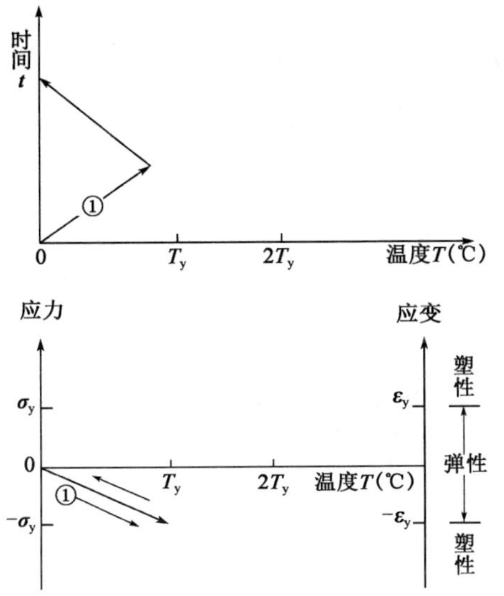

a) 低温加热：路径①

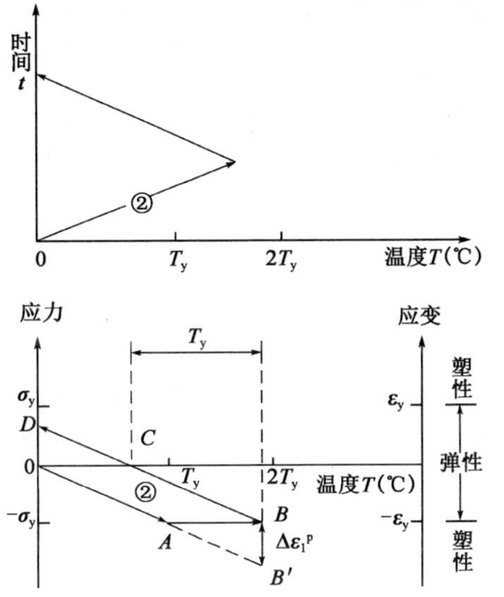

b) 中温加热：路径②

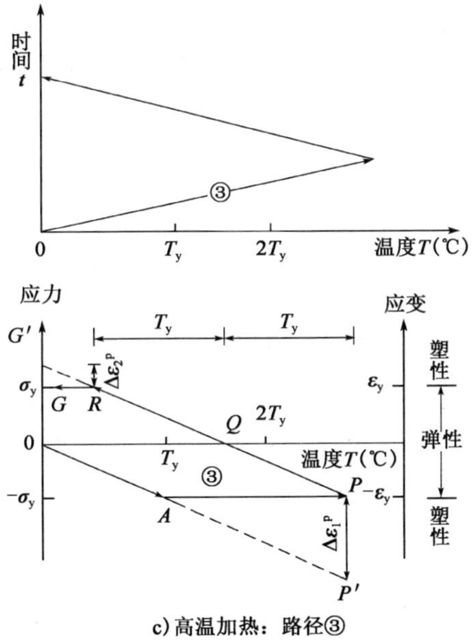

c) 高温加热：路径③

图2.5　一端固定、一端自由移动的棒c的温度、应力和应变的变化过程

由于棒 s 中没有热应变,所以令应变 ε 就是弹性应变,而棒 c 的全应变 ε 包括弹性 ε^{e} 和热应变 $\varepsilon^{T}=\alpha T$,即

$$\left.\begin{aligned}&\text{棒 s}\quad \varepsilon=\varepsilon^{e}\\&\text{棒 c}\quad \varepsilon=\varepsilon^{e}+\varepsilon^{T}\end{aligned}\right\}\tag{2.2}$$

这样,各棒产生的弹性应变 ε^{e} 和应力 σ 为:

$$\left.\begin{aligned}&\text{棒 s}\quad \varepsilon^{e}=\frac{u}{L},\quad \sigma=\frac{Eu}{L}\\&\text{棒 c}\quad \varepsilon^{e}=\frac{u}{L}-\alpha T,\quad \sigma=E\left(\frac{u}{L}-\alpha T\right)\end{aligned}\right\}\tag{2.3}$$

这里,棒 c 中的应力状态如图 2.5a)所示,从零点变化到 A 点。位移 u 是 3 根棒中的力保持平衡的位置,可以用下式来求得:

$$\left.\begin{aligned}&0=A_0\frac{Eu}{L}+AE\left(\frac{u}{L}-\alpha T\right)\\&u=\frac{A}{A+A_0}\cdot\alpha TL\end{aligned}\right\}\tag{2.4}$$

式中:A_0——两根 s 棒的横断面积;

A——棒 c 的横截面面积。

把式(2.4)中的位移 u 代入式(2.3)中,各棒的应力如下:

$$\left.\begin{aligned}&\text{棒 s}\quad \sigma=E\frac{A}{A+A_0}\alpha T\\&\text{棒 c}\quad \sigma=-E\frac{A_0}{A+A_0}\alpha T\end{aligned}\right\}\tag{2.5}$$

随着温度的持续增加,当 $T=T_y$ 时,棒 c 屈服,也就是棒 c 的状态达到图 2.5a)中的 A 点。这个状态下刚体壁的位移定义为 u_y。屈服温度可以根据棒 c 的屈服条件用式(2.3)计算如下:

$$\left.\begin{aligned}&E\left(\frac{u_y}{L}-\alpha T_y\right)=-\sigma_y\\&T_y=\left(\frac{\sigma_y}{L}+\frac{u_y}{L}\right)\cdot\frac{1}{\alpha}\end{aligned}\right\}\tag{2.6}$$

将式(2.4)代入,可以求得 T_y 以及 u_y,即

$$T_y=\frac{A+A_0}{A_0}\cdot\frac{\sigma_y}{E\alpha}\tag{2.7}$$

$$u_y = \frac{A}{A + A_0} \cdot \alpha \frac{A + A_0}{A_0} \cdot \frac{\sigma_y L}{E\alpha} = \frac{A}{A_0} \cdot \frac{\sigma_y L}{E} \tag{2.8}$$

式(2.7)中的 T_y 反映了棒 s 对棒 c 的约束程度。通常，这个系数大于1。但当棒 s 的横截面面积 A_0 趋于无限大的时候它趋于1.0，此时棒 c 的屈服温度计算式如下：

$$T_y = \frac{\sigma_y}{E\alpha} \tag{2.9}$$

(2)冷却过程(从 $T_{max} \leqslant T_y$ 到 $T = 0℃$)。

从这个最高加热温度冷却到基准温度 0℃，即回到图 2.5a)中的 0 点，整个过程均是弹性过程，没有残余应力产生。

2. 中温加热[图 2.4 中路径②：$0℃ \rightarrow T_y \leqslant T_{max} \leqslant 2T_y \rightarrow 0℃$，参照图 2.5b)]

(1)加热过程(从 $T = 0℃$ 开始到 $T_y \leqslant T_{max} \leqslant 2T_y$)。

下面考虑温度上升到 $T_y \leqslant T_{max} \leqslant 2T_y$ 的情况，即达到图 2.5b)的 B 点。棒 c 在温度为 T_y 时已经达到屈服，高于 T_y 后，温度增量不再使应力增加，而棒 s 也因达到屈服，对变形不再产生抵抗。所以热应变的增量 $\Delta\varepsilon^T = \alpha(T_{max} - T_y)$ 全部转化为了棒 c 中的压缩塑性应变，即全应变增量 $\Delta\varepsilon$ 为塑性应变增量 $\Delta\varepsilon^p$ 与热应变增量 $\Delta\varepsilon^T$ 的和，由于全应变增量为零，所以有

$$\left.\begin{aligned} 0 = \Delta\varepsilon = \Delta\varepsilon^p + \Delta\varepsilon^T = \Delta\varepsilon^p + \alpha(T_{max} - T_y) \\ \Delta\varepsilon^p = -\alpha(T_{max - T_y}) \equiv \Delta\varepsilon_1^p \end{aligned}\right\} \tag{2.10}$$

可见在这个场合下，由于应力没有变化，刚体将保持 $T = T_y$ 时的位移状态 u_y，即不发生移动。

(2)冷却过程。

①阶段1(从 $T = T_{max}$ 到 T_y)：

温度从 T_{max} 冷却到 T_y，棒 c 由于冷却产生收缩应变 $-\alpha T_y$，各个棒产生一个弹性卸载过程。假定这个温度变化引起的可动刚体的位移增量(实际外观变形)为 Δu，则全应变增量 $\Delta\varepsilon$ 为：

$$\left.\begin{aligned} &\text{上下棒 s} \quad \Delta\varepsilon = \frac{\Delta u}{L} = \Delta\varepsilon^e \\ &\text{棒 c} \quad \Delta\varepsilon = \frac{\Delta u}{L} = \Delta\varepsilon^e + \alpha T_y \end{aligned}\right\} \tag{2.11}$$

式中：$\Delta\varepsilon^e$——弹性应变增量。

各棒的弹性应变增量 $\Delta\varepsilon^e$ 和应力增量 $\Delta\sigma$ 计算如下：

$$\left.\begin{aligned}&\text{上下棒 s}\quad \Delta\varepsilon^{e}=\frac{\Delta u}{L}\\&\text{棒 c}\quad \Delta\varepsilon^{e}=\frac{\Delta u}{L}-\alpha T_{y}\\&\text{上下棒 s}\quad \Delta\sigma=E\frac{\Delta u}{L}\\&\text{棒 c}\quad \Delta\sigma=E\left(\frac{\Delta u}{L}-\alpha T_{y}\right)\end{aligned}\right\}\tag{2.12}$$

这里的 Δu 可以从棒 c 和棒 s 的平衡条件来求出。考虑到式(2.7)中的 T_y 有下式成立：

$$\left.\begin{aligned}&0=A_0E\frac{\Delta u}{L}+AE\left(\frac{\Delta u}{L}-\alpha T\right)\\&\Delta u=-\frac{A}{A+A_0}\alpha T_yL=-\frac{A}{A_0}\frac{\sigma_yL}{E}\end{aligned}\right\}\tag{2.13}$$

这里的 Δu 是热收缩引起的位移，由于与 u_y 相一致，所以可动刚体的位移为零，棒的内部应力则全部消失。但是，棒 c 中存在残余塑性应变 $\Delta\varepsilon^{p}=-\alpha(T_{max}-T_y)$，由于棒 c 的温度为 $(T_{max}-T_y)$，由此引起的热应变为 $\alpha(T_{max}-T_y)$，两者正好相抵消，因此，全应变以及应力都为零，也就是图 2.5b）中的 C 点。

②阶段 2（进一步冷却到 $T=0℃$）：

温度从 $T=T_{max}-T_y$ 开始再冷却到初始温度 $T=0℃$。由于温度变化 $\Delta T=(T_{max}-T_y)\leqslant T_y$，所以冷却过程是弹性变化过程，达到图 2.5b）的 D 点，各棒生成的应变和应力如下。

棒 s 的全应变增量和应力增量为：

$$\Delta\varepsilon\frac{\Delta u}{L}=\Delta\varepsilon^{e},\Delta\sigma=E\frac{\Delta u}{L}$$

而棒 c 的全应变是弹性应变和热应变之和，全应变增量和应力增量为：

$$\Delta\varepsilon=\frac{\Delta u}{L}=\Delta\varepsilon^{e}-\alpha(T_{max}-T_y)\tag{2.14}$$

$$\left.\begin{aligned}&\Delta\varepsilon=\frac{\Delta u}{L}+\alpha(T_{max}-T_y)\\&\Delta\sigma=E\left[\frac{\Delta u}{L}+\alpha(T_{max}-T_y)\right]\end{aligned}\right\}\tag{2.15}$$

根据力的平衡条件有：

$$\left.\begin{aligned}0 &= A_0E\frac{\Delta u}{L}+AE\left[\frac{\Delta u}{L}+\alpha(T_{\max}-T_{\mathrm{y}})\right]\\ \Delta u &= -\frac{A}{A+A_0}\alpha(T_{\max}-T_{\mathrm{y}})L\end{aligned}\right\}\tag{2.16}$$

可以发现,这个力学模型中的残余应力正是本阶段棒 c 的温度变化引起的热应变 $\alpha(T_{\max}-T_{\mathrm{y}})$ 所导致的,把式(2.5)中的 αT 改为 $\alpha(T_{\max}-T_{\mathrm{y}})$ 代入,则有:

$$\left.\begin{aligned}&\text{棒 s}\quad \sigma = -E\frac{A}{A+A_0}\alpha(T_{\max}-T_{\mathrm{y}})\\ &\text{棒 c}\quad \sigma = E\left[-\frac{A}{A+A_0}\alpha(T_{\max}-T_{\mathrm{y}})+\alpha(T_{\max}-T_{\mathrm{y}})\right]\\ &\qquad\quad\ = E\frac{A_0}{A+A_0}\alpha(T_{\max}-T_{\mathrm{y}})\end{aligned}\right\}\tag{2.17}$$

从上式可以清楚地知道,从表面上看残余应力产生的原因是这个系统热循环过程温度变化引起的热应变,但是实际上当棒 c 冷却回到 0℃后,热应变已经不存在了,残余应力的产生源应该是加热阶段产生的残余塑性应变 $\Delta\varepsilon^{\mathrm{p}} = -\alpha(T_{\max}-T_{\mathrm{y}})\equiv\Delta\varepsilon_1^{\mathrm{p}}$,这就是固有应变,即

$$\varepsilon^* = \Delta\varepsilon_1^{\mathrm{p}} = -\alpha(T_{\max}-T_{\mathrm{y}})\tag{2.18a}$$

而固有变形 ΔL^* 可以定义为:

$$\Delta L^* = \varepsilon^* L = \alpha(T_{\max}-T_{\mathrm{y}})L\tag{2.18b}$$

以上讨论的是最高加热温度低于 $T_{\max}=2T_{\mathrm{y}}$ 的情况,其加热过程生成压缩的塑性应变 $-\varepsilon_{\mathrm{y}}$,冷却过程是弹性变化过程。如果加热温度更高,在冷却过程中还会产生拉伸塑性应变。

3. 高温加热[图 2.4 中的路径③:0℃→$2T_{\mathrm{y}}\leqslant T_{\max}$→0℃,参照图 2.5c)]

(1)加热过程(从 $T=0$℃到 $T_{\max}\geqslant 2T_{\mathrm{y}}$)。

在这种情况下,最高温度 $T_{\max}\geqslant 2T_{\mathrm{y}}$,热应变到达图 2.5c)的 P' 点。就像前面所讨论的,应力 σ_{y} 保持不变,加热到 T_{y} 以上的温度的过程中生成的热应变增量就是压缩塑性应变增量,即

$$\Delta\varepsilon^{\mathrm{T}} = \alpha T = \alpha(T_{\max}-T_{\mathrm{y}})\equiv\Delta\varepsilon_1^{p}\tag{2.19}$$

(2)冷却过程。

①阶段 1(从 $T_{\max}\geqslant 2T_{\mathrm{y}}$ 冷却至 T_{y},即到达 $T_{\max}-T_{\mathrm{y}}$):

同上面的讨论一样,在冷却卸载过程中收缩的应变为 $-\alpha T_{\mathrm{y}}$,这个收缩应变使得棒 c 中的应力减少 σ_{y},棒 c 以及棒 s 中的内部应力消失,此时棒 c 的状态到

达图中的 Q 点。

②阶段 2(进一步冷却 T_y,即到达 $T = T_{max} - 2T_y$):

这一冷却过程所产生的收缩应变为 $-\alpha T_y$,使棒 c 再卸载 σ_y,应力达到拉伸的屈服应力,棒 c 的状态到达了图中的 R 点。

③阶段 3(最后冷却到 $T = 0℃$):

棒 c 从 $T = T_{max} - 2T_y$ 开始冷却到0℃,应变变化到图2.5c)中的 G'点。由于棒 c 已经达到屈服,所以这个阶段的热应变就是拉伸的塑性应变。此外,应力不再增加,从 R 点变化到 G 点,其拉伸塑性应变为:

$$\Delta\varepsilon^{p} = \alpha(T_{max} - 2T_y) \equiv \Delta\varepsilon_2^{p} \tag{2.20}$$

棒 c 和棒 s 中的残余应力如下:

$$\left.\begin{aligned} &\text{棒 c} \quad \sigma = \sigma_y \\ &\text{棒 s} \quad \sigma = -\frac{A}{A_0}\sigma_y \end{aligned}\right\} \tag{2.21}$$

在高温加热阶段过程中,在加热阶段生成压缩应变 $\Delta\varepsilon_1^{p} = -\alpha(T_{max} - T_y)$,在冷却阶段生成拉伸塑性应变 $\Delta\varepsilon_2^{p} = \alpha(T_{max} - 2T_y)$,最后在棒 c 中保留的是两者之和,即

$$\Delta\varepsilon^{p} = \Delta\varepsilon_1^{p} + \Delta\varepsilon_2^{p} = -\alpha T_y \tag{2.22}$$

这个塑性应变就是固有应变,即

$$\varepsilon^{*} = \Delta\varepsilon_1^{p} + \Delta\varepsilon_1^{p} = -\alpha T_y \tag{2.23}$$

此外,固有变形为:

$$\Delta L^{*} = \varepsilon^{*} L = -\alpha T_y L \tag{2.24}$$

2.2 盲孔法基本原理与应变释放系数

1934 年德国学者 J. Mathar 首次提出使用小孔释放法进行焊接残余应力的测量。根据钻孔深度,小孔释放法可分为盲孔法和通孔法。由于盲孔法具有测量方便,操作简易,对试件损害小,因此得到广泛应用。1981 年,盲孔法测定方法纳入美国材料标准 E837-81,其应用价值进一步得到了认可[4]。在小孔释放法中,应变释放系数 A、B 的确定是计算残余应力测定值的前提,对于通孔法,可由 Kirsch 理论解计算出系数 A、B,而对于盲孔法,则需要由试验对系数 A、B 进行标定[5]。本书从盲孔法测量焊接残余应力基本原理出发,由标定试验获得建筑结构用钢 Q235 和 Q345 的应变释放系数,从而为残余应力测试试验的测试结果计算提供依据。

2.2.1　盲孔法基本原理

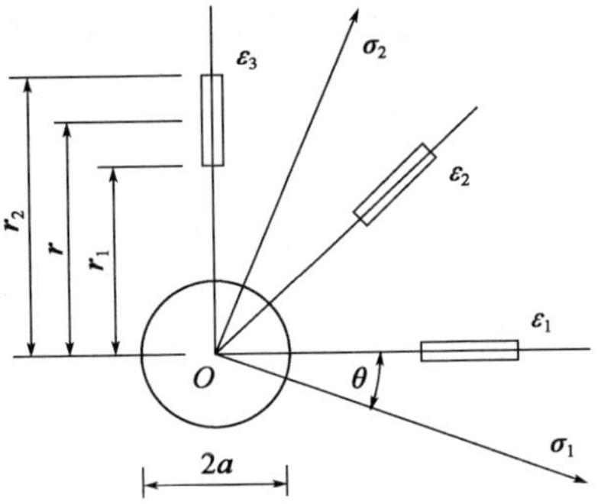

图 2.6　盲孔法测试残余应力应变花示意

若在构件内部有残余应力场分布，选取该应力场内任意一点钻取一定深度和直径的小盲孔，小孔附近金属残余应力即被释放，构件内部的残余应力场不再平衡，为重新回到自平衡状态，盲孔周围将释放原有残余应力的相应应变，由测得的释放应变和相应的计算公式即可确定测点的初始残余应力[6,7]。图 2.6 为盲孔法测试残余应力应变花示意，相应残余应力计算公式为[8]：

$$\begin{cases} \sigma_1 = \dfrac{\varepsilon_1(A+B\sin2\theta)-\varepsilon_3(A-B\cos2\theta)}{2AB(\sin2\theta+\cos2\theta)} \\[2ex] \sigma_2 = \dfrac{\varepsilon_3(A+B\cos2\theta)-\varepsilon_1(A-B\sin2\theta)}{2AB(\sin2\theta+\cos2\theta)} \\[2ex] 2\theta = \tan^{-1}\dfrac{2\varepsilon_2-\varepsilon_1-\varepsilon_3}{\varepsilon_3-\varepsilon_1} \end{cases} \tag{2.25}$$

式中：ε_1、ε_2 和 ε_3——钻孔后由应变花测得的相应方向的释放应变（με）；

A、B——应变释放系数，与孔径、孔深、应变花的几何尺寸及被测材料弹性模量 E 等有关，可通过拉伸试验标定或理论计算公式给出；

σ_1、σ_2——主应力（MPa）。

2.2.2　应变释放系数

由 Kirsch 理论解可得通孔应变释放系数计算式如下[5]：

$$\begin{cases} A = -\dfrac{1+\mu}{2E}\cdot\dfrac{d^2}{4r_1r_2} \\[2ex] B = -\dfrac{d^2}{2Er_1r_2}\left[1+\dfrac{1+\mu}{4}\cdot\dfrac{d^2(r_1^2+r_1r_2+r_2^2)}{4r_1^2r_2^2}\right] \end{cases} \tag{2.26}$$

式中：E、μ——测试材料的弹性模量和泊松比；

d、r_1、r_2——孔径和盲孔中心到应变计近孔端、远孔端的距离。

盲孔法应变释放系数则需由标定试验确定，若在构件中人为地施加单向应力场($\sigma_1=\sigma,\sigma_2=0$)，应变计1、3分别与$\sigma_1$、$\sigma_2$方向相平行，即$\theta=0$，则有[8]：

$$\begin{cases}\sigma_1=\dfrac{\varepsilon_1+\varepsilon_3}{4A}+\dfrac{\varepsilon_1-\varepsilon_3}{4B}\\ \sigma_2=\dfrac{\varepsilon_1+\varepsilon_3}{4A}-\dfrac{\varepsilon_1-\varepsilon_3}{4B}\end{cases} \tag{2.27}$$

将单向应力场代入式(2.27)可得

$$\begin{cases}A=\dfrac{\varepsilon_1+\varepsilon_3}{2\sigma}\\ B=\dfrac{\varepsilon_1-\varepsilon_3}{2\sigma}\end{cases} \tag{2.28}$$

应变释放系数即可由应变花所测得的释放应变ε_1、ε_3代入式(2.28)求出。

2.3 应变释放系数标定试验研究

一些学者对国内一些常用钢材的应变释放系数进行了研究，以改善标定系数精度，提高测定结果的可靠度。张小鹏、王娜[9]对SM400Zl钢进行标定试验，提出在同一测点多次扩孔的改良盲孔法，在此基础上，结合形状改变比能理论对标定结果线性回归，提出应变释放系数塑性修正公式。游敏、郑小玲等[10]分析了16Mn钢和IGr18Ni9Ti不锈钢钻孔后测读应变的时间与应变值之间的关系，试验表明测试时间对所测得应变值有不可忽略影响，且不同材料对应的测试时间也有所不同。裴怡、包亚峰等[11]以低碳钢为试验材料，对盲孔法中释放系数A、B与孔深和孔径之比的关系进行研究，依据试验结果建议孔深取值为1.2倍孔径，在弹性范围内，A、B系数与应力水平无关，在应力一定时为一常量。刘晓红等人[12]通过使用基于孔边形状改变比能S的A、B系数修正法，使盲孔法测量焊接残余应力的精度得到提高。苏礼季等人[13]对LY12铝合金薄板焊接残余应力时的应变释放系数进行标定及修正。

还有一些学者采用有限元方法模拟不同材质的应变释放系数，并以试验验证数值模拟结果的准确性。谭明鹤、王荣辉等[14]选取Q370c钢进行模拟，并对应变释放系数公式进行推广，使其能应用于不同应变花尺寸及不同材料。候海量、朱锡等[5]以921A钢为研究对象通过数值模拟提出应变释放系数塑性修正公式。刘一华、贺赟晖等[15]对304不锈钢进行模拟，通过改变材料弹性模量考虑钻孔时的加工硬化影响,得到应变释放系数随加工硬化的变化规律。马雯波、张晓宏、郑建毅等[16-18]分别对Q345R钢、铝合金LF6和ASTM E837-08钢进行数值模拟,并提出了相应的应变释放系数塑性修正公式。施彦彬[19]等人采用有限元法仿真计算Q235钢在弹性阶段和塑性阶段的应变释放系数,并基于参量S进行塑性阶段的修正。

从钢材应变释放系数研究情况可以看出,本书对国内建筑结构应用比较广泛的碳素结构钢Q235和低合金结构钢Q345的应变释放系数进行试验研究,并给出其简化计算方法,有着重要的应用价值。

2.3.1　测试方案

1. 试件设计与测点布置

试件钢材选用Q235B和Q345B两种钢材,厚度分为8mm和10mm两种,每组试验取3个试件,全部试件共计12个,标定试件编号如表2.1所示。标定试件尺寸及应变片位置如图2.7所示,试件两侧布置单向应变片用于修正试件平面内加载偏心和扭转的影响,试件中心正反面布置三向应变片用于修正试件平面外偏心的影响。

标定试件编号　　表2.1

钢材牌号	组内试件编号	板厚(mm)	
		8	10
Q235	1	Q235-8-1	Q235-10-1
	2	Q235-8-2	Q235-10-2
	3	Q235-8-3	Q235-10-3
Q345	1	Q345-8-1	Q345-10-1
	2	Q345-8-2	Q345-10-2
	3	Q345-8-3	Q345-10-3

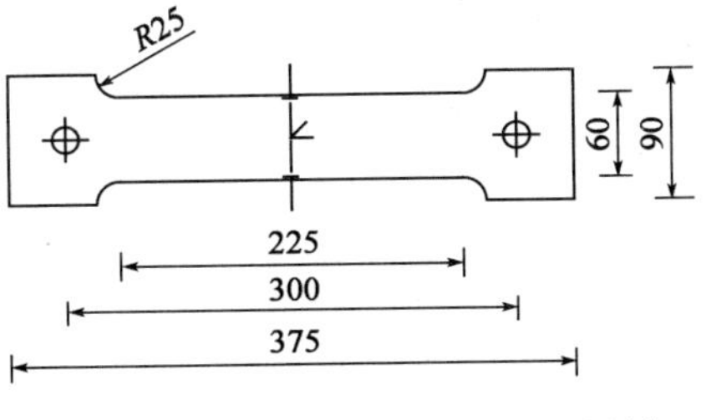

图2.7　标定试件尺寸及应变片位置(尺寸单位:mm)

2. 材料力学性能

由材性试验可得上述两种钢材分别在两种板厚情况下的力学性能如表 2.2 所示。

钢材力学性能 表 2.2

钢号	板厚(mm)	弹性模量(MPa)	抗拉强度(MPa)	屈服强度(MPa)
Q235B	8	2.18×10^5	417	288
	10	2.06×10^5	409	272
Q345B	8	2.15×10^5	520	376
	10	2.09×10^5	500	387

3. 试验测试

在应变释放系数标定试验中,预先对试件表面打磨并粘贴应变花,其后由万能试验机夹具固定试件进行拉伸试验。试验采用分级单调加载方式,荷载所引起的应力值均控制在材料屈服范围内,以保证试件在钻孔前不产生塑性变形。对于 Q235 钢材,共分为 23 个荷载等级,每级荷载所引起的应力增量为 10MPa,最终应力值为 230MPa;对于 Q345 钢材,共分为 22 个荷载等级,每级荷载所引起的应力增量为 15MPa,最终应力值为 330MPa。由静态应变测试系统记录钻孔前每个荷载等级所对应的应变值。试验结束后取下试件放置 24h 使其恢复弹性变形,其后在应变花中心先钻取深度 2mm、孔径 1.0mm 的盲孔,其后再用 1.5mm 钻刀进行扩孔,深度不变,由万能试验机夹具固定后重复钻孔前的加载过程并记录各荷载等级所对应的应变值。

在同一荷载等级下,钻孔后应变值减去钻孔前应变值即为盲孔周围的释放应变,由式(2.11)即可计算出相应的释放系数 A、B。试验过程如图 2.8 所示。

2.3.2 弹性阶段试验结果与分析

在试验过程中,由于试件尺寸较小,钻具不能较好固定于试件上,以致在钻孔过程中有 4 个试件发生钻刀中心偏移或钻刀断裂,使得试件的应变花损坏,无法继续试验,最终有 8 个有效试验试件。

1. 弹性阶段应变释放系数 A、B 值

试件弹性阶段内的应变释放系数 A、B 分别如图 2.9 的 a)、b) 及表 2.3 所

示。可以看出,应变释放系数 A 集中分布于 -0.399 ~ -0.525 之间,应变释放系数 B 集中分布于 -0.791 ~ -0.960 之间。由于试件 Q345-8-3 应变释放系数 A、B 值与其他试件相差均较大,后续分析中将不计入其影响。

a)钻孔 b)加载

图 2.8 试验过程图片

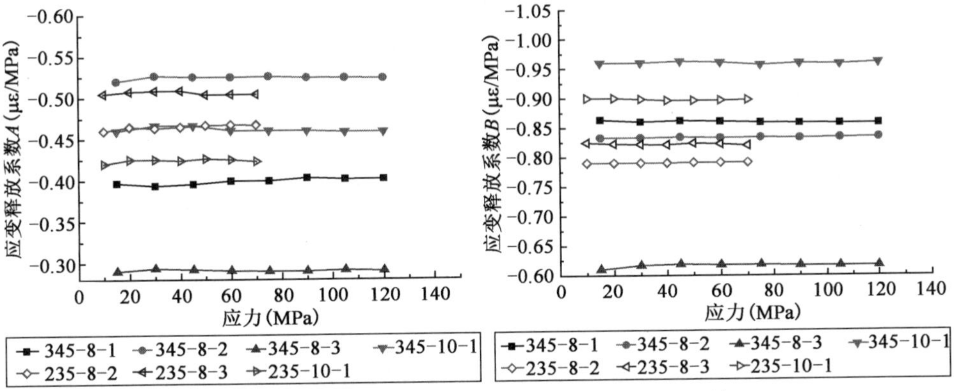

a) b)

图 2.9 弹性阶段应变释放系数实测值

试件弹性段应变释放系数 表 2.3

试件编号	系数 A(με/MPa)	系数 B(με/MPa)
Q235-8-2	-0.465	-0.791
Q235-8-3	-0.506	-0.822
Q235-10-1	-0.424	-0.898
Q345-8-1	-0.399	-0.860

续上表

试件编号	系数 A(με/MPa)	系数 B(με/MPa)
Q345-8-2	-0.525	-0.834
Q345-8-3	-0.291	-0.616
Q345-10-1	-0.462	-0.960

2. 应变释放系大小对残余应力计算值影响

为分析应变释放系数 A、B 大小对残余应力计算值的影响，从后续残余应力测试试件上选取 6 个具有代表性的应变测点，具体情况参考文献[20]，测点应变及比例如表 2.4 所示。将测点 3 个方向应变值及应变释放系数 A、B 值代入式(2.8)，即可得残余应力计算值。

实测应变值及应变比例 表 2.4

测点编号	ε_1(με)	ε_2(με)	ε_3(με)	$\varepsilon_1:\varepsilon_2:\varepsilon_3$
1	72	71	-80	1:0.99:1.11
2	112	-22	-141	1: -0.20: -1.26
3	79	-30	-153	1: -0.38: -1.94
4	53	-23	-83	1: -0.43: -1.57
5	33	16	-75	1:0.49: -2.27
6	-179	-127	-139	1:0.71:0.78

按应变释放系数测试试验在弹性阶段得到的 A、B 值的分布范围分别改变 A、B 值的大小，得到相应残余应力计算结果如图 2.10 的 a)、b) 所示。可以看出，随着应变释放系数 A 减小，残余拉应力(正号)计算值相应减小，残余压应力(负号)计算绝对值相应增大；随着应变释放系数 B 减小，残余拉应力计算值相应减小，残余压应力计算绝对值相应减小。

测点 1 残余应力计算值在 6 个测点中最大，以其为例，随系数 A 值由 -0.399减小至 -0.525，应力值相对减小 17%，随系数 B 值由 -0.791 减小至 -0.960，应力值相对减小 6%；测点 6 残余应力计算值在 6 个测点中最小，以其为例，随系数 A 值由 -0.399 减小至 -0.525，应力绝对值相对增大 6%；随系数 B 值由 -0.791 减小至 -0.960，应力绝对值相对减小 27%。因此，在实测应变释放系数的变化区间，计算得到的残余应力变化较大，应针对不同问题取其均值或最大值与最小值，以便得到偏安全的结果。如计算受压构件稳定承载力时，较大的残余压应力将对结构稳定产生不利的影响，这时 A、B 值可以取产生较大的残余压应力情况进行受压构件残余应力分布计算。表 2.5 为 Q235 钢材、Q345 钢材以及同时考虑两种钢材时应变释放系数 A、B 的最值与均值，其中最值为应变释放系数增、减两倍标准差。

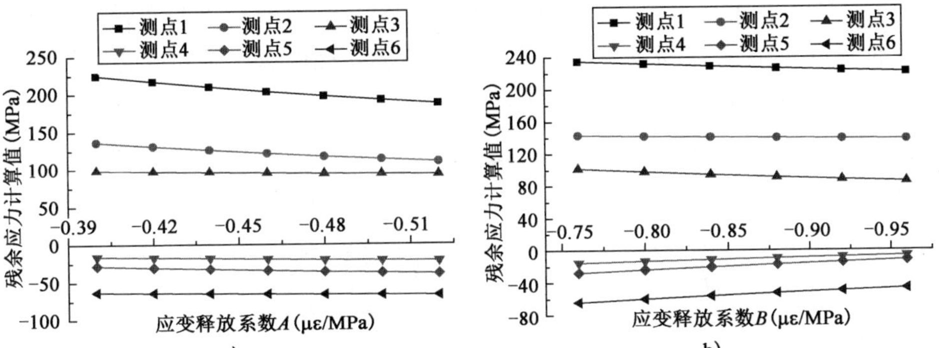

图 2.10　应变释放系数数值与残余应力关系曲线

应变释放系数 A、B 取值　　表 2.5

钢材牌号	取　值	系数 A (με/MPa)	系数 B (με/MPa)
Q235	最大值	-0.343	-0.645
	最小值	-0.580	-0.993
	均值	-0.507	-0.837
Q345	最大值	-0.305	-0.695
	最小值	-0.633	-1.073
	均值	-0.462	-0.884
Q235、Q345	最大值	-0.305	-0.645
	最小值	-0.633	-1.073
	均值	-0.485	-0.861

2.3.3　孔边塑性修正

1. 塑性变形对释放系数的影响

由构件的焊接应力场可知，在焊缝及其邻近区域分布有较高的残余应力，部分应力值可接近或达到材料的屈服应力，若再计入钻孔后的应力集中影响，盲孔周围必定有塑性应变产生，而在盲孔法的残余应力计算公式中，释放应变仅考虑弹性阶段的应变，并未计入塑性应变的影响。

由标定试验所得应变释放系数均值与应力之间关系如图2.11所示。从图中可以看出，对于Q235钢和Q345钢，应变释放系数均在应力水平约为$\sigma_s/3$处出现下降段。若由直线段内的A、B值计算残余应力，计算应力与实际应力将有较大的偏差，且偏差值随应力水平的增大而增大。因此有必要对孔边塑性变形进行修正，以提高盲孔法的测试精度。

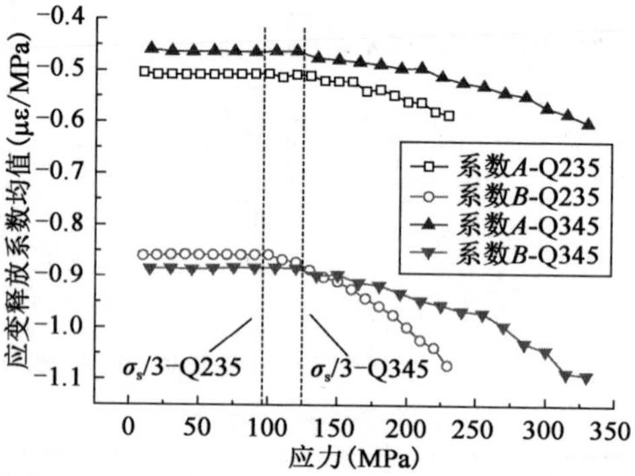

图2.11　应变释放系数均值与应力水平关系曲线

2. 孔边的屈服条件[14]

在平面应力状态下，Mises屈服准则可表示为：

$$\sigma_1^2 - \sigma_1\sigma_2 + \sigma_2^2 = \sigma_s \tag{2.29}$$

式中：σ_s——材料屈服应力。

由广义胡可定律可知：

$$\varepsilon_1 = \frac{\sigma_1 - \nu\sigma_2}{E}, \varepsilon_2 = \frac{\sigma_2 - \nu\sigma_1}{E}$$

将ε_1、ε_2代入式(2.29)可得：

$$\sigma_1^2 - \sigma_1\sigma_2 + \sigma_2^2 = S\left[\frac{E}{(1-\nu^2)}\right]^2 \tag{2.30}$$

$$S = (1+\nu^2-\nu)(\varepsilon_1^2+\varepsilon_2^2) - (1+\nu^2-4\nu)\varepsilon_1\varepsilon_2 \tag{2.31}$$

式中，ε_1、ε_2与图2.6中ε_1、ε_2相对应。

结合材料力学中形状改变比能理论，可知S反映的是在相应应力(应变)状态下形状改变比能的大小[21]。可得用于标定试验的Q235钢和Q345钢的参量S与应力水平关系如图2.12所示。从图中可以看出，当应力水平低于$\sigma_s/3$时，应力与参量S近似成线性相关，当应力水平大于$\sigma_s/3$时，应力与参量S近似成指数相关。

3. 修正公式

由试验分析可知同等强度钢材的不同试件应变释放系数略有区别,可近似认为应变释放系数服从正态分布,取应变释放系数增、减两倍标准差可得应变释放系数最大值及最小值(相当于取概率分布的2.27%分位值,即超出此值的出现概率为2.27%),由此得到Q235钢、Q345钢的应变释放系数与参量S的关系如图2.13的a)、b)、c)所示。由图可知,当参量S较小时,盲孔周围应力在材料弹性范围内,应变释放系数随参量S的变化较小,当参量S超过一定值时,孔边进入塑性屈服状态,应变释放系数随参量S的变化相对较大,且成线性变化。

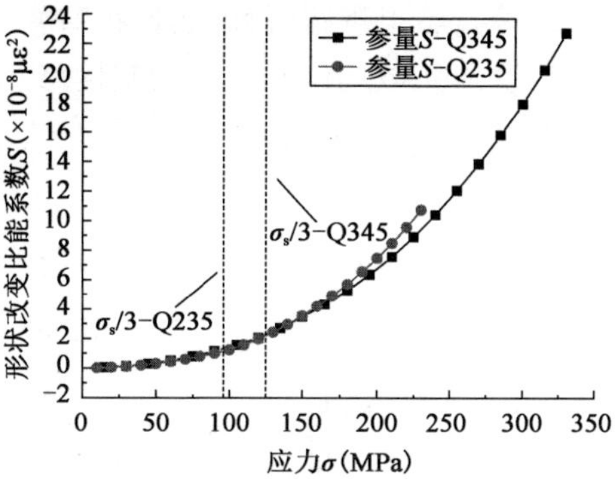

图2.12　参量S与应力水平关系曲线

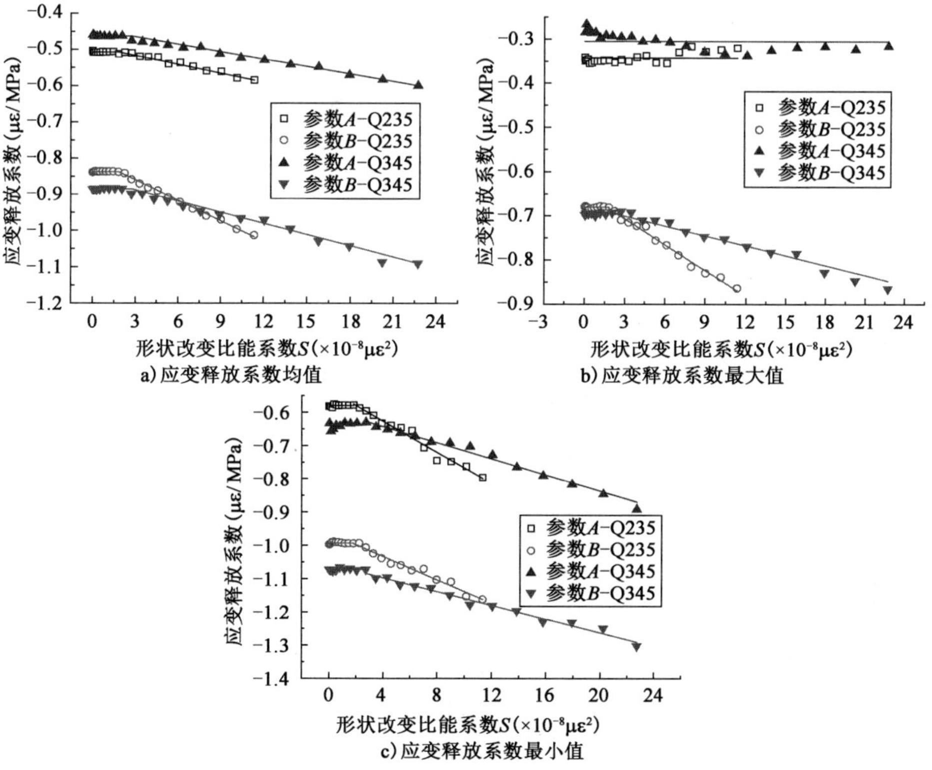

图2.13　应变释放系数与参量S关系

对标定结果进行线性拟合，得盲孔法测量 Q235 钢和 Q345 钢焊接残余应力时应变释放系数均值和最值的塑性修正公式。修正公式如式(2.25)所示，相应拟合曲线如图 2.14 的 a)、b)所示。

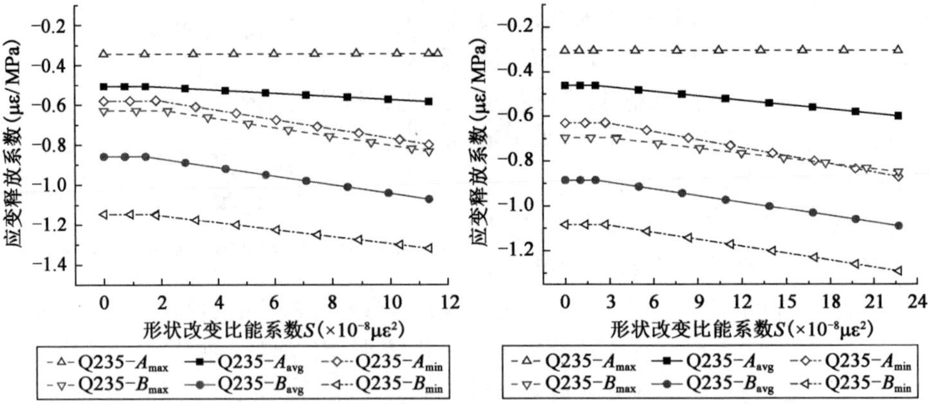

a)Q235钢材　　b)Q345钢材

图 2.14　不同强度钢材应变释放系数拟合曲线

$$A/B=\begin{cases}C(\mu\varepsilon/\text{MPa}) \\ S\leqslant D(\times 10^{-8}\mu\varepsilon^2) \\ KS+C(\mu\varepsilon/\text{MPa}) \\ S>D(\times 10^{-8}\mu\varepsilon^2)\end{cases} \tag{2.32}$$

式中，参数 C、D、K 取值如表 2.6 所示，表中“—”表示该应变释放系数为恒定值，拟合曲线斜率为 0。

塑性修正公式参数取值　　表 2.6

牌　号	取值情况	系　数	C	D	K
Q235	均值	A	−0.507	1.812	−0.0083
		B	−0.837	1.812	−0.0186
	最小值	A	−0.580	1.812	−0.0234
		B	−0.993	1.812	−0.0176
	最大值	A	−0.343	—	—
		B	−0.645	1.812	−0.0194

续上表

牌　　号	取值情况	系　　数	C	D	K
Q345	均值	A	-0.462	2.716	-0.0063
		B	-0.884	2.716	-0.0101
	最小值	A	-0.633	2.716	-0.0108
		B	-1.073	2.716	-0.0104
	最大值	A	-0.305	—	—
		B	-0.695	2.716	-0.0092

上述计算的建筑结构用钢 Q345B 的应变释放系数 A、B 与文献[16]压力容器专用钢 Q345R 分别相差 26.2%、13.7%，计算结果比较接近；而建筑结构用钢 Q235 应变释放系数 A、B 与文献[19]相差较大，文献[19]值与本书及文献[16] Q345B 相比小很多。

4. 塑性修正对残余应力影响

图 2.15a）与 b）分别为 Q235 和 Q345 两种钢材采用弹性阶段的应变释放系数计算的残余应力和经塑性修正公式得到的残余应力与试验均值比较。从图中可以看出，当残余应力水平低于 $\sigma_s/3$，由弹性阶段释放系数计算的残余应力和经塑性修正后残余应力均与实际测试的残余应力吻合较好；而在进入塑性阶段后，未修正的应力相对试验测试应力偏差随应力水平的增大而增大，Q235 钢最大偏差达 21.1%，Q345 钢最大偏差达 26.5%，而修正后应力的相对偏差较小，Q235 钢最大偏差仅为 1.0%，Q345 钢最大偏差仅为 1.2%。因此，在残余应力试验测试中，有必要采用本文提出的塑性修正公式计算残余应力值。

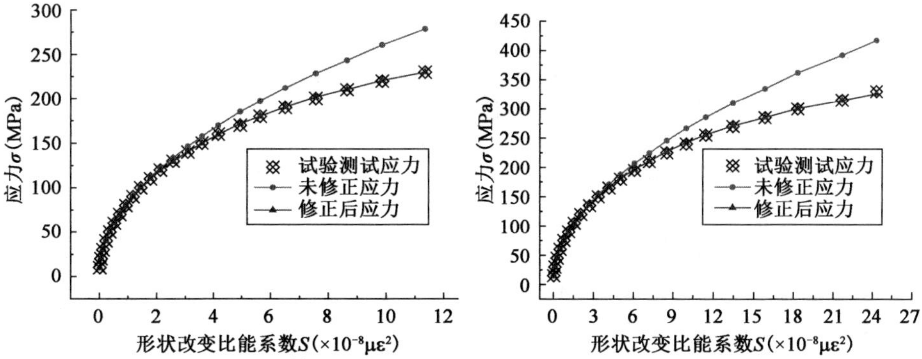

a）Q235钢材　　b）Q345钢材

图 2.15　不同强度钢材塑性修正后偏差

2.4 残余应力测试试验

U 肋与母板之间的连接方式通常采用焊接，由于焊接过程是局部加热随后又快速冷却，此外，焊条熔解导致的温度梯度，因此不可避免地在焊接接头中产生残余应力[22,23]，焊接残余应力的峰值常常达到甚至超过材料常温时的屈服强度[24]。其中，拉伸残余应力不仅是导致焊接过程中冷裂纹产生的直接根源，而且也是使用过程中疲劳裂纹和应力腐蚀裂纹的诱发因素[25]。残余应力的分布和大小的不同，对焊接结构的静载强度、疲劳破坏、应力腐蚀、稳定性都会造成不同程度的影响[26,27]。对于受到轴向压力的焊接加劲板，屈曲强度比非焊接板降低高达 25%[28]。Smith 和 Kirkwood[29]发现，在极端情况下，残余应力对长细比比较大的受压构件影响更大，相对于长细比很小的构件可以降低近 40% 的抗压强度。加劲板承载力的降低又将导致箱梁承载力的降低。Gordo 等[30]、Gordo 和 Guedes Soares[31]及 Cui[32]等人给出残余应力对加劲板承载力影响的详细讨论。因此，测定并掌握焊接残余应力在混合钢 U 肋加劲板中的分布规律十分必要。

在 20 世纪 90 年代，北田俊行、中井博、古田富保[33]选用 3 个 U 肋加劲板试件进行残余应力试验，母板和 U 肋选用不同强度组合，钢材牌号为 SS41 与 SS50Y，得到 U 肋加劲板横断面各部位的焊接残余应力大小的分布范围。大橋治一、依田照彦、樋口康三[34]对两种不同构造尺寸的 U 肋加劲板进行了残余应力试验，钢材类型均为 SS 400，与国内 Q235 钢相当。台湾学者 Sheng-Jin Chen[35]对 U 肋加劲板残余应力分布进行了研究，分析残余应力对加劲板抗压承载力的影响。国内学者吴冲[36]以苏通长江大桥为研究背景，试验构件按 1/2.5比例对实桥钢箱梁部分顶板进行缩尺，钢材牌号为 Q345，通过切条法测试 U 肋加劲板的焊接残余应力。赵秋、吴冲[37,38]以文献[36]切条法测试的残余应力结果验证 U 肋加劲板数值模拟方法的正确性，通过数值模拟方法分析了 U 肋加劲板焊接残余应力的分布规律，并提出残余应力分布的简化计算方法。

2.4.1 试件设计

在钢箱梁的顶板横桥向选取含有 3 个 U 肋的加劲板宽度，纵桥向选取两横隔板间距离作为残余应力测试的研究对象。试验模型采用 1/2.5 缩尺，与后续抗压承载力试验模型比例相同。为研究 U 肋与母板不同强度组合以及不同构造尺寸对混合钢 U 肋加劲板残余应力分布的影响，试验试件按不同构造尺寸分为 3 组，每组按不同 U 肋与母板强度组合分为 3 个试件，共计 9 个试件，试件断面如图 2.16 所示,具体尺寸规格见表 2.7。试件纵向长度为 600mm。

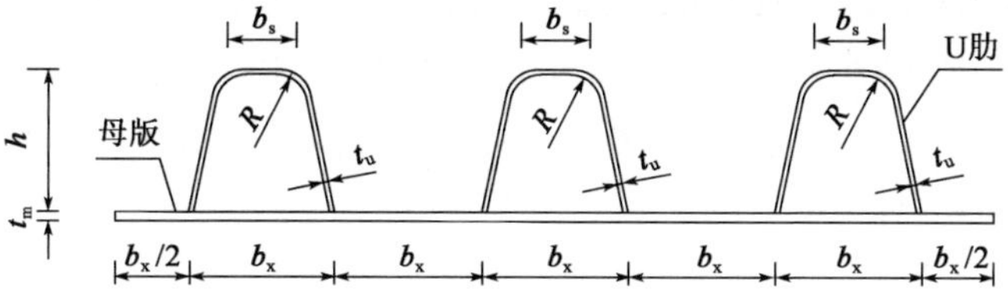

图 2.16 残余应力测试试件断面图(尺寸单位:mm)

试件主要参数 表 2.7

组号	试件编号	母板强度(MPa)	U 肋强度(MPa)	母板板厚(mm)	U 肋板厚(mm)	U 肋上缘宽(mm)	U 肋下缘宽(mm)	U 肋高(mm)
1	hj11	345	235	8	4	74	120	100
	hj12	345	345	8	4	74	120	100
	hj13	235	345	8	4	74	120	100
2	hj21	345	235	10	4	64	120	120
	hj22	345	345	10	4	64	120	120
	hj23	235	345	10	4	64	120	120
3	hj31	345	235	8	4	104	160	100
	hj32	345	345	8	4	104	160	100
	hj33	235	345	8	4	104	160	100

2.4.2 焊接工艺

试件材料选用 Q235B 和 Q345B,对于 U 肋与母板连接处焊缝,采用贴角焊,其中焊缝熔透率应大于 U 肋板厚的 75%。角焊缝尺寸按《钢结构设计规范》(GB 50017—2003)[39]第 8.2.7 条规定确定,角焊缝的焊脚尺寸不得小于 $1.5\sqrt{t}$,t 为较厚焊件厚度,且不宜大于较薄焊件厚度的 1.2 倍。因等边角焊缝尺寸不能同时满足最大和最小尺寸限制要求,所以焊缝采用不等边角焊缝,角焊缝高度均为 $h_{f1}=5\text{mm}$,$h_{f2}=4\text{mm}$。焊缝尺寸如图 2.17所示。采用 CO_2 气体保护焊进行 U

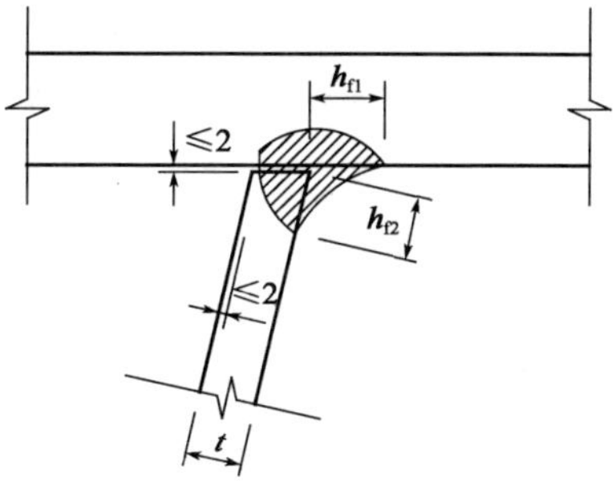

图 2.17 U 肋加劲板焊缝示意(尺寸单位:mm)

肋与母板的焊接,焊材依据《碳钢药芯 焊丝》(GB/T 10045—2001)选用 E501T-1/9 药芯焊丝,焊丝直径 1.2mm。焊接电流 210 ~ 220A,电压 22 ~ 23V,焊接速度 7.5 ~ 9mm/s。焊接开始前,对坡口及其周围 10 ~ 20mm 范围内进行清理,清理后不得有影响焊接质量的铁锈、油污、水和涂料等异物,焊接完成后,及时清除药皮,焊缝表面不得有飞溅、气孔、咬边等缺陷。

2.4.3 残余应力测试

采用盲孔法测定残余应力,测试仪器为郑州机械研究所生产的 ZDL-II 型残余应力钻孔装置,应变花选用 TJ120-1.5-ϕ1.5 型三向应变花,如图 2.18 所示。

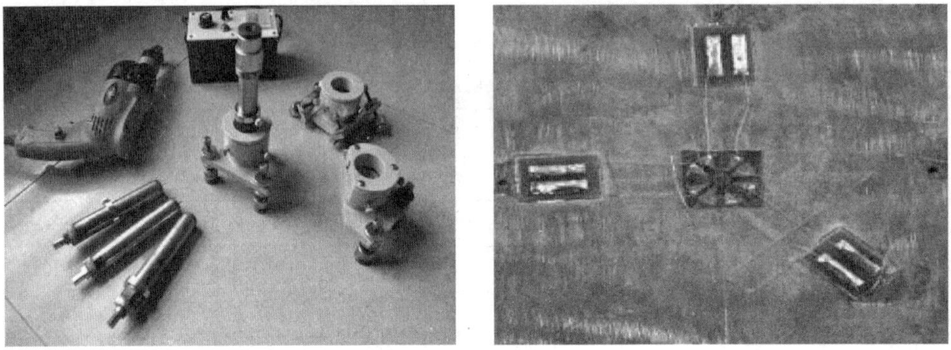

a)钻孔装置　　b)应变花

图 2.18　钻孔装置与应变花

沿焊缝长度方向选取 $L/4$ 和 $L/2$ 为测试断面,在母板表面设置 30 个应变测点,受 U 肋尺寸及倒角限制,沿 U 肋高度设置 2 个测点,以试件 hj11 为例,$L/2$ 断面应变测点详细布置如图 2.19 所示。$L/4$ 断面只在中间 U 肋及相应的 1/2 宽度母板布置测点。每一个试件共设盲孔 64 个,9 个试件共计盲孔 576 个。采用盲孔法进行测试时,将带有放大镜的钻具放置于试件表面,调整钻具位置使其对准应变花中心,对中完毕后,在钻脚与试件表面缝隙滴入 502 胶水以固定钻具,待胶水凝固后,首先采用带铣刀的钻杆划去应变花基底,应变采集仪读数清零,其后使用带 ϕ1mm 麻花钻的钻杆钻取 2mm 深度的盲孔,达到预定孔深后,更换带 ϕ1.5mm 麻花钻的钻杆扩孔,深度保持 2mm 不变,钻孔结束后 1 ~ 2min 开始每隔 10s 采集应变读数,待前后两次释放应变读数相差 3$\mu\varepsilon$ 之内,可认为释放应变趋于稳定,结束该点测试(一般在钻孔 3 ~ 5min 内读数达到稳定),试验过程如图 2.20 所示。

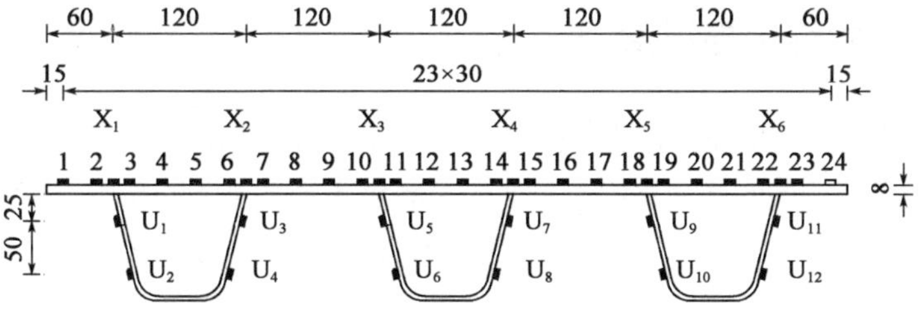

图2.19　测点布置图(尺寸单位:mm)

a)对中

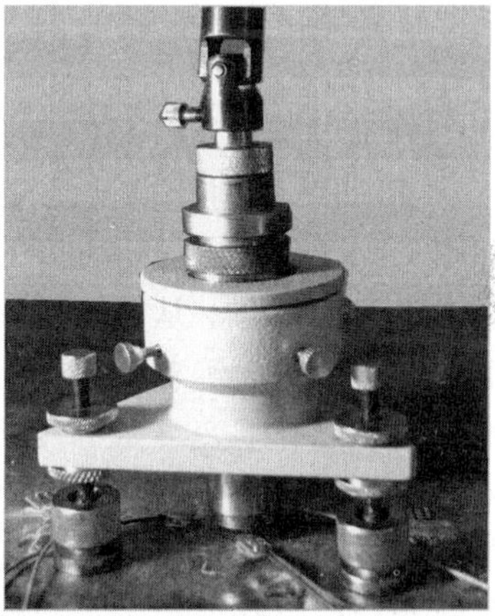

b)钻孔

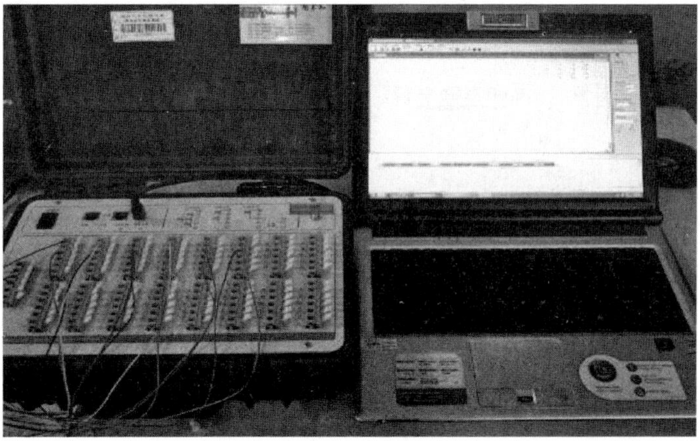

c)释放应变采集

图2.20　残余应力测试过程

2.5 试验结果与讨论

由于布置在U肋加劲板试件断面的测点是间断的，再由于实施可能性与费用的原因，测点不能足够密集，导致现有的测点不能直观显示出试件残余应力分布。因此，根据现有文献和有限元分析结果，在下面对试验数据分析中用虚线连接各测点，虚线连接时考虑试件残余拉、压应力自平衡情况，可较为清晰地显示出残余应力分布。

2.5.1 应变释放系数对试件残余应力分布的影响

以U肋与母板等强度试件hj12为例，用式(2.32)给出的应变释放系数最大值、均值和最小值曲线分别计算试件测点的残余应力，母板和U肋测点的残余应力大小如图2.21的a)、b)所示。图中对应变释放系数均值计算的测点残余应力值用虚线进行了拟合。从图中可以看出，随着应变释放系数取值的增大，残余拉应力值和残余压应力绝对值均随之增大。以应变释放系数均值计算的残余应力值为基准，当采用应变释放系数最小值计算时，残余拉应力值相对减小24%～32%，残余压应力值相对减小15%～24%；当采用应变释放系数最大值计算时，残余拉应力值相对增大25%～34%，残余压应力值相对增大23%～30%。可见应变释放系数取值大小对残余应力计算结果影响较大。

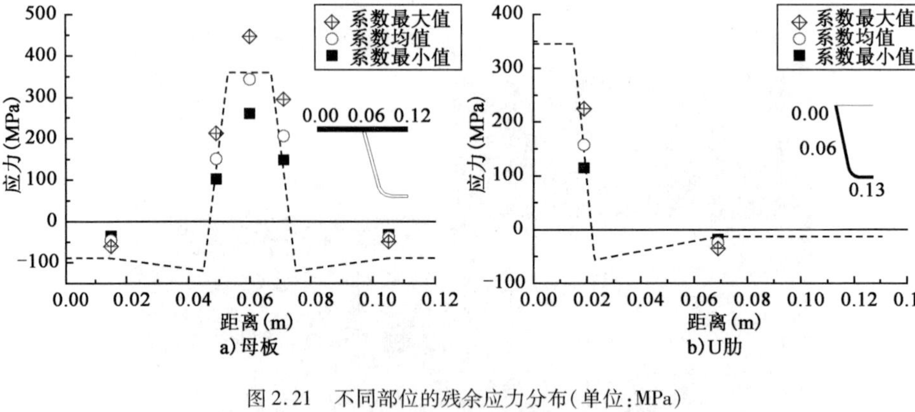

图2.21 不同部位的残余应力分布(单位:MPa)

2.5.2 残余应力的分布与大小

采用应变释放系数均值拟合曲线计算试件的残余应力值，各试件U肋和母板残余应力分布如图 2.22 所示。图中纵坐标为残余应力值与材料屈服强度值的比值,对于母板,横坐标值为母板上各点至 U 肋加劲板对称轴的水平距离 d 与母板子板件宽 b 的比值;对于 U 肋,先假定将 U 肋水平展开,得到宽度为 b,横坐标值为 U 肋上各点至 U 肋对称轴的水平距离 d 与宽度 b 的比值。从图 2.22 中可以看出,母板在焊缝中心及两侧各 0.05b 范围内出现残余拉应力,残余拉应力峰值与材料屈服强度相当,然后残余应力随着远离焊缝中心线逐渐减小并过渡为压应力,距离焊缝中心约 0.1b 处残余压应力达到峰值,峰值应力约为 $-0.4\sigma_y$,其后范围内残余应力均为压应力,在母板子板件中心处残余压应力值为 $-0.2\sigma_y$ 到 $-0.3\sigma_y$ 之间。U 肋在焊缝中心及其后 0.07h 左右(h 为 U 肋高度)范围内出现峰值拉应力,峰值拉应力与材料屈服强度相当,然后残余应力随着远离焊缝中心线迅速减小并过渡为压应力,在 U 肋高度 0.1h 左右处残余压应力达到峰值,峰值应力约为 0.1σ_y,其后残余压应力绝对值缓慢减小,最后趋近于 0。

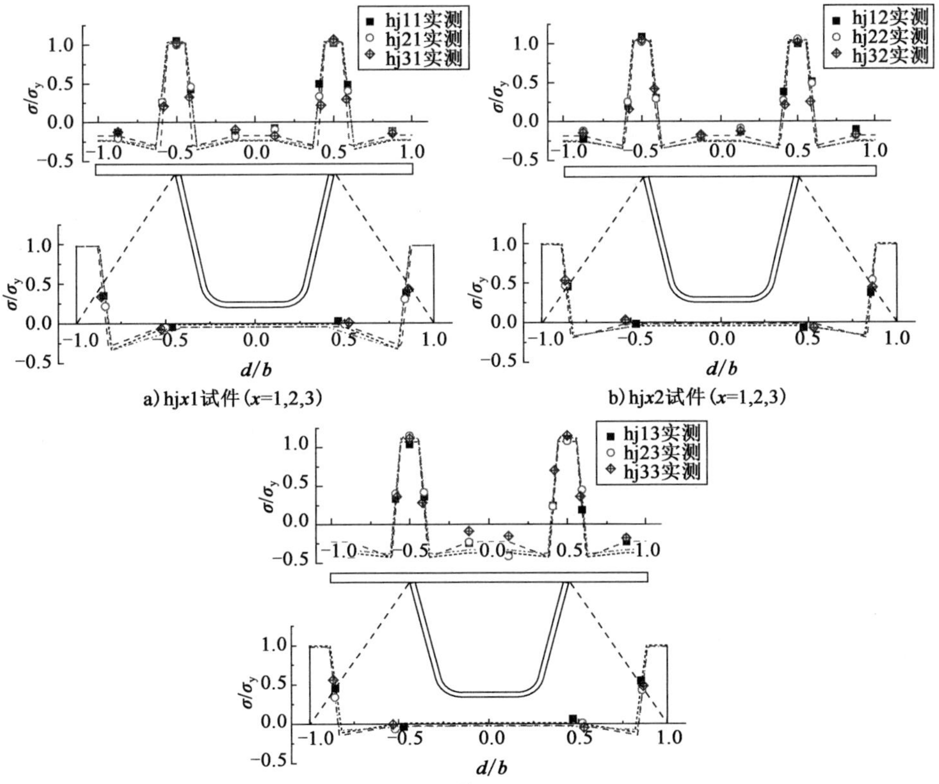

c) hj$x$3试件 (x=1,2,3)

图 2.22　U 肋与母板残余应力分布(单位:MPa)

2.5.3　U 肋与母板尺寸变化对残余应力分布影响

当改变 U 肋高度和 U 肋上翼缘宽度时,可以把这个尺寸的改变看成是远离焊缝部分的变化,从图 2.22 混合钢 U 肋加劲板焊接残余应力分布可以看出,在 U 肋上远离焊缝部分的残余应力值较小。因此,在下面分析中对 U 肋高度和 U 肋上翼缘宽度的较小改变对残余应力分布影响可以忽略。在图 2.22 中,分别对比 hj11 与 hj21 试件、hj12 与 hj22 试件及 hj13 与 hj23 试件,可以看出,随着母板与 U 肋厚度比由 1∶2变化为 1∶2.5,母板与 U 肋残余应力分布变化不明显。对比 hj11 与 hj31 试件、hj12 与 hj32 试件及 hj13 与 hj33 试件,可以看出,随着 U 肋间距由 120mm 增大到 160mm,母板的残余拉应力分布宽度有减小的趋势,母板残余压应力有所减小。在 U 肋中的残余应力分布与大小基本相同,差别不明显。

2.5.4　U 肋与母板强度比对残余应力分布影响

U 肋与母板不同强度比情况下的残余应力分布如图 2.23 所示。分别对比图中 hj11 与 hj12 试件、hj21 与 hj22 试件及 hj31 与 hj32 试件可知,当母板强度保持不变,随着 U 肋材料屈服强度的增大,母板残余应力分布基本不变,U 肋残余拉应力峰值增大。分别对比 hj12 与 hj13 试件、hj22 与 hj23 试件、hj32 与 hj33 试件,当 U 肋强度保持不变,随着母板强度的增大,母板残余拉应力峰值增大,U 肋残余应力分布基本不变。

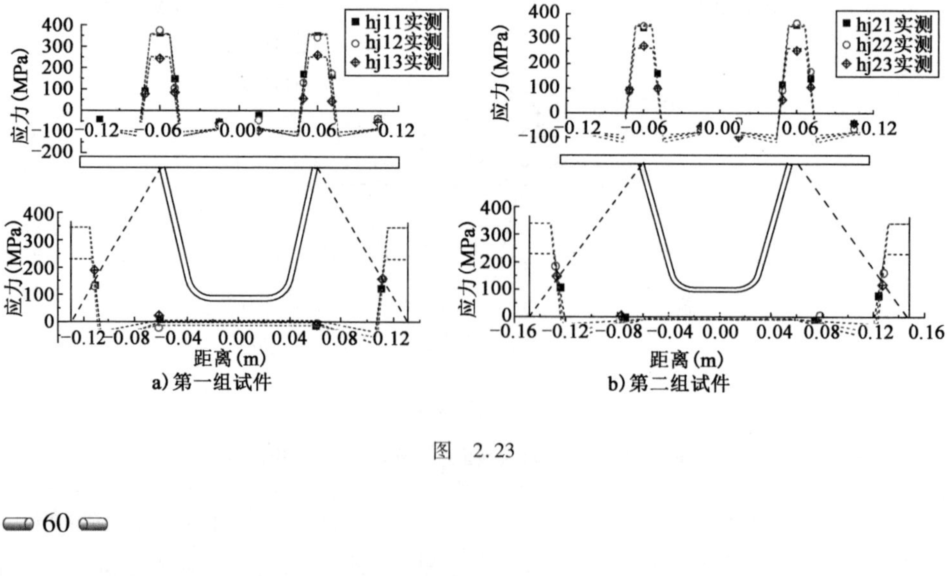

a)第一组试件　　b)第二组试件

图　2.23

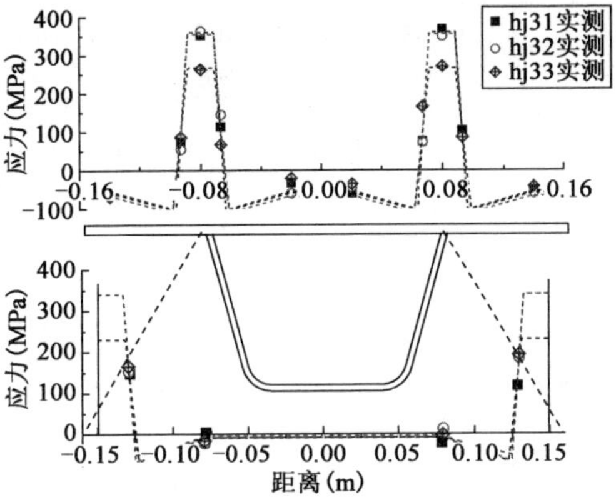

c)第三组试件

图 2.23 U 肋与母板强度变化的残余应力分布(单位:MPa)

2.6 盲孔法与切条法对比

为分析盲孔法与切条法测试方法的不同,选取 hj12 试件、hj22 试件及文献[8]中切条法试件的试验值进行对比,试件尺寸如表 2.8 所示。试件 U 肋及母板均采用 Q345 钢,由于各试件 U 肋尺寸略有不同,对 hj22 试件和切条法试件 U 肋进行缩尺,使其与 hj12 试件相同,便于对比。不同测试方法下的 U 肋与母板残余应力分布对比如图 2.24 所示,从图中可以看出,采用切条法试件与采用盲孔法试件相比,测点实测应力相差较小。由测点分布可知,盲孔法和切条法在测点位置选取上均受限制,盲孔法测试时需由三角支架固定钻具,故无法在宽度较小的 U 肋上缘测试,U 肋侧壁也只能布置 2 个测点,与切条法相比少 1 个测点;对于切条法,无法选取焊缝位置作为测点,因此无法测出较高的残余应力值,而盲孔法可在焊缝位置进行测试得到焊缝中心处残余应力值。由于切条法测试时需对试件进行切割,因此在测试断面选择上也没有盲孔法的灵活。在测试过程中,切条法在切割钢板过程中产生热量,对测试结果有一定影响。如采用手工切割虽可减少热量的产生,但会大幅度增加工作量。盲孔法由测试所得 3 个方向的释放应变可计算得主应力和方向角,进一步可得到该点沿任意方向的残余应力值;而切条法只能测得沿切割方向的释放应变,从而计算相应方向的残余应力。

试件主要参数　　表2.8

试件编号	母板板厚 (mm)	U肋板厚 (mm)	U肋上缘宽 (mm)	U肋下缘宽 (mm)	U肋高 (mm)
hj12	8	4	74	120	100
hj22	10	4	64	120	120
切条法	8	4	72	120	120

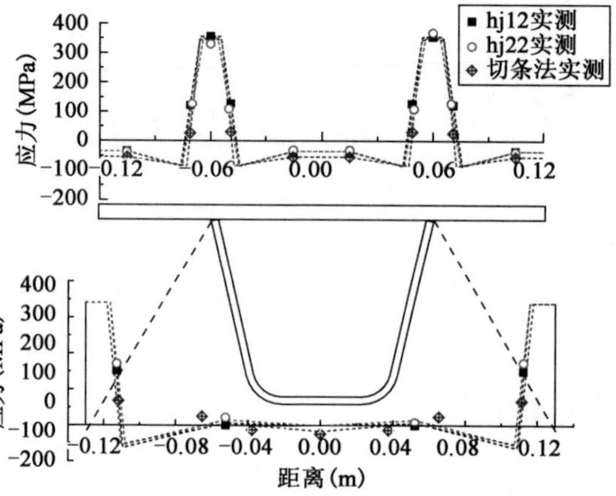

图2.24　不同测试方法下的残余应力分布(单位:MPa)

2.7　本章小结

(1)试验测试表明,在弹性阶段,Q235钢材和Q345钢材应变释放系数A集中分布于-0.399 ~ -0.525之间,应变释放系数B集中分布于-0.791 ~ -0.960之间。两种钢材的释放系数A试验均值为-0.463,释放系数B试验均值为-0.861。

(2)残余拉应力计算值随应变释放系数A、B值减小而减小,残余压应力计算值随应变释放系数A值减小而减小,随B值减小而增大。

(3)由标定试验可得应变释放系数与参量S关系,通过线性拟合得到Q235钢材和Q345钢材考虑塑性变形的应变释放系数计算公式,该公式可直接应用于残余应力测试计算中。

(4)对于Q235钢材,采用弹性阶段应变释放系数和采用塑性修正后的应变释放系数计算残余应力与实际测试应力的最大偏差由21.1%减小到1.0%;对于Q345钢材,由26.5%减小为1.2%。

(5)以应变释放系数均值计算的等强度试件 hj12 的残余应力值为基准,用应变释放系数最小值计算的残余拉应力和残余压应力值相对减小 22% ~32%,用应变释放系数最大值所计算的残余拉应力和残余压应力值相对增大 34% ~43%。

(6)U 肋与母板采用不同强度的钢材组合时,当保持母板材料屈服强度不变,随着 U 肋材料屈服强度的增大,母板残余应力分布基本保持不变,U 肋残余拉应力峰值增大;当保持 U 肋材料屈服强度不变,随着母板材料强度的增大,母板残余拉应力峰值增大,U 肋残余应力分布基本保持不变。

(7)由试验结果可以看出,随着 U 肋与母板板厚比由 1:2变化到 1:2.5,混合钢 U 肋加劲板的残余应力分布变化不明显;随着 U 肋间距由 120mm 增大到 160mm,母板残余压应力大小有所减小,母板残余拉应力变化较小,U 肋的残余应力分布差别不明显。

(8)切条法残余应力测试结果与盲孔法相比,各测点残余应力测试值相接近。但切条法无法在焊缝位置测试,只可计算得到测点沿切割方向的残余应力,而盲孔法可测试焊缝位置的残余应力,且可计算得到测点沿任意方向残余应力。

本章参考文献

[1] D·拉达伊. 焊接热效应[M]. 北京:机械工业出版社, 1997.

[2] 宋天民. 焊接残余应力的产生与消除[M]. 北京: 中国石化出版社, 2006.

[3] 上田幸雄, 村川英一, 麻宁绪(日). 焊接变形和残余应力的数值计算方法与程序[M]. 成都: 四川大学出版社, 2008.

[4] Annual Book of ASTM Standard, ASTM Designation[S] : E837-81,1993,(3).

[5] 侯海量, 朱锡, 刘润泉. 盲孔法测量焊接残余应力应变释放系数的有限元分析[J]. 机械强度, 2003, 25(6): 632-636.

[6] 陆才善. 残余应力测试小孔测试法[M]. 西安:西安交通大学出版社, 1991.

[7] Malhar J. Determination of initial stresses by measuring the deformations around drilled holes [J]. ASME, 1934, 56:245-254.

[8] N J Rendler, I Vigness. Hole-drilling Strain-gage Method of Measuring Residual Stresses [J]. Experimental Mechanics, 1966, 577-586. (in chinese).

[9] 张小鹏, 王娜. 基于大型炉体焊接残余应力测试的盲孔法研究[J]. 力学与实践, 2007, 29(3): 45-49.

[10] 游敏, 郑小玲, 王福德, 等. 盲孔法测定焊接残余应力适宜测试时间研究[J]. 武汉水利电力大学(宜昌)学报, 1999, 21(1): 54-57.

[11] 裴怡, 包亚峰, 唐慕尧. 盲孔法测定时计算公式中 A、B 值的研究[J]. 机械强度,

1997, 19(1): 18-21.

[12] 刘晓红,苏文桂,张运泉,等. 屈服状态下盲孔法测量残余应力孔边应变释放系数修正[J]. 铸造技术. 2010, 31(1): 36-39.

[13] 苏礼季,周广涛,刘红生. 盲孔法测 LY12 铝合金焊接残余应力时应变释放系数的标定及塑性修正[J]. 机械工程材料. 2016, 40(4): 48-53.

[14] 谭明鹤, 王荣辉, 黄永辉. 盲孔法测残余应力中应变释放系数的修正方法[J]. 热加工工艺, 2007, 36(19): 65-68.

[15] 刘一华, 贺赟晖, 詹春晓, 等. 盲孔法中释放系数的数值计算方法[J]. 机械强度, 2008, 30(1): 33-36.

[16] 马雯波, 陈曙光, 刘荟琼, 等. 盲孔法中应变释放系数的有限元模拟标定[J]. 焊接学报, 2011, 32(2): 97-100.

[17] 张晓宏, 赵海燕, 蔡志鹏, 等. 小孔法测量残余应力时孔边塑性应变的有限元分析及修正[J]. 机械工程学报, 2005, 41(3): 193-200.

[18] 郑建毅, 何闻, 沈润杰. 小孔法中校准系数的有限元数值标定技术研究[J]. 机械工程学报, 2011, 47(14): 26-31.

[19] 施彦彬,何闻,郑建毅. Q235 钢应变释放系数塑性修正问题的研究[J]. 浙江大学学报, 2010, 44(11): 2083-2088.

[20] Qiu Zhao, Zhiyong Guo, Xiujiang Shen, et al. Test study on residual stress distribution of hybrid steel u-rib stiffened plates [J]. Journal of Constructional Steel Research. 2016, 261-267.

[21] 赵海燕, 裴怡, 史耀武, 等. 用小孔释放法测量焊接高残余应力时孔边塑性变形对测量精度的影响及修正方法[J]. 机械强度, 1996, 18(3): 17-20.

[22] Gannon L, Liu Y, Pegg N, et al. Effect of welding sequence on residual stress and distortion in flat-bar stiffened plates[J]. Marine Structures, 2010, 23(3): 385-404.

[23] Withers, PJ, Bhadeshia. HKDH 2001 Overview Residual Stress Part 2-Nature and Origins Materials Sci. Technol, 17: 366-375.

[24] Ueda Y, Murakawa H, Ma N. Computational approach to welding deformation and residual stresses[M]. Tokyo Sanpo-pub, 2007.

[25] Masubuchi K. Analysis of welded structures: Residual stresses, distortion, and their consequences[M]. New York: Pergamon press, 1980.

[26] Cruise R B, Gardner L. Residual stress analysis of structural stainless steel sections[J]. Journal of Constructional Steel Research, 2008, 64(3): 352-366.

[27] 江克斌, 肖叶桃, 郭永涛. T 型焊接试件焊接残余应力分布的测定[J]. 焊接学报, 2008, 29 (1): 53-56.

[28] Mansour A, Yang JM, Thayamballi A. An experimental investigation of ship hull ultimate strength[J]. Transactions of SNAME, 1990.

[29] Smith C S, Kirkwood W. Influence of initial deformations and residual stresses on inelastic flexural buckling of stiffened plates and shells. In: Steel plate structures[C]. London: Crosby Lockwood Staples; 1977.

[30] Gordo J, Guedes Soares C, Faulkner D. Approximate assessment of the ultimate longitudinal strength of the hull girder[J]. Journal of Ship Research 1996;40(1):60-9.

[31] Gordo J M, Guedes Soares C. Approximate load shortening curves for stiffened plates under uniaxial compression. Integrity of Offshore Structures. In: Faulkner D, Cowling M J, Incecik A, Das P K, editors. Proceedings of the fifth international conference on the integrity of offshore structures. Glascow, U. K; 1993. p. 189-211.

[32] Cui W, Yongjun W, Pedersen P T. Strength of ship plates under combined loading[J]. Marine Structures, 2002,15(1):75-97.

[33] 北田俊行,中井博,古田富保. 閉断面補剛材を有する鋼板の初期不整に関する研究[C]. 土木学会論文集, 1991, NO. 428(I-15): 127-136.

[34] 大橋治一,依田照彦,樋口康三. 長大斜張橋鋼床版の初期不整の実測データとその圧縮強度の評価[C]. 土木学会論文集, 1996, NO. 549(I-37): 55-64.

[35] Chen S J, Yang K C. Inelastic behavior of orthotropic steel deck stiffened by U-shaped stiffeners[J]. Thin-Walled Structures, 2002, 40(6): 537-553.

[36] 吴冲,赵秋,顾晓毅. 钢桥U肋加劲板焊接残余应力试验研究[C]. 哈尔滨:2009先进焊接与连接学术会议暨第一届焊接高层论坛, 2009.

[37] 赵秋,吴冲. U肋加劲板焊接残余应力数值模拟分析[J]. 工程力学, 2012. 29(8): 262-268.

[38] 赵秋,吴冲. U肋加劲板焊接残余应力的一种简化计算方法[J]. 工程力学, 2012, 29(10): 170-176.

[39] 中华人民共和国国家标准. GB 50017—2003 钢结构设计规范[S]. 北京:中国计划出版社,2003.

第3章 U肋加劲板焊接残余应力数值模拟方法

随着计算机技术的发展,采用计算机模拟焊接残余应力已成为一种特别有效的研究手段。本章应用数值模拟方法研究混合钢U肋加劲板残余应力分布,采用盲孔法测试的混合钢U肋加劲板的残余应力试验结果对模拟方法进行验证,从而为混合钢U肋加劲板的焊接残余应力分布规律研究提供研究手段。

3.1 焊接热过程分析相关理论与方法

3.1.1 焊接传热形式[1]

焊接时,由于焊件是局部受热,焊件中存在很大的温度差,因此,不管是焊件内部还是焊件与周围介质之间都会发生热能的流动。根据传热学的理论,热的传递不外乎是传导、对流和辐射三种基本形式。对于焊接过程来讲,根据研究的结果认为,在熔焊的条件下,由热源传热给焊件的热量,主要是以辐射和对流为主,而母材和焊条(焊丝)获得热能后,热的传播则是以热传导为主。焊接传热过程所研究的内容主要是焊件上的温度分布及其随时间的温度变化问题,因此,研究焊接温度场,是以热传导为主,适当考虑辐射和对流的作用。

3.1.2 非线性瞬态热传导的有限元分析[2,3]

有限元是以变分原理为基础吸取差分格式的思想而发展起来的一种有效的数值算法。差分是对基本的微分方程离散而求得它的近似解,而有限元法是对连续体本身离散而进行数值计算。应用有限元法求解焊接热传导问题通常有两种方法:一种方法是把求解热传导微分方程问题转化为求泛函极值的变分问题,然后对物体进行有限元离散并进行求解,这种方法称为泛函变分法或者能量法;另一种方法是通过微分方程和边界条件取加权残差为零来近似导出,称为加权余量法。泛函变分法物理概念清晰,在弹塑性力学求解中得到广泛应用,但需用到较多的数学知识又严格的数学逻辑关系,缺乏适用性。而加权余量法直接从微分方程出发来寻求级数形式的近似解析解,对数学的特殊要求少,适合于将有限元推广到其他学科。在加权余量法中,伽辽金(Galerkin)法能够得到与泛函变分结果相同的计算公式,其应用也最为广泛。

在一般三维问题中,瞬态温度场的场变量 $T(x,y,z,t)$ 在直角坐标系中应满足的微分方程是:

$$\rho c\frac{\partial T}{\partial t}=\frac{\partial}{\partial x}\left(\lambda\frac{\partial T}{\partial x}\right)+\frac{\partial}{\partial y}\left(\lambda\frac{\partial T}{\partial y}\right)+\frac{\partial}{\partial z}\left(\lambda\frac{\partial T}{\partial z}\right)+\overline{Q} \tag{3.1}$$

式中:ρ、c 和 λ——材料的密度、比热容和热导率,它们都是温度的函数;

$\overline{Q}$——内热源强度。

导热时通常分三类边界条件:

第一类边界条件,已知边界上的温度值,即

$$T_s=T_s(x,y,z,t) \tag{3.2}$$

第二类边界条件,已知边界上的热流密度分布,即

$$\lambda\frac{\partial T}{\partial n}=q_s(x,y,z,t) \tag{3.3}$$

第三类边界条件,已知边界上物体与周围介质间的热交换,即

$$\lambda\frac{\partial T}{\partial n}=\alpha(T_a-T_s) \tag{3.4}$$

式中:n——边界表面外法线方向;

q——单位面积上的外部输入热流;

α——表面换热系数;

T_a——周围介质温度。

焊接时通常遇到的是热流和换热边界条件。

首先对空间域离散,记形函数为 $\boldsymbol{N}$,则单元内温度可表示为:

$$\boldsymbol{T}=\boldsymbol{N}\boldsymbol{T}^e \tag{3.5}$$

采用伽辽金的加权残数法可求得如下方程:

$$\boldsymbol{K}\boldsymbol{T}+\boldsymbol{C}\frac{\partial}{\partial t}\boldsymbol{T}=\boldsymbol{P} \tag{3.6}$$

式中:$\boldsymbol{T}$——节点温度列向量;

$\boldsymbol{K}$——热传导矩阵;

$\boldsymbol{C}$——热容矩阵;

$\boldsymbol{P}$——温度作用列向量。

$$\boldsymbol{K}=\sum(\boldsymbol{K}_1^e+\boldsymbol{K}_2^e)$$

$$\boldsymbol{C}=\sum\boldsymbol{C}^e$$

$$\boldsymbol{P} = \sum(\boldsymbol{P}_1^e + \boldsymbol{P}_2^e + \boldsymbol{P}_3^e)$$

$$\boldsymbol{K}_1^e = \int_{\Delta v}\left(\frac{\partial \boldsymbol{N}^T}{\partial x}\lambda \frac{\partial \boldsymbol{N}}{\partial x} + \frac{\partial \boldsymbol{N}^T}{\partial y}\lambda \frac{\partial \boldsymbol{N}}{\partial y} + \frac{\partial \boldsymbol{N}^T}{\partial z}\lambda \frac{\partial \boldsymbol{N}}{\partial z}\right)\mathrm{d}V$$

$$\boldsymbol{K}_2^e = \int_{\Delta s}\boldsymbol{N}^T\alpha\boldsymbol{N}\mathrm{d}S$$

$$\boldsymbol{C}^e = \int_{\Delta s}\boldsymbol{N}^T\rho c\boldsymbol{N}\mathrm{d}V$$

$$\boldsymbol{P}_1^e = \int_{\Delta V}\boldsymbol{N}^T\,\overline{Q}\mathrm{d}V$$

$$\boldsymbol{P}_2^e = \int_{\Delta s}\boldsymbol{N}^T q\mathrm{d}S$$

$$\boldsymbol{P}_3^e = \int_{\Delta s}\boldsymbol{N}^T\alpha T_a\mathrm{d}S$$

这里采用加权差分法来对时间域进行离散。在每个时间步长 Δt 内，对 $t+\Delta t$ 点建立差分格式，θ 是加权系数（$0\leqslant\theta\leqslant1$）。

由泰勒级数展开式可得

$$\boldsymbol{T}^{(t+\theta\Delta t)} = \theta\boldsymbol{T}^{(t+\theta\Delta t)} + (1-\theta)\boldsymbol{T}^{(t)} + o(\Delta t^2)$$

$$\frac{\partial}{\partial t}\boldsymbol{T}^{(t+\theta\Delta t)} = \frac{1}{\Delta t}(\boldsymbol{T}^{(t+\Delta t)} - \boldsymbol{T}^{(t)}) + o(\Delta t^2)$$

将上述二式代入式(3.6)，并对 $\boldsymbol{P}$ 作同样展开，可得

$$\left(\frac{1}{\Delta t}\boldsymbol{C}^\theta + \theta\boldsymbol{K}^\theta\right)\boldsymbol{T}^{(t+\Delta t)} = \left(\frac{1}{\Delta t}\boldsymbol{C}^\theta - (1-\theta)\boldsymbol{K}^\theta\right)\boldsymbol{T}^{(t)} + \theta\boldsymbol{P}^{(t+\Delta t)} + (1-\theta)\boldsymbol{P}^{(t)} \tag{3.7}$$

式中，上角标 θ 表示矩阵 $\boldsymbol{C}^\theta$、$\boldsymbol{K}^\theta$ 是根据 $t+\theta\Delta t$ 时刻的温度 $\boldsymbol{T}^{(t+\theta\Delta t)}$ 代入而计算出来的，经过以上步骤，非线性微分方程组就被转化为非线性的代数方程组。

在式(3.7)中 θ 取不同的值，可得不同的差分格式：

①$\theta=1$，向后差分格式；

②$\theta=1/2$，Crank-Nicolson 格式；

③$\theta=2/3$，加辽金格式。

通常向后差分格式稳定而且不振荡，计算时间长可取得较大，但计算精度稍差。C-N 格式虽然是稳定的，计算精度也比较高，但要求 Δt 值取得比较小，否则容易出现衰减振荡。加辽金格式介于两者之间，也是常用的差分格式之一。

式(3.7)可以简写为：

$$\boldsymbol{HT} = \boldsymbol{F} \tag{3.8}$$

式中：$\boldsymbol{H}$、$\boldsymbol{F}$——温度 $\boldsymbol{T}$ 的函数。

求解上述非线性方程组有许多方法，如直接迭代法、牛顿—拉斐逊法、增量法、极小化法以及变步长外推法。直接迭代法的优点是简单易行，它的基本思想是以第 r 次迭代的近似值代到 $\boldsymbol{H}$、$\boldsymbol{F}$ 中，求得第 $r+1$ 次近似值，即

$$\boldsymbol{T}_{r+1}=\boldsymbol{H}^{-1}(\boldsymbol{H}_r)\boldsymbol{F}(\boldsymbol{T}_r) \tag{3.9}$$

迭代过程直至误差 $\Delta\boldsymbol{T}_{r+1}=\boldsymbol{T}_{r+1}-\boldsymbol{T}_r$ 小于容许值为止。变步长外推法的基本思想是拿已知 $t-\Delta t_1$ 和 t 时刻的温度 $\boldsymbol{T}^{(t-\Delta t_1)}$ 和 $\boldsymbol{T}^{(t)}$ 来推算 $\boldsymbol{T}^{(t+\theta\Delta t)}$，求得 $\boldsymbol{K}^{\theta}$、$\boldsymbol{C}^{\theta}$ 和 $\boldsymbol{F}^{\theta}$，再由式(3.7)直接求得 $\boldsymbol{T}^{(t+\Delta t)}$。该法的优点是不必进行迭代而保证一定的精度。

3.1.3　焊接热效率[4]

电弧焊接时通过电弧将电能转换为热能，利用这种热能来加热和熔化焊丝与焊件。弧焊时，电弧功率可表示为：

$$Q_0=IU_{\mathrm{a}} \tag{3.10}$$

式中：U_{a}——电弧电压(V)；

I——焊接电流(A)；

Q_0——电弧功率(W)，即电弧在单位时间内所析出的能量。

由于电弧功率 Q_0 不是全部用在加热焊件，故电弧真正用于加热焊件的有效热功率 Q 为：

$$Q=\eta Q_0=\eta IU_{\mathrm{a}} \tag{3.11}$$

式中，η 为电弧功率有效利用系数或称为焊接热效率，用来考虑焊接过程的热损失，包括对流和辐射造成的向周围环境的耗散损失、飞溅损失和加热非熔化电极的损失等，受焊接电流的类型、极性和强度的轻微影响。它与焊接方法、焊接参数和焊接材料的种类(如焊条、焊丝、保护气等)有关。

各种弧焊方法的焊接热效率见表3.1。

各种弧焊方法的焊接热效率　　表3.1

弧焊方法	焊接热效率 η
焊条电弧焊	0.65～0.85
埋弧焊	0.80～0.90
CO_2 气体保护焊	0.75～0.90
熔化极气体保护焊(MIG)	0.70～0.80
钨极氩弧焊(TIG)	0.65～0.70

在其他情况不变的情况下，η 值随着弧长的增加、电弧电压的提高而下降，

随着电弧电流的增大或电弧潜入熔池而增加。应当指出，这里所说的热效率 η，只是考虑焊件所能吸收到的热能。实际上这部分热能一方面用于熔化金属而形成焊缝，另一方面则流失于焊件而造成热影响区。η 值并没有反映出这两部分热量的比例。

3.1.4 焊接热源的作用模式[4-6]

按照热源作用方式的不同，可以将焊接热源当作集中热源、平面分布热源、体积分布热源来处理。如果关心的焊件部位离焊接热源远可当作集中热源来处理；对于一般的电弧焊，焊接电弧的热流是分布在焊件上一定的作用面积内，可以将其作为平面分布热源。但对于高能束焊接，由于产生较大的焊缝深宽比，说明焊接热源的热流沿焊件厚度方向施加很大的影响，必须按某种恰当的体积分布热源来处理。

1. 集中热源

集中热源就是把焊接电弧的热能看作是集中作用在某一点、某条线或某个面，如图 3.1 所示。显然，这是对实际情况加以简化的描述。焊接热过程的经典理论 Rosenthal-Rykalin 公式就是采用的集中热源。对于厚大焊件表面上的堆焊过程，可以把热源看成是集中在电弧加热斑点中心的点热源，热量向 x、y、z 三个方向传递。对于一次性熔透的薄板对接焊过程，可以把电弧热看作是施加在焊件厚度上的线热源，认为热量仅作二维传播。对于某些杆件对接焊，可以认为是把电弧热施加在杆件断面上的面热源，此时热量只沿一个方向传播，是一个一维传热。当计算点远离热源时，用集中热源模型进行温度场计算是成功的，但在接近热源区域则会出现很大的偏差。

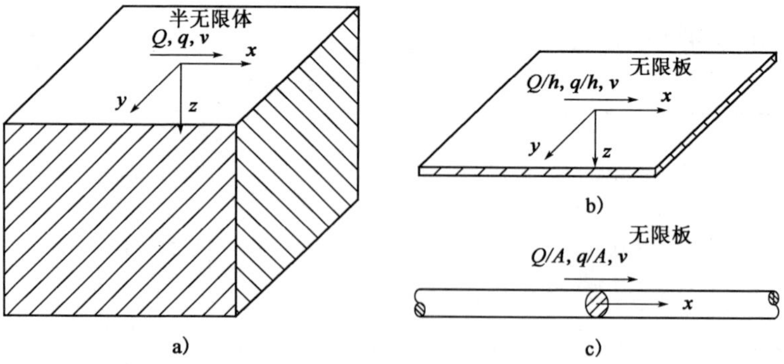

图 3.1 集中热源简化分布示意

2. 平面分布热源

高斯热源模型是一种平面分布热源模型，又称为正态分布热源模型。这一模型假定工件表面上电弧笼罩的区域，焊接电弧把热能传给焊件是通过焊件上一定的作用面积进行的。对于电弧焊来讲，这个面积称为加热斑点，如图3.2所示。设加热斑点的半径为 r_H 的加热斑点内，在加热斑点上热流的分布，一般近似地用高斯函数来描述，即

$$q(r)=q_m\exp(-Kr^2) \tag{3.12}$$

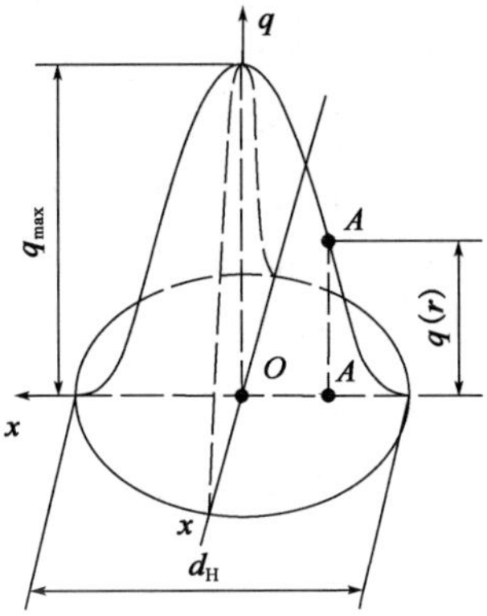

图3.2　高斯分布热源分布模型

式中：$q(r)$——距离热源中心 r 处的热流密度；

q_m——热源中心处的最大热流密度；

K——热能集中系数。

由于作用在焊件表面上的总热量等于焊接电弧的有效功率 Q，所以有：

$$\begin{aligned}Q &= \int_0^\infty q(r)2\pi r\mathrm{d}r\\ &= q_m\int_0^\infty \exp(-Kr^2)2\pi r\mathrm{d}r\\ &= -\frac{q_m\pi}{K}\int_0^\infty \exp(-Kr^2)\mathrm{d}(-Kr^2)\\ &= -\frac{q_m\pi}{K}\end{aligned}$$

$$q_m=-\frac{QK}{\pi} \tag{3.13}$$

将式(3.13)代入式(3.12)中，有

$$q(r)=-\frac{QK}{\pi}\exp(-Kr^2) \tag{3.14}$$

式中，$Q=\eta IU_a$ 为电弧有效热功率。

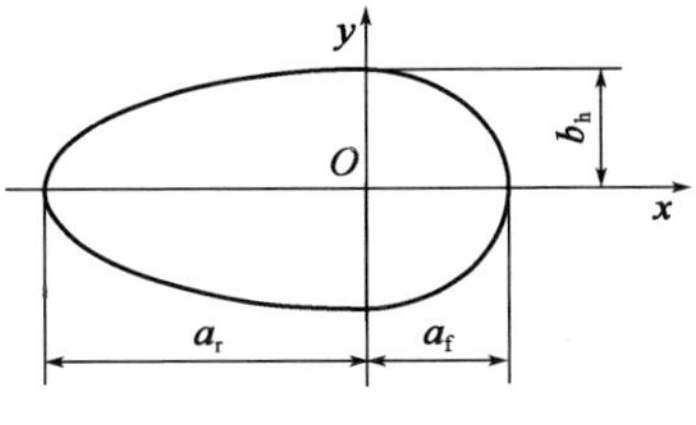

图3.3　双椭圆分布区域示意

实际上，由于电弧沿焊接方向运动，电弧热流围绕加热斑点中心是不对称分布的。由于焊接速度的影响，电弧前方的加热区域要比电弧后方的小；加热斑点不是圆形的，而是椭圆形的，并且电弧前、后的椭圆形状也不相同，如图3.3所示。

3. 体积分布热源

对于熔化极气体保护电弧焊或高能束流焊，焊接热源的热源密度不光作用在焊件表面上，也沿厚度方向作用。此时，应该将焊接热源作为体积分布热源。为了考虑电弧热流沿焊件厚度方向的分布，可以用椭球体模式来描述。

4. 基于生死单元技术的热源模型

高斯热源模型将焊接热流直接施加到整个焊件有限元模型上，不能模拟焊接金属熔化和填充，在模拟实际焊接过程时有所欠缺，而通用有限元软件中生死单元可以克服这个缺点。生死单元技术就是采用生死单元模拟焊缝填充方法来模拟焊接热输入过程，将全部焊接热 Q 均匀分布在焊缝上，假设所用焊缝单元在计算前是不激活的。在开始计算前，将焊缝中所有单元“杀死”。在计算过程中，按顺序将被“杀死”的单元“激活”，模拟焊缝金属的填充。同时，给激活的单元施加生热率，热荷载的作用时间等于实际焊接时间。

$$HGEN = \frac{Q}{A_{\text{weld}} \times v} \tag{3.15}$$

式中：$HGEN$——每个荷载施加的生热率（W/m^3）；

A_{weld}——焊缝的横截面积（m^2）；

v——焊接速度（m/s）。

由广西大学机械学院陈家权等[7]的试验结果可以得到，在焊接热参数输入一致的情况下，高斯热源和双椭球形热源计算出的焊件底部温度均低于金属的熔点，未能达到真正的焊透效果，而采用生死单元技术施加热荷载，焊件表面至焊件底部的温度都能达到金属的熔点，可确保整个焊件能被焊透，从而能够较好地模拟熔透焊缝的温度场。

3.1.5 相变潜能

相变可通过物质（材料）的显热或者潜热（相变热）来储存。显热储能系统在储能和释能过程是利用材料的比热容和材料的温度变化来进行的。在不大的温变范围，材料的比热容是基本不变的，因此，显热储能的最大优点是在系统有效的使用寿命周期内，其储能和释能过程是完全可逆的。潜热储存，即相变储能是利用物态转变过程中伴随的能量吸收和释放而进行的。潜热储存比显热储存具有高得多的储能密度[8]。

在焊接过程中被焊金属不断进行着熔化—冷却，因而在此过程中总存在着固、液之间的相变。焊接过程中存在两类相变问题:一类是固态相变,即材料金相组织的转变;另一类是固液相变,即材料的熔化和凝固。材料在发生相变时,会吸收或释放一定的热能,所以在计算焊接温度场时,须考虑相变潜热问题,否则,计算结果会有很大的偏差。

处理相变潜热可采取比热容突变法、等温法、等效热源法等。一般第一种方法比较常用。比热容突变法是将潜热的影响以比热容在熔化范围内的突变来处理。当熔化过渡区较大,这一点比较好处理。而实际上熔化发生在很小的范围内,在计算就易错过熔化区。为此可引入热焓的概念,其数学定义为:

$$\Delta H(T) = \int_0^T \rho c(t)\,\mathrm{d}t \tag{3.16}$$

焓的单位是 J/m^3,是密度与比热的乘积对温度的积分。计算时假设固态相变和固液相变都是在一定的温度区间内发生,对于相变发生的温度区间内的所有温度点的比热值,在其原有的基础之上增加熔化潜热的补偿量。

3.2 焊接应力分析相关理论与方法[3]

焊接应力应变场存在着材料非线性、几何非线性等非线性问题。考虑到焊接热应力过程的复杂性,为了计算的准确性,将焊接热应力场看作材料非线性瞬态问题。选用弹塑性力学模型,用增量理论进行计算。在热弹塑性分析的基础上,作如下假定:

(1)材料的屈服服从米塞斯(Von Mises)屈服准则。

(2)塑性区内的行为服从塑性流动准则和强化准则。

(3)弹性应变、塑性应变与温度应变是不可分的。

(4)与温度有关的力学性能、应力应变在微小的时间增量内线性变化。

3.2.1 相关塑性理论屈服准则

1. 屈服准则

在金属材料的有限元分析中,通常采用米赛斯(Von Mises)屈服准则,它是从能量的角度导出金属塑性变形的准则条件,所以也称作变形能条件。它的物理意义是:金属如果过渡到塑性状态,物体单位体积内的变形能必须积聚到一定的极限值,这一临界值与应力状态无关,只与材料有关。因为可以根据单向拉伸实验确定这个临界点,形状改变能达到该临界点,材料开始屈服。

在三维主应力空间，Von Mises 屈服准则(也称八面体剪应力或变形能准则)可写为：

$$F^0(\sigma_{ij},\sigma_{s0})=\frac{1}{6}[(\sigma_1-\sigma_2)^2+(\sigma_2-\sigma_3)^2+(\sigma_1-\sigma_3)^2]-\frac{1}{3}\sigma_{s0}^2=0 \tag{3.17}$$

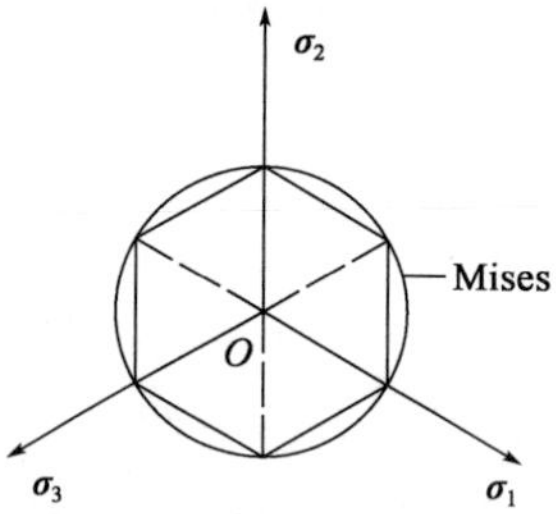

图 3.4　主应力空间 Mises 屈服面

式中，σ_1，σ_2 和 σ_3 为主应力。该式的几何意义是：在三维主应力空间内，初始屈服面是以$\sigma_1=\sigma_2=\sigma_3$ 为轴线的圆柱面。此面和过原点并垂直于直线 $\sigma_1=\sigma_2=\sigma_3$ 的 π 平面的交线，即屈服函数 F^0 在 π 平面上的轨迹，是以 σ_{s0}为半径的圆周，如图 3.4 所示。

2. 流动法则

流动法则用来定义材料进入塑性应变后的塑性应变增量在各个方向的分量和应力分量以及应力增量分量之间的关系，它描述屈服时塑性应变的方向。当塑性流动方向与屈服面的外法线方向相同时称为关联流动法则，如金属和其他呈现不可压缩性行为的材料；当塑性流动方向和屈服面法线不同时称为非关联流动法则，如摩擦材料或 DP 材料。Von Mises 流动法则假设塑性应变增量可从塑性势导出，即

$$\mathrm{d}\varepsilon_{ij}^{\mathrm{p}}=\mathrm{d}\lambda\frac{\partial Q}{\partial\sigma_{ij}} \tag{3.18}$$

式中：$\mathrm{d}\varepsilon_{ij}^{\mathrm{p}}$——塑性应变增量的分量；

$\mathrm{d}\lambda$——正的待定有限量，它的具体数值与材料硬化法则有关；

Q——塑性势函数，一般说它是应力状态和塑性应变的函数。对于稳定的应变硬化材料，Q 通常取和后继屈服函数 F 相同的形式，称为和屈服函数相关联的塑性势。

对于关联塑性情况，流动法则表示为：

$$\mathrm{d}\varepsilon_{ij}^{\mathrm{p}}=\mathrm{d}\lambda\frac{\partial F}{\partial\sigma_{ij}}=\mathrm{d}\lambda\frac{\partial f}{\partial\sigma_{ij}} \tag{3.19}$$

从微分学得知，$\frac{\partial F}{\partial\sigma_{ij}}$定义的向量正是沿着应力空间中后继屈服面 $F=0$ 的法线方向，所以 Von Mises 又称为法向流动法则。

3. 强化准则

在单向应力状态下，钢材的应力—应变曲线有弹性阶段、屈服阶段、强化阶

段和破坏阶段等,若在强化阶段卸载时其屈服应力会提高。而在复杂应力状态时,就需要强化准则定义材料进入塑性变形后的后继屈服面的变化(包括大小、中心和形状),即在随后的加载或卸载时,材料何时再次进入屈服状态。对于理想的弹塑性材料,因无应力强化效应,其后继屈服面和初始屈服面相同。

一般说来,后继屈服函数可以采用以下形式:

$$F(\sigma_{ij},k)=0 \tag{3.20}$$

式中:k——硬化参数,它依赖于变形的历史,通常是等效塑性应变 ε^{P} 的函数。

对于硬化材料,通常有等向强化、随动强化和混合强化准则。等向强化规定在材料进入塑性变形后,后继屈服面在各方向均匀地向外扩张,其形状、中心和在应力空间的方位均保持不变,意味着由于硬化引起的拉伸屈服强度的增加会导致压缩屈服强度有同等的增加,故也称各向同性强化准则,如图 3.5 所示。等向强化适用于大应变、单调加载情况,不适于循环加载的情况。等向强化又分为线性等向强化和非线性等向强化,如双线性等向强化和多线性等向强化及非线性等向强化。

随动强化规定材料进入塑性变形后,后继屈服面在应力空间作刚体移动,而其形状、大小和方位保持不变,如图 3.6 所示。随动强化意味着屈服后最初的各向同性塑性行为不再各向同性,弹性范围等于 2 倍的初始屈服应力,也即由于拉伸屈服强度增加而使压缩屈服强度相应减小,称为包辛格效应。随动强化适用于小应变、循环加载的情况,可分为线性随动强化和非线性随动强化。

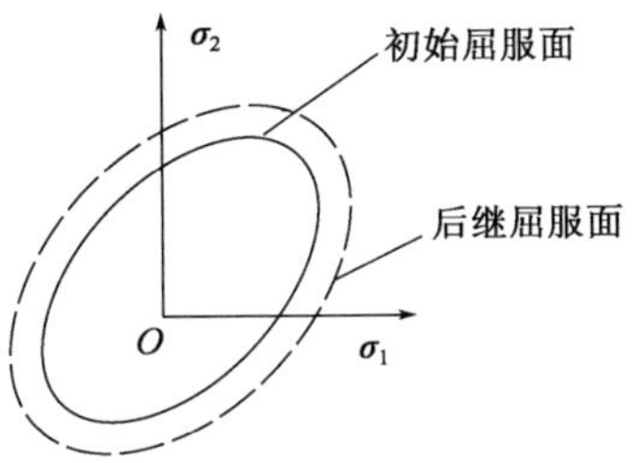

图 3.5 等向强化图

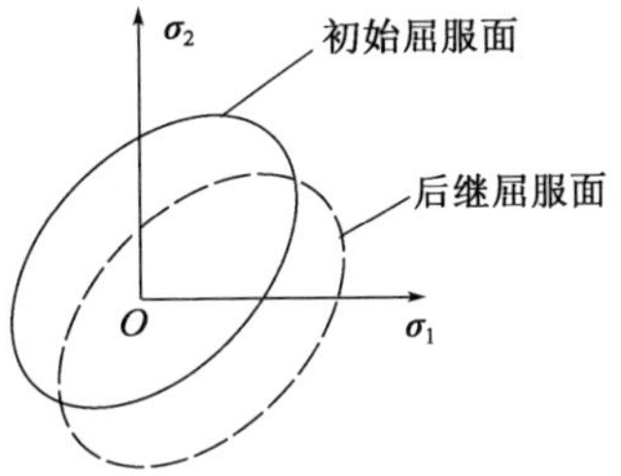

图 3.6 随动强化图

3.2.2 热弹塑性理论

焊接过程中材料的应力与热荷载有很大关系,材料的热弹塑性分析在焊接力学中具有重要作用。

1. 热弹性问题

在弹性范围内,由于温度变化引起的应变为:

$$\boldsymbol{\varepsilon}_{\mathrm{T}} = \boldsymbol{\alpha}\Delta T \tag{3.21}$$

总应变为：

$$\boldsymbol{\varepsilon} = \boldsymbol{\varepsilon}_{\mathrm{e}} + \boldsymbol{\varepsilon}_{\mathrm{T}} \tag{3.22}$$

由此可得弹性应变为：

$$\boldsymbol{\varepsilon}_{\mathrm{e}} = \boldsymbol{\varepsilon} - \boldsymbol{\varepsilon}_{\mathrm{T}} \tag{3.23}$$

增量形式为：

$$\mathrm{d}\boldsymbol{\varepsilon} = \mathrm{d}\boldsymbol{\varepsilon}_{\mathrm{e}} + \mathrm{d}\boldsymbol{\varepsilon}_{\mathrm{T}} \tag{3.24}$$

及

$$\mathrm{d}\boldsymbol{\varepsilon}_{\mathrm{e}} = \mathrm{d}\boldsymbol{\varepsilon} - \mathrm{d}\boldsymbol{\varepsilon}_{\mathrm{T}} \tag{3.25}$$

应力—应变关系为：

$$\boldsymbol{\sigma} = \boldsymbol{D}_{\mathrm{e}}\boldsymbol{\varepsilon}_{\mathrm{e}} = \boldsymbol{D}_{\mathrm{e}}(\boldsymbol{\varepsilon} - \boldsymbol{\varepsilon}_{\mathrm{T}}) \tag{3.26}$$

式中，$\boldsymbol{D}_{\mathrm{e}}$ 为弹性矩阵。如果材料性质与温度无关，则上式的增量形式为：

$$\mathrm{d}\sigma = \boldsymbol{D}_{\mathrm{e}}(\mathrm{d}\boldsymbol{\varepsilon} - \mathrm{d}\boldsymbol{\varepsilon}_0) \tag{3.27}$$

式中，$\mathrm{d}\boldsymbol{\varepsilon}_0 = \mathrm{d}\boldsymbol{\varepsilon}_{\mathrm{T}} = \boldsymbol{\alpha}\mathrm{d}T$，表示温度变化引起的应变。如果材料性质与温度相关，则根据

$$\boldsymbol{\varepsilon}_{\mathrm{e}} = \boldsymbol{D}_{\mathrm{e}}^{-1}\boldsymbol{\sigma} \tag{3.28}$$

当温度变化时有

$$\mathrm{d}\boldsymbol{\varepsilon}_{\mathrm{e}} = \frac{\mathrm{d}\boldsymbol{D}_{\mathrm{e}}^{-1}}{\mathrm{d}T}\boldsymbol{\sigma}\mathrm{d}T + \boldsymbol{D}_{\mathrm{e}}^{-1}\mathrm{d}\boldsymbol{\sigma} \tag{3.29}$$

由此可得

$$\mathrm{d}\boldsymbol{\sigma} = \boldsymbol{D}_{\mathrm{e}}\left(\mathrm{d}\boldsymbol{\varepsilon}_{\mathrm{e}} - \frac{\mathrm{d}\boldsymbol{D}_{\mathrm{e}}^{-1}}{\mathrm{d}T}\sigma\mathrm{d}T\right) \tag{3.30}$$

由于 $\mathrm{d}\boldsymbol{\varepsilon}_{\mathrm{e}} = \mathrm{d}\boldsymbol{\varepsilon} - \boldsymbol{\alpha}\mathrm{d}T$，则有

$$\mathrm{d}\boldsymbol{\sigma} = \boldsymbol{D}_{\mathrm{e}}(\mathrm{d}\boldsymbol{\varepsilon} - \mathrm{d}\boldsymbol{\varepsilon}_0) \tag{3.31}$$

式中：$\mathrm{d}\boldsymbol{\varepsilon}_0$ 表示相应于温度变化所引起的应变增量。

$$\mathrm{d}\boldsymbol{\varepsilon}_0 = \left(\boldsymbol{\alpha} + \frac{\mathrm{d}\boldsymbol{D}_{\mathrm{e}}^{-1}}{\mathrm{d}T}\boldsymbol{\sigma}\right)\mathrm{d}T \tag{3.32}$$

2. 热弹塑性问题

在弹塑性范围内，由于温度变化引起的全应变增量为：

$$\mathrm{d}\boldsymbol{\varepsilon} = \mathrm{d}\boldsymbol{\varepsilon}_{\mathrm{e}} + \mathrm{d}\boldsymbol{\varepsilon}_{\mathrm{p}} + \mathrm{d}\boldsymbol{\varepsilon}_{\mathrm{T}} \tag{3.33a}$$

或

$$\mathrm{d}\boldsymbol{\varepsilon}_{\mathrm{e}} + \mathrm{d}\boldsymbol{\varepsilon}_{\mathrm{p}} = \mathrm{d}\boldsymbol{\varepsilon} - \mathrm{d}\boldsymbol{\varepsilon}_{\mathrm{T}} \tag{3.33b}$$

如果材料性质与温度无关，则可得：

$$d\boldsymbol{\sigma} = \boldsymbol{D}_{ep}(d\boldsymbol{\varepsilon} - d\boldsymbol{\varepsilon}_0) \tag{3.34}$$

式中：$\boldsymbol{D}_{ep}$——热弹塑性矩阵。

如果材料性质与温度相关，在求解任一增量热荷载时的塑性应变增量时，需要确定材料的屈服状态与温度的关系。考虑温度的影响，Von Mises 屈服准则可写为：

$$\bar{\boldsymbol{\sigma}} = H\left(\int d\bar{\boldsymbol{\varepsilon}}_p, T\right) \tag{3.35}$$

或记为：

$$\bar{\boldsymbol{\sigma}} = H_T\left(\int d\bar{\boldsymbol{\varepsilon}}_p\right) \tag{3.36}$$

式(3.35)、式(3.36)中，函数 H 和 H_T 可由简单拉伸试验确定。屈服准则为：

$$\boldsymbol{\sigma} = H(d\boldsymbol{\varepsilon}_p, T) \tag{3.37}$$

对式(3.37)两边取微分可得：

$$\left(\frac{\partial\bar{\boldsymbol{\sigma}}}{\partial\boldsymbol{\sigma}}\right)^T d\boldsymbol{\sigma} = \frac{\partial H}{\partial\bar{\boldsymbol{\varepsilon}}_p}d\bar{\boldsymbol{\varepsilon}}_p + \frac{\partial H}{\partial\bar{\boldsymbol{\varepsilon}}_p}dT = H'_T d\bar{\boldsymbol{\varepsilon}}_p + \frac{\partial H}{\partial T}dT \tag{3.38}$$

由式(3.33b)可得弹性分量为：

$$d\boldsymbol{\varepsilon}_e = d\boldsymbol{\varepsilon} - d\boldsymbol{\varepsilon}_p - d\boldsymbol{\varepsilon}_T \tag{3.39}$$

代入式(3.30)可得：

$$d\boldsymbol{\sigma} = \boldsymbol{D}_e\left(d\boldsymbol{\varepsilon} - d\boldsymbol{\varepsilon}_p - d\boldsymbol{\varepsilon}_T - \frac{\partial\boldsymbol{D}_e^{-1}}{\partial T}\boldsymbol{\sigma}dT\right) \tag{3.40}$$

将塑性应变增量与等效应变增量之间的关系

$$d\boldsymbol{\varepsilon}_p = \frac{\partial\bar{\boldsymbol{\sigma}}}{\partial\boldsymbol{\sigma}}d\bar{\boldsymbol{\varepsilon}}_p \tag{3.41}$$

及 $d\boldsymbol{\varepsilon}_T = \boldsymbol{\alpha}dT$ 代入式(3.40)，结合式(3.32)有：

$$d\boldsymbol{\sigma} = \boldsymbol{D}_e\left(d\boldsymbol{\varepsilon} - \frac{\partial\bar{\boldsymbol{\sigma}}}{\partial\boldsymbol{\sigma}}d\bar{\boldsymbol{\varepsilon}}_p - d\boldsymbol{\varepsilon}_0\right) \tag{3.42}$$

则

$$d\bar{\boldsymbol{\varepsilon}}_p = \frac{\left(\frac{\partial\bar{\boldsymbol{\sigma}}}{\partial\boldsymbol{\sigma}}\right)^T \boldsymbol{D}_e d\boldsymbol{\varepsilon} - \left(\frac{\partial\bar{\boldsymbol{\sigma}}}{\partial\boldsymbol{\sigma}}\right)^T \boldsymbol{D}_e d\boldsymbol{\varepsilon}_0 - \left(\frac{\partial H}{\partial T}\right)dT}{H'_T + \left(\frac{\partial\bar{\sigma}}{\partial\sigma}\right)^T \boldsymbol{D}_e \frac{\partial\bar{\boldsymbol{\sigma}}}{\partial\boldsymbol{\sigma}}} \tag{3.43}$$

将上式代入式(3.38)，可得：

$$d\boldsymbol{\sigma} = \boldsymbol{D}_{ep}(d\boldsymbol{\varepsilon} - d\boldsymbol{\varepsilon}_0) + d\boldsymbol{\sigma}_0 \tag{3.44}$$

式中:$\boldsymbol{D}_{ep}$——弹塑性矩阵,即

$$\boldsymbol{D}_{ep} = \boldsymbol{D}_e + \boldsymbol{D}_p \tag{3.45}$$

$\boldsymbol{D}_e$——弹性矩阵;

$\boldsymbol{D}_p$——热塑性矩阵,即

$$\boldsymbol{D}_p = \frac{\boldsymbol{D}_e \dfrac{\partial\bar{\boldsymbol{\sigma}}}{\partial\boldsymbol{\sigma}}\left(\dfrac{\partial\bar{\boldsymbol{\sigma}}}{\partial\boldsymbol{\sigma}}\right)^{T}\boldsymbol{D}_e}{H_T' + \left(\dfrac{\partial\bar{\boldsymbol{\sigma}}}{\partial\boldsymbol{\sigma}}\right)^{T}\boldsymbol{D}_e\dfrac{\partial\bar{\boldsymbol{\sigma}}}{\partial\boldsymbol{\sigma}}} \tag{3.46}$$

$d\boldsymbol{\sigma}_0$——温度变化引起的应力增量,即

$$d\boldsymbol{\sigma}_0 = \frac{\boldsymbol{D}_e \dfrac{\partial\bar{\boldsymbol{\sigma}}\partial H}{\partial\boldsymbol{\sigma}\partial T}dT}{\boldsymbol{H}_T' + \left(\dfrac{\partial\bar{\boldsymbol{\sigma}}}{\partial\boldsymbol{\sigma}}\right)^{T}\boldsymbol{D}_e\dfrac{\partial\bar{\boldsymbol{\sigma}}}{\partial\boldsymbol{\sigma}}} \tag{3.47}$$

受温度的影响,由于外加或内部约束使结构不能自由变形,这时就会产生内应力,这种应力就是热应力。此外,由于发生了塑性变形,卸载后(或温度降低后)结构中将有残余变形存在。同时由于变形的不均匀性,在卸载后的结构中还将有残余应力存在。在焊接过程中,热应力、残余变形与应力是很突出的问题,是热弹塑性分析的主要应用方面。

3.2.3 有限元方程

1.虚功与力平衡方程

增量位移的有限元公式基于虚功原理,即对物体的虚外功等于平衡条件下内应力所作的虚功。由应力增量 $d\boldsymbol{\sigma}$ 和虚应变增量 $\delta(d\boldsymbol{\varepsilon})$ 作用下的虚内功增量由下式给出:

$$\delta(d\omega)_i = \int_V \delta(d\boldsymbol{\varepsilon})^T(d\boldsymbol{\sigma})dV \tag{3.48}$$

可以产生虚外功的力学荷载包括体积力、表面力和集中力,总的虚外功可写为:

$$\delta(d\omega)_e = \int_V \delta(d\boldsymbol{u})^T(d\boldsymbol{b})dV + \int_A \delta(d\boldsymbol{u})^T(d\boldsymbol{s})dA + \delta(d\boldsymbol{U})^T(d\boldsymbol{P}) \tag{3.49}$$

式中:$d\boldsymbol{b}$——单位体积的分布荷载;

$d\boldsymbol{s}$——单位面积的分布荷载;

$\mathrm{d}\boldsymbol{P}$——集中力；

$\delta(\mathrm{d}\boldsymbol{u})$——增量分布荷载作用下连续体中任一点的虚位移矢量；

$\delta(\mathrm{d}\boldsymbol{U})$——增量集中荷载作用下力平衡时的节点虚位移矢量。

设 $\boldsymbol{H}$ 为单元形函数矩阵，则应变位移矩阵 $\boldsymbol{B}$ 为：

$$\boldsymbol{B} = \boldsymbol{L}\boldsymbol{H}^{\mathrm{T}} \tag{3.50}$$

式中：$\boldsymbol{L}$——微分算子矩阵。

这样，虚位移和虚应变可以表示为：

$$\delta(\mathrm{d}\boldsymbol{u})^{\mathrm{T}} = \delta(\mathrm{d}\boldsymbol{U})^{\mathrm{T}}\boldsymbol{H}^{\mathrm{T}} \tag{3.51}$$

$$\delta(\mathrm{d}\varepsilon)^{\mathrm{T}} = \delta(\mathrm{d}\boldsymbol{U})^{\mathrm{T}}\boldsymbol{B}^{\mathrm{T}} \tag{3.52}$$

这样虚功平衡方程就可以写为：

$$\int_V \delta(\mathrm{d}\boldsymbol{U})^{\mathrm{T}}\boldsymbol{B}^{\mathrm{T}}(\mathrm{d}\boldsymbol{\sigma})\mathrm{d}V = \int_V \delta(\mathrm{d}\boldsymbol{U})^{\mathrm{T}}\boldsymbol{H}^{\mathrm{T}}(\mathrm{d}\boldsymbol{b})\mathrm{d}V + \int_A \delta(\mathrm{d}\boldsymbol{U})^{\mathrm{T}}\boldsymbol{H}^{\mathrm{T}}(\mathrm{d}\boldsymbol{s})\mathrm{d}A + \delta(\mathrm{d}\boldsymbol{U})^{\mathrm{T}}(\mathrm{d}\boldsymbol{P}) \tag{3.53}$$

上式平衡方程适用于任何非零虚位移。在任一时间步 $t+\Delta t$，力平衡方程为：

$$^{t+\Delta t}F = {}^{t+\Delta t}R \tag{3.54}$$

增量值可写为：

$$\mathrm{d}\boldsymbol{F} = \int_V \boldsymbol{B}^{\mathrm{T}}(\mathrm{d}\boldsymbol{\sigma})\mathrm{d}V \tag{3.55}$$

$$\mathrm{d}\boldsymbol{R} = \int_V \boldsymbol{H}^{\mathrm{T}}(\mathrm{d}\boldsymbol{b})\mathrm{d}V + \int_A \boldsymbol{H}^{\mathrm{T}}(\mathrm{d}\boldsymbol{s})\mathrm{d}A + \mathrm{d}\boldsymbol{P} \tag{3.56}$$

2. 单元刚度矩阵

根据虚功平衡方程和增量应力表达式可求得单元刚度矩阵。

若单元处于弹性情况有：

$$\boldsymbol{K}_{\mathrm{e}}(\mathrm{d}\boldsymbol{U}) = \mathrm{d}\boldsymbol{R} + \mathrm{d}\boldsymbol{f}_{\mathrm{e}} \tag{3.57}$$

若单元处于塑性情况则有：

$$\boldsymbol{K}_{\mathrm{p}}(\mathrm{d}\boldsymbol{U}) = \mathrm{d}\boldsymbol{R} + \mathrm{d}\boldsymbol{f}_{\mathrm{P}} \tag{3.58}$$

上两式中：$\mathrm{d}\boldsymbol{U}$——节点位移增量；

$\mathrm{d}\boldsymbol{R}$——温度引起的单元初应变等效节点力增量；

$\mathrm{d}\boldsymbol{f}_{\mathrm{e}}$ 或 $\mathrm{d}\boldsymbol{f}_{\mathrm{p}}$——由于热梯度和材料特性参数随温度变化产生的附加节点力增量；

$\boldsymbol{K}_{\mathrm{e}}$ 或 $\boldsymbol{K}_{\mathrm{p}}$——单元刚度矩阵。

3.2.4 焊接模拟分析方法

一般而言,弹塑性有限元采用增量法逐步解出焊件的有关场量(如速度场、应力场、应变场等),而温度场则用时间差分格式逐步积分得到。这样可以在某一瞬时分别计算应力和温度,通过二者之间的联系,将它们的相互影响作用考虑进去,以达到焊接热力过程的耦合分析。

耦合场分析是指在有限元分析的过程中考虑了两种或者多种工程学科物理场的交叉作用和相互影响(耦合)。耦合场分析的过程取决于所需解决的问题是由哪些场的耦合作用,但是,耦合场的分析最终可归结为两种不同的方法,即直接耦合方法、顺序耦合方法。顺序耦合(也称非耦合或弱耦合)方法是按照顺序进行两次或更多次的相关场分析,它是通过把第一次场分析的结果作为第二次场分析的荷载来实现两种场的耦合;直接耦合方法利用包含所有必须自由度的耦合单元类型,仅仅通过一次求解就能得出耦合场分析结果。在这种情形下,耦合是通过计算包含所有必须项的单元矩阵或单元荷载向量来实现的。

当两种物理场相互的非线性作用不明显,或者一种物理场对另一种物理场决定性影响,而后一种物理场对前一种物理场影响较小时,进行两种物理场的完全耦合分析会使分析问题过于复杂化,这时就可以考虑使用顺序耦合分析,顺序

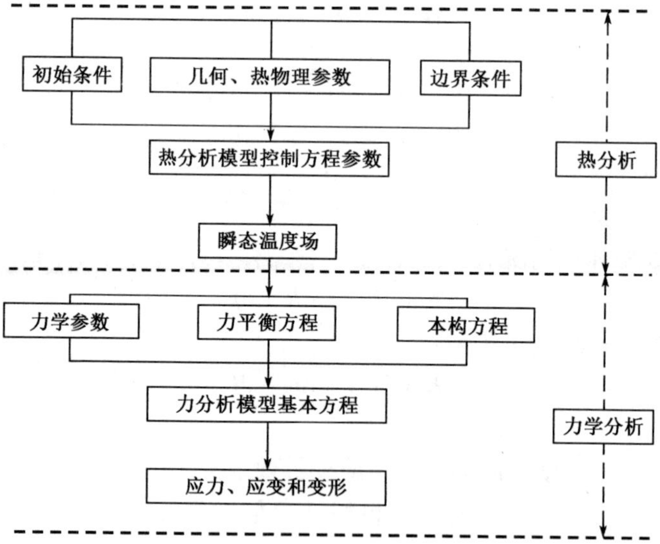

图3.7 焊接模拟的顺序耦合热力分析流程图

耦合具有很高的效率和灵活性。焊接过程的塑性变形热和相变潜热与焊接输入相比,可以忽略不计。焊接热分析的温度场决定了焊接结构分析的应力场和变形场,而焊接力学场对温度场的影响较小。因此,一般进行顺序耦合热力分析。将焊接热分析各荷载步或时间点的温度场结果作为力学分析的热荷载,以求解热弹塑性问题。焊接模拟的顺序耦合热力分析流程如图 3.7 所示。

3.3 U 肋加劲板焊接接头构造

U 肋与母板的焊接接头构造参考欧洲规范进行拟定[9]。U 肋与母板间隙不大于 2mm,采用部分熔透焊进行焊接,焊接熔透深度不小于加劲肋板厚的 75%,焊缝有效喉高不小于加劲肋板厚。当 U 肋板厚小于或等于 6mm 时,焊缝处不需要开坡口省略切角,板厚大于或等于 8mm 时 U 肋端部宜开坡口以保证焊接熔深[10]。

通过对 hj11 试件横断面的切割,可以较清楚地看到焊缝熔池的形状,如图 3.8所示。将上述两张熔池形状图进行拟合,可以用图 3.9 所示的几段由直线和弧线组成的线段来代表。图中虚线所示熔池尺寸依照试验设计要求确定,黑色实线所示熔池尺寸依照实际焊缝熔池形状拟合确定。从图中可以看出,该试件的熔池尺寸略大于试验设计要求尺寸。

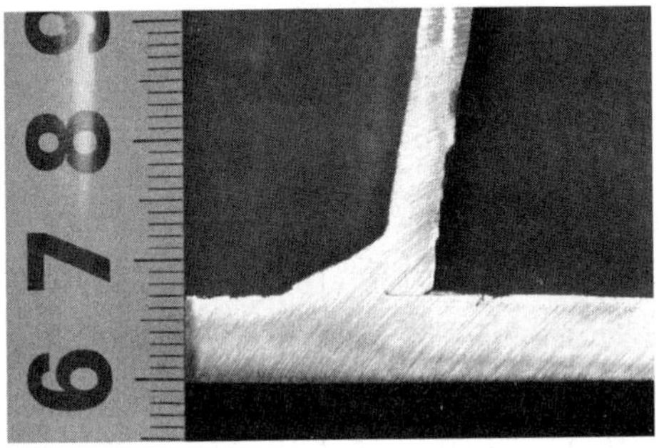

a)

b)

图 3.8 焊缝溶池形状图

3.4 有限元模型建立

利用试件的对称性对有限元模型进行简化,模型可采用 1 个 U 肋与其相邻的母板的 1/2,根据文献[11]长度取 150mm,焊缝构造按图 3.9 要求建立。为精

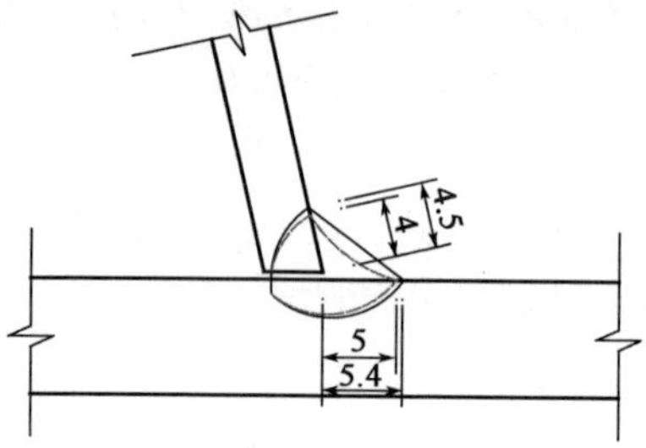

图 3.9 焊缝溶池对比(尺寸单位:mm)

准模拟混合钢 U 肋加劲板的焊接残余应力场,采用 ANSYS 有限元软件建立考虑热弹塑性的三维有限元模型,有限元模型如图 3.10 所示。单元由不均等网格划分而成,在焊缝及其邻近区域采用精细网格划分,从而精确模拟移动热源在经过这些区域时所产生的热流量,而在远离焊缝的区域,温度和应力变化相对较小,采用相对较稀疏的网格划分以减少计算量。热源移动速度为 10mm/s,时间步步长为 0.2s,整个焊接过程需 75 步,即 15s 完成,试件最后冷却至室温状态。数值模拟中,忽略熔池内部化学反应,焊接电流、电压及速度为恒定值。

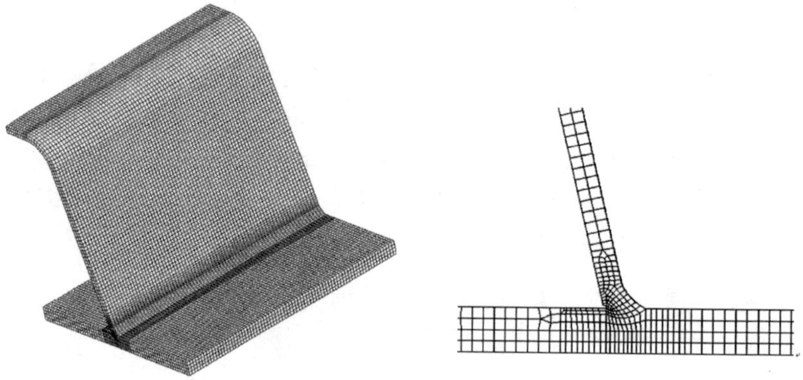

图 3.10 有限元模型网格划分

焊接模拟过程可按连续的温度场和应力场两阶段分析,由温度场分析所得的各节点温度作为荷载输入至随后的应力场分析中。根据以上原则,在温度场分析中,采用 SOLID70 单元建模,该单元为八节点六面体热单元,每个节点只有一个温度自由度;在应力场分析中,由于结构单元 SOLID85 与 SOLID70 形状相同,可直接由单元转换命令建立结构有限元模型。

3.4.1 热源模拟

利用 ANSYS 单元生死技术可模拟焊缝填料的逐步填充过程。单元“杀死”并不是将单元从模型中删除,而是将其刚度矩阵乘以一个很小的因子,默认值为 1.0×10^{-6}。“杀死”的单元荷载、质量、阻尼、应变等都为 0,而且“杀死”的单元对整个模型的求解没有影响。当单元被重新激活时,其刚度、质量、荷载等恢复原始数值,重新激活的单元没有应变记录。但是,初应变以实参形式输入的不受单元生死选项影响。而且,除非是打开了大变形选项,一些单元类型将以它们以前的几何特性恢复。

混合钢U肋加劲板属于部分熔透焊,在单元激活的同时赋予其生热率以模拟热源输入,计算公式如式(3.59)所示:

$$HGEN = \frac{Q}{A_{weld} \times v} = \frac{\eta I U_a}{A_{weld} \times v} \tag{3.59}$$

式中:$HGEN$——赋予激活单元的生热率(W/m^3);

Q——总热输入(W);

A_{weld}——焊接熔池的横截面积(m^2);

v——焊接速度(m/s);

η——焊接热效率;

I——焊接电流(A);

U_a——焊接电弧电压(V)。

焊接工艺参数见表3.2。

焊接工艺参数　　表3.2

电压	电流	速度	焊接热效率
U(V)	I(A)	v(mm/s)	η
23	220	10	0.7

3.4.2 位移边界条件

在建立有限元模型时,对于位移边界的设定,主要是为了防止有限元计算过程中产生刚体位移,考虑实际焊接装卡情况,所加的位移约束不能阻碍焊接过程中的自由变形。基于上述考虑,设定焊接方向平行于z轴,U肋截面宽度方向平行于x轴,高度方向平行于y轴,有限元模型的位移边界条件如图3.11所示。在试件对称中心面施加对称约束,为模拟焊件实际支架平台,以免产生刚体位移,在母板底面一侧约束y方向,在另一侧约束y和z方向。

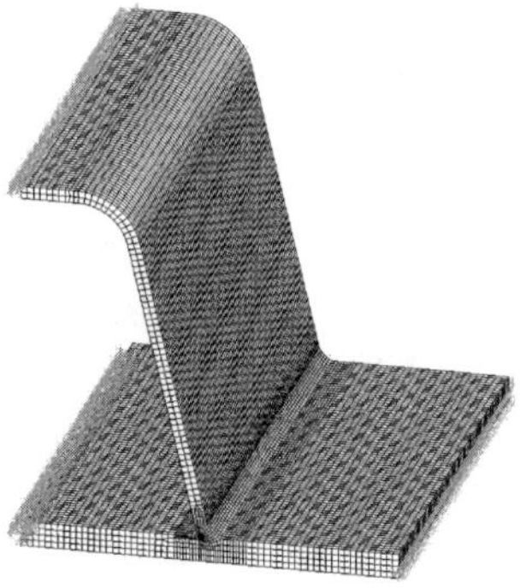

图3.11 有限元模型位移边界条件

3.4.3 初始条件

初始条件是指周围介质在固定位置上的温度或者预热温度,在特殊的情况下,也可以是某种确定的温度分布,本文采用一道焊,试件的初始温度设为20℃。

3.4.4 散热条件

在焊接温度场中,散热条件是指试件表面与周围介质热交换情况,主要有辐射和对流换热。在数值模拟中,将辐射换热耦合至对流换热中,将换热系数施加于试件外表面。因此,试件从焊接开始至冷却完毕的热损失可表示为:

$$q(r) = \beta(T - T_{\alpha}) \tag{3.60}$$

式中:T——试件表面温度;

T_{α}——周围介质温度;

β——表面换热系数,$\beta = \beta_c + \beta_e$,$\beta_c$ 为对流换热系数,β_e 为辐射换热系数,根据文献[12],β_e 取 10W/(m^2·K)。

3.4.5 材料热物理与力学特性值

进行焊接应力热弹塑性有限元模拟需要考虑材料的非线性,即考虑材料特性的温度相关性。本书采用的 Q235 与 Q345 钢材的主要热物理性能参量和力学性能参量如图 3.12 和图 3.13 所示[11-13]。

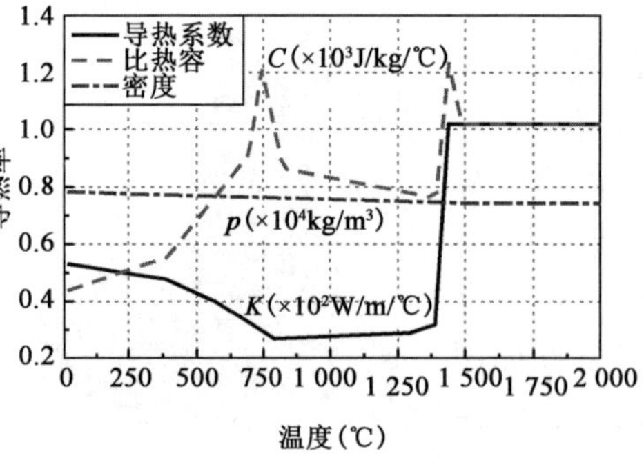

图 3.12 钢材热物理性质随温度变化曲线

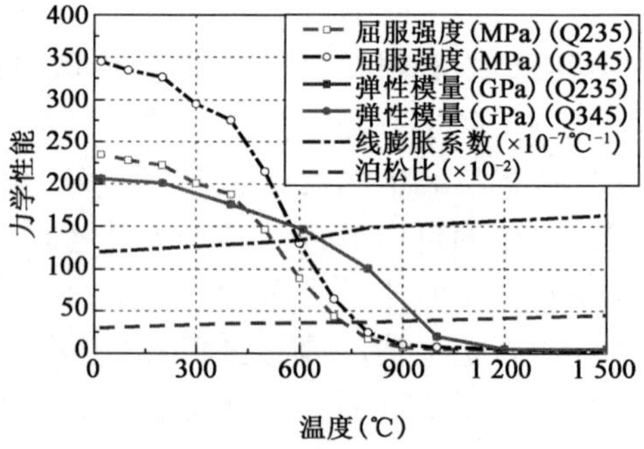

图 3.13 钢材力学性质随温度变化曲线

3.5 焊接温度场数值分析

3.5.1 焊接熔池

在焊接完成后,焊缝横断面上金属熔化区与未熔化区之间的分界线称为熔合线,热源模拟的准确性可由熔深、熔宽和熔合线轮廓判断。试件 hj11 焊缝横截面温度场如图 3.14 所示,焊缝灰色区域温度高于熔点,通过与图 3.8 中实际熔池形状对比可知两者尺寸相接近,证明所模拟热源的准确性。

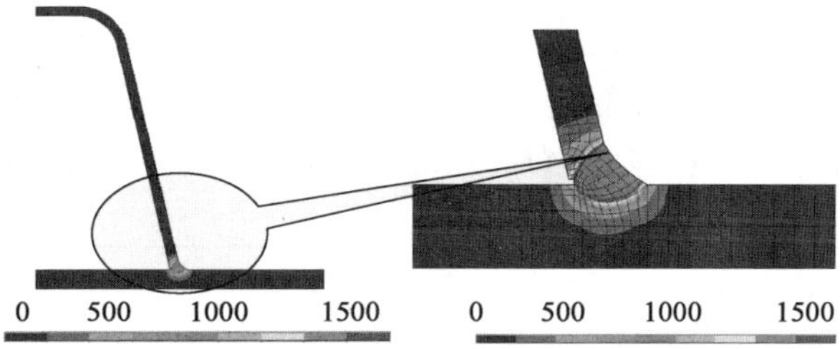

图 3.14　焊缝熔池形状图(单位:℃)

3.5.2 焊接过程温度场

U 肋加劲板从焊接开始至冷却完毕的温度场变化如图 3.15 所示。从图中可以清楚了解温度场随时间变化情况。前 3 图为热源移动过程中温度场变化情

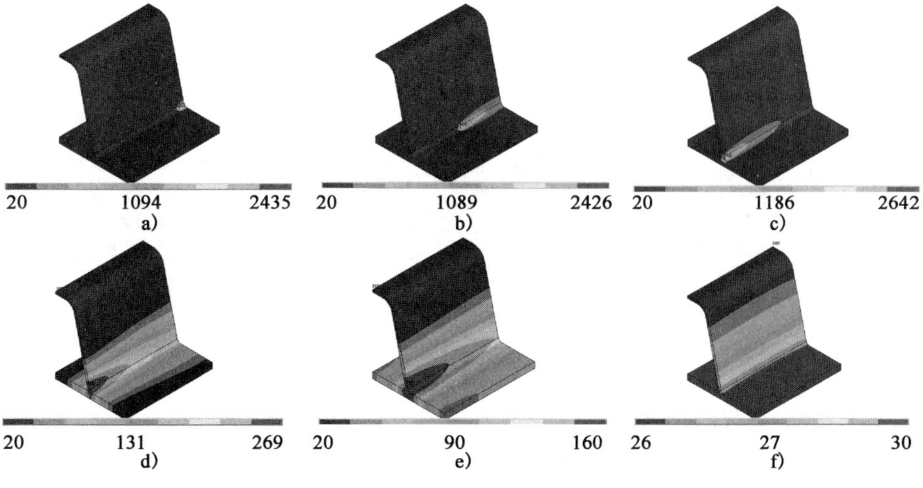

图 3.15　温度场随时间变化云图(单位:℃)

况，后3图为试件冷却至室温阶段过程中的温度场变化情况。当2 500s时，焊件上最大温差不到4℃，可认为试件已冷却至室温。

3.5.3 温度时间历程变化

前面显示的是某一时刻的焊件温度场，为了清楚地显示焊缝周围不同位置温度随时间的变化情况，分别选择截面母板中线、母板焊缝侧表面各7个温度测点，温度测点位置如图3.16所示。焊件1/4截面对应图3.16各点的温度随时间变化曲线，如图3.17所示。焊件1/2截面对应图3.16各点的温度随时间变化曲线，如图3.18所示。从图中可以看出，整个焊接热过程中，各点的温度变化是十分不均匀的。位于焊缝内的点，在热源作用到该点时，温度急剧升高，达到2 000℃以上，并随着热源的离去，温度急剧下降，随后渐趋平缓，最后均降至室温，温度峰值越高变化越剧烈。而离热源比较远的位置，热源作用到该断面时，

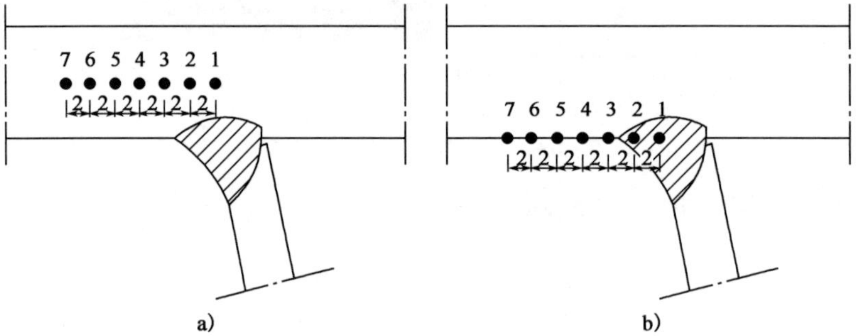

图3.16 焊缝截面温度测点位置图(尺寸单位:mm)

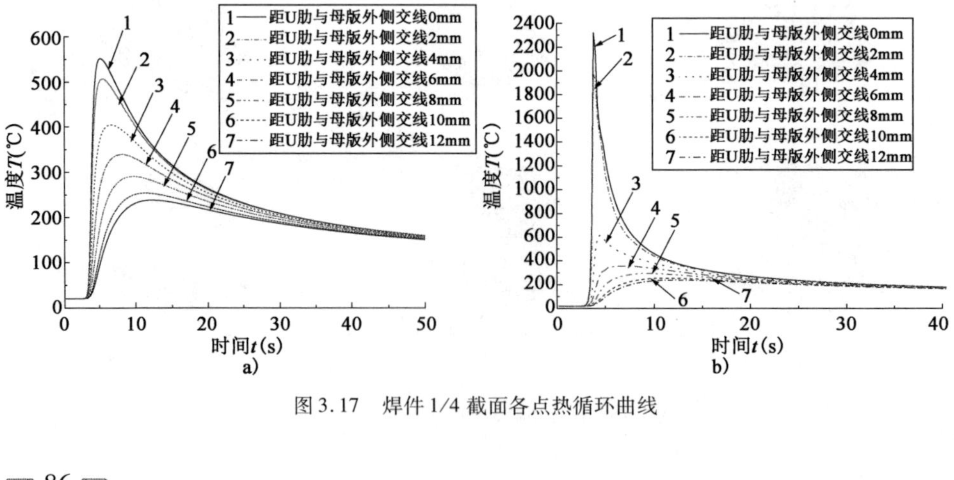

图3.17 焊件1/4截面各点热循环曲线

峰值较低,且变化比较缓和。对于U肋加劲板的母板,焊缝类似于表面堆焊,与对接焊有一定区别,导致母板中线的温度峰值比母板焊缝侧表面低。对比图3.17和图3.18,可以看出,1/4截面和1/2截面相同点位的热循环曲线形状相同,再次说明,焊接温度场达到稳态分布的特征。

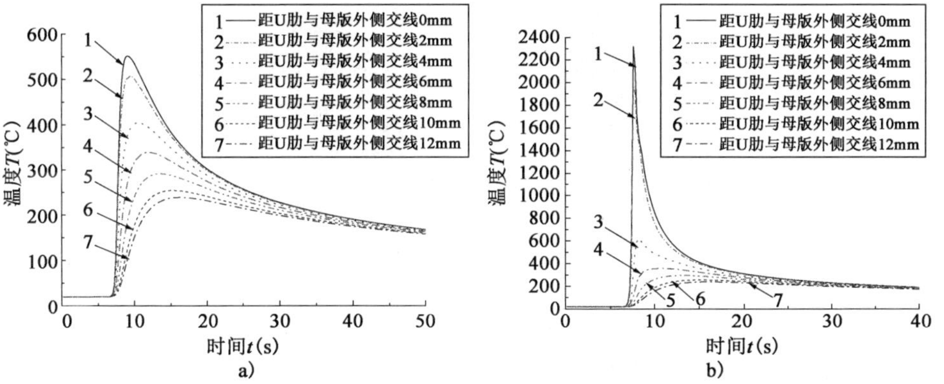

图3.18 焊件1/2截面各点热循环曲线

根据上述焊接过程不同时刻的温度场分布图及选定节点温度变化历程图,可以得到,整个焊接温度场的变化过程比较符合焊接实际温度变化情况,热源移动呈准稳态状态,焊接过程的温度场基本属于准稳态。通过判断温度场的移动是否为准稳态,可判定模型荷载步的设定及网格划分的精度,因此本模型的网格划分及荷载步的设定达到精度要求。

3.6 焊接应力场数值分析

3.6.1 焊接应力场

随着热源的移动,焊接金属填料不断注入焊缝内,由于焊件上各点的升温速率有较大的不同,在此情况下,由于热膨胀量的不协调,高温区的金属受到低温区金属的约束,从而产生约束应力和应变。为清楚显示焊接过程中混合钢U肋加劲板的瞬时应力变化,选取试件hj11焊接开始后5s、10s、15s、2 500s等效应力场云图(图3.19),由图可知相应时间点所对应的应力场最大Mises应力分别为374MPa、379MPa、360MPa、342MPa。

一般焊接结构制造所用材料的厚度相对于长和宽都很小,在板厚小于20mm的薄板和中厚板制造的焊接结构中,厚度方向上的焊接应力很小,残余应力基本上是双轴的,即为平面应力状态。本书设沿焊缝方向上的应力为纵向应力,以 σ_z 表示;将沿焊件宽度方向的残余应力称为横向应力,以 σ_x 表示。焊接时间分别为 5s、10s、15s、40s 时,焊缝中心线上的各点沿着焊接方向的纵向应力和沿焊件宽度方向的横向应力分布如图 3.20 的 a)、b)、c)、d)所示。

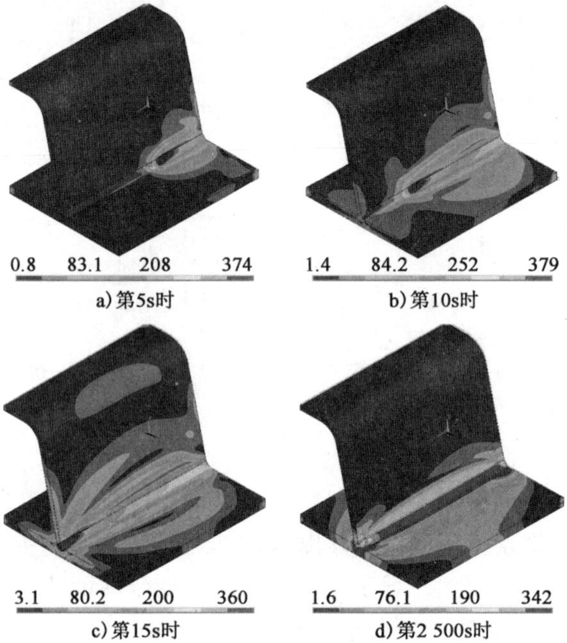

图 3.19　应力场随时间变化云图

从图 3.20 的 a)、b)、c)、d)中可以看出,熔池部分的应力为零,熔池前承受很大的压应力,而熔池尾部为拉应力区。随着热源的移动,各点的热应力首先表现为压应力,并逐渐增大,达到最大值。横向和纵向的压应力最大值均超过材料

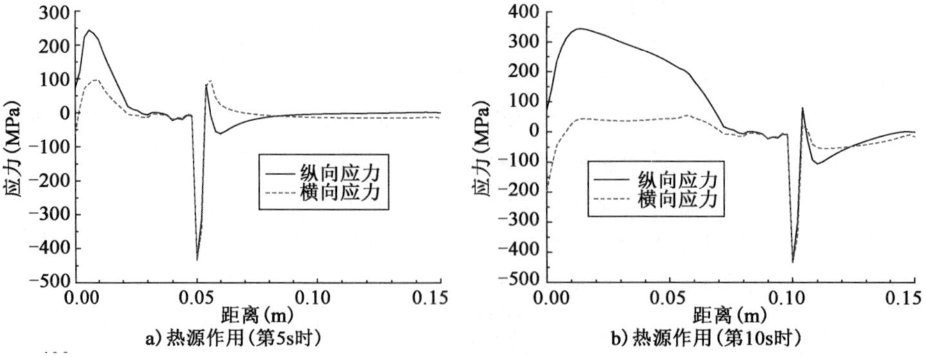

图　3.20

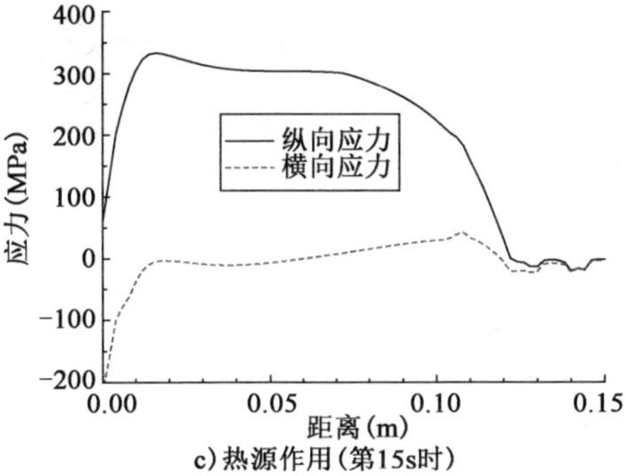

c)热源作用(第15s时)

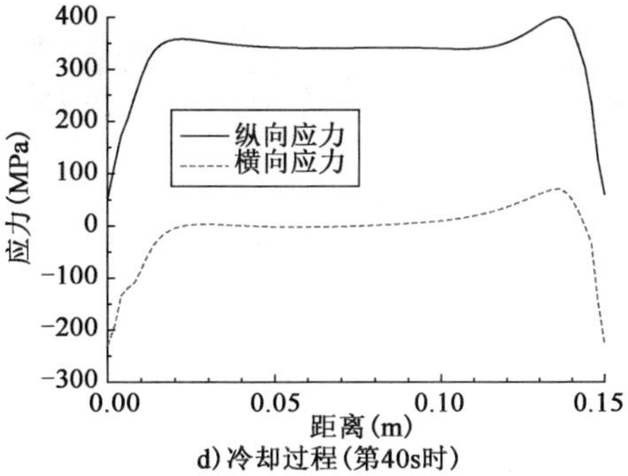

d)冷却过程(第40s时)

图3.20 各个时间段沿焊缝中心线的应力变化

在该温度下的屈服极限,使金属产生塑性变形。随着热源的远离,各点的温度开始下降,金属收缩,压应力逐渐减小,并转变为拉应力。当冷却到一定温度,各点的拉应力值趋于稳定。

3.6.2 焊接残余应力

在应力场分析中,残余应力为最后一个荷载步的计算结果。为了清楚表达,U肋与母板截面的纵向残余应力单独分开显示。纵向残余应力在母板上的分布如图3.21a)所示,x轴坐标为母板中心线上各点至焊缝中心点水平距离。纵向残余应力在U肋上的分布如图3.21b)所示,x轴坐标为U肋上各点沿着U肋形状至焊缝中心的距离。

从图3.21a)中可以看出,母板焊接残余应力沿焊缝中心线呈对称分布,在焊缝中心线及两侧共计约$b_x/12$范围内,残余拉应力达到峰值且应力值接近于材料屈服强度,随后在距焊缝中心$b_x/12$至$b_x/8$范围内,残余拉应力急剧下降并过渡为压应力,直至达到压应力峰值,压应力峰值约为−96MPa即$-0.3\sigma_y$,其中σ_y为材料屈服强度。从压应力峰值点至母板端点范围内,残余压应力变化趋于平缓。从图3.21b)可以看出,在焊缝及其邻近区域约$h/10$范围内,U肋残余拉应力达到峰值且接近材料屈服强度,随着距焊缝距离增大,残余拉应力逐渐减小并过渡为残余压应力,压应力峰值为−45MPa即$-0.2\sigma_y$,峰值点距焊缝中心$h/5$,随着与焊缝距离进一步增大,残余压应力绝对值平缓减小直至尾端压应力接近于0。在母板焊缝区附近,沿板厚方向焊接残余应力梯度较大,随着远离焊缝区,残余应力梯度逐渐减小;而对于U肋,残余应力沿板厚方向分布比较均匀。原因是,在焊接过程中,对于U肋来说是端头加热,所以U肋部分的残余应力沿板厚分布比较均匀;而母板类似于表面堆焊,沿板厚焊接残余应力分布不均匀。

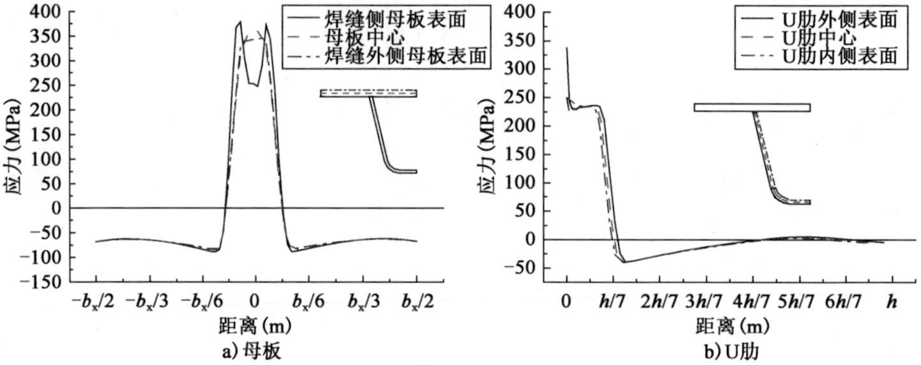

图3.21　不同部位焊接残余应力分布

对母板和U肋的内、外侧表面及板厚中心的焊接残余应力分布曲线进行积分,得到沿板厚不同位置所计算的残余应力产生的内力,对残余应力的内力平衡情况进行分析,计算结果如表3.3所示。由表中数据可以看到,将3条曲线进行平均处理,得到的焊件残余拉应力合力和残余压应力合力是可以自相平衡的,且更能体现残余应力在U肋或母板上的分布情况。根据U肋加劲板残余应力沿板厚的分布规律,代表母板的残余应力分布曲线可选不同板厚的3条曲线的平均值,U肋部分取板中心线处。另外,单独从U肋和母板合力来看,母板合力为残余压力,U肋合力为残余拉力。

焊件截面残余拉压应力合力分析(kN)　　表3.3

		上表面	板中心	下表面	平均
母板	拉应力合力	47.7	23.8	24.1	31.9
	压应力合力	-62.0	-36.5	-34.5	-44.3
	小计	-14.3	-12.7	-10.3	-12.4
U肋	拉应力合力	19.2	17.4	15.9	17.5
	压应力合力	-4.8	-5.2	-5.5	-5.2
	小计	14.4	12.2	10.4	12.3
	合计	0.08	-0.46	0.05	-0.11

3.6.3　焊缝填充材料分析

在实际焊接过程中,焊料与钢材相互熔合,不易确定在焊接熔池区域的材料屈服强度是多少。为此,考虑焊缝填充材料屈服强度分别为235MPa、290MPa

(取 235MPa 与 345MPa 的平均值)和 345MPa 时的数值模型,以此分析其对母板和 U 肋残余应力分布的影响。

设定符号 Mx-Uy-z 表示试件母板材料屈服强度为 x(MPa)、U 肋材料屈服强度为 y(MPa)、焊缝填料屈服强度为 z(MPa)。试件 M235-U345-345 残余应力分布如图 3.22a)、b)所示。从图 3.22a)中可以看出,母板中心及焊缝外侧母板表面残余应力分布基本相同,而焊缝侧母板表面在焊缝宽度范围有一突变的应力峰值,该峰值接近于焊缝填料的屈服强度。由此可知,焊缝填料屈服强度只对焊缝侧母板表面残余应力分布有影响,且影响范围与焊缝宽度相接近。母板中心与焊缝外侧母板表面残余应力分布不受焊缝填料强度的影响。从图 3.22b)中可以看出,U 肋板厚中心和内侧表面残余应力分布基本相同,且均达到相应钢材屈服强度。对于 U 肋外侧表面,从横轴零点开始的一小段距离为母板—焊缝过渡段,而母板钢材屈服强度为 235MPa,焊缝填料屈服强度为 345MPa,因此残余拉应力峰值也随着母板向焊缝的过渡而有一个阶梯变化段。

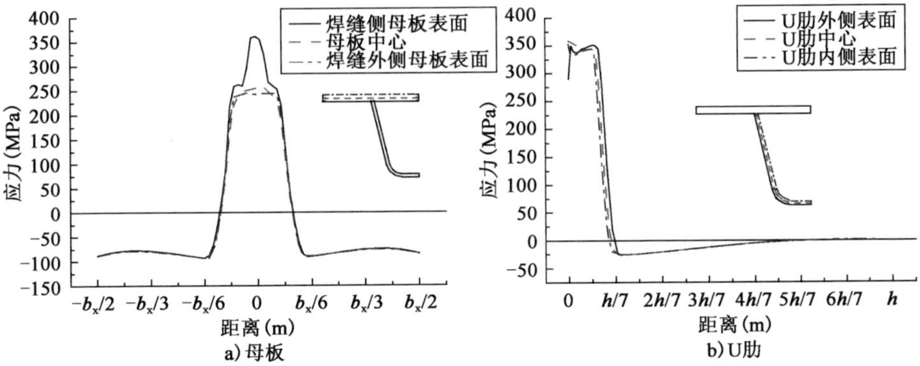

图 3.22 不同部位焊接残余应力分布

焊缝填料强度对残余应力分布影响如图 3.23a)、b)所示。由图 3.23a)、b)可知,随着焊缝填料屈服强度的改变,各试件残余应力分布只在焊缝范围内(横坐标 0 点周围)有所不同,其余部分由母板或 U 肋材料强度决定。对于母板,焊缝中心处的残余应力值在焊缝填料强度和母板材料强度之间,这是由于该焊缝处残余应力沿母板板厚分布不均匀导致的。对于 U 肋,焊缝中心处的残余应力值接近于焊缝填料强度。

不同焊缝填料下的母板和 U 肋残余应力合力分配比例如表 3.4 和图 3.24 所示。从表 3.4 和图 3.24 中可以看出,随着焊缝填料屈服强度的增大,母板残余拉应力和压应力的分配比例随之减小,U 肋残余应力分配比例则随之增大,但改变值均较小。

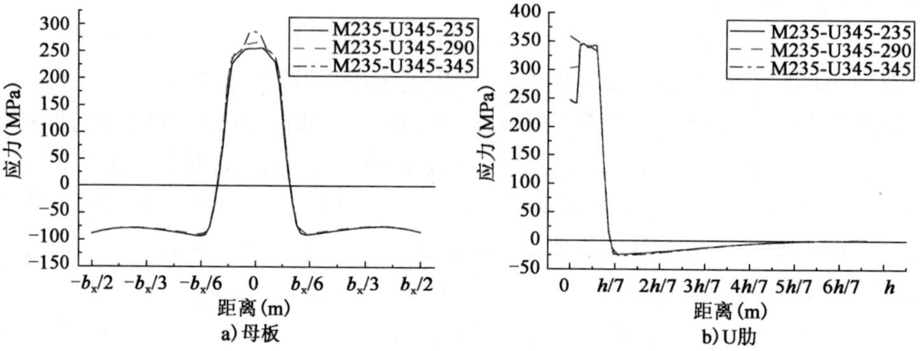

图 3.23 不同部位焊接残余应力分布

不同焊缝填料下的残余应力分配比例 表 3.4

试件编号	母板		U肋	
	拉应力合力	压应力合力	拉应力合力	压应力合力
M235-U345-235	0.706	0.930	0.294	0.061
M235-U345-290	0.693	0.920	0.307	0.064
M235-U345-345	0.690	0.912	0.310	0.065

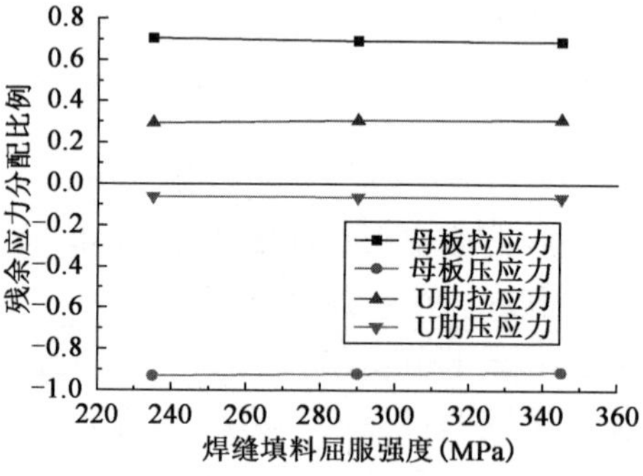

图 3.24 不同焊缝填料下的残余应力分配比例

3.6.4 母板及 U 肋材料分析

由母板和 U 肋同材料的试件材性试验可知,试件所用钢材的实际屈服强度值往往大于其牌号所对应的标准屈服强度，如牌号为 Q345B 的钢材其实际屈服强度可达 387MPa，因此有必要分析母板和 U 肋材料强度对残余应力分布的影响。以试件 M345-345-345 为基准，分别对母板及 U 肋的屈服强度增大 10% 和 20% 的情况进行残余应力分布比较，试件母板和 U 肋残余应力分布对比如图 3.25a）、b）所示（图例中 M-U-1.0σ 表示屈服强度增大比例为 1.0，下同）。从图中可以看出，随着母板和 U 肋屈服强度的增大，残余拉应力峰值范围内应力值随之增大，分布宽度略微减小，其余部分范围残余应力分布基本保持不变。

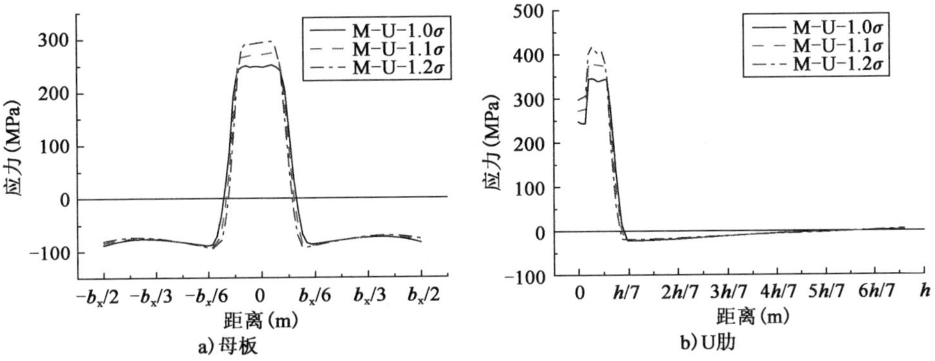

图 3.25 不同部位焊接残余应力分布

不同母板及 U 肋材料下的母板和 U 肋残余应力合力分配比例如表 3.5 和图 3.26 所示。从表 3.5 和图 3.26 中可以看出，随着母板及 U 肋材料屈服强度的增大，母板残余拉应力分配比例随之减小，残余压应力分配比例随之增大，U 肋残余应力分配比例变化规律与母板相反，但改变值均较小。

不同 U 肋与母板材料下的残余应力分配比例 表 3.5

试件编号	母板		U肋	
	拉应力合力	压应力合力	拉应力合力	压应力合力
M-U-1.0σ	0.697	−0.928	0.303	−0.062
M-U-1.1σ	0.691	−0.928	0.309	−0.060
M-U-1.2σ	0.684	−0.930	0.316	−0.059

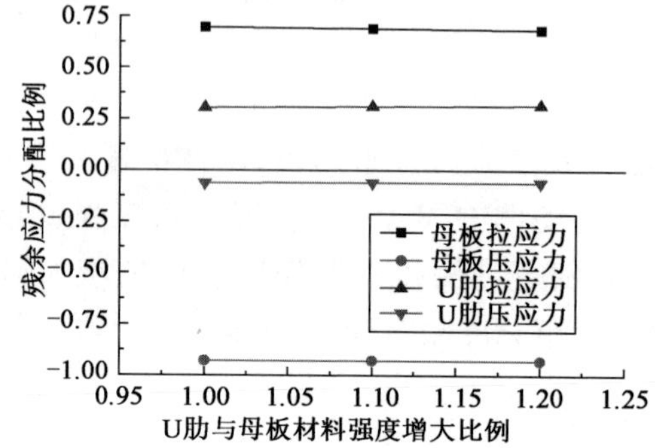

图3.26　不同U肋与母板材料下的残余应力分配比例

3.7　U肋加劲板残余应力分布试验验证

采用盲孔法测试混合钢U肋加劲板焊接残余应力。为了减小钻孔过程中在孔周边产生塑性应变的影响，采用二次扩孔法钻取直径1.5mm、深度2mm的盲孔，通过测读盲孔周边的释放应变计算残余应力。选取试件$L/4$和$L/2$（L为试件长度）位置为测试断面，在断面内各测点的中心间距为30mm。依据试件的对称性，对测点的残余应力以一个U肋与其相邻母板进行平均。测点残余应力的平均值与有限元模拟结果如图3.27所示。

由上图可以看出，有限元模拟结果与试验所得残余应力测试值基本相吻合，并补充了试验测点间的残余应力分布趋势，验证了本书有限元数值模拟方法的正确性。试验测试应力与有限元模拟结果在分布宽度上有一定的差别，主要原

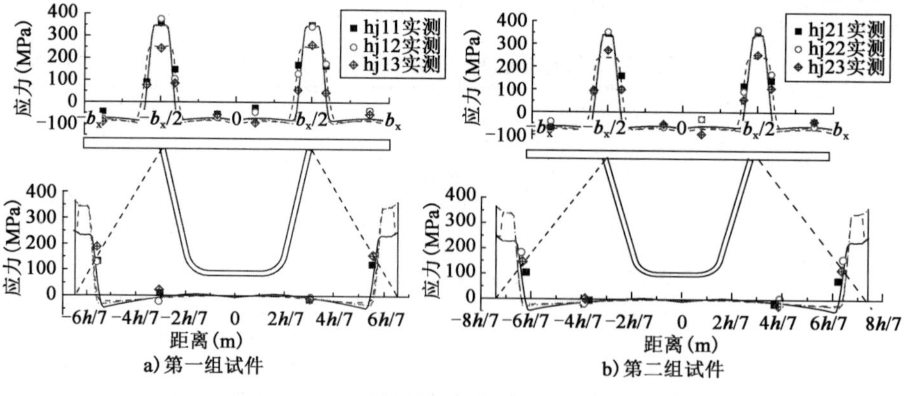

图　3.27

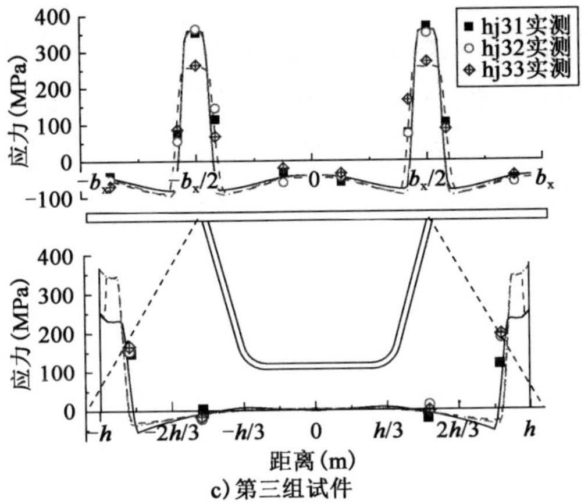

c)第三组试件

图 3.27 焊接残余应力实测值与理论计算值比较

因可分为两个方面:一方面是测试残余应力过程中不可避免的误差;另一方面是有限元模型中的焊缝形状与实际构件也有一定区别,使得热输入大小以及冷却过程中温度分布情况有所区别,最终造成焊接残余拉应力分布宽度的不同。由于在残余应力峰值处可能存在空间限制无法固定钻具钻取盲孔,如母板与U肋相交的焊缝位置,使得残余应力峰值无法测试,而有限元方法可得出试件整体残余应力分布趋势,体现出有限元模拟的优越性。

3.8 本章小结

(1)混合钢U肋加劲板母板纵向残余应力沿焊缝中心线呈对称分布,焊缝中心区域为拉应力,应力峰值接近材料屈服强度,远离焊缝区域为压应力;U肋腹板邻近焊缝区域表现为拉应力,应力峰值与材料屈服强度相当,随着与焊缝距离增大,迅速过渡为压应力直至达到压应力峰值,随着距离进一步增大,残余压应力峰值缓慢过渡至零值附近。母板残余应力的合力表现为残余压力,U肋残余应力的合力表现为残余拉力。

(2)焊缝填料屈服强度只对焊缝侧母板和U肋表面残余应力分布有影响,且影响范围与焊缝宽度相接近。母板和U肋的中心及焊缝外侧表面的残余应力分布则不受焊缝填料屈服强度的影响。

(3)随着母板和U肋钢材屈服强度同时增大10%或20%,母板和U肋的残余拉应力峰值也相应增大至变化后的钢材屈服强度,而在残余拉应力峰值范围之外,残余应力的分布基本保持不变。母板和U肋材料屈服强度的增大,母板和U肋的残余拉应力合力或残余压应力合力分配比例基本保持不变。

(4)有限元模拟结果与残余应力测试值基本相吻合,证明本书有限元数值模拟方法的正确性,其可为混合钢U肋加劲板抗压承载力计算时计入残余应力的影响提供参考,同时为混合钢U肋加劲板焊接残余应力分布规律的研究提供研究手段。

本章参考文献

[1] 张文钺. 焊接冶金学(基本原理)[M]. 北京:机械工业出版社, 1995.

[2] 汪建华. 焊接数值模拟技术及其应用[M]. 上海:上海交通大学出版社, 2003.

[3] 张彦华. 焊接力学与结构完整性原理[M]. 北京:北京航空航天大学出版社, 2007.

[4] 武传松. 焊接热过程与熔池形态[M]. 北京:机械工业出版社, 2008.

[5] 宋天民. 焊接残余应力的产生与消除[M]. 北京:中国石化出版社, 2006.

[6] 方洪渊. 焊接结构学[M]. 北京:机械工业出版社, 2008.

[7] 陈家权, 沈炜良, 尹志新. 基于单元生死的焊接温度场模拟计算[J]. 热加工工艺, 2005(7):64-65.

[8] 蔡洪能, 唐慕尧. TIG焊接温度场的有限元分析[J]. 机械工程学报, 1996, 32(2):34-39.

[9] Wu Chong, Zhao Qiu, Gu Xiaoyi. Experimental study of welding residual stress of U-shaped stiffened plates of steel bridges [C]. Harbin: 2009 advanced welding and joint conference-welding summit forum, 2009 (in Chinese).

[10] Deng, Dean; Kiyoshima, Shoichi . FEM prediction of welding residual stresses in a SUS304 girth-welded pipe with emphasis on stress distribution near weld start/end location[J]. Computational Materials Science, 2010, 50(2):612-621.

[11] Zhao Qiu, Wu Chong. A simplified calculation method of welding residual stress of U-rib stiffiened plates [J]. Engineering Mechanics, 2012, 29(8):262-268 (in Chines).

[12] En1993-2:2006. Eurocode 3:Design of steel structures-Part 2: Steel bridges [S]. Brussels, Standardisation E C F, 2006.

[13] Chen Jiaqun. Simulation of Welded Flaws based on Life-death Element Technique[J]. Equipment Manufacturing Technology, 2005, 4:1, 3-6.

第 4 章　U 肋加劲板焊接残余应力影响因素分析

在 U 肋加劲板焊接残余应力数值模拟时，一些参数的取值往往会对计算结果产生较大影响。为了获得较为准确的数值模拟结果，本章对计算模型尺寸、热—物理参量、热—力学参量、焊接工艺参量及钢材强度等焊接残余应力主要影响因素进行分析，为焊接残余应力正确模拟提供支持。

4.1　计算模型尺寸对焊接残余应力分布的影响

采用三维实体单元分析 U 肋加劲板的焊接残余应力所花费的机时、费用是十分可观的，焊接残余应力数值模拟包括温度场和应力场分析两部分，其中应力场分析所花费的机时、费用比较多。下面通过对计算模型缩尺和改变计算模型长度，讨论其对焊接残余应力分布的影响。

4.1.1　模型缩尺分析

在第 3 章，U 肋加劲板焊接残余应力的试验模型和数值模拟模型均缩尺为实桥焊件比例的 1/2.5。模型缩尺后，不但在实际试验中可以节省材料和费用，由于焊件的长度减小，也可以节省大量机时、费用，原因是：虽然焊件横截面单元网格大小可以按与模型缩尺比例相同的比例划分从而保持截面相同的单元数量，但在焊接速度不变的情况下，每 0.2s 设为一个时间步（建议最大的时间间隔），一个焊接时间步又需要至少保证经过一个单元断面，导致沿焊件长度方向的单元大小在缩尺前后均是相同的，这样焊件长度越长整个模型的单元数量就会越多，同时瞬时分析时的时间步数也与沿焊件长度方向单元数量保证一致。在这样的网格划分基础上，使得缩小比例模型的计算时间大为减少，但缩尺后的 U 肋加劲板模型是否可以等效为用实际尺寸的模型进行焊接残余应力分布分析，是一个需要确认的一个问题。如按前面分析的缩尺模型焊件长选为 150mm，所对应的实际模型长度要达 375mm，按相同条件计算，所需的机时是相当可观的。由于只是验证焊件缩尺前后残余应力分布是否相同，本书实际模型选择长为 200mm，按 1/2.5 比例，缩尺后模型长为 80mm。对缩尺前后两个模型进行焊接残余应力计算,计算结果如图 4.1a)、b)、c)所示,图中增加了前面试验模型的计算结果(焊件长 150mm)。

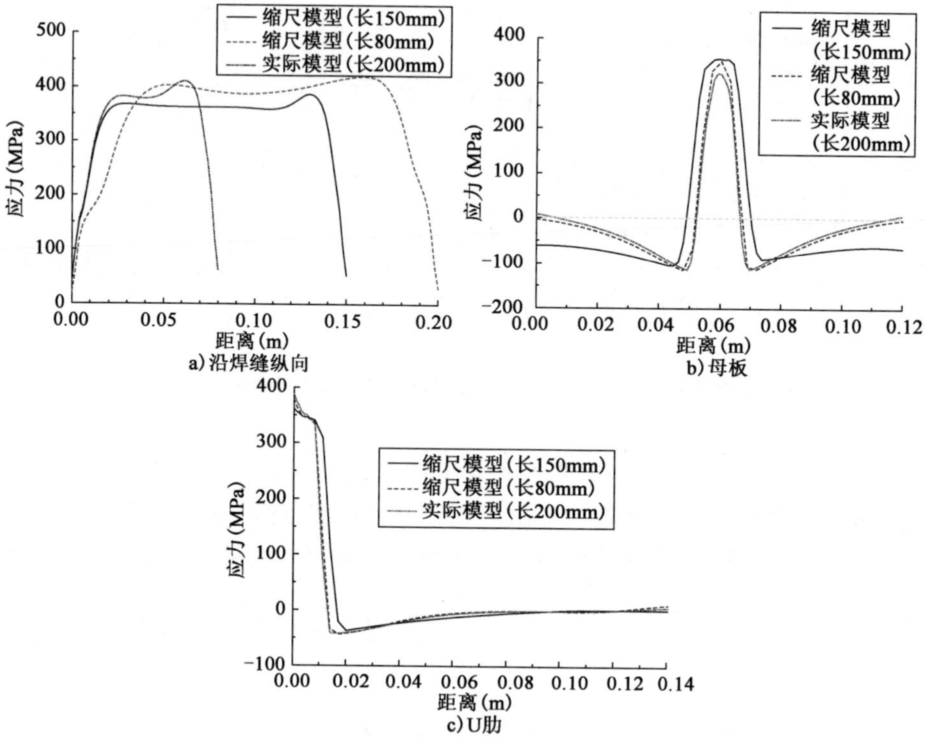

图 4.1　不同部位焊接残余应力分布比较

从图 4.1 可以看出,实际模型(长 200mm)与缩尺模型(长 80mm)沿焊缝纵向焊接残余应力分布曲线相接近,均没有出现如图中试验缩尺模型(长 150mm)曲线所示有一段很明显的稳态区。为了比较方便,将图 4.1 的 b)和 c)中得到的实际模型残余应力分布曲线缩放到与缩尺模型相同。结果显示,U 肋加劲板的缩尺模型与实际模型的焊接残余应力分布十分接近。虽然由于焊件长度的原因,并不能准确反映出稳态区域的焊接残余应力,但可以确定缩尺前模型与缩尺后模型的焊接残余应力分布是相同的。因此,可以用缩尺模型计算 U 肋加劲板的焊接残余应力分布,以达到减少计算机时、费用的目的。为了体现缩尺前后计算时间的变化,以应力场计算分析为例,采用 CPU E5200 配置的计算机进行计算,缩尺前模型计算时间花费 146h,缩尺后模型计算时间花费 22h,减少 6 倍之多。可见,模型经过按 1/2.5 缩尺后计算时间大幅减少。如按同样的条件,长 150mm 的缩尺模型应力场计算时间将接近 4d(96h),按比例 1/2.5,长 375mm

的缩尺前模型应力场计算时间将达到24d,这种情况下,采用此配置的计算机进行计算变得不现实。

4.1.2　焊件长度选取

图4.2a)反映出非稳态区域焊接残余应力的端头效应,而本章所要计算的焊接残余应力分布,是关注残余应力稳态区的分布情况,也就是焊件的大部分区域的情况,以代表U肋加劲板的焊接残余应力分布。如何选取焊件的计算长度,是分析U肋焊接残余应力分布的首要问题。在焊接速度采用10mm/s、瞬态分析时间步为0.2s的情况下,沿焊件长度方向单元网格最大可取为2mm。在这种情况下,焊件越长单元数量越多,数值计算时间可能会成倍增加。残余应力稳定区的形成与焊件截面尺寸大小是直接相关的,截面尺寸越大,形成稳态区所需要的焊件长度就会越长。下面采用上一节分析的比例1/2.5缩尺后模型,焊件长分别选取80mm、100mm、150mm、200mm计算残余应力分布。不同部位焊接残余应力分布计算结果如图4.2的a)、b)、c)所示。

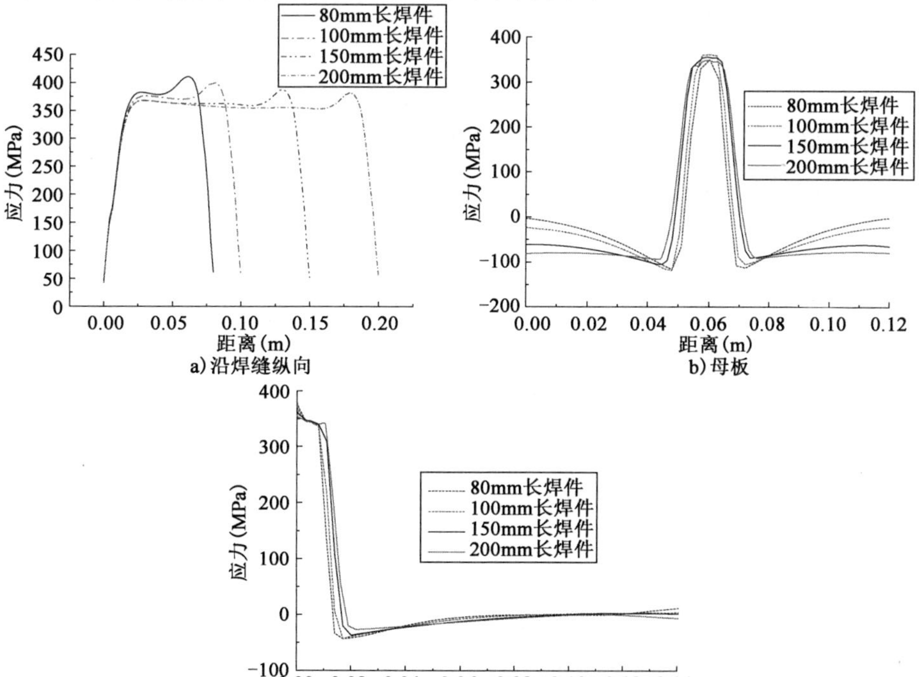

图4.2　不同部位焊接残余应力分布比较

从图 4.2a)可以看出,非稳态区的焊接残余拉应力高于稳态区,焊件长度越短稳态区越不明显,在焊缝处的焊接残余拉应力峰值越高。焊件长度 150mm 和焊件长度 200mm 两个试件出现明显的稳态区,且稳态区的残余应力分布比较接近。从图 4.2b)、c)可以看出,焊件越短焊接残余拉应力分布区域越窄,特别是母板横截面的残余压应力分布曲线在模型端部逐渐趋向于零;而焊件越长,残余压应力区大小越均匀。综合分析结果,在进行数值模拟时,为了保证计算精度,模型横截面采用与实际 U 肋加劲板按 1/2.5 进行缩尺后的截面,焊件长度仍然选用 150mm。从而也证明了第 3 章焊件长采用 150mm 分析是可行的。

4.2 热—物理参量分析

在焊接过程的数值模拟中,用于焊接数值模拟的材料热物理和力学性能较难获得,尤其是在接近材料熔点的高温阶段。在此情况下,一些学者在焊接数值模拟中对于材料热物理与力学性能常采用假定和简化方法处理[1-3]。本书中采用经过盲孔法验证的 U 肋加劲板的纵向焊接残余应力数值模拟方法,研究热物理—力学参量对 U 肋加劲板焊件中纵向残余应力分布与大小的影响,为在数值模拟中正确应用这些参量提供依据。

在焊接温度场模拟中,三维瞬态温度场的热传导控制微分方程为:[4]

$$\rho c \frac{\partial T}{\partial t} = \frac{\partial}{\partial x}\left(\lambda \frac{\partial T}{\partial x}\right) + \frac{\partial}{\partial y}\left(\lambda \frac{\partial T}{\partial y}\right) + \frac{\partial}{\partial z}\left(\lambda \frac{\partial T}{\partial z}\right) + \overline{Q} \tag{4.1}$$

式中:ρ、c、λ——材料的密度、比热容、热导率;

$\overline{Q}$——求解域的内热源强度;

T——焊接温度场的分布函数。

由式(4.1)可知,材料的热导率、比热容和密度对瞬态温度场产生影响,进而影响焊接应力场和最终的残余应力分布。

4.2.1 热导率变化对试件残余应力分布的影响

改变混合钢 U 肋加劲板数值模拟模型中的热导率,得到 U 肋加劲板截面纵向残余应力分布如图 4.3 所示。图中 1.0λ 为钢材随温度变化的标准热导率,0.8λ 为当前标准热导率的 0.8 倍,1.2λ 为当前标准热导率的 1.2 倍(后面各参数的表示与此相同)。从图中可以看出,随着热导率由 0.8λ 增大至 1.2λ,母板和 U 肋残余应力分布基本保持不变，在当前的变化范围下，热导率对残余应力的影响较小。

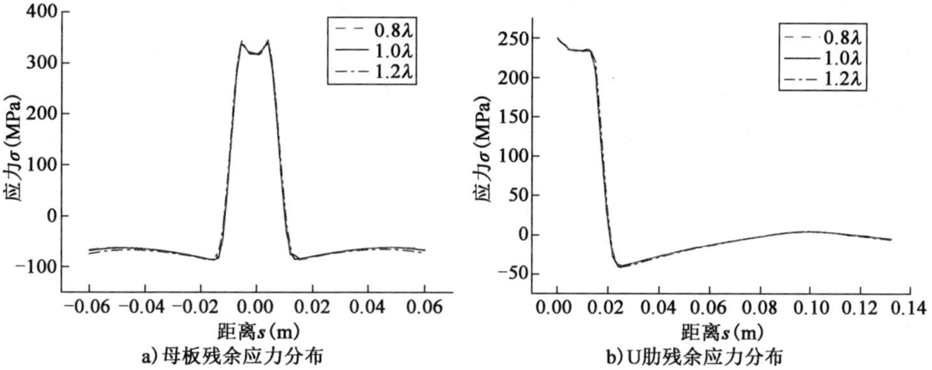

图 4.3　热导率变化对试件残余应力分布影响

4.2.2　比热容变化对试件残余应力分布的影响

比热容变化对 U 肋加劲板截面纵向残余应力分布影响如图 4.4 所示。从图中可看出，随着比热容 0.8c 增大至 1.2c，母板残余拉应力峰值相对减小 9%，残余拉应力分布宽度相对减小 17%，残余压应力绝对值相对减小 16% ~38%；U 肋残余拉应力峰值相对减小 4%，残余拉应力分布宽度相对减小 16%，残余压应力峰值绝对值相对减小 29%。

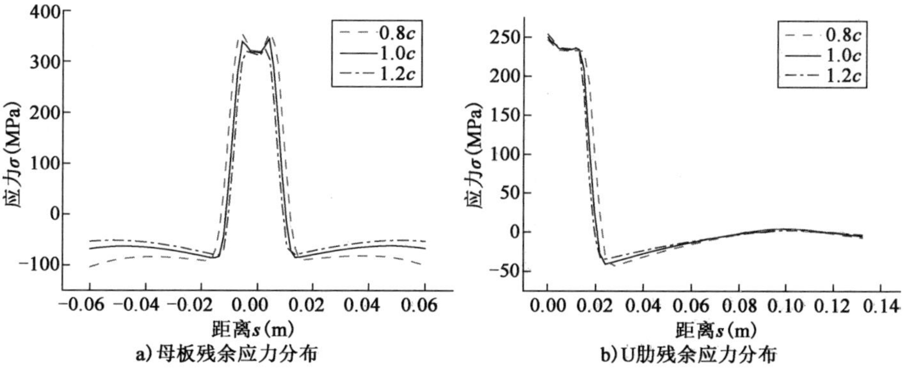

图 4.4　比热容变化对试件残余应力分布影响

比热容取值正确与否对混合钢 U 肋加劲板纵向残余应力有较大影响，特别当加劲板受压时对残余压应力比较敏感。

4.2.3 密度变化对残余应力分布的影响

密度变化对U肋加劲板截面纵向残余应力分布影响如图4.5所示。从图中可以看出,随着密度由0.8ρ增大至1.2ρ,母板残余拉应力峰值相对减小8%,残余拉应力分布宽度相对减小15%,残余压应力绝对值相对减小17%~35%;U肋残余拉应力峰值相对减小3%,残余拉应力分布宽度相对减小10%,残余压应力峰值绝对值相对减小19%。

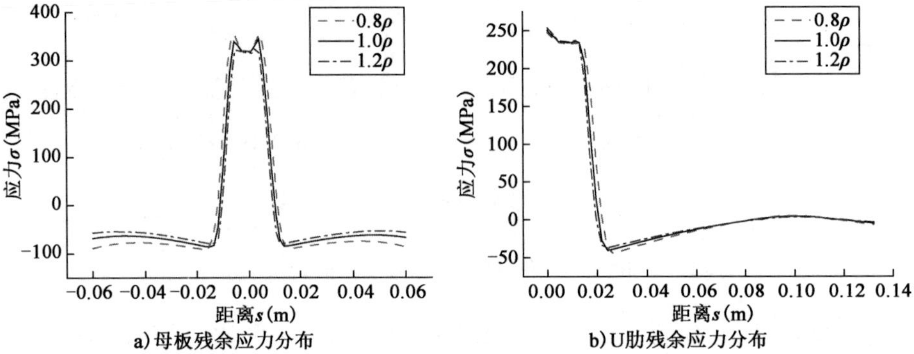

图4.5 密度变化对试件残余应力分布影响

4.3 热—力学参量分析

在热弹性分析中,假定材料的塑性变形服从Mises屈服准则以及相应的流动法则,热应力σ_{ij}和应变ε_{ij}之间的关系如式所示,即

$$\varepsilon_{ij}=\frac{E}{1+\nu}\sigma_{ij}-\frac{\nu}{E}\sigma_{kk}\delta_{ij}+\lambda S_{ij}+\left[\alpha+\frac{\partial\alpha}{\partial T}(T-T_0)\right]T \tag{4.2}$$

式中:E——弹性模量;

ν——泊松比;

α——热膨胀系数;

S_{ij}——应力张量偏量,$S_{ij}=\sigma_{ij}-(\sigma_{kk}\delta_{ij}/3)$;

λ——塑性流动因子;

T——焊接温度场的分布函数;

T_0——焊接开始前的温度场的分布函数。

由式(4.2)可知,材料的弹性模量E、泊松比ν和热膨胀系数α可以影响热弹塑性中的应力—应变本构方程,从而对焊接热应力与残余应力产生影响。

4.3.1 弹性模量变化对试件残余应力分布的影响

弹性模量变化对U肋加劲板截面纵向残余应力分布影响如图4.6所示。从图中可以看出,随着弹性模量由0.8E增大1.2E,母板残余拉应力峰值相对增大15%,残余拉应力分布宽度相对增大25%,残余压应力绝对值相对增大31%～48%;U肋残余拉应力峰值相对减小3%,残余拉应力分布宽度相对增大15%,残余压应力峰值绝对值相对减小46%。

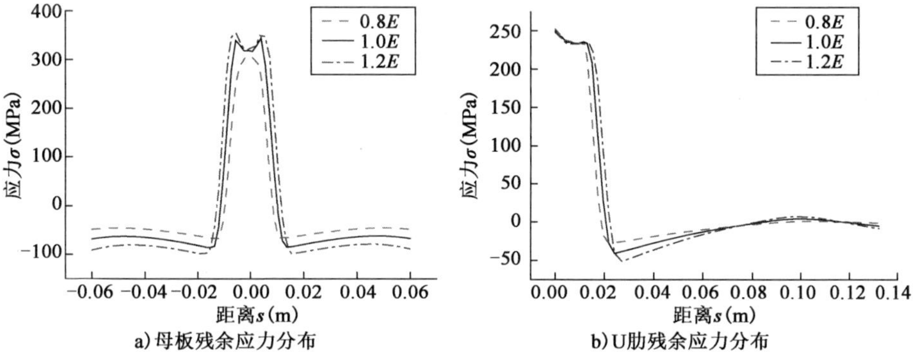

图4.6　弹性模量变化对试件残余应力分布影响

4.3.2 泊松比变化对试件残余应力分布的影响

泊松比变化对U肋加劲板截面纵向残余应力分布影响如图4.7所示。从图中可以看出,随着泊松比由0.8ν增大至1.2ν,母板和U肋残余应力分布基本保持不变,在此变化幅度下,泊松比对残余应力分布的影响很小。

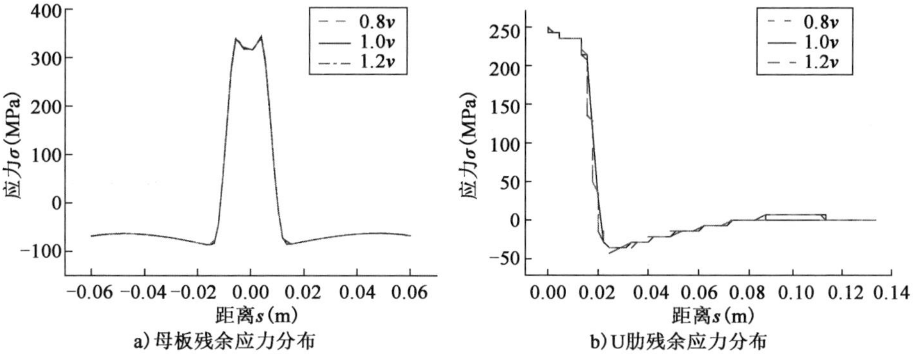

图4.7　泊松比变化对试件残余应力分布影响

4.3.3 热膨胀系数变化对试件残余应力分布的影响

焊接过程中热应变增量 ε^{T} 的大小由热膨胀系数 α 与温度增量 ΔT 的大小决定,即 $\varepsilon^{T}=\alpha\Delta T$,相应的热应力和残余应力也受热膨胀系数影响。热膨胀系数变化对U肋加劲板截面纵向残余应力分布影响如图4.8所示。从图中可以看出,随着热膨胀系数由 0.8α 增大至 1.2α,母板残余拉应力峰值相对增大14%,残余拉应力分布宽度相对增大23%,残余压应力绝对值相对增大33%~48%;U肋残余拉应力峰值相对减小3%,残余拉应力分布宽度相对增大16%,残余压应力峰值绝对值相对增大48%。

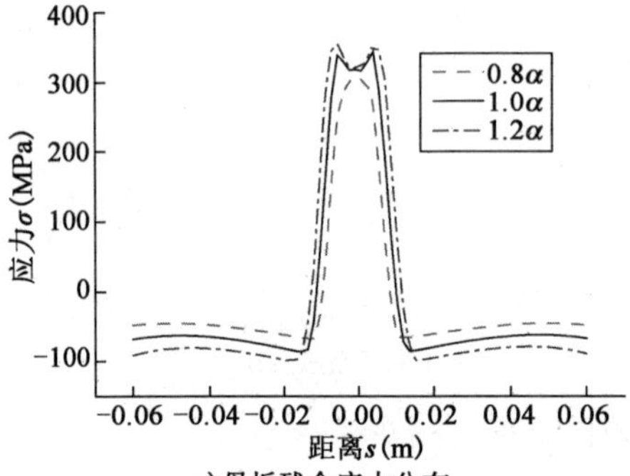

a)母板残余应力分布

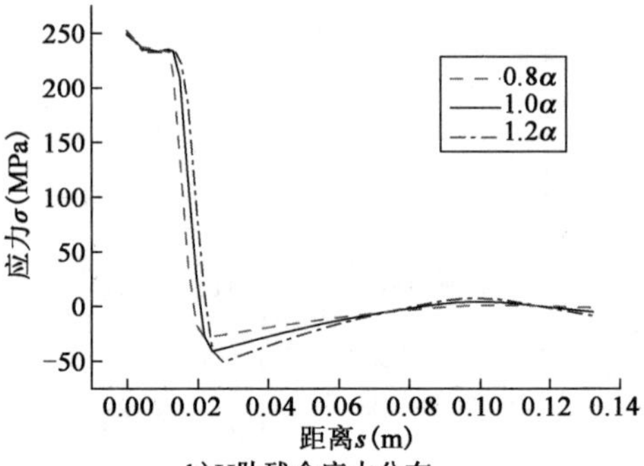

b)U肋残余应力分布

图4.8 热膨胀系数变化对试件残余应力分布影响

4.4 焊接工艺参量分析

在数值模拟过程中,焊接工艺参数的选取往往会对残余应力分布产生较大影响。本节分析焊接工艺参数对混合U肋加劲板焊件纵向残余应力分布与大小的影响,从而为得到较为精确的数值模拟结果提供依据。

4.4.1 散热条件变化对试件残余应力分布的影响

散热条件是指焊接过程中结构表面边界的热损失情况,包括对流与辐射换热。为方便计算,引用一个总传热系数 β:

$$\beta=\beta_{c}+\beta_{e}$$

式中:β_{c}——对流换热系数;

β_{e}——辐射换热系数。

由于操作在室内进行，取传热系数 β_e 为 13W/(m^2·K)，在所有外表面均施加换热边界条件，以试件 hj1 为基础（母板为 Q345，U 肋为 Q235，后续分析中相同），分析散热系数变化对残余应力分布影响（图 4.9），图中 1.0β 为实际环境下的散热系数，0.8β 为当前散热系数的 0.8 倍，1.2β 为当前散热系数的 1.2 倍。从图中可以看出，随着散热系数由 0.8β 增大至 1.2β，母板和 U 肋的残余应力分布基本不变。

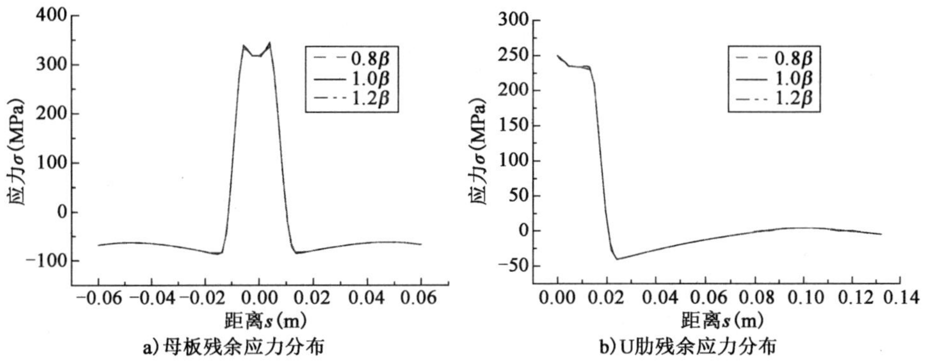

图 4.9　散热系数变化对试件残余应力分布影响

4.4.2　焊接热输入对焊接残余应力分布的影响

焊接有效功率的大小是决定焊接温度场及焊接应力场分布的主要因素之一。在数值模拟中，每个荷载施加的生热率如下：

$$HGEN = \frac{Q}{A_{weld}v} = \frac{\eta IU}{A_{weld}v} \tag{4.3}$$

式中：Q——焊接电弧的有效功率(W)；

I——焊接电流(A)；

U——焊接电压(V)；

η——焊接热效率；

A_{weld}——焊缝的横截面积(m^2)；

v——焊接速度(m/s)。

由公式(4.3)可以看出，焊接有效功率大小由焊接电流、电压和热效率决定。由于单独分析焊接电流、电压和热效率对残余应力分布的影响，与分析有效功率的效果相同，故本文不再单独分析焊接电流、电压和热效率的影响。焊接有效功率变化对残余应力分布影响如图 4.10 所示，图中 1.0Q 为实际焊接有效功率,0.8Q 为有效功率的 0.8 倍,1.2Q 为有效功率的 1.2 倍。从图 4.10 可以看出,随着焊接有效功率值由 0.8Q 增大至 1.2Q,母板残余拉应力峰值相对增大 13%,残余拉应力分布宽度相对增大 24%,残余压应力绝对值相对增大 20%;U 肋残余拉应力峰值相对增大 4%,残余拉应力分布宽度相对增大 18%,残余压应力峰值绝对值相对增大 28%。

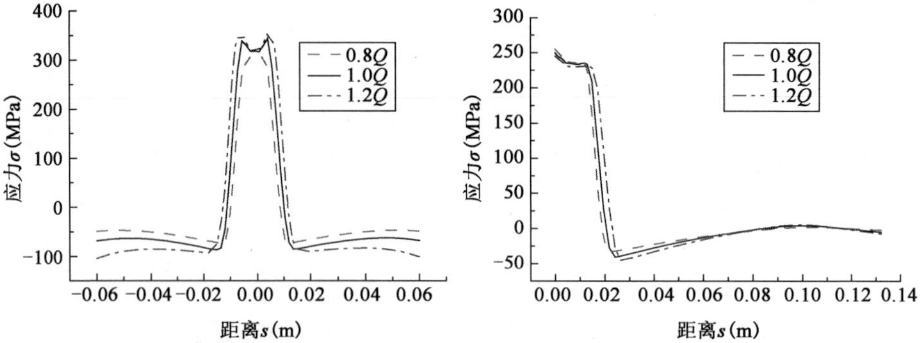

a)母板残余应力分布　　b)U肋残余应力分布

图 4.10　焊接有效功率变化对试件残余应力分布影响

图 4.11 和图 4.12 分别为残余拉、压应力合力和合力分配比例随有效功率增加变化曲线。从图 4.11 和图 4.12 可以看出,随着焊接有效功率的增大,母板残余拉应力的合力和残余压应力的合力随之明显增大,U 肋残余拉应力的合力和残余压应力的合力增加较小。从分配比例来看,母板残余拉应力和残余压应力的合力比例增大,而 U 肋上的残余拉应力和残余压应力的合力比例减小。

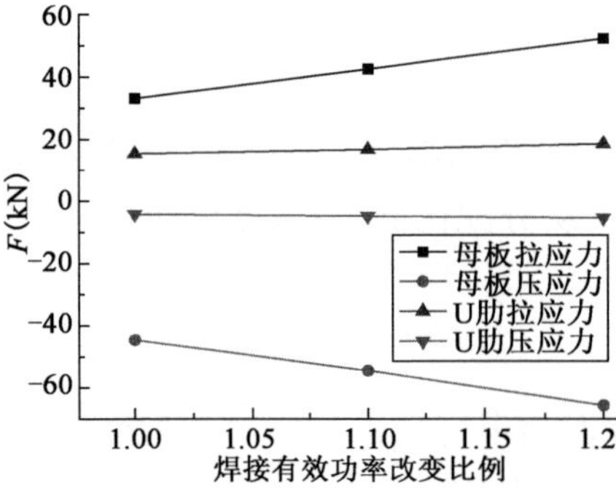

图 4.11　不同焊接有效功率下的试件残余应力合力变化

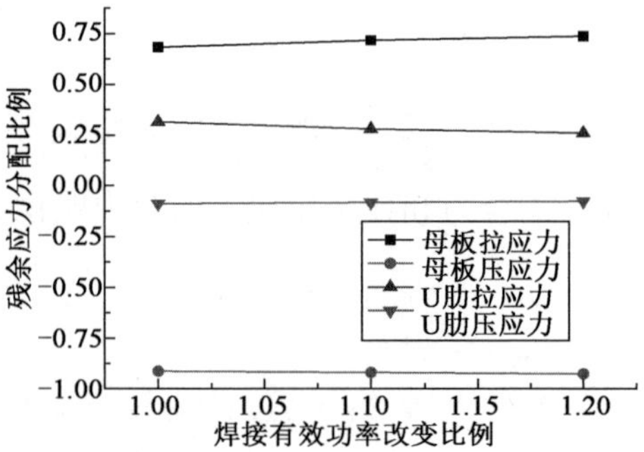

图 4.12　不同焊接有效功率下的试件残余应力合力分配比例变化

4.4.3　熔池面积大小对残余应力分布的影响

熔池面积的大小主要是由焊脚尺寸以及熔深决定的,焊脚尺寸决定焊缝熔池的宽度,熔深影响沿板厚方向熔池的大小,熔池面积影响焊接热输入大小,进而影响焊接温度场、焊接应力场和最终的残余应力分布。熔池面积变化对试件残余应力分布影响如图 4.13 所示。

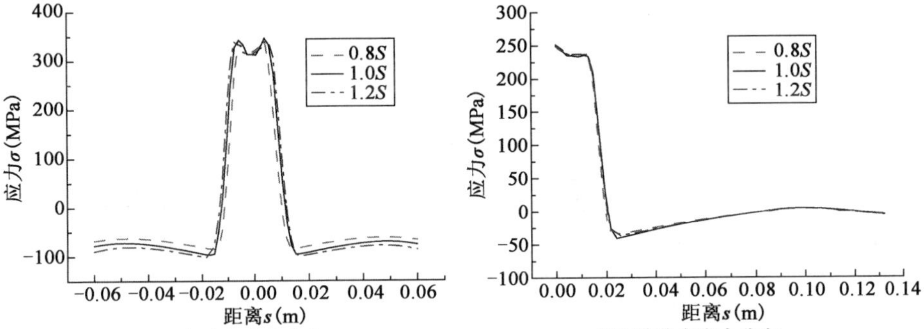

a)母板残余应力分布　　b)U肋残余应力分布

图 4.13　熔池面积变化对试件残余应力分布影响

图 4.13 中 1.0S 为基准焊缝熔池面积,0.8S 为基准熔池面积的 0.8 倍,1.2S 为基准熔池面积的 1.2 倍。从图 4.13 中可以看出,随着熔池面积系数由0.8S 增大至 1.2S,母板残余拉应力峰值相对增大 3%,残余拉应力分布宽度相对增大 15%,残余压应力绝对值相对增大 18%;U 肋残余拉应力峰值相对增大 2%,残余拉应力分布宽度相对增大 6%,残余压应力峰值绝对值相对增大 19%。

不同熔池面积下的母板和 U 肋残余应力合力和合力分配比例如图 4.14、图 4.15所示。从图 4.14、图 4.15 中可以看出,随着混合钢 U 肋加劲板熔池面积的增大,母板残余拉应力的合力和残余压应力的合力随之明显增大,U 肋残余拉应力的合力和残余压应力的合力略微减小。从分配比例来看,母板残余拉应力和残余压应力的合力比例增大,而 U 肋上的残余拉应力和残余压应力的合力比例减小。

4.4.4　焊接速度对试件残余应力分布的影响

在单位时间内,不同的焊接速度将导致焊缝热流量的不同,从而造成温度梯度不同,最终影响焊接温度场和应力场的分布。焊接热源移动速度 v 变化对试件残余应力分布影响如图4.16所示。图中1.0v为焊接热源移动速度,0.8v为当前焊接热源移速的0.8倍,1.2v为当前焊接热源移速的1.2倍。从图中可以看出,随着热源移动速度由0.8v增大至1.2v,母板残余拉应力峰值相对减小6%,残余拉应力分布宽度相对减小20%,残余压应力绝对值相对减小7%;U肋残余拉应力峰值相对减小4%,残余拉应力分布宽度相对减小9%,残余压应力峰值绝对值相对减小13%。

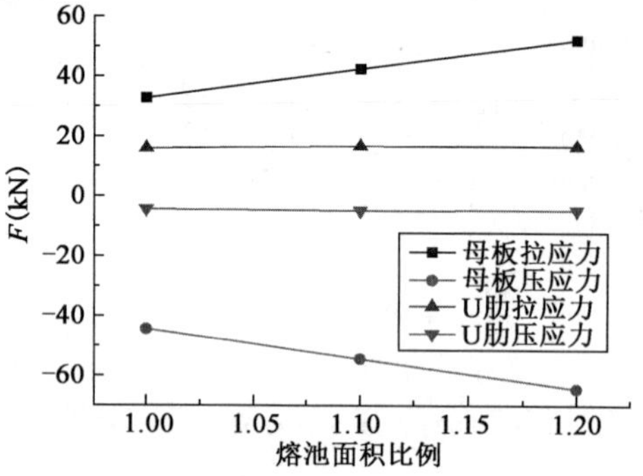

图4.14 不同熔池面积下母板和U肋残余应力合力

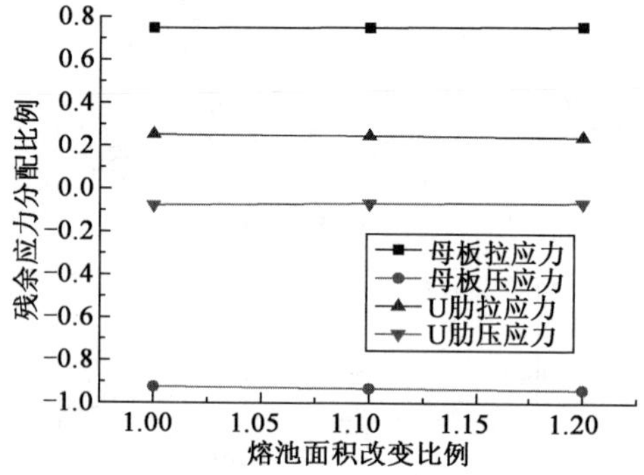

图4.15 不同熔池面积下母板和U肋残余应力合力分配比例变化

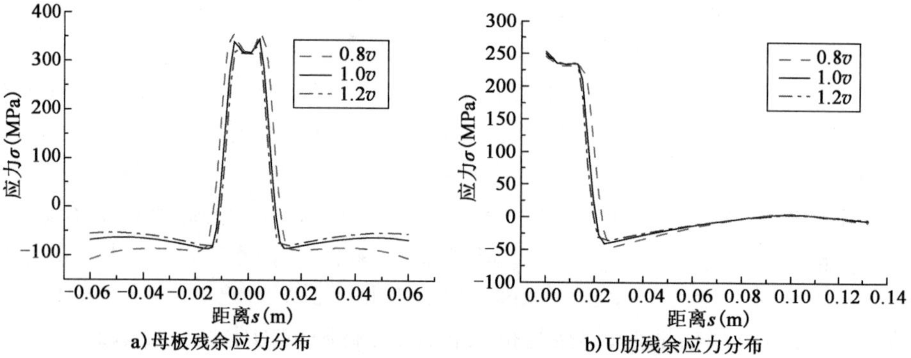

图4.16 焊接速度变化对试件残余应力分布影响

不同焊接速度下的母板和U肋残余应力合力如图4.17、图4.18所示,从图4.17、图4.18中可以看出,随着混合钢U肋加劲板焊接速度的增大,母板残余拉应力的合力和残余压应力的合力随之明显减小,U肋残余拉应力的合力和残余压应力的合力略微减小。从分配比例来看,母板残余拉应力和残余压应力的合力比例减小,而U肋上的残余拉应力和残余压应力的合力比例增大。

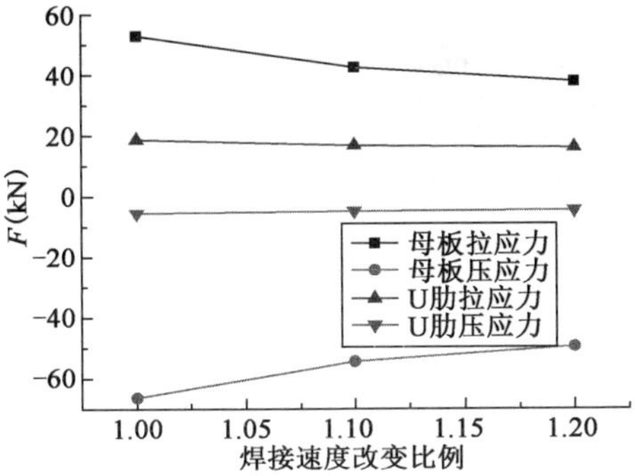

图 4.17 不同焊接速度下母板和 U 肋的残余应力合力

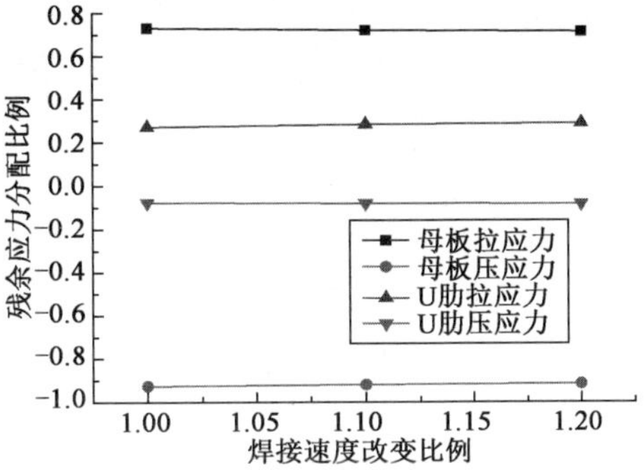

图 4.18 不同焊接速度下母板和 U 肋的残余应力合力分配比例变化

4.5 钢材强度对焊接残余应力分布的影响

4.5.1 高强钢材热物理与力学特征值

关于高性能钢材在高温条件下的热物理与力学特征值的研究几乎空白,高强钢材也比较少。本书简化处理,屈服强度随温度变化的特征值参考钢结构抗火规范,其他热物理特征值和力学特征值与 Q345 钢材相同。

一些试验结果表明,当钢的温度在 250℃以下时,钢的弹性模量和强度变化不大;当温度超过 250℃时,即发生所谓的"塑性流动",超过 300℃后,应力—应变关系曲线就没有明显的屈服极限和屈服平台,强度和弹性模量明显减小。如何确定高温下结构钢的屈服强度,现在国际上还无一致的认识。ECCS 采用应变为 0.5% 时的应力作为屈服应力[5];而英国规范分别给出应变为 0.5%、1.5%、2.0% 时的应力[6];欧洲规范 EUROCODE3 是以应变为 2.0% 时的应力作为屈服应力[7]。严格地说,焊接与抗火相比,对材料的力学性质更敏感一些,故本书采用英国规范以应变为 0.5% 作为屈服应力这一规定的屈服强度随温度变化值进行计算。图 4.19 为四种不同强度钢材的屈服强度与温度变化图。

4.5.2 不同强度钢材焊接残余应力分布

数值模拟钢材的屈服强度分别为 420MPa、485MPa、690MPa 制作的 U 肋加劲板焊接残余应力,模型构造尺寸与 Q345 钢材试验模型相同。对不同强度钢

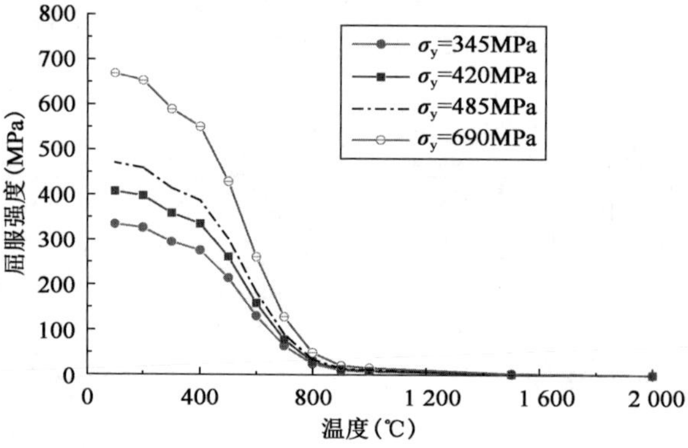

图4.19　四种不同强度钢材的屈服强度随温度变化图

材制作的U肋加劲板残余应力分布进行比较,母板与U肋焊接残余应力分布分别如图4.20的a)、b)所示。从图4.20a)可以看出,随着钢材屈服强度的提高,母板纵向残余拉应力峰值随着提高,但屈服强度485MPa和690MPa的钢材残余拉应力峰值未达到屈服强度,特别对于屈服强度690MPa钢材残余拉应力峰值只达到500MPa。这是由于残余应力场沿板厚分布不均匀所致,虽然由于热源作用母板表面的残余拉应力可以达到屈服强度,但沿母板板厚随着远离热源焊接残余拉应力显著减小,在母板另一外表面残余拉应力小于屈服强度较多。因此,母板残余拉应力分布宽度随着钢材强度的提高有所减小。从图4.20b)可以看出,随着钢材屈服强度的提高,U肋纵向残余拉应力峰值随着提高,因为焊接热源位于U肋端头断面,焊接热量沿板厚分布均匀,不同强度钢材的残余拉应力均接近屈服强度,这与母板残余拉应力分布有所不同。

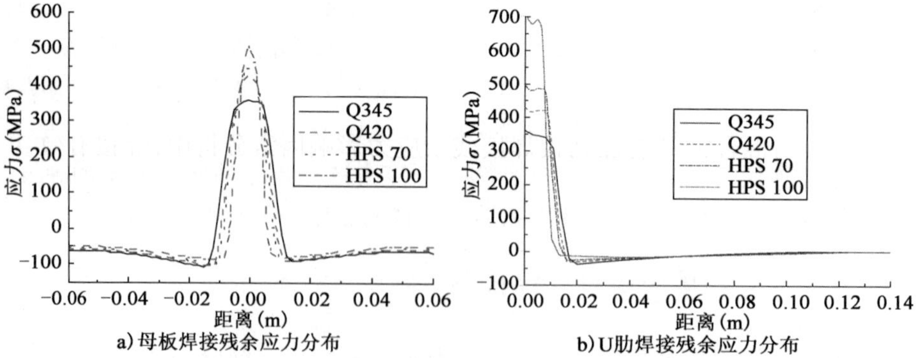

图4.20　各部位焊接残余应力分布

无论是母板还是 U 肋，随着钢材强度的提高，焊接残余拉应力区分布宽度均变窄，相应残余压应力区变宽，而残余压应力的数值变化都很小。从受压构件破坏过程来看，对受压构件承载力影响最大的是焊接残余压应力的大小。由于高强钢材的屈服强度比较高，而残余压应力没有增大，残余压应力相对于屈服强度反而变小。因此，高强钢材的焊接残余应力对钢材抗压承载力的影响小于普通钢材，在后面的分析中也可以证明这一点。

4.6　本章小结

(1)保持焊接速度和沿 U 肋加劲板长度方向单元网格大小不变，有限元模型缩尺前后的焊接残余应力分布相一致，可以利用缩尺后的有限元模型数值模拟焊接残余应力，模型缩尺后减小有限元模型的单元数量和瞬态分析的时间步，使得计算工作量大为减小。

(2)U 肋加劲板有限元模型长度对焊接残余应力数值模拟结果有影响，当焊件长度大于一定值后，焊接残余应力分布除去焊件两端非稳态过渡区会出现稳态区。数值模拟时应综合计算精度和花费的代价，根据焊件截面尺寸选择出适宜长度进行残余应力计算分析。

(3)在钢材的各热物理参量中，比热容对混合钢 U 肋加劲板的残余应力分布影响最大，密度对残余应力分布的影响程度略小于比热容，热导率的影响程度最小。

(4)在钢材的各热力学参量中，弹性模量对混合钢 U 肋加劲板的残余应力分布影响最大，热膨胀系数对残余应力分布的影响程度略小于弹性模量，泊松比的影响程度最小。

(5)对于残余压应力比较敏感的受压混合钢 U 肋加劲板，在焊接残余应力数值模拟中弹性模量和热膨胀系数的取值正确与否将对计算结果产生较大影响。

(6)在对混合钢 U 肋加劲板焊接残余应力影响因素分析中，焊接有效功率对 U 肋加劲板的残余应力分布的影响最大，其次分别为熔池面积及焊接速度的影响，散热系数对混合钢 U 肋加劲板的残余应力分布影响最小。

(7)随着焊接有效功率值的增大，母板和 U 肋的残余拉应力和残余压应力的数值大小均有所增大，残余拉应力分布宽度也相应增大；母板和 U 肋残余拉应力和压应力的合力均随之增大，母板残余拉应力和压应力的合力分配比例随之增大，而 U 肋残余拉应力和压应力的合力分配比例随之减小。

(8)随着熔池面积的逐步增大,母板和U肋的残余拉应力和残余压应力的数值大小均有所增大,残余拉应力分布宽度也相应增大;母板残余拉应力和压应力的合力及相应的分配比例均随之增大,而U肋残余拉应力和压应力的合力及相应的分配比例均随之减小。

(9)随着焊接移动速度的逐步增大,母板和U肋的残余拉应力和残余压应力的数值大小均有所减小,残余拉应力分布宽度也相应减小;母板和U肋的残余拉应力和压应力的合力随之减小,母板残余拉应力和压应力的合力分配比例随之减小,而U肋残余拉应力和压应力的合力分配比例随之增大。

(10)随着钢材屈服强度的提高,残余拉应力峰值也随着提高,其分布宽度变窄,相应残余压应力区变宽,残余压应力的数值略有减小;而对于残余应力合力的分配,随着钢材屈服强度的提高,母板残余拉应力分配比例减小,相应U肋残余拉应力分配比例增大;母板和U肋残余压应力分配比例几乎保持不变。

本章参考文献

[1] JA Free, RFD Porter Goff. Predicting residual stresses in multi-pass weldments with the finite element method[J]. Computers & Structures, 1989, 32(2): 365-378.

[2] NX MA, Y UEDA, H Murakawa, et al. FEM analysis of 3-D welding residual stresses and angular distortion in T-type fillet welds[J]. Transactions of JWRI, 1995, 24(2): 115-122.

[3] 董志波,魏艳红, 刘仁培,等. 不锈钢焊接温度场的三维数值模拟[J]. 焊接学报, 2004, 25(2): 9-14.

[4] 汪建华, 戚新海, 钟小敏. 三维瞬态焊接温度场的有限元模拟[J]. 上海交通大学学报, 1996, 30(3): 120-125.

[5] Eccs. Recommendations for the Fire Safety of Steel Structures[S]. 1983.

[6] Bsi. Structural Use of Steelwork in Building, Part 8. Code of Practice for Fire Resistance Design[S]. 1990.

[7] EN1993-1-2:2005. Eurocode 3:Design of steel structures-Part 1-2:General rules—Structural fire design[S]. Brussels, Standardisation E C F, 2006.

第5章　U肋加劲板残余应力分布简化计算方法

由于采用的加劲板截面尺寸和钢材强度不同,导致得到的焊接残余应力的分布和大小也会不同。个别试验测得的焊接残余应力分布大小不能涵盖实际不同构造尺寸U肋加劲板的残余应力分布,特别是对于由不同强度钢材组成的混合钢U肋加劲板。因此,本章采用经盲孔法试验验证的焊接残余应力数值模拟方法,统计常用的U肋加劲板尺寸,分析混合钢U肋加劲板焊接残余应力分布规律,提出混合钢U肋加劲板焊接残余应力简化计算方法,为其抗压稳定承载力研究提供参考。

5.1　U肋加劲板构造尺寸与编号规则

通过对钢箱梁的U肋加劲板进行统计发现,母板厚度一般在12~24mm之间变化,U肋的板厚一般为6mm、8mm、10mm,U肋高度一般在260~350mm,U肋下缘宽度一般为300~400mm,U肋与母板相交夹角中锐角的余切值在1/4.2~1/4.7之间变化。图5.1表示典型的混合钢U肋加劲板横断面。

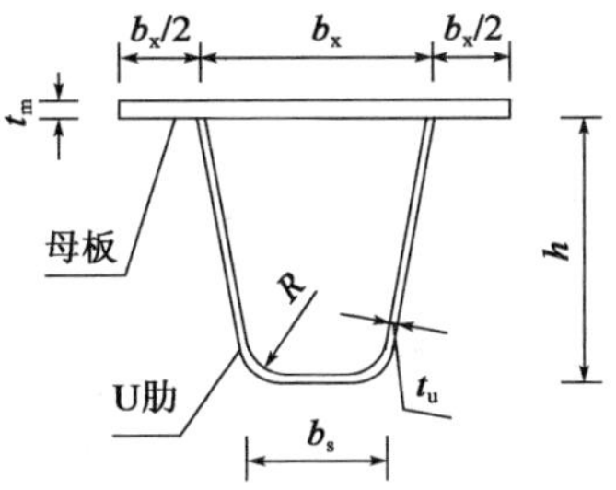

图5.1　混合钢U肋加劲板横断面图

对用于分析的不同构造尺寸混合钢U肋加劲板规格编号规定如下:为了体现混合钢U肋加劲板不同强度钢材组合,母板和U肋钢材强度设定三个不同组合Q235-Q345、Q345-Q345、Q345-Q235,分别用M2U3、M3U3、M3U2表示;对于母板和U肋厚度,设定7种组合,分别为14~6mm、14~8mm、14~10mm、16~8mm、16~10mm、20~10mm、24~10mm,分别用T1~T7来表示;对于U肋下缘宽,b_x取300mm、320mm、340mm、360mm、400mm共5个宽度变化,这里分别用W1~W5表示;对于U肋高度,共有260mm、280mm、300mm、330mm、350mm 5个高度值变化,分别用H1~H5表示。U肋与母板相交夹角中锐角的余切值取为1/4.5,不做变化。则对于母板和U肋的钢材强度为Q345-Q345,厚度组合为14~6mm,U肋下缘宽为300mm,U肋高度为260mm的构造尺寸来说,它的表示方法为 M3-U3-T1-W1-H1。

5.2 焊接残余应力分布规律分析

5.2.1 U 肋与母板强度比对焊接残余应力分布的影响

保持其他参数不变,变化母板与 U 肋的钢材强度,运用有限元数值模拟方法进行残余应力分布分析,如图 5.2 所示。

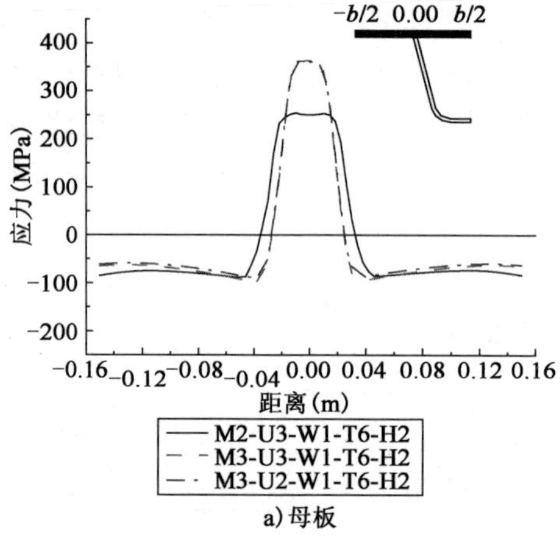

图 5.2 母板与 U 肋强度比对不同部位残余应力分布影响的比较

从图 5.2 中可以看出,当 U 肋钢材屈服强度保持不变,随着母板钢材屈服强度的提高,母板残余拉应力峰值随之增大,压应力峰值绝对值随之减小,压应力分布宽度随之增大;当母板钢材屈服强度保持不变,随着 U 肋钢材屈服强度的提高,U 肋残余拉应力峰值随之增大,残余压应力峰值的绝对值随之减少,压应力分布宽度随之增大。对于混合钢 U 肋加劲板,焊缝填料和母板或 U 肋钢材屈服强度存在不同,导致图中部分母板和 U 肋的拉应力峰值区域存在阶梯变化段。

5.2.2 板宽变化

板宽变化分为母板子板件变化和 U 肋腹板板宽变化。保持其他参数不变,变化 U 肋腹板板宽和母板子板件板宽,其他参数保持不变,对 U 肋加劲板的焊接残余应力进行分析。

1. U 肋腹板板宽变化

以试件 M2-U3-T6-W1-H1 为标准,其他参数保持不变,只变化 U 肋腹板板高,变化值为260mm、280mm、300mm、330mm、350mm。混合钢U肋加劲板的焊接残余应力分布曲线如图5.3所示。

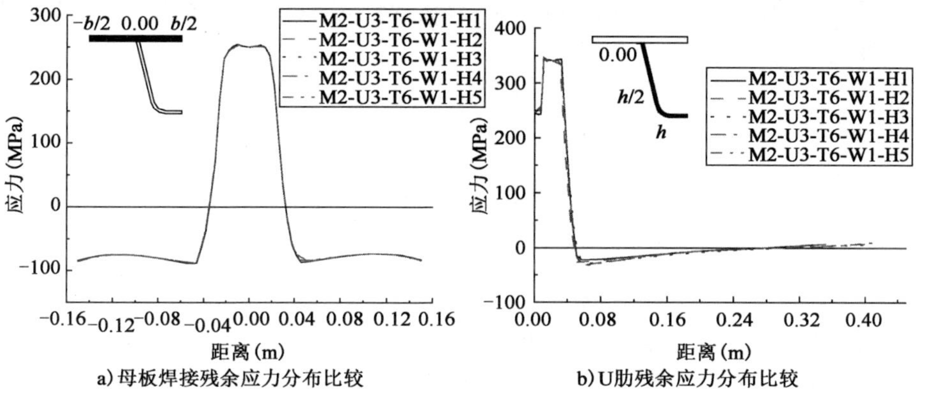

图5.3 混合钢U肋腹板板宽变化焊接残余应力分布比较

从图5.3可以看出,随着U肋腹板高度的增大,混合钢的残余应力分布呈现出母板残余应力分布基本保持不变,U肋残余压应力峰值呈现增大的趋势,但增大幅度不明显;除此之外,残余应力分布基本保持不变。

2.母板子板件板宽变化

母板子板件板宽变化中,以试件M2-U3-T6-W1-H2为标准,其他参数保持不变,只变化母板子板件板宽,变化值共有300mm、320mm、340mm、360mm、400mm共五个变化值。混合钢U肋加劲板的焊接残余应力分布曲线如图5.4所示。

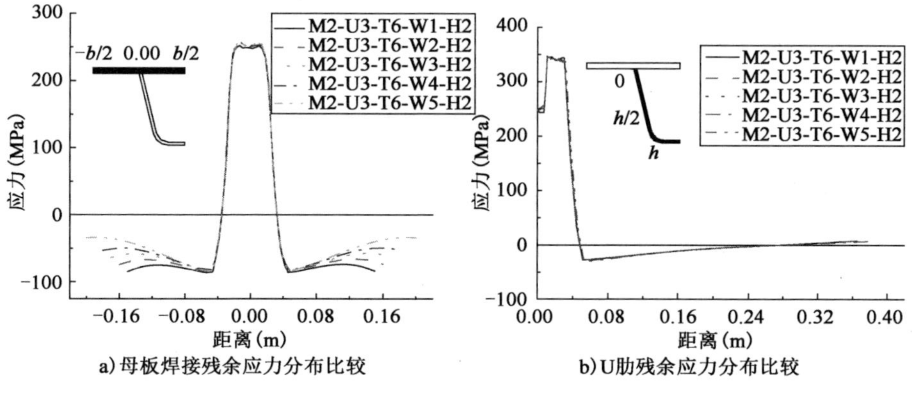

图5.4 混合钢母板子板件板宽变化焊接残余应力分布比较

从图 5.4 可以看出，随着母板的板宽的增大，母板和 U 肋的残余拉、压应力分布宽度几乎没有变化；母板的残余压应力峰值降低幅度不明显，但分布越来越不均匀，在母板子板件中心处残余压应力降低较大；U 肋的残余压应力大小几乎没有变化。

5.2.3 板厚变化

在同一截面上，母板的板厚通常大于 U 肋的板厚许多。板厚变化通常分为母板板厚变化和 U 肋板厚变化。

1. 母板板厚

分析母板板厚对 U 肋加劲板的焊接残余应力分布的影响。保持 U 肋厚度为 10mm，母板厚度变化值为 14mm、16mm、20mm、24mm，保持其他参数不变，分析 U 肋加劲板焊接残余应力分布，如图 5.5 所示。

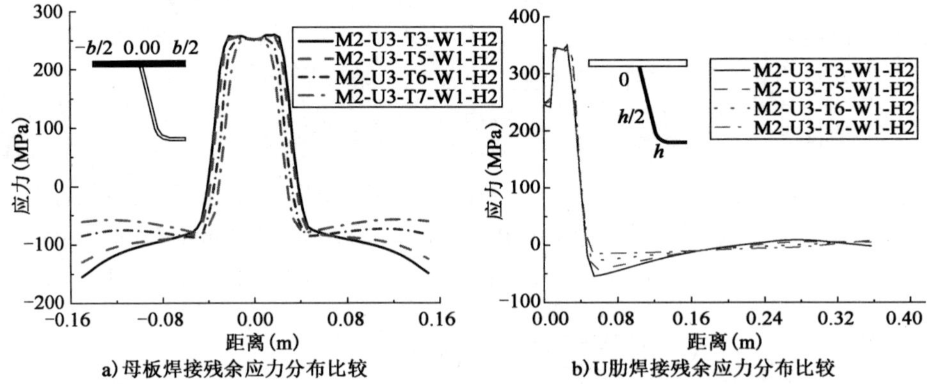

图 5.5 混合钢母板板厚变化焊接残余应力分布比较

从图 5.5 中的曲线可以看出，随着母板的板厚的增大，母板残余拉应力的分布宽度随之减小，残余压应力分布宽度随之增大，母板残余拉应力峰值基本保持不变，母板残余压应力峰值位于母板子板件中心处，其值随之减小；U 肋残余压应力的峰值随之减小，而 U 肋残余拉应力基本保持不变。

2. U 肋板厚

根据统计信息，分析 U 肋板厚对 U 肋加劲板的焊接残余应力分布的影响，保持母板板厚为 14mm，U 肋板厚变化值为 6mm、8mm、10mm，保持其他参数不变,如图 5.6 所示。

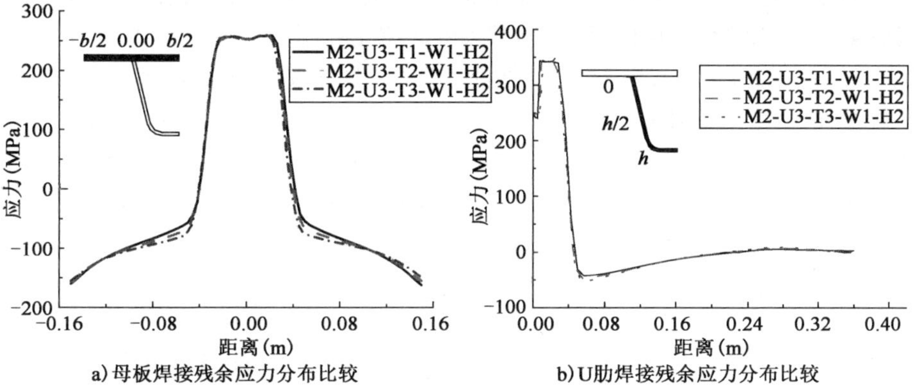

图 5.6　混合钢 U 肋板厚变化焊接残余应力分布比较

从图 5.6 可以看出:母板板厚保持不变,随着 U 肋厚度的增大,母板残余拉应力峰值和 U 肋残余拉应力峰值基本保持不变;母板残余拉应力的分布宽度略微减小,残余压应力分布宽度略微增大,峰值略微减小;U 肋残余拉应力的分布宽度稍微减小,残余压应力分布基本保持不变。U 肋残余压应力峰值出现少量增大。

5.3　焊接残余应力分配规律分析

5.3.1　分配比例分析

由上一节分析可知,母板和 U 肋尺寸不同,所用钢材的不同都会导致母板和 U 肋的残余应力分布发生变化。为了揭示焊件截面残余应力的分布规律,如何确定在 U 肋和母板上残余拉应力和残余压应力的分配比例是首要解决的问题。设 U 肋加劲板截面残余拉应力的合力为 1,母板所分配的残余拉应力和残余压应力占焊件总的残余拉应力和残余压应力的比例分别为 p_1 和 p_2。

参数分析 U 肋高度、U 肋厚度、母板厚度、母板与 U 肋强度比对 U 肋加劲板母板与 U 肋残余拉、压应力合力分配比例的影响,4 个参数对加劲板残余应力合力分配比例的影响曲线如图 5.7 ~ 图 5.10 所示。

从图 5.7 可以看出,对于 U 高度来说,母板残余拉应力的分配比例 p_1 随着

U 肋高度的变化基本保持不变，母板残余压应力的分配比例 p_2 随着 U 肋高度的增加线性递减，但减小幅度较小，总的来说 U 肋高度对母板残余应力的分配比例影响不大；从图 5.8 可以看出，随着 U 肋板厚的增大，母板残余拉应力分配比例 p_1 和残余压应力分配比例 p_2 均随之减小，且减小幅度较大；从图 5.9 可以看出，随着母板厚度的增大，母板残余拉应力分配比例 p_1 呈现先增大后减小的趋势，变化范围不大，在母板厚度达到 20mm 时达到最大，母板残余压应力分配比例 p_2 随着母板厚度的增大而增大，变化范围较大；从图 5.10 可以看出，随着母板和 U 肋强度比的增加，母板残余拉应力分配比例 p_1 基本呈现递增关系，递增幅度较大，母板残余压应力分配比例 p_2 呈现递减关系，递增幅度较小。

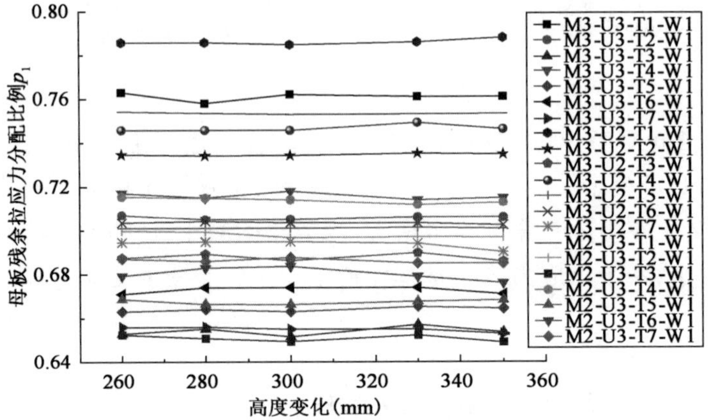

a) 母板残余拉应力分配比例p_1

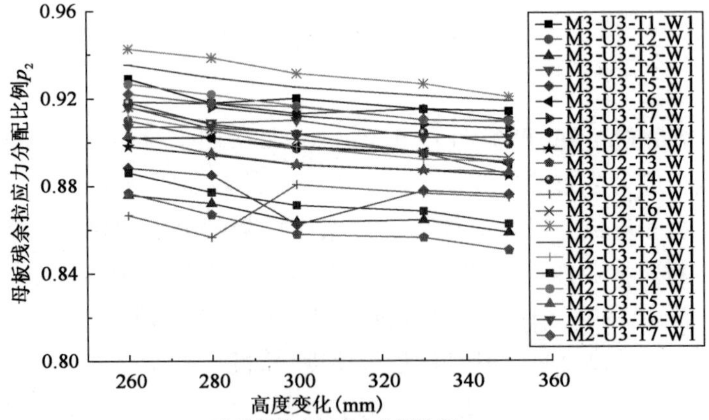

b) 母板残余拉应力分配比例p_2

图 5.7　不同 U 肋高度下的母板残余应力分配曲线

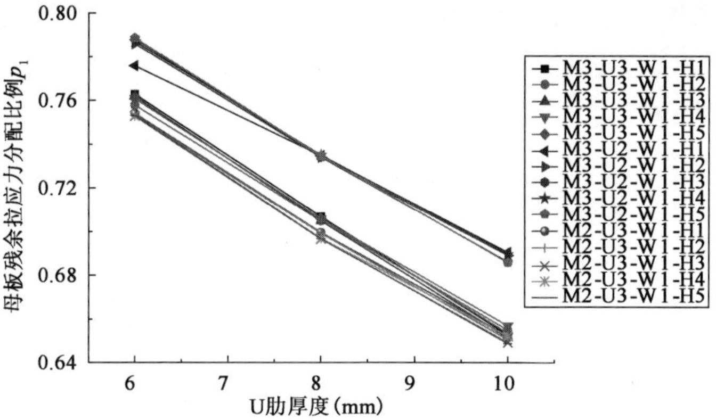

a)母板残余拉应力分配比例p_1

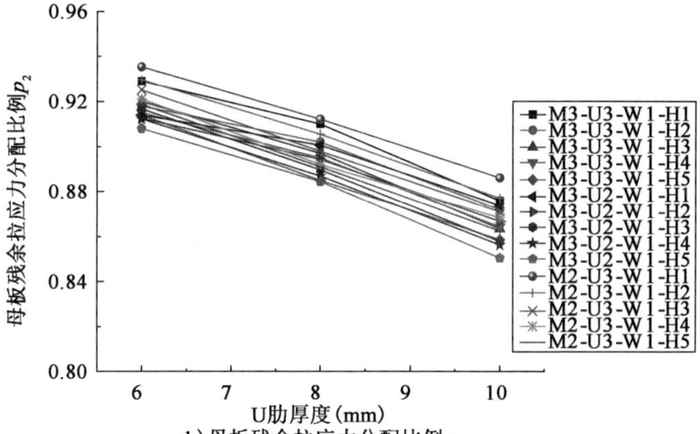

b)母板残余拉应力分配比例p_2

图5.8 不同U肋厚度下的母板残余应力分配比例曲线

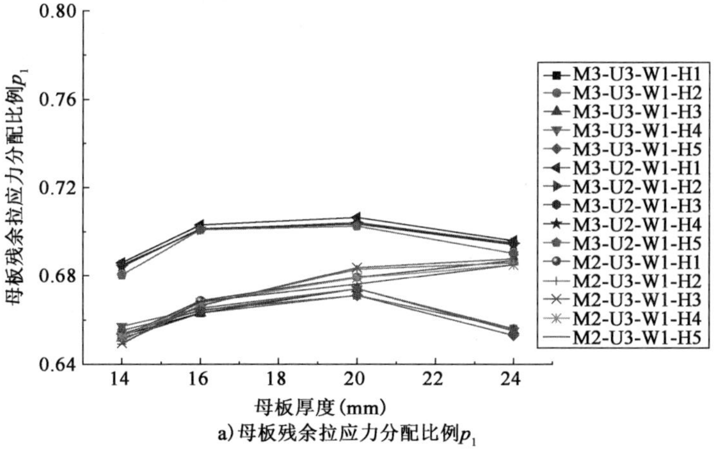

a)母板残余拉应力分配比例p_1

图 5.9

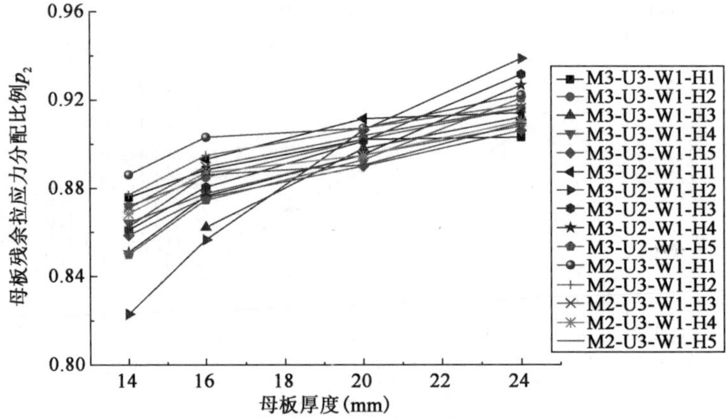

b) 母板残余拉应力分配比例p_2

图 5.9　不同母板厚度下的母板残余应力分配曲线

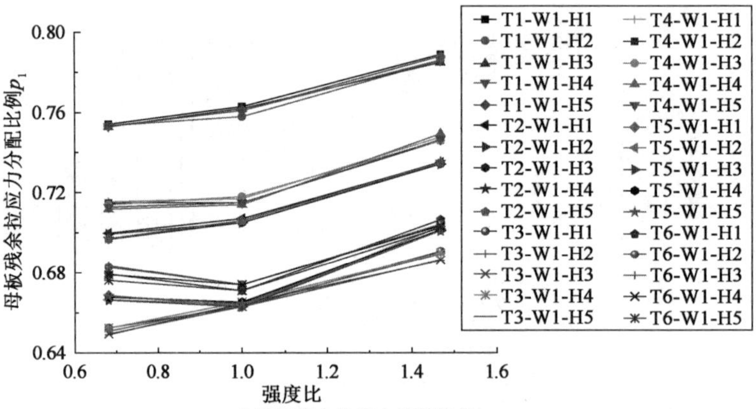

a) 母板残余拉应力分配比例p_1

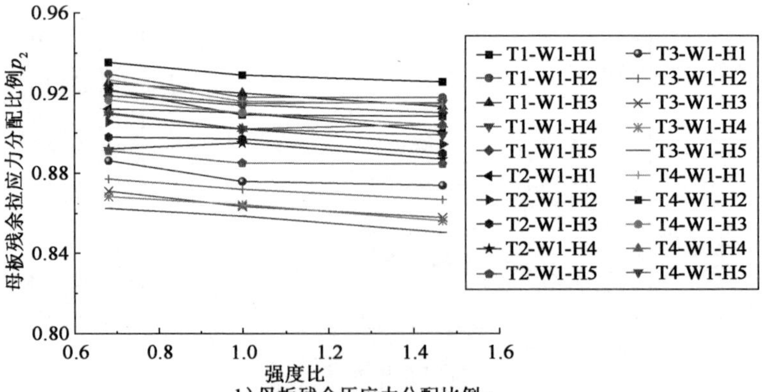

b) 母板残余压应力分配比例p_2

图 5.10　不同强度比下的母板残余应力分配曲线

5.3.2 分布宽度分析

从图5.2和图5.5中可以看出，母板钢材强度和母板厚度对母板残余拉应力分布宽度影响较大。为了确定母板残余拉应力分布宽度，现增加M420-U345(M4-U3)一组不同钢材强度组合数据，进行不同混合钢U肋加劲板构造尺寸的母板焊接残余拉应力分布宽度分析。设母板焊接残余拉应力分布宽度为b_1，与母板板厚的比例系数为p_3，相应的残余拉应力分布宽度系数p_3与母板屈服强度之间的关系如图5.11所示；与母板厚度之间的关系如图5.12所示。

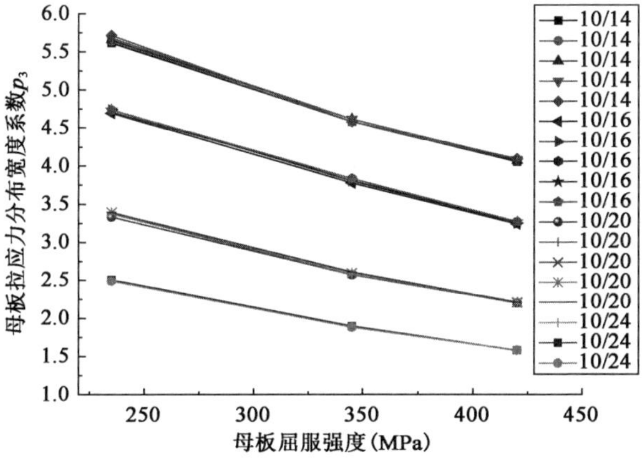

图5.11 p_3随母板屈服强度变化曲线

从图5.11、图5.12中可以看出，当母板厚度不变的情况下，母板拉应力分

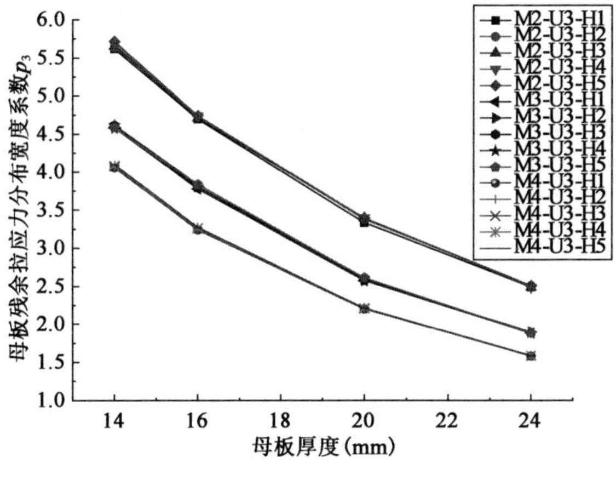

图5.12 p_3随母板厚度变化曲线

布宽度与母板屈服强度呈线性递减变化，与母板厚度呈非线性递减变化，并表现幂函数的特性。

5.4 焊接残余应力简化分布计算方法

5.4.1 简化计算公式

在图 5.2～图 5.6 中，残余应力的分布呈曲线形式，为便于计算应用，采用以折代曲的简化方法。根据本书数值模拟的结果，利用残余应力自平衡原理，U 肋加劲板残余应力分布可简化为图 5.13 所示的分布模式。

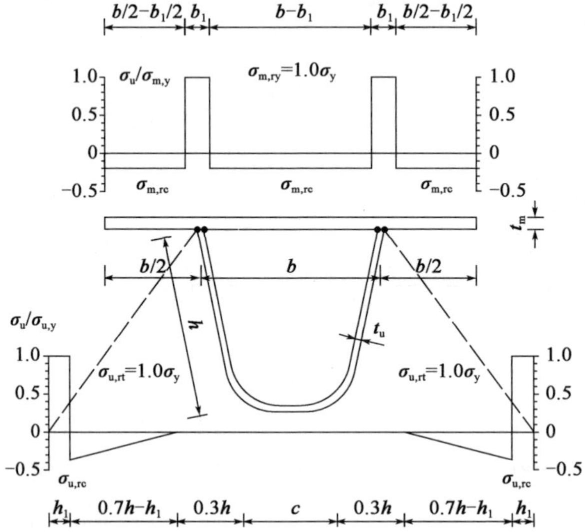

图 5.13　U 肋加劲板焊接残余应力分布通用简图

母板和 U 肋焊接残余拉应力的大小可表示为：

$$\sigma_{m,rt} = k_1 f_y \tag{5.1}$$

$$\sigma_{u,rt} = k_2 f_y \tag{5.2}$$

式中：$\sigma_{m,rt}$——母板残余拉应力值；

$\sigma_{u,rt}$——U 肋残余拉应力值；

f_y——钢材的屈服强度；

k_1、k_2——母板和 U 肋残余拉应力的大小与材料屈服强度的比值，如 k_1、k_2 取 1，则焊接残余拉应力为材料的屈服强度。

对于轴心受压构件,焊接残余压应力对构件的承载力影响较大,而残余拉应力大小对受压构件的承载力影响相对比较小,其中残余压应力的峰值和此峰值所在截面的位置对受压构件稳定性的影响最大。为简化计算,$\sigma_{m,rt}$、$\sigma_{u,rt}$可采用材料屈服强度。由图5.13可以看出,母板残余压应力值$\sigma_{m,rc}$、U肋残余压应力值$\sigma_{u,rc}$以及分布宽度为未知参数,如果上述未知参数已知,由图5.13就可以确定U肋加劲板的焊接残余应力分布。

通过对U肋加劲板焊接残余应力的分布规律进行分析,根据残余应力自平衡原理,用p_1、p_2、p_3确定图5.13中的未知参数:

$$\sigma_{u,rc}=\frac{2(1-p_2)h_1\sigma_{u,rt}}{(1-p_2)(0.7h-h_1)} \tag{5.3}$$

$$h_1=\frac{(1-p_1)b_1t_m\sigma_{m,rt}}{p_1t_u\sigma_{u,rt}} \tag{5.4}$$

$$\sigma_{m,rc}=\frac{p_2h_1t_u\sigma_{u,rt}}{(1-p_1)t_m(b-b_1)} \tag{5.5}$$

式中:$\sigma_{m,rc}$——母板残余压应力值;

$\sigma_{u,rc}$——U肋残余压应力值;

b——U肋腹板间距;

b_1——母板残余拉应力分布宽度;

h——U肋高度;

h_1——U肋残余拉应力分布宽度。

5.4.2 公式中参数的取值

对于不同构造尺寸的混合钢U肋加劲板,通过图5.13确定其残余应力简化分布,需要先确定p_1、p_2和p_3这三个参数。根据图5.7~图5.12的计算数据,对p_1、p_2及p_3三个参数进行数据拟合,拟合方程考虑50%置信度。拟合的公式为:

$$p_1=0.85+0.039\times\beta+0.001\times t_m-0.024\times t_u \tag{5.6}$$

$$p_2=0.812-0.007\times\beta+0.094\times\ln(t_m)-0.0135\times t_u-0.000162\times h \tag{5.7}$$

$$p_3=334.4\times t_m^{-1.61}-0.0043\times t_m-0.0069\times f_y+2.45 \tag{5.8}$$

式中:p_1——母板残余拉应力分配比例;

p_2——母板残余压应力分配比例;

p_3——母板焊接残余拉应力分布宽度b_1与母板板厚的比例系数;

h——U肋高度(mm);

t_u——U 肋厚度(mm);
t_m——母板厚度(mm);
f_y——母板的屈服强度(MPa);
β——母板与 U 肋的强度比。

5.4.3 残余应力分布检验

首先利用式(5.6)~式(5.8)计算出来参数 p_1、p_2 和 p_3,再利用式(5.3)~式(5.5)计算图 5.13 中的未知数,然后画出 U 肋加劲板残余应力分布简图,并将分布简图和有限元计算的分布图进行对比,如图 5.14 的 a)、b)所示。从图 5.14的 a)、b)中可以看出,利用公式计算出来的母板和 U 肋的残余应力分布简图和经有限元计算得到的分布图基本吻合,说明公式具有一定的参考价值。

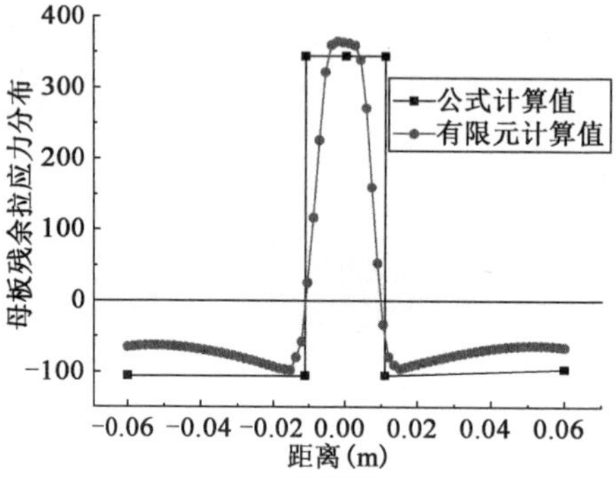

a)母板

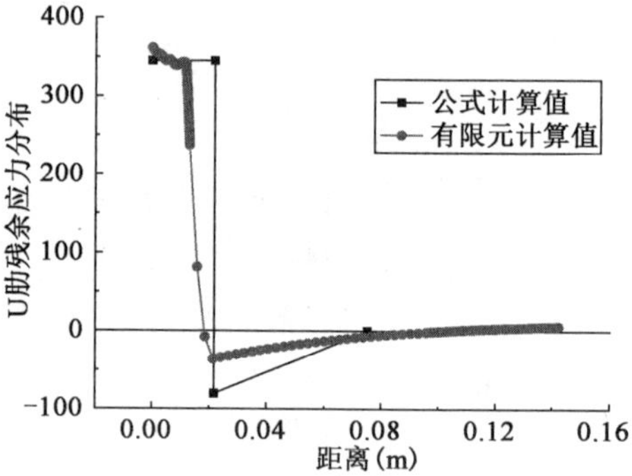

b)U肋

图 5.14 不同部位残余应力分布

5.5 本章小结

(1)U 肋厚度、母板厚度、U 肋腹板宽、母板子板件板宽、母板和 U 肋强度比共五个参数对 U 肋加劲板焊接残余应力的分布有影响。其中,母板厚度与母板和 U 肋强度比对加劲板残余应力分布影响较大,母板厚度主要影响母板残余拉应力分布宽度和母板残余压应力峰值,而母板和 U 肋强度比主要是改变母板残余拉应力分布宽度、峰值和 U 肋残余压应力峰值。U 肋厚度虽然也影响母板残余拉应力分布宽度和 U 肋残余压应力峰值,但较之前面两个因素来讲,影响能力有限,U 肋腹板宽和母板子板件对残余应力分布影响最小,基本可以忽略。

(2)U 肋厚度、母板厚度及母板和 U 肋强度比对混合钢 U 肋加劲板残余拉、压应力分配比例的影响较大,U 肋腹板宽对分配比例的影响较小,可以忽略。母板厚度和母板钢材强度对母板残余拉应力分布宽度有较大影响,母板残余拉应力分布宽度随着母板厚度的增加和母板钢材强度的增加而下降。

(3)提出混合钢 U 肋加劲板简化分布模式,利用残余应力自平衡原理计算出残余应力简化分布中各参数的计算公式,运用线性拟合对大量通过数值模拟方法得到的数据进行拟合,得到母板残余应力分配系数与母板残余拉应力分布宽度的简化计算公式。该残余应力简化分布可直接计入受压构件中。

第6章　U肋加劲板几何缺陷研究

钢箱梁的顶底板一般是由带有U肋的加劲板构成,在钢箱梁制造过程中,板件受加工制作误差及焊接过程中不均匀受热影响所产生的面外变形是不可避免的,这些面外变形统称为初始几何缺陷。初始几何缺陷对构件的轴向压应力产生附加弯矩,这个附加弯矩随着变形的增大而加大,对加劲板的受压稳定承载力影响很大[1,2]。

以往大部分学者在考虑初始几何缺陷的影响时,对于整体几何缺陷,常采用正弦的几何弯曲变形代替加载初偏心和初始几何弯曲两种缺陷[3-5];对于局部几何缺陷,常采用特征值屈曲的第一阶屈曲模态作为其局部初始几何缺陷的形态[6,7]。而几何缺陷的大小,偏安全的采用我国《钢结构设计规范》(GB 50017—2003)[8]或EN 1993-1-1[9]中关于承载力计算时钢结构初始几何缺陷大小取值的考虑。上述两种方法操作比较容易,但并不能真实反映构件初始几何缺陷的形态和大小。本章通过塞尺试验对U肋加劲板的初始几何缺陷进行测量并运用统计学的方法对数据进行分析,从而得到供钢箱梁设计参考的U肋加劲板的初始几何缺陷的形态和大小。

6.1　初始几何缺陷产生

现实中的钢制构件属于弹塑性材料,在选材、切割、焊接、整平、吊运等过程中不可避免地产生几何缺陷。初始缺陷影响因素很多,与炼钢工艺、加工工艺、施焊顺序、施工方法等都有关系。初始几何缺陷产生主要包括焊接残余变形和板件在加工及制作过程导致板件出现各种面外的变形。下面对焊接残余变形加以介绍。

对于焊接结构,焊接变残余变形占初始几何缺陷很大比重,特别对于薄板,如果焊接控制不好,焊接残余变形往往会超出规范要求。通常我们把焊接和冷却过程中焊件产生的变形称为焊接(热)变形,冷却后残存于焊件的变形称为焊接残余变形。在实际的焊接结构当中,由于结构形式的多样性,焊缝数量与分布的不同,施焊顺序和方向的不同,产生的焊接变形是比较复杂的。常见的焊接变形如图 6.1 的 a) ~f) 所示。焊接残余变形发生于结构板材的某一平面内,称之为面内变形,发生于平面之外,称为面外变形。焊接残余变形主要有以下几种表现形式[10]:①纵向变形,表现为焊后构件在焊缝长度方向上发生收缩,使长度缩短;②横向收缩变形,表现为焊后构件在垂直焊缝长度方向上发生收缩,平板的纵向变形和横向变形均属于面内变形;③挠曲变形,是指焊后发生挠曲,挠曲变形可以是纵向收缩引起的,也可以是横向收缩引起的;④角变形,表现为焊后构件的平面围绕焊缝产生角位移;⑤波浪变形,指构件的平面焊后呈现出高低不平的波浪形式,这是一种在薄板焊接时易发生的变形形式;⑥错边变形,指由焊接所导致的构件在长度方向或厚度方向上出现错位,长度方向的错边变形是面内变形,厚度方向上的错边变形为面外变形;⑦扭曲变形,表现为构件在焊后出现扭曲,扭曲变形是一种面外变形。可见,面内变形对构件的稳定承载力没有直接的影响,对稳定承载力有影响的主要是面外变形。在实际焊接生产过程中,各种焊接变形常常会同时出现,互相影响。一方面是由于某些种类的变形诱发的原因是相同的,因此这样的变形就会同时表现出来;另一方面,构件作为一个整体,在不同位置焊接不同性质、不同数量和不同长度的焊缝,每条焊缝产生的变形要在构件内相互制约和相互协调,因而相互影响。

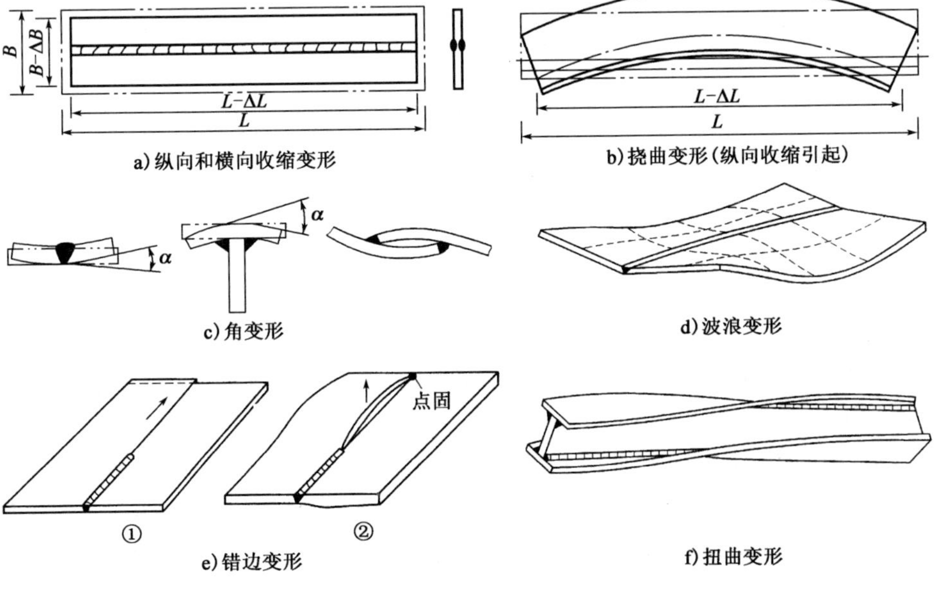

图 6.1 常见的焊接变形

6.2 初始几何缺陷分布试验

6.2.1 试件设计

本书从常用钢箱梁构造的顶板横桥向选取含有3个U肋的加劲板作为初始几何缺陷测试试件的宽度，纵桥向选取两横隔板间距离作为试件的长度。试验按构造尺寸不同共设计3个试件，试件断面如图6.2所示，构造尺寸如表6.1所示，试件纵向长度为1600mm。

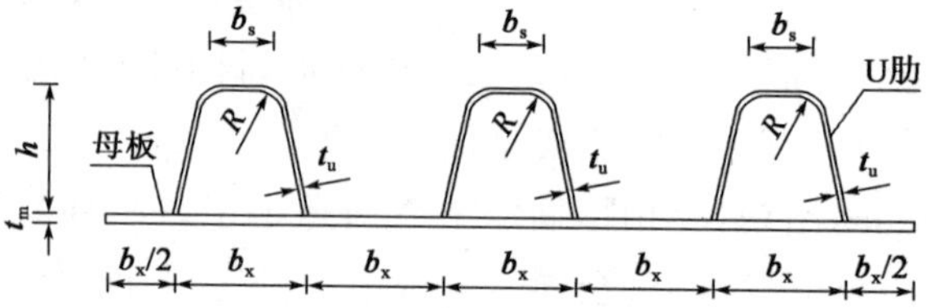

图6.2 初始几何缺陷试件断面图(尺寸单位:mm)

试件主要参数表 表6.1

试件编号	母板板厚 t_m (mm)	U肋板厚 t_u (mm)	U肋上缘宽 b_s (mm)	U肋下缘宽 b_x (mm)	U肋高 h (mm)
1	8	4	74	120	100
2	10	4	64	120	120
3	8	4	104	160	100

6.2.2 初始几何缺陷测量

为了能够较为精确地反映U肋加劲板的实际初始变形，并考虑测试工作量，确定初始几何缺陷测点布置如图6.3所示，纵向测点间距为100mm(纵桥向长度的1/16)，横向测点间距为60mm(U肋间距的1/4)，测点共计143个。

初始缺陷测量原理如图6.4所示。将标准尺一端与测试板件表面紧贴，另一端固定，标准尺平面和实际板平面之间细小缝隙采用塞尺测量，相应的塞尺片厚度之和即为该测点间隙值。每当按图6.3的测点布置测完一组纵向数据和横向数据后，将标准尺反置再测试一次，取两次所测数据平均值作为测量结果，测试过程如图6.5所示。

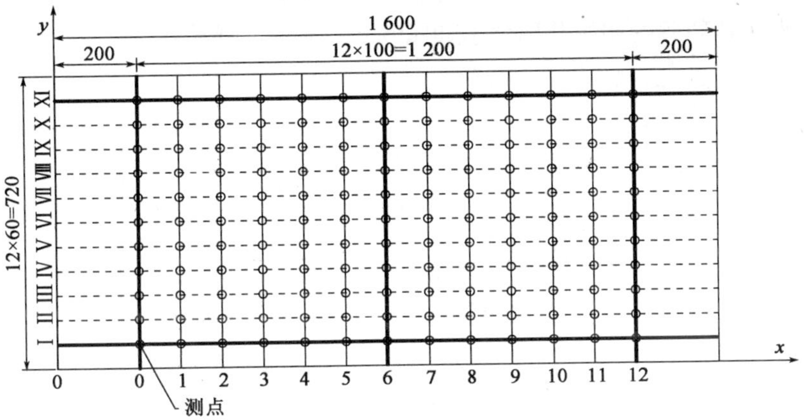

图 6.3 初始几何缺陷测点布置(单位:mm)

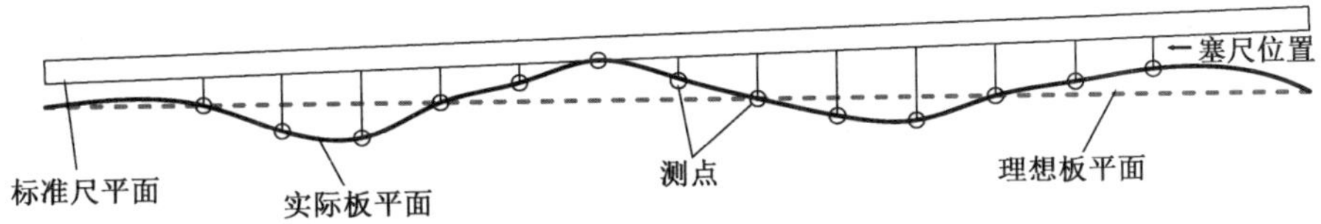

图 6.4 初始缺陷测量示意

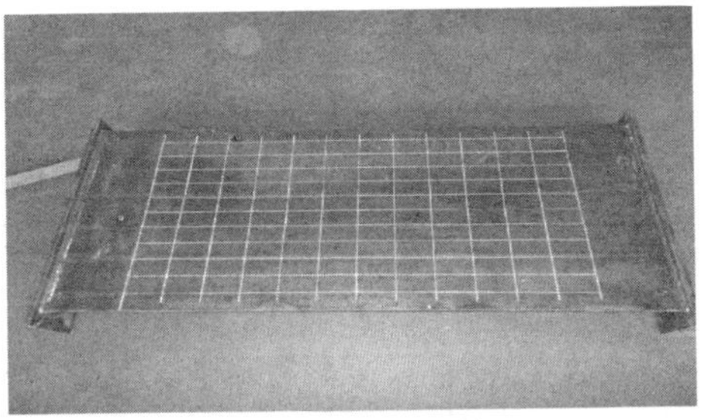

a) 试件测点网络图片

b) 塞尺测试图片

图 6.5 初始几何缺陷测试过程

6.3 试验数据分析

在测试过程中,标准尺实际上是置于测试长度区间内有相对较大的凸起变形上(图 6.4)。所测试数据并不能够真实反映试件表面的初始几何变形的大小,需进一步采用最小二乘法使得各测点与理想板平面之间的距离平方和最小,从而得到理想板平面。3 个 U 肋加劲板试件的初始几何变形的原始数据及采用最小二乘法处理后的初始几何变形如图 6.6 ~ 图 6.8 所示。

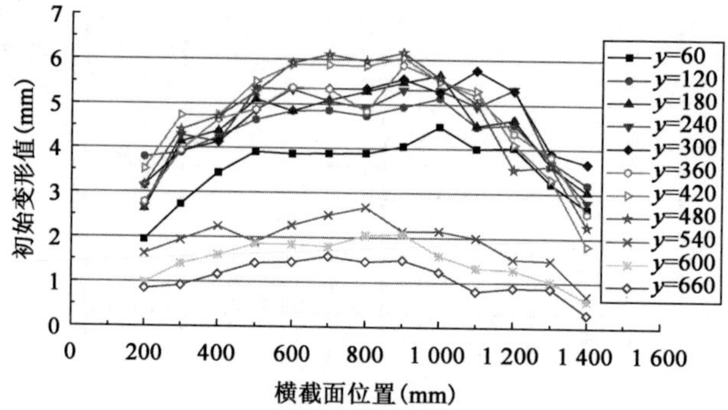

a) 加劲板试件1纵断面初始几何变形(原始)

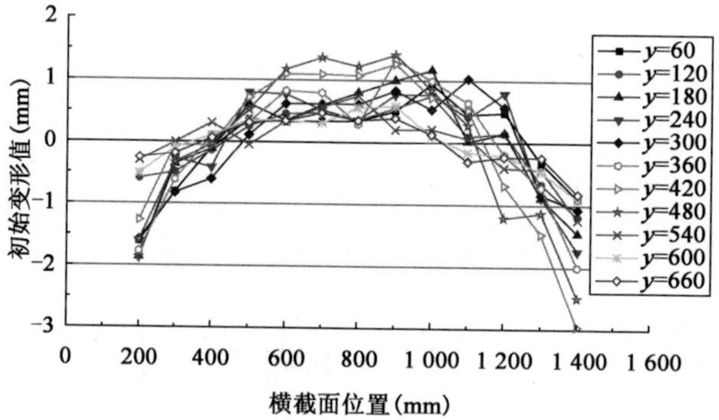

b) 加劲板试件1纵断面初始几何变形(处理后)

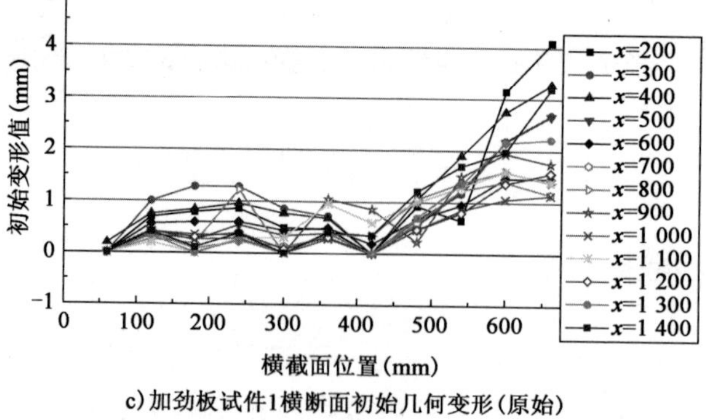

c) 加劲板试件1横断面初始几何变形(原始)

图 6.6

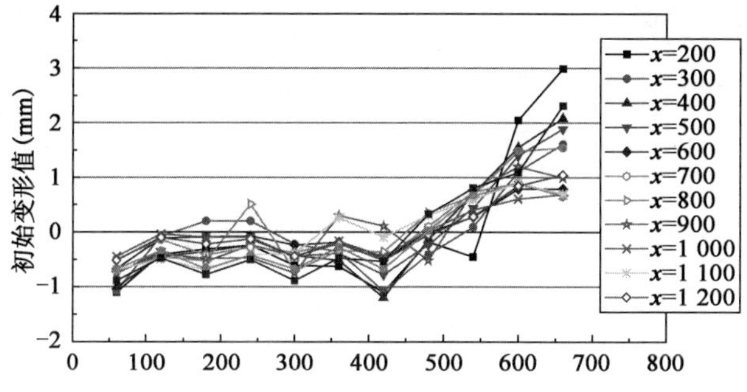

d)加劲板试件1横断面初始几何变形(处理后)

图 6.6　加劲板试件 1 初始几何变形

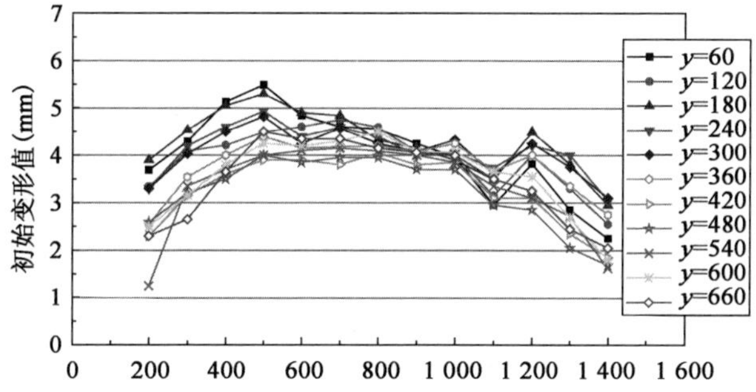

a)加劲板试件2纵断面初始几何变形(原始)

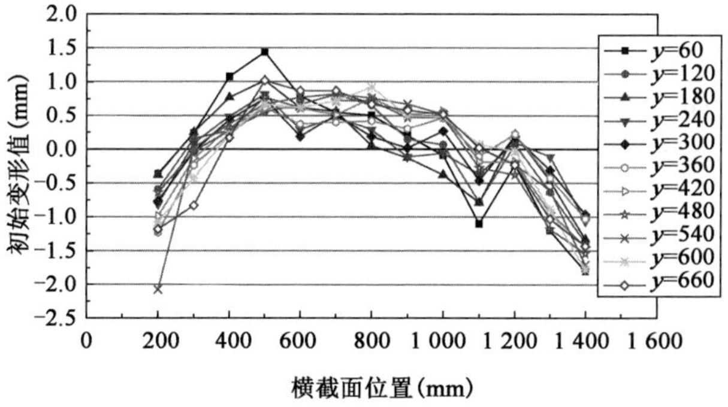

b)加劲板试件2纵断面初始几何变形(处理后)

图　6.7

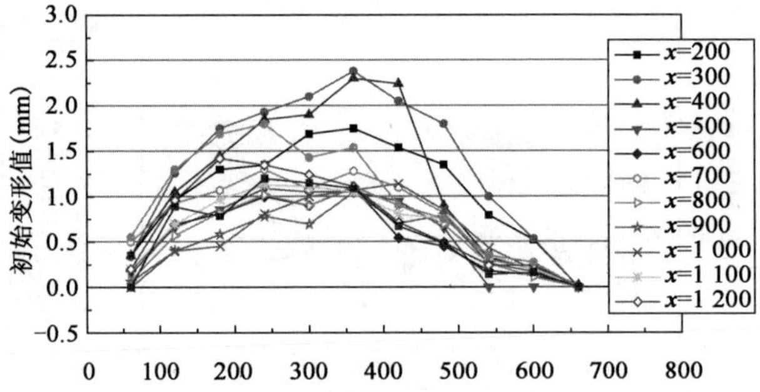

c)加劲板试件2横断面初始几何变形(原始)

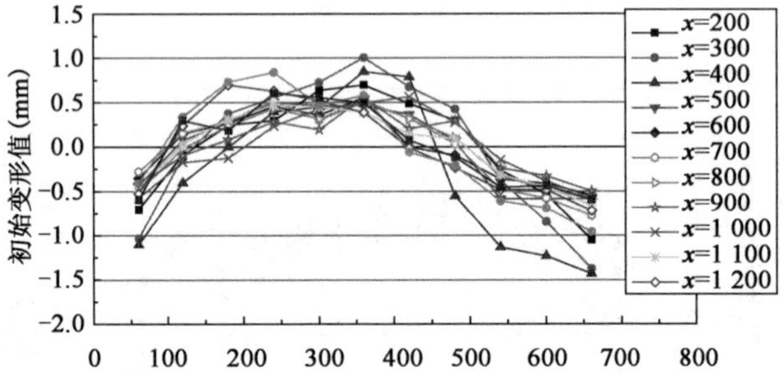

d)加劲板试件2横断面初始几何变形(处理后)

图 6.7　加劲板试件 2 初始几何变形

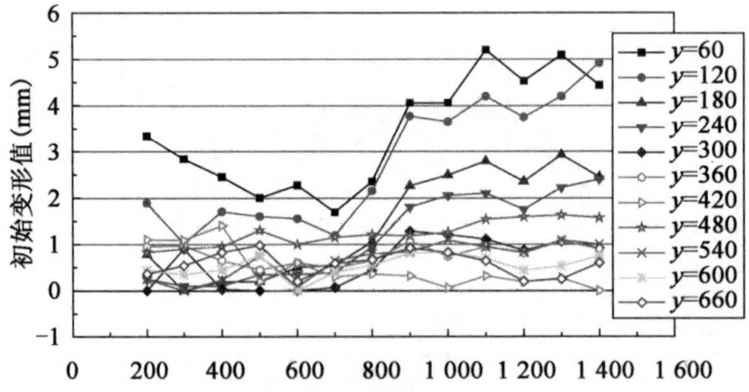

a)加劲板试件3纵断面初始几何变形(原始)

图　6.8

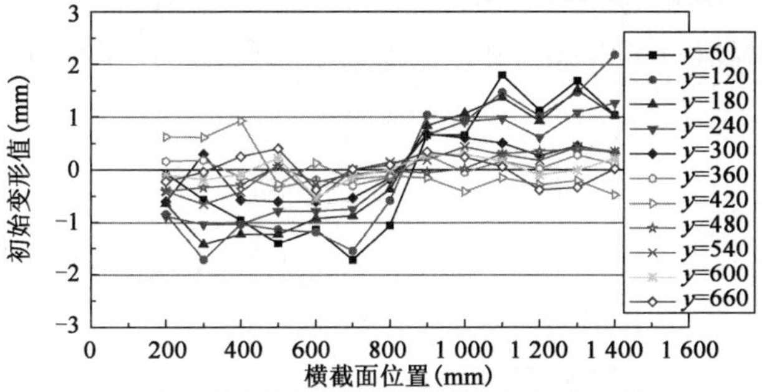

b)加劲板试件3纵断面初始几何变形(处理后)

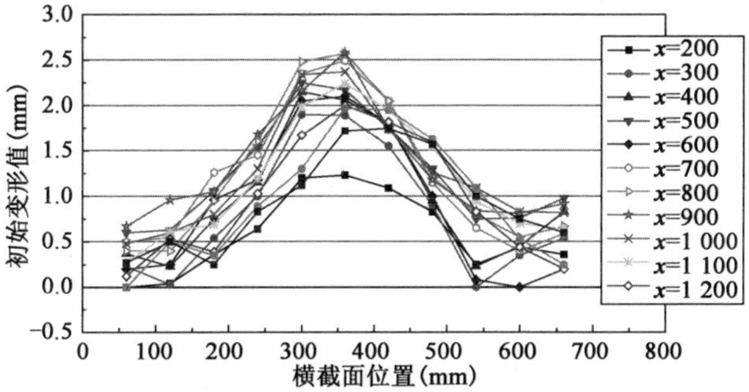

c)加劲板试件3横断面初始几何变形(原始)

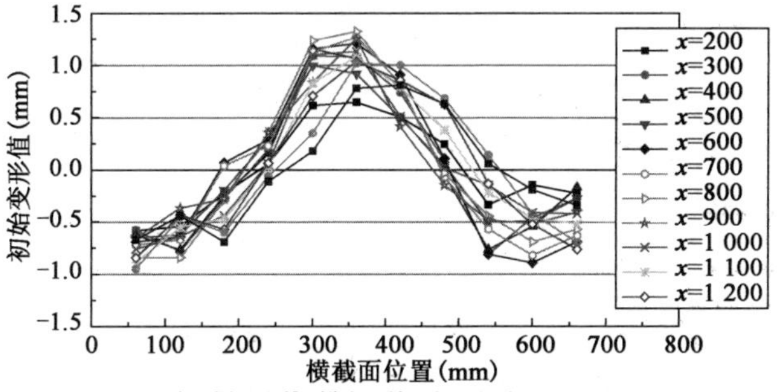

d)加劲板试件3横断面初始几何变形(处理后)

图 6.8　加劲板试件 3 初始几何变形

6.4　初始几何缺陷统计分析

对于处理后的初始变形数据,采用统计学方法,绘制各试件初始几何变形参量 δ_v/L、δ_h/b 的直方图,如图 6.9 ~ 图 6.14 所示。其中,δ_v 为纵断面初始变形;δ_h 为横断面初始变形;L 为试件试件上测点的最大纵向长度,$L=1\ 200$mm;b 为含有一个 U 肋加劲板的标准单元板宽，对于试件一和试件二板宽值为 240mm，对于试件三板宽值为 320mm。基于高斯分布的概率密度函数也在图中绘出。

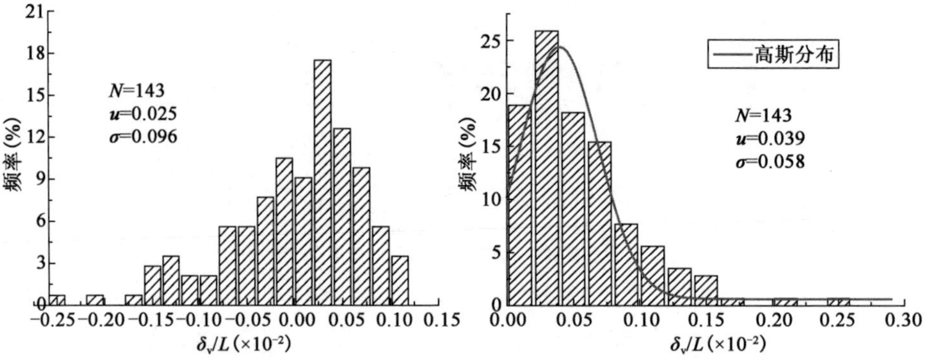

a) 初始变形值频率分布　b) 初始变形绝对值频率分布

图 6.9　加劲板试件 1 纵断面初始几何变形频率分布

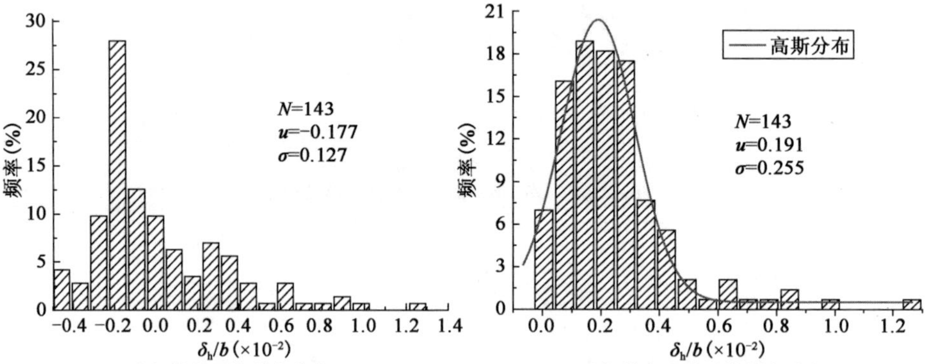

a) 初始变形值频率分布　b) 初始变形绝对值频率分布

图 6.10　加劲板试件 1 横断面初始几何变形频率分布

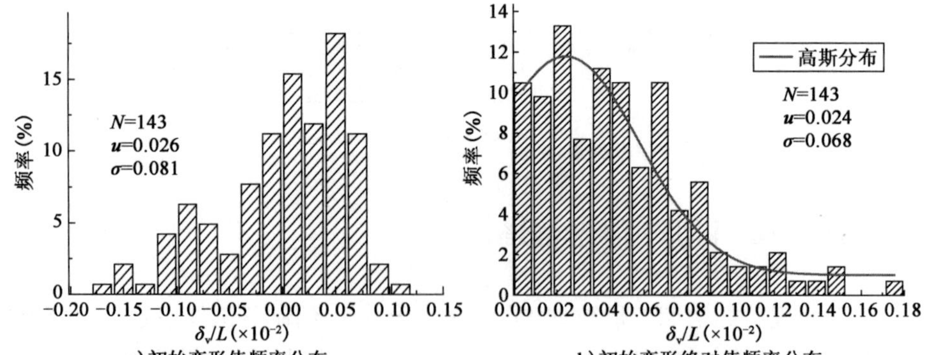

a) 初始变形值频率分布　b) 初始变形绝对值频率分布

图 6.11　加劲板试件 2 纵断面初始几何变形频率分布

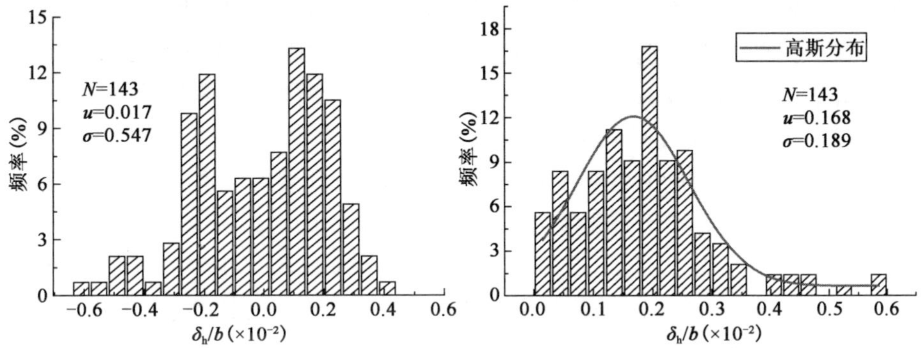

a)初始变形值频率分布　　b)初始变形绝对值频率分布

图 6.12　加劲板试件 2 横断面初始几何变形频率分布

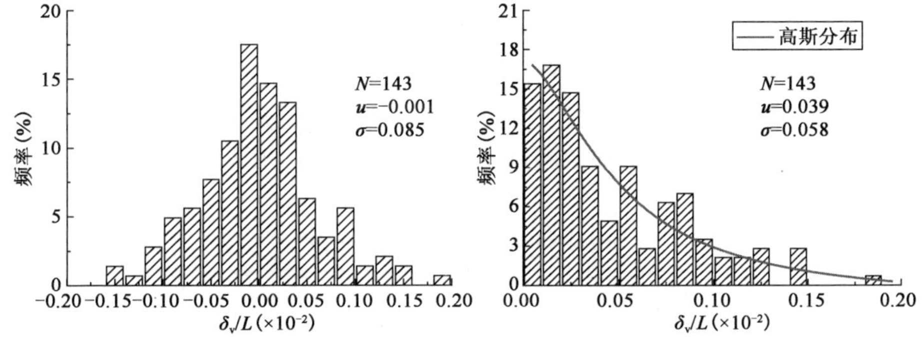

a)初始变形值频率分布　　b)初始变形绝对值频率分布

图 6.13　加劲板试件 3 纵断面初始几何变形频率分布

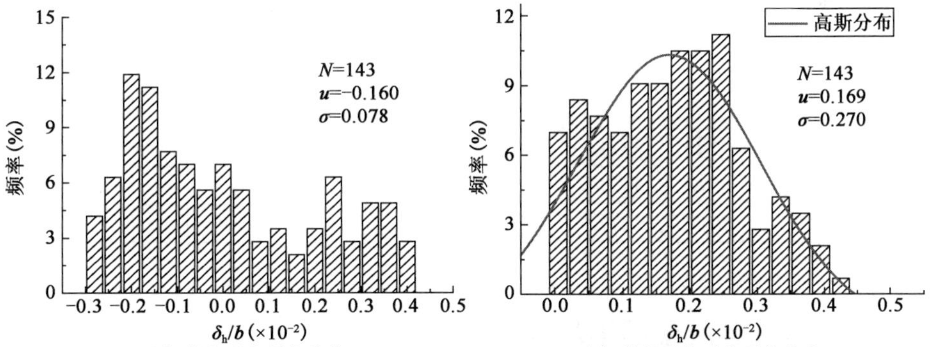

a)初始变形值频率分布　　b)初始变形绝对值频率分布

图 6.14　加劲板试件 3 横断面初始几何变形频率分布

从图 6.9 ~ 图 6.14 中可以看出,函数曲线与直方图吻合较好。三个试件的纵向初始几何缺陷中 δ_v/L 大约在 0 ~ 1/500 之间变化，大部分集中在 0 ~ 1/667 之间。在横向的初始几何缺陷中，试件一的 δ_h/b 在 0 ~ 1/83 之间变化，而试件二和试件三的 δ_h/b 在 0 ~ 1/167 之间变化，不过三个试件横向的初始几何缺陷的 δ_h/b 大部分都集中在 0 ~ 1/250 之间。

表 6.2 为初始变形值参量统计分析结果，表中分别按标准差和超出概率两种方式给出各试件整体和局部变形值的统计结果。如考虑 95% 保证率，对比各个试件的数据可以看出：对于整体几何变形，试件一的 δ_v/L 最大，约为 1/746，试件二的 δ_v/L 值最小，约为 1/735；对局部几何变形，试件三的 δ_h/b 值最大，约为 1/163，试件二的 δ_h/b 值最小，约为 1/208。为了减小误差，本书采用三个试件的具有 95% 保证率的 δ_v/L 和 δ_h/b 的平均值来表示整体几何缺陷和局部初始几何缺陷的幅值，并进行取整，得到整体初始几何缺陷幅值为板长的 1/750，局部初始几何缺陷幅为板宽的 1/180。由于试验的构件是在加工厂加工后，又运到试验地点，在加工和运输过程中，使构件的初始几何缺陷增大，而在试验测量过程中，又可能出现测量误差，在这两种情况下，导致本书得到整体和局部的几何缺陷幅值均超过我国的《钢结构工程施工质量验收规范》(GB 50205—2001)[11]的要求。

初始变形值参量统计分析结果 表 6.2

统计分析项目		试件一		试件二		试件三		平均值	
		δ_v/L $(\times 10^{-2})$	δ_h/b $(\times 10^{-2})$	δ_v/L $(\times 10^{-2})$	δ_h/b $(\times 10^{-2})$	δ_v/L $(\times 10^{-2})$	δ_h/b $(\times 10^{-2})$	δ_v/L $(\times 10^{-2})$	δ_h/b $(\times 10^{-2})$
平均值 u		1/2 564	1/524	1/4 167	1/595	1/50 000	1/592		
标准方程 σ		1/1 724	1/392	1/1 471	1/529	1/1 220	1/370		
$u+\sigma$		1/1 031	1/224	1/1 087	1/280	1/1 190	1/228	1/1 099	1/242
$u+2\sigma$		1/645	1/143	1/625	1/183	1/602	1/141	1/625	1/165
$u+3\sigma$		1/470	1/105	1/439	1/136	1/403	1/102	1/435	1/112
超出概率	2.50%	1/654	1/145	1/637	1/186	1/654	1/143	1/649	1/156
	5.00%	1/746	1/164	1/735	1/208	1/741	1/163	1/741	1/176
	10%	1/877	1/192	1/893	1/243	1/877	1/193	1/882	1/207

6.5 整体与局部初始几何缺陷

依据构件受压时的不同破坏模态，相应的初始几何缺陷可分为整体和局部几何缺陷两种。其中，整体几何缺陷是指相对构件的整体变形；局部几何缺陷是指相对加劲肋间各板元的局部变形。在构件整体稳定计算中，文献[12]给出受压构件在轴力作用下的侧向变形与初弯曲幅值和构件长度两者的关系：

$$y = \frac{\delta_0}{1 - P/P_{cr}} \sin\left(\frac{\pi x}{L}\right) \tag{6.1}$$

式中：P——轴向力；

P_{cr}——临界轴力；

δ_0——构件中点初弯曲的幅值；

L——构件的长度。

从公式(6.1)可以看出，在构件侧向变形一定的情况下，轴力与初始弯曲幅值成反比，与构件的长度成正比，也就是说构件的承载力与 δ_0/L 成比例。从结构稳定的角度来看，与其说 L 为构件的长度，不如说 L 是在构件受压失稳时在构件两端所形成波节的波长，这样的表述更具有通用性。在《钢结构设计规范》(GB 50017—2003)[8]稳定系数计算中，整体几何缺陷按正弦半波曲线作为初弯曲采用，幅值为杆长的1/1000[10,12,13]，这也是目前广泛应用的方法之一。

对于U肋加劲板的局部稳定，受压破坏时表现为U肋加劲板各子板件的局部失稳，如U肋翼缘、腹板、母板子板件。通常局部失稳往往由U肋腹板和母板子板件控制，特别在常用的构件尺寸中，U肋腹板宽厚比较大，局部失稳比较常见，被加劲板和U肋腹板失稳模态如图6.15所示。从图6.15可以看出，受压U肋加劲板局部失稳模态表现为沿加劲板横向在加劲肋处形成失稳波节线，波长即为加劲板各组成子板件的板宽。因此，与整体稳定失稳模态类似，局部几何缺陷的大小可通过幅值与波长比值来表示，这在文献[15,16]中可以得到验证。

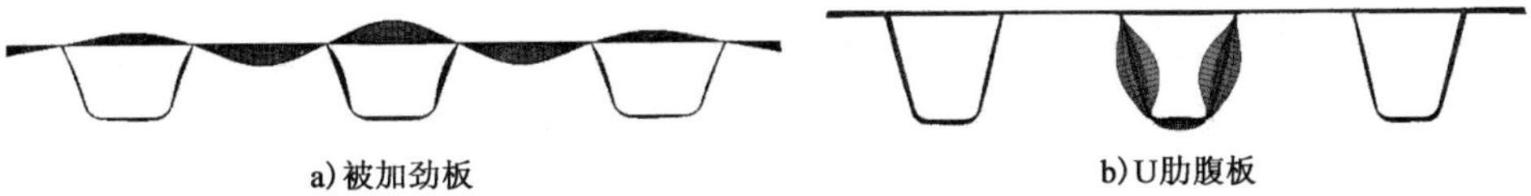

图6.15　受压U肋加劲板局部失稳模态

基于以上因素，整体几何缺陷可用缺陷幅值与构件长度比值来表示；局部几何缺陷用缺陷幅值与板元宽度比值来表示。本书尝试把复杂问题简单化，在实测U肋加劲板的几何缺陷基础上，将其整体几何缺陷与局部几何缺陷分离出来，进行单独分析，探索数值模拟计算受压加劲板稳定承载力时整体几何缺陷与局部几何缺陷采用简化方法的幅值。

6.6 初始几何缺陷有限元模拟

6.6.1 有限元模型

采用考虑大变形和材料非线性的 Shell181 壳单元，材料采用 Von Mises 屈服准则和双线性随动强化模型，屈服强度根据相应钢材的抗拉强度标准值。边界条件采用简支边界[16]，即一边约束 x、y、z 共 3 个方向的位移，另一边约束 x 方向的转角和 y、z 方向的位移。根据整体与局部几何缺陷的不同，由此建立相应的包括几何缺陷的有限元模型。有限元模型如图 6.16所示。

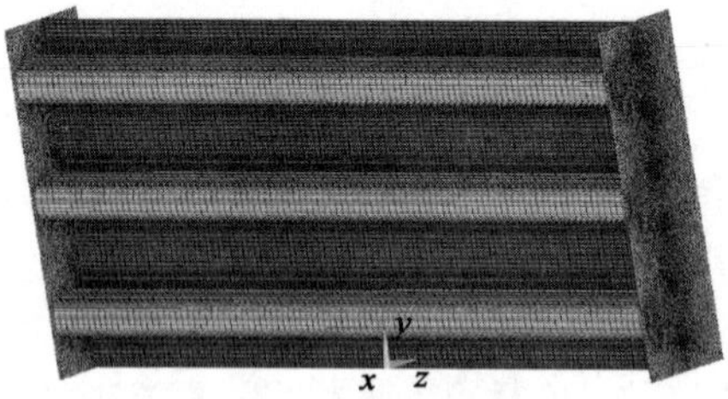

图 6.16　有限元模型

6.6.2 实测几何缺陷

实测几何缺陷模拟分为整体几何缺陷模拟和局部几何缺陷模拟。两种几何缺陷的建模方式基本相同，所不同的是实测整体几何缺陷模型是根据塞尺试验得到的纵向初始几何缺陷建立的，而实测局部模型是根据塞尺试验得到的横向初始几何缺陷建立的。为了得到更加精确的计算结果，对测点数据进行加密处理。对试件的横向测点间，在塞尺试验得到的初始几何缺陷的数据基础上，利用线性插值方法，在每两列纵向测点数据中插入 3 列数据，沿构件横向共得到 49 列数据。构件纵向按照同样的方法，在每两排横向测点数据中线性插入 4 排数据，沿构件纵向共得到 81 排数据，然后利用这些数据点建立相应的有限元模型节点，由节点生成单元，形成板壳有限元模型。该建模方式保证了实测整体和局部几何缺陷的准确模拟。

6.6.3 简化几何缺陷

简化几何缺陷有限元模拟同样分为简化整体几何缺陷模拟和简化局部几何缺陷模拟。对于简化整体几何缺陷的模拟，首先在加劲板中间截面施加一定集度的水平力，通过试算水平力的大小使加劲板产生的挠度与整体初始几何缺陷幅值相同，利用水平力产生的挠度得到加劲板整体几何缺陷，在此基础上进行受压加劲板整体稳定承载力分析。对于简化局部几何缺陷采用一致缺陷法，求得模型特征值屈曲的第一阶屈曲模态及变形最大点位置和大小；根据变形最大点位置所对应的板宽确定局部几何缺陷幅值，通过对局部几何缺陷幅值和第一阶屈曲模态的变形最大点变形值比较，得到施加变形的比例系数；然后将在第一阶屈曲模态下的变形按照这个比例系数施加在模型上，重新生成有限元模型，得到简化局部几何缺陷有限元模型。

6.7　初始几何缺陷分析

6.7.1　初始几何缺陷简化方法的等效取值

对受压U肋加劲板的实测几何缺陷与简化几何缺陷进行稳定承载力分析，确定试验试件的简化初始几何缺陷的等效取值。在对整体初始几何缺陷的等效取值的计算中，变化正弦半波幅值，将计算得到的受压稳定承载力和实测整体几何缺陷模型的受压稳定承载力进行比较，见图6.17。图6.17表明，随着整体几何缺陷幅值的增大，构件的受压稳定承载力呈现下降的趋势。对于试件1、试件2和试件3来说，δ/L的取值分别约等于0.001 4（≈1/750）、0.001（=1/1 000）和0.000 25（=1/4 000）时，整体简化模型的承载力和实测整体模型的承载力相等。由于试件在搬运过程中导致变形，导致试件1与试件2等效幅值较大，特别对于试件一超出经常采用的整体几何缺陷杆长1/1 000的取值。

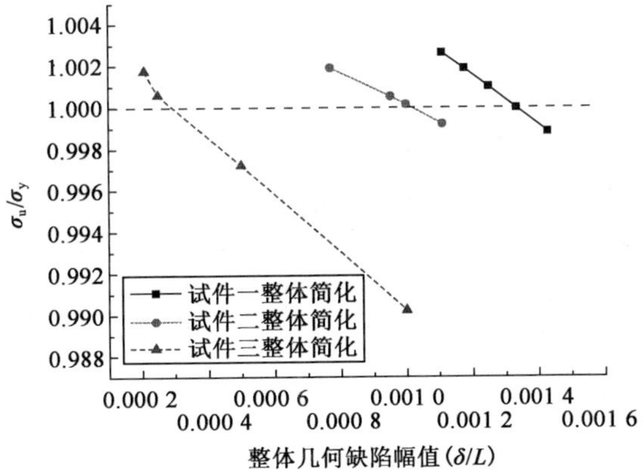

图6.17　整体几何缺陷简化与实测承载力比较

局部初始几何缺陷采用同样的计算方法，计算得到的受压稳定承载力和实测局部几何缺陷模型的稳定承载力进行比较，见图6.18。图6.18表明，随着局部几何缺陷幅值的增大，构件的受压稳定承载力也呈下降趋势。对于3个试件来说，δ/b 取值分别约等于0.001 12（≈1/850）、0.002 5（=1/400）和0.001 43（≈1/700）时，局部简化模型的承载力和实测局部模型的承载力相等。上述计算的等效取值均小于常用局部简化几何缺陷取值。

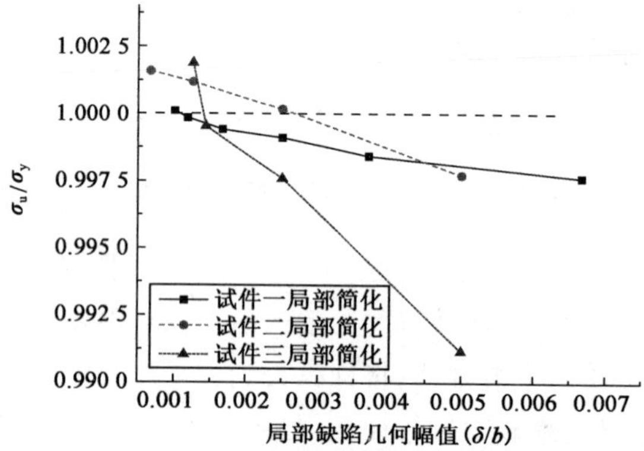

图6.18 局部几何缺陷简化与实测承载力比较

6.7.2 初始几何缺陷分布模式研究

在数值模拟过程中，所谓的简化方法就是用一种容易得到的几何缺陷分布形式去代替实际的几何缺陷分布，如果这种代替是等效的，或是偏安全的，又是可以接受的，这种简化方法便是合理的。在按规范规定的相同幅值情况下，分析实测几何缺陷与简化几何缺陷对受压加劲板稳定承载力影响。几何缺陷的幅值按常规的方法，整体几何缺陷取杆长的1/1 000，局部几何缺陷取板宽的1/200。基于3个试件实测几何缺陷的分布形式，对于整体几何缺陷来说，在整体几何缺陷数据中寻找到最大偏移值，与构件长度的1/1 000进行对比，对所有整体几何缺陷数据进行缩放，使得最大偏移值与杆长1/1 000相等，然后进行稳定承载力分析，计算结果如图6.19所示；对于局部几何缺陷来说，方法同整体几何缺陷类似，计算结果如图6.20所示。

从图6.19、图6.20中可以看出，对于整体初始几何缺陷来说，构件承载力也是随着初始缺陷幅值的增大而减小。当3个试件的简化整体几何缺陷幅值的取值分别为构件长度的1/1 500、1/1 300和1/4 800时，3个试件的简化整体几何缺陷与经过按构件长1/1 000等比例缩放的实测几何缺陷对构件稳定承载力影响相等。可以看出,上述整体几何缺陷幅值的取值远远小于规范1/1 000构件长度的取值,说明整体几何缺陷按正弦半波曲线简化处理有一定的安全性。而对于局部几何缺陷来说,当3个试件的简化局部几何缺陷幅值的取值分别为板宽的1/1 500、1/1 200和1/800时,3个试件的简化局部几何缺陷与经过按板宽1/200等比例缩放的实测局部几何缺陷对构件稳定承载力影响相等。可以看出,上述局部几何缺陷幅值的取值远远小于1/200板宽的取值,说明局部几何缺陷按模型特征值屈曲的第一阶屈曲模态简化处理有一定的安全性。

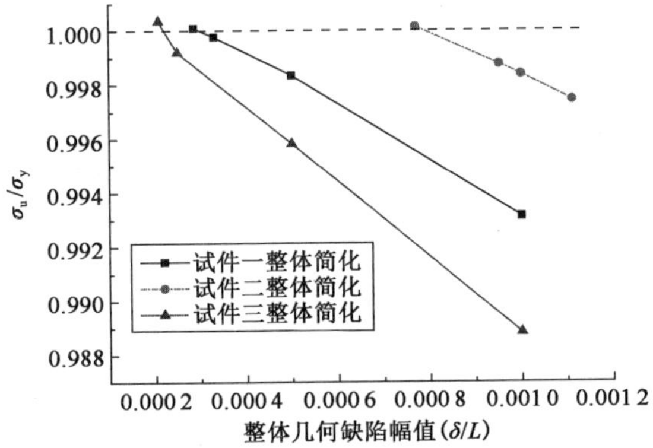

图6.19　整体几何缺陷承载力比较

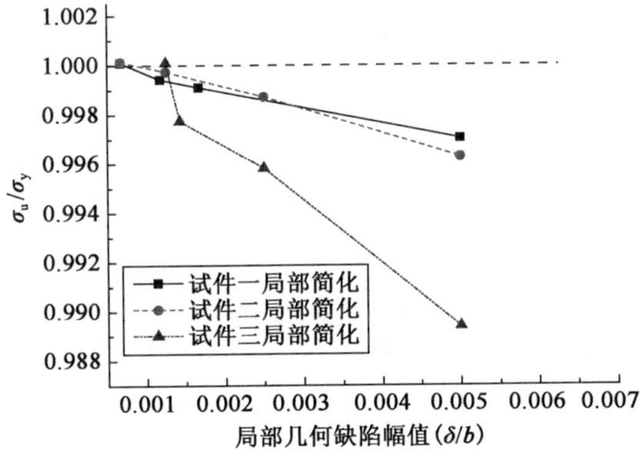

图6.20　局部几何缺陷承载力比较

以试件2为例,对比在抗压稳定承载力和几何缺陷幅值同时相等情况下构件受压时实测与简化两种初始几何缺陷模式的应力与变形的关系曲线,如图6.21所示。从图6.21可以看出,在试件2整体几何缺陷和局部几何缺陷模型的加载应力与轴向变形的曲线中,上升段与下降段前部分基本一致,下降段后部分整体几何缺陷模型不相符表现明显些，可以认为实测与简化几何缺陷两种几何缺陷的计入方式是等效的。

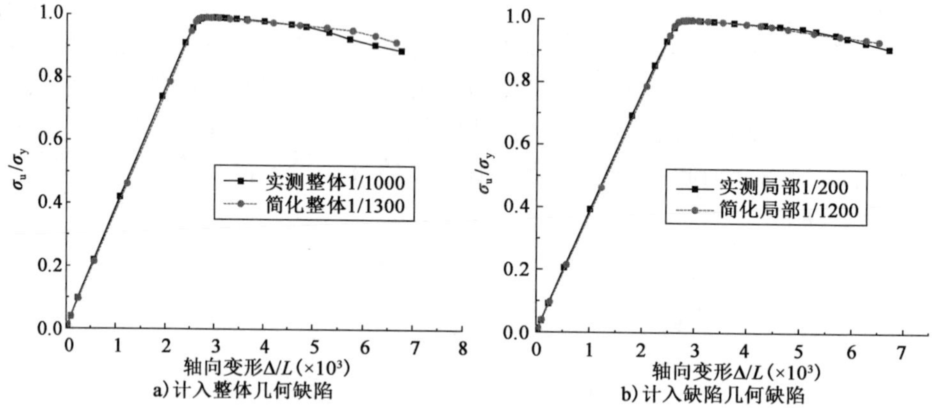

图6.21　试件2加载应力与轴向变形关系曲线

6.8　本章小结

(1)U肋加劲板整体几何缺陷表现为：有两个试件沿纵向呈凸状变形分布，一个试件沿纵向呈反对称变形；局部几何缺陷表现为：有两个试件沿横向呈凸状变形分布，一个试件沿横向呈不规律变形。也就是说，试件变形沿纵向或沿横向大部分接近于正弦曲线的半波或整波的形式分布。

(2)试件纵向的初始几何缺陷中 δ_v/L 在 0～1/500 之间变化，大部分集中在 0～1/667 之间；试件横向的初始几何缺陷中 δ_h/b 在 0～1/250 之间变化，大部分集中在 0～1/167 之间。

(3)通过对三个U肋加劲板试件的初始几何缺陷进行测试，经过统计分析，构件整体几何缺陷最大值取板长的1/750，板件局部几何缺陷最大值取板宽的1/180，较为合理。此结论可作为受压U肋加劲板稳定承载力分析的依据。

(4)本试验得到的试件一的整体和局部初始几何缺陷的简化等效取值分别为 $\delta/L=1/750$ 和 $\delta/b=1/850$；试件二的整体和局部初始几何缺陷的简化等效取值分别为 $\delta/L=1/1\,000$ 和 $\delta/b=1/400$，试件三的整体和局部初始几何缺陷的简化等效取值分别为 $\delta/L=1/4\,000$ 和 $\delta/b=1/700$。

(5)根据对初始几何缺陷的分布形式的研究可以看出，计算U肋加劲板的抗压稳定承载力时,对于整体几何缺陷来说,用正弦半波形式来进行简化模拟是偏安全的;而对于局部几何缺陷来说,按照构件特征值第一阶屈曲模态进行简化模拟是偏安全的。

(6)在整体几何缺陷和局部几何缺陷模型的加载应力与轴向变形的曲线中,上升段与下降段基本一致,可以认为实测与简化几何缺陷两种几何缺陷的计入方式是等效的。从而说明了本文几何缺陷的简化方法是有效和安全的。

本章参考文献

[1] 赵秋. 整体几何缺陷对受压U肋加劲板稳定承载力的影响[C]. 第21届全国结构工程学术会议论文集, 2012: 207-211.

[2] 张相勇,张爵扬,李黎明. 青岛北站撑杆式预应力钢压杆的极限承载力分析[J]. 钢结构, 2014,29(4):33-26.

[3] 李立峰,邵旭东. 扁平钢箱梁闭口U肋加劲板屈曲特性理论分析[J]. 公路交通科技, 2009, 25(3): 88-92.

[4] 李立峰,邵旭东. 正交异性闭口U肋加劲板的承载力分析理论及试验研究[J]. 土木工程学报, 2007, 40(6):42.

[5] 胡会勇,宋恒扬,余晓琳. 自锚式悬索桥钢箱梁局部稳定研究[J]. 城市道桥与防洪, 2008(6):121-126.

[6] 杨娜,龙丽华. 初始缺陷和轴力对变截面H型钢梁屈曲性能的影响[J]. 北京交通大学学报, 2006, 30(6): 52-56.

[7] 周奎,宋启根. 钢结构几何缺陷的直接分析方法[J]. 建筑钢结构进展, 2007, 9(1): 57-62.

[8] 中华人民共和国国家标准. GB 50017—2003 钢结构设计规范[S]. 北京:中国计划出版社,2003,57-60.

[9] European Committee for Standardization. EN 1993-1-1, Eurocode 3: Design of steel structures-Part 1-1: General rules and rules for buildings[S]. Brussels,2005 (in Chinese).

[10] 赵峰, 刘华琛. 基于极限荷载准则计算薄壁型钢轴心压杆整体稳定[J]. 武汉大学学报(工学版), 2004, 37(2): 25-28.

[11] 中华人民共和国国家标准. GB 50205—2001 钢结构工程施工质量验收规范[S]. 北京:中国计划出版社,2002.

[12] 陈骥. 钢结构稳定理论与设计[M]. 科学出版社,2001.

[13] 康孝先,强士中. 初始缺陷对板钢结构极限承载力的影响分析[J]. 工程力学,2009,26(6):105-110.

[14] 张中权. 冷弯薄壁型钢轴心受压构件稳定性的试验研究[C]. 钢结构研究论文报告选集 第一册, 1982:152-190.

[15] 贺晗,余绍峰. 冷弯型钢轴心受压构件在初始缺陷影响下的整体稳定性分析[J]. 钢结构,2011, 9(26):7-11.

[16] 赵秋,熊礼鹏,王旭. 扁平钢箱梁U肋加劲板的加载偏心[J]. 江南大学学报, 2010,9(6):680- 684.

第 7 章　U 肋加劲板受压稳定影响因素分析

受压 U 肋加劲板是组成扁平钢箱梁的主要受力构件,进行承载力验算时加劲板长与宽如何选取,以及边界条件的确定是首要解决的问题。而现实中的钢制构件并非理想弹性体,不可避免地存在几何缺陷和力学缺陷。几何缺陷一般包括构件的整体变形和局部变形;力学缺陷包括残余应力和截面各部分屈服点不一致等。在承载力计算时,需要考虑上述初始缺陷对承载力的影响。

7.1　U 肋加劲板计算模型对扁平钢箱梁承载力计算的影响

7.1.1　扁平钢箱梁受力特性

在恒载作用下,密索体系斜拉桥主梁的弯矩通过索力调整可控制得很小,主梁由受弯为主变为受压为主。文献[1]通过分析得出,由于斜拉索对主梁的多点弹性支承作用,主梁的长细比可以小到箱梁的屈曲由加劲板件的屈曲荷载控制。这时,屈曲荷载与主梁的长细比无关。分析箱梁的抗压承载力可以取较小的扁平钢箱梁节段(在这里把两块相邻的横隔板间的箱梁段称为一个节段,有别于通常的施工上的一个加工节段)来分析。主梁在较大的压力和较小的弯矩作用下,顶板受压,底板受压或拉,分析承载力时可以按受压的状态进行分析。

图 7.1 为某一大跨度斜拉桥扁平钢箱梁横截面图。抗压承载力计算时,加劲板长度和宽度的取值根据板件的破坏模态来确定。由于横隔板的面内抗弯刚度远远大于加劲顶底板和腹板的面外抗弯刚度,通常顶底板和腹板压屈破坏时会在横隔板处形成波节,因此,加劲板长度取值近似等于扁平钢箱梁横隔板间距。同样,纵隔板和腹板的面内抗弯刚度远远大于加劲顶底板的面外抗弯刚度,加劲板横向屈曲会在纵隔板形成波节,加劲板宽度取值为纵向隔板间距或纵向隔板与外腹板间距。因此,整个箱梁断面可以看作由 8 块加劲板组成。由于纵隔板和横隔板的腹板较薄,对顶底板和腹板转动约束较小,并综合考虑加劲板横向边界条件的影响,加劲板通常按四边简支板边界条件考虑。

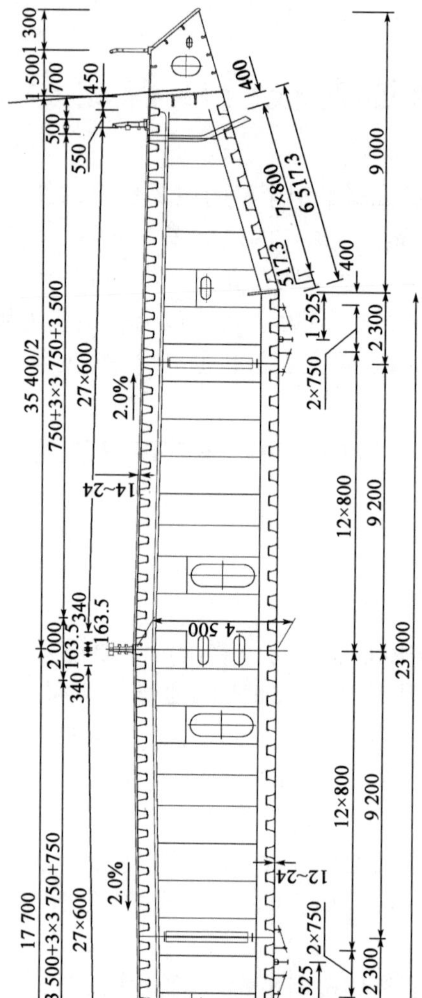

图7.1 扁平钢箱梁横截面图(尺寸单位: mm)

7.1.2　横桥向简化[2]

对于斜拉桥扁平钢箱梁,可以把顶底板视为由横隔板和腹板支承的四边简支加劲板。加劲板的长度 a 和宽度 b 分别近似等于扁平钢箱梁横隔板间距和有效支承的腹板间距。

根据板的稳定理论,对于加载边宽度远远大于跨径的四边简支板,板的欧拉荷载 P_{cr} 与单位板宽简支梁的欧拉荷载 P'_{cr} 之比可以表示为:

$$\frac{P_{cr}}{P'_{cr}} \approx \left[1+\left(\frac{a}{b}\right)^2\right]^2 \tag{7.1}$$

式中:a——板长;

b——板宽。

以图7.1这座桥为例,板件长度近似取横隔板间距 $a=4\text{m}$,加载边宽度在有中间纵横隔板时可取 $b=18.4\text{m}$,经计算 $P_{cr}/P'_{cr}\approx1.096$。当近似取腹板间距 $b=34.5\text{m}$ 时,经计算 $P_{cr}/P'_{cr}\approx1.03$,两者相差很小。可见,腹板对加劲板的约束较小,且随着板加载边的宽度增加约束会更小。

根据正交异性板理论,受压加劲板弹性屈曲欧拉应力表达式为:

$$\sigma_{cr}=k\frac{\pi^2E}{12(1-\nu^2)}\left(\frac{t}{b}\right)^2 \tag{7.2}$$

$$k=\begin{cases}\dfrac{(1-\alpha^2)^2+n\gamma_1}{\alpha^2(1+n\delta_1)} & \left(\alpha=\dfrac{a}{b}\leqslant\alpha_0\right)\\[2ex] \dfrac{2\left(1+\sqrt{1+n\gamma_1}\right)}{1+n\delta_1} & \left(\alpha=\dfrac{a}{b}\leqslant\alpha_0\right)\end{cases} \tag{7.3}$$

$$\alpha_0=\sqrt[4]{1+n\gamma_1} \tag{7.4}$$

$$n=n_1+1 \tag{7.5}$$

$$\delta_1=\frac{A_1}{bt} \tag{7.6}$$

$$\gamma_1=\frac{EI_1}{bD} \tag{7.7}$$

$$D=\frac{Et^3}{12(1-\nu^2)} \tag{7.8}$$

式中:α——加劲板的长宽比,$\alpha=a/b$;

t——钢桥面板板厚;

E——弹性模量;

ν——泊松比；

k——加劲板的弹性屈曲系数；

n_1——等间距布置纵向加劲肋根数；

A_1——单根加劲肋的截面面积；

I_1——纵向单根加劲肋对加劲板的抗弯惯矩；

δ_1——单根加劲肋的截面面积与加劲板的面积之比；

γ_1——单根加劲肋对桥面板的相对刚度比。

对于扁平钢箱梁的顶底板，通常 $a/b \ll 1$，弹性屈曲系数可以近似表示为：

$$k \approx \frac{1 + n\gamma_1}{\alpha^2(1 + n\delta_1)} \tag{7.9}$$

将 $\alpha = a/b$ 和上式代入式(7.2)可得：

$$\sigma_{cr} = \frac{1 + n\gamma_1}{(1 + n\delta_1)} \frac{\pi^2 E}{12(1 - \nu^2)} \frac{t^2}{a^2} \tag{7.10}$$

假设：

$$\frac{1}{\bar{\lambda}^2} = \frac{1}{12(1 - \nu^2)} \frac{1 + n\gamma_1}{(1 + n\delta_1)} \frac{t^2}{a^2} \tag{7.11}$$

式(7.10)可以写成：

$$\sigma_{cr} = \frac{\pi^2 E}{\bar{\lambda}^2} \tag{7.12}$$

将式(7.6)~式(7.8)代入式(7.11)并整理可得：

$$\bar{\lambda}^2 = \frac{a^2}{\dfrac{I_1 + \dfrac{t^3}{12(1 - \nu^2)} \dfrac{b}{n}}{A_1 + \dfrac{tb}{n}}} \tag{7.13}$$

假设：

$$\bar{i}^2 = \frac{I_1 + \dfrac{t^3}{12(1 - \nu^2)} \dfrac{b}{n}}{A_1 + \dfrac{tb}{n}} \tag{7.14}$$

式(7.13)可以写成：

$$\bar{\lambda}^2 = \left(\frac{a}{\bar{i}}\right)^2 \tag{7.15}$$

式中：$\bar{i}$——回转半径；

a——简支受压柱的长度。

这样,加劲板也可以称为换算柱,而式(7.15)就可以表示为换算柱的长细比。可见,受压短宽加劲板弹性屈曲欧拉应力可以由简支换算柱求得。因此,对于斜拉桥扁平钢箱梁的U肋加劲板,通常横隔板间距较小,腹板间距相对较大,腹板约束对U肋加劲板承载力影响较小,其弹性屈曲欧拉应力可以采用式(7.12)的简化公式计算。

7.1.3　顺桥向简化

根据欧拉公式,杆件的临界力的计算公式为:

$$P_{cr} = \frac{\pi^2 EI}{(\mu l)^2} \tag{7.16}$$

式中:μ——杆件的长度系数,与杆件的边界约束条件有关。

为了计算方便,加劲板的边界条件通常会简化处理为简支或自由两种情况。若把U肋加劲板视为在加载边铰接的简支杆件,μ取为1.0;横隔板对桥面板的约束主要为面外的平动位移约束,而转动约束相对较弱,忽略转动约束的影响,实际上横隔板对U肋加劲板约束为弹性支承,如加劲板两端视为简支,μ取值会略大于1.0。这样如何确定杆件的长度系数μ是关键所在。根据文献[2]中的做法,横桥向取三个U肋宽度的板条,纵向取5个横隔板范围的钢桥面板进行一类稳定分析。计算模型可以简化为5跨弹性支撑的轴压多跨连续梁来分析,弹性系数假设为$k = 1/\delta$(δ为单位荷载作用下的横隔板挠度),计算简图如图7.2所示。

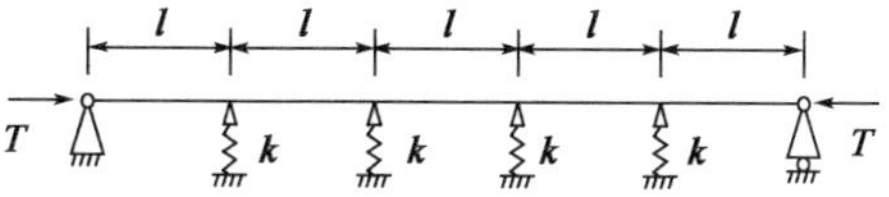

图7.2　弹性支座支撑的轴压多跨连续梁计算模型

1. 横隔板弹性支承刚度

在计算图7.2屈曲荷载和长度系数μ前,首先需要求出横隔板对U肋加劲板的弹性支承刚度k。以图7.1扁平钢箱梁横截面图中的横隔板为例,变化横隔板板厚分别取12mm、14mm、16mm,从钢箱梁中心线到钢箱梁外腹板不同位置处横隔板对U肋加劲板的弹性支承刚度变化如图7.3所示。

由图7.3可以看出,横隔板板厚对弹性支承刚度k的影响很小,随着横隔板板厚的增加弹性支承刚度增大,弹性支承刚度大部分在13 000～30 000kN/m之间,在接近外腹板处的横隔板弹性支承刚度迅速增加。

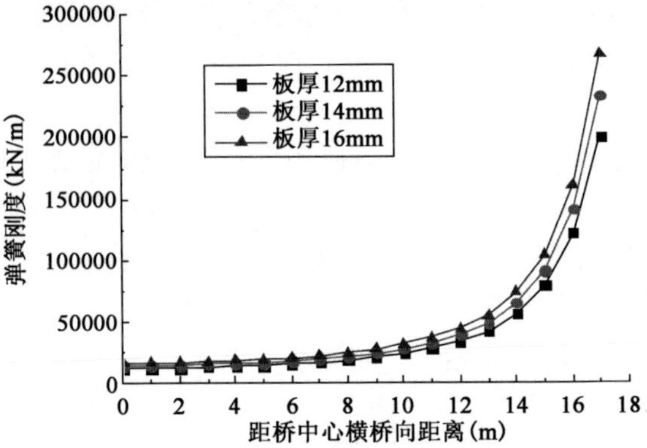

图 7.3　横隔板弹性支承弹簧刚度沿横桥向变化曲线

2. 杆件长度系数

文献[3]介绍了 1941 年 A. Курдюмон 利用差分方程推导支承在相等间距分布的独立弹性支座上连续梁稳定性的弹性解。推导过程省略，下面直接给出解的形式：

$$k=\frac{\pi^4 EI}{l^3}\chi_j \tag{7.17}$$

$$\chi_j=a(u)\frac{\cos\frac{j\pi}{n}-\cos 2u}{\cos\frac{j\pi}{n}+b(u)}\left(1-\cos\frac{j\pi}{n}\right) \tag{7.18}$$

$$\left.\begin{aligned}a(u)&=\frac{2}{\pi^4}\frac{(2u)^3}{2u-\sin 2u}\\ b(u)&=\frac{\sin 2u-2u\cdot\cos 2u}{2u-\sin 2u}\end{aligned}\right\} \tag{7.19}$$

令

$$T_0=\frac{\pi^2 EI}{l^2} \tag{7.20}$$

$$\lambda=\frac{T}{T_0} \tag{7.21}$$

$$u=\frac{\pi}{2}\sqrt{\lambda} \tag{7.22}$$

式中：EI——杆件的刚度；

l——弹性支座间跨度；

k——弹性支座刚度；

n——跨度的数目；

j——1 和$(n-1)$之间的任意整数,$1\leqslant j\leqslant n-1$。

通过上面公式可以在给定弹性支座的刚度 k 时求出欧拉荷载 T 值,或者已知 T 值求出必需的支座刚度 k。其弹性支座的支承刚度 k 与欧拉力 T 之间反映在 χ_j-λ 曲线上。以图 7.2 的 5 跨弹性支承连续梁为例,不同弹性支承刚度与受压连续梁欧拉力 T 之间关系如图 7.4 所示,采用杆系有限元进行对比。

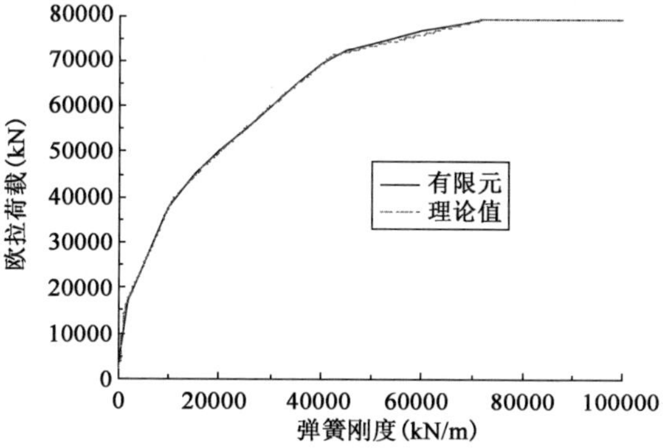

图 7.4 弹簧刚度与欧拉荷载变化关系

计算结果显示,理论解与有限元计算结果几乎完全吻合。通过理论解可以求出,梁弹性支承刚度 k 达到 71 554kN/m 时,弹性支承刚度再增加,结构的欧拉力不再增加,弹性支承刚度可视为固定铰支座,这一刚度值可以称临界刚度。

根据不同横隔板厚度所计算的最大、最小弹性支承刚度以及在此弹性支承刚度约束条件下所计算的杆件的有效长度和长度系数见表 7.1。从表中可以看到,长度系数最大为 1.358,最小为 1。接近于钢箱梁中心线时,横隔板对 U 肋加劲板的弹性支承刚度最小,长度系数也最大。当靠近外腹板时,横隔板对 U 肋加劲板的弹性支承刚度最大,长度系数等于 1,相当于固定铰支座约束。因此,在计算可以偏安全考虑,视受压 U 肋加劲板简支在横隔板上的板件,$\mu=1.0$。

杆件长度系数μ 表 7.1

项目	横隔板板厚					
	板厚 12mm		板厚 14mm		板厚 16mm	
	min	max	min	max	min	max
刚度(kN/m)	13 150	200 509	15 172	233 553	17 193	266 582
有效长度(m)	5.432	4.000	5.301	4.000	5.180	4.000
长度系数μ	1.358	1.000	1.325	1.000	1.295	1.000

7.2 不均匀压力对U肋加劲板受压稳定承载力的影响

U肋加劲板作为组成钢箱梁顶底板的基本受力构件,一般按照轴心受压构件进行抗压承载力验算,U肋加劲板断面承受均匀的压力。从U肋加劲板的传力途径上看,斜拉索的水平分力首先传递给钢箱梁的外腹板,然后通过外腹板传递到加劲板的母板,再由母板传递给U肋,并不是理想状态外力均匀作用在U肋加劲板截面上。在这种情况下,加劲板的母板和加劲肋截面是否会产生不均匀压力?这种由不均匀压力产生的加荷偏心按规范所考虑的初始偏心大小是否能满足要求?现有文献并没有关于这方面问题的讨论。下面以一座大跨度斜拉桥为例,分析在斜拉索间钢箱梁不同位置处U肋加劲板的等效加载偏心,以及等效加载偏心对加劲板承载力的影响。

7.2.1 等效加载偏心计算

1. 工程概况

以我国已建某大跨度斜拉桥为研究背景,结构布置及主要尺寸如图7.5所示。斜拉桥为半漂浮体系、双塔双索面钢箱梁斜拉桥,桥跨布置为100m+100m+300m+1 088m+300m+100m+100m。索塔采用倒Y形钢筋混凝土塔,斜拉索为空间密索型布置,标准节段索距16m,边跨尾索区索距为12m。主梁为扁平钢箱梁结构形式,标准断面如图7.1所示。梁宽为41m,中心处高度4.0m。在塔根附近,主梁顶底板板厚为20mm,对应的U肋板厚10mm,U肋间距为600mm。横隔板间距为4m,板厚为14mm。

2. 有限元模型

计算模型采用梁单元和板壳单元混合建模方法,在需要分析的部位采用壳单元,而在远离分析部位采用梁单元,并考虑了斜拉索锚固对结构整体影响,主梁简化为鱼骨梁。在梁单元与板壳单元交界面满足位移协调条件。由于斜拉桥在塔根处轴力最大,以该节段为代表进行U肋加劲板的加载偏心计算。梁段长24.8m,包括两对斜拉索,并避开半漂浮体系塔根处支座对分析结果的影响。板壳模型部分没有考虑横隔板过人洞和电缆通道等细部构造。计算模型如图7.6所示。

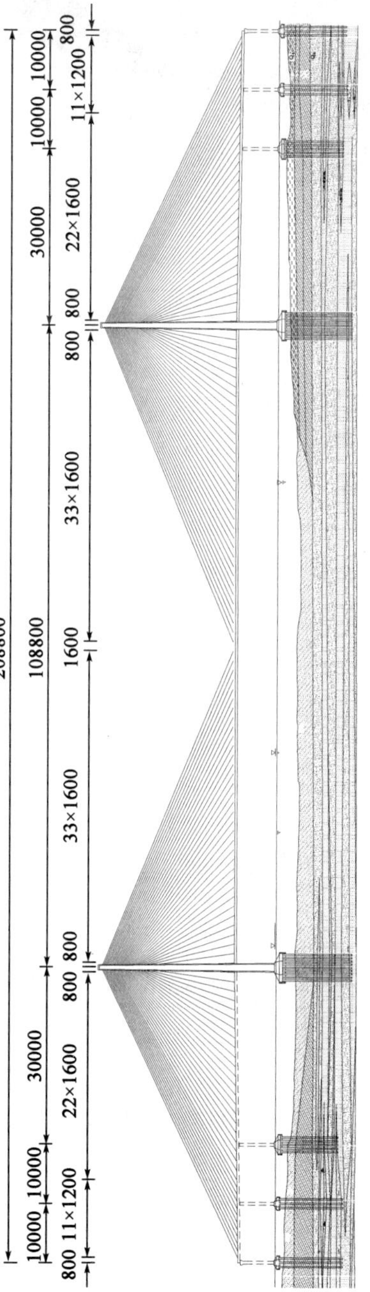

图7.5　斜拉桥立面图(尺寸单位: mm)

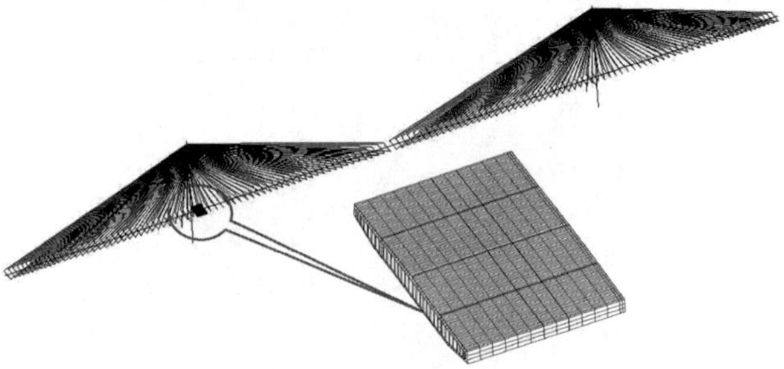

图 7.6　有限元模型

3. 加载偏心

在计算 U 肋加劲板加载偏心时，荷载只考虑结构自重，不计活载等因素对加劲板横向受力的影响。值得一提的是，在文献[3]中，通过模型试验得到活载对 U 肋加劲板抗压承载力影响很小的结论。为了体现加劲板不同位置处对荷载初始偏心的不同，计算结果取横桥向桥宽的一半，共包括 29 根加劲肋；顺桥向选择位于两斜拉索中间部分板件和靠近斜拉索板件，共选择 4 个断面。求出板壳截面的桥轴向应力后，通过节点积分求出单根 U 肋及其相连母板的合力大小和作用点，然后通过合力弯矩与轴力求出荷载偏心距，进而换算成偏心率，计算结果如图 7.7 所示。

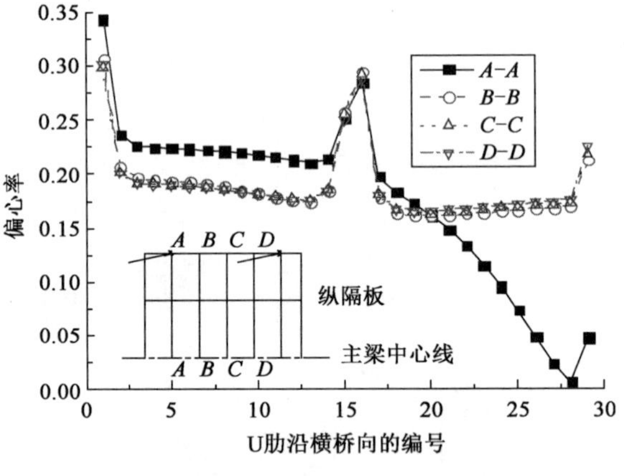

图 7.7　U 肋加劲板加载偏心率横桥向分布

结果显示，靠近斜拉索的截面 *A-A* 由箱梁中线到外腹板偏心率变化比较大，其他截面变化规律均相近。每个截面分别在靠近钢箱梁中线、纵腹板和外腹板处 U 肋加劲板加载偏心率有明显突变。偏心率分布在 0 ~ 0.35 之间，大部分集中在 0.16 ~ 0.19 之间，明显超过《冷弯薄壁型钢结构技术规范》(GB 50018—

2002）对加载偏心率规定的0.05，且荷载偏心作用点方向均偏向母板。

7.2.2 等效加载偏心对承载力的影响

1. 有限元模型

只考虑加载偏心的极限荷载采用压溃理论确定构件承载力，在有限元程序中可以应用弧长法进行求解。该方法可以搜索到荷载—位移曲线的下降段，此曲线的顶点所表示的最大荷载就是构件的极限承载力。有限元模型横向选取3根U肋，板件长为两横隔板间距，采用可以考虑大变形和材料非线性的Shell181壳单元，假定钢材为理想弹塑性材料，材料的屈服强度为345MPa，弹性模量取2.06×10^{5}MPa。模型的边界条件为一端约束其端板UX、UY、UZ三方向的位移及轴向的转角ROTX，另外一端约束其端板UY、UZ方向的位移，释放轴向位移UX，有限元模型如图7.8所示。从图7.7可以看出，U肋加劲板各个截面的加载偏心有可能并不完全相同，但这种差别较小，计算时模型两端采用相等的偏心距进行分析。

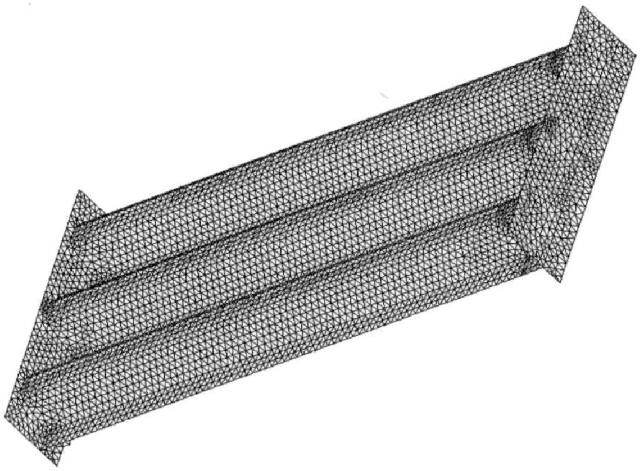

图7.8 U肋加劲板有限元模型

2. 加载偏心对U肋加劲板抗压承载力的影响

不同偏心率情况下受压U肋加劲板承载力变化如图7.9所示。这里加载偏心不仅考虑了加载位置偏向加劲板母板侧，还考虑了加载偏心偏向U肋翼缘侧两种情况。图中纵坐标表示破坏时名义应力σ_u与材料屈服强度σ_y的比值。

图7.9显示，当荷载作用点偏向U肋翼缘侧时，随着偏心率的增加承载力折减程度比偏向母板侧大很多。通过前面分析可知，实际上U肋加劲板等效加

载偏心是偏向于母板侧，承载力折减比偏向U肋翼缘侧小一些；但当偏心率达到0.35时，承载力折减系数达到0.92，折减程度也是比较可观的。

3. 等效初始弯曲

如把上述U肋加劲板等效加载偏心受力看成是轴心受压构件的初始偏心的影响，那么在计算轴心受压构件承载力时，往往用初始弯曲考虑荷载初始偏心对承载力的影响。这就存在需要采用多大的初始弯曲才能等效初始偏心的问题。

采用有限元方法确定等效初始弯曲，构件承载力按前面提到的压溃理论确定，也是更加接近于实际情况的一种求解构件极限承载力的方法。图7.10为初始弯曲采用$\delta_0/L=1/100$、$1/200$、…、$1/2\ 000$时，求得U肋加劲板抗压承载力折减的变化曲线。结合图7.9和图7.10就可以得到任一初始偏心所等效的初始弯曲数值。比如，当初始偏心率$\rho=0.18$时，等效初始弯曲接近杆长1/400；对于初始偏心率$\rho=0.35$，等效初始弯曲接近杆长1/250。可以看出，这种加载初始偏心的影响是十分大的，常用的几何缺陷按杆长1/1 000考虑不能将其包括在内，需要另外计入其影响。

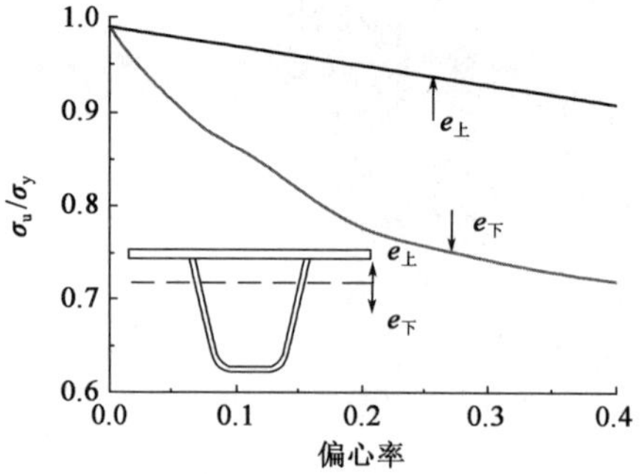

图7.9 偏心率对受压U肋加劲板承载力影响

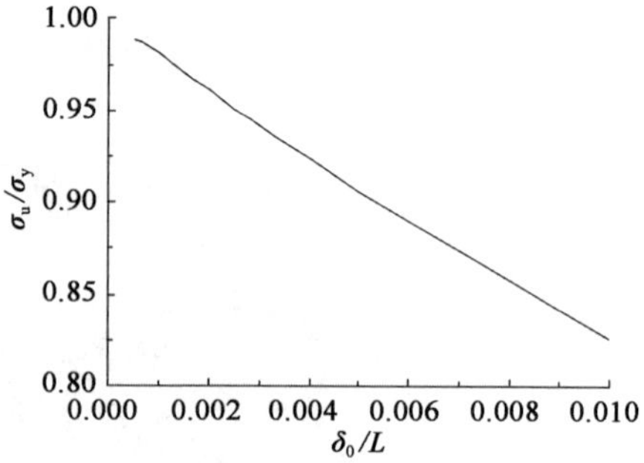

图7.10 初始弯曲对承载力影响

7.3 材料模型对U肋加劲板受压稳定承载力的影响

7.3.1 高性能钢材的材料性能

1. 力学性能

美国、日本、欧洲国家有代表性的高性能钢力学性能比较见表7.2。为保持高性能钢的高强特征，对合金元素进行优化组合，并采用淬火和回火(Q&T)或控温控轧处理(TMCP)技术，生产出同时保持高强度和高韧性的细晶粒结构钢。抗拉强度性能是高性能钢发展中一个主要关心的问题，表中对高性能钢的屈服强度和抗拉强度力学性能进行比较。可以看出美国和日本规范在所有钢板厚度范围内有统一的强度标准，欧洲规范钢板强度是随着钢板的厚度变化而变化的。

力学性能比较表 表7.2

国家或地区	钢材等级	生产工艺	板厚(mm)	屈服强度(MPa)	抗拉强度(MPa)	最小伸长率(%)	韧性要求	
							温度(℃)	冲击功(J)
美国	HPS70W①	Q&T④ TMCP⑤	≤100 ≤50	485	586~760	19	-23	48(L)⑥
	HPS100W①	Q&T④	6~64	690	760~895	18	-34	48(L)⑥
日本	BHS500②	TMCP⑤	6~100	500	>570	19	-5	100(T)⑦
	BHS700②	TMCP⑤	6~100	700	>780	16	-40	100(L)⑥
欧洲	S460M③	TMCP⑤	≤16 17~40 41~63 64~80 81~100 101~120	460 440 430 410 400 385	540~720 540~720 530~710 510~690 500~680 490~660	17	-20	40(L)⑥
	S690M③	Q&T④	3~50 51~100 101~150	690 650 630	770~940 760~930 710~900	17	-40	30(L)⑥

注：①ASTM A709-01 和 AASHTO M270-02。
②JIS Z2201 和 JIS G3106。
③EN 10025。
④淬火和回火(Q&T)。
⑤控温控轧工艺(TMCP)。
⑥纵向试样(L)。
⑦横向试样(T)。

对于严寒地区的桥梁结构，在活载作用下，发生疲劳破坏可能性更大。通常用最小夏比V形缺口冲击试验来表明高性能钢具有良好的断裂韧性。高性能钢最小轴向断裂伸长率大于16%，显示高性能钢材具有很高的延性性能。高性能钢的高韧性和高延性有利于提高桥梁的抗裂性能。

2. 化学成分

钢材的化学成分直接影响钢材的可焊性，美国、日本、欧洲国家高性能钢材的化学成分见表7.3。关于表中给出的数值，在许多情况下这些数值与允许的上限相比是相当保守的。钢材实际应用的数值通常非常低，并且随着钢材的尺寸和板厚而改变。

比较化学成分和最大合金含量 表7.3

国家和地区	钢材级别	生产工艺	C	Si	Mn	P	S	Cu	Cr	Ni	Mo
美国	HPS70W	Q&T TMCP	≤0.11	0.30 ~ 0.50	1.10 ~ 1.35	≤0.020	≤0.006	0.25 ~ 0.40	0.45 ~ 0.70	0.25 ~ 0.40	0.02 ~ 0.08
	HPS100W	Q&T	≤0.11	0.15 ~ 0.35	0.95 ~ 1.50	≤0.015	≤0.006	0.90 ~ 1.20	0.40 ~ 0.65	0.65 ~ 0.90	0.40 ~ 0.65
日本	BHS500	TMCP	≤0.11	≤0.50	≤2.00	≤0.020	≤0.006	0.30 ~ 0.50	0.45 ~ 0.75	0.05 ~ 0.30	—
	BHS700	TMCP	≤0.14	≤0.50	≤2.00	≤0.015	≤0.006	≤0.30	0.45 ~ 0.80	0.30 ~ 2.00	≤0.60
欧洲	S460M	TMCP	≤0.16	≤0.60	≤1.70	≤0.025	≤0.020	≤0.55	≤0.30	≤0.80	≤0.20
	S690Q	Q&T	≤0.20	≤0.80	≤1.70	≤0.020	≤0.010	≤0.50	≤1.50	≤2.0	≤0.70

高性能钢的碳含量与普通钢相比由0.18 ~0.25减少到0.11 ~0.16，而采用控温控轧技术(TMCP)生产的钢材可以在碳含量一定的情况下提高钢材的强度。高性能钢材硫含量控制在不超过0.006%，通过降低硫的含量改善韧性和焊接性能。

3. 可焊性和加工性能

高性能钢材的化学成分能够促进母材金属熔化，使填充金属避免形成裂缝和其他缺陷。由于高性能钢材可以减少高温预热、温度控制、高热量输入焊后处理和其他一些严格控制措施，可以有较好的可焊性，并降低加工制作成本，消除焊接过程中氢致裂缝产生。这是在高性能钢发展上的重大问题。碳含量是最适合衡量可焊性能的标准，总的来说，很低的碳含量会得到较好的焊接性能。国际焊接协会的 *CE* 值和 *Pcm* 值是最常用的衡量钢材可焊性的指标。表7.4是基于表7.2的上限值和根据相关规范计算得到的 *CE* 值和 *Pcm* 值。

碳含量比较表 表7.4

国家和地区	钢材等级	生产工艺	CE①		Pcm②	
			依照表7.2值	依照相应规范	依照表7.2值	依照相应规范
美国	HPS70W	Q&T/TMCP	0.43~0.56	—	0.22~0.27	—
	HPS100W	Q&T	0.54~0.79	—	0.27~0.36	—
日本	BHS500	TMCP	0.56~0.65	—	0.27~0.30	0.20
	BHS700	TMCP	0.73~0.92	—	0.37~0.42	0.30~0.32
欧洲	S460M	TMCP	0.66	0.47	0.35	—
	S690Q	Q&T	1.11	0.65	0.53	—

注：①$CE = C + Mn/6 + (Cr + Mo + V)/5 + (Ni + Cu)/15$。

②$Pcm = C + Si/30 + (Mn + Cu + Cr)/20 + Ni/60 + Mo/15 + V/10 + 5B$。

高性能钢材(HPS)，特别是控温控轧技术(TMCP)生产的钢材，化学成分中碳元素越少、韧性越高，就会得到较好的焊接性能。由表7.4可知，控温控制(TMCP)生产的钢材，板厚不超过50mm不需要预热。同普通钢相比高性能钢有良好的焊接性能，因为较小的板厚可以减少焊接体积，意味着这两个优点大大降低了高性能钢的制作和焊接成本。因为不同的生产商生产出钢材的合金成分不同，所以适合于高性能钢母材的焊接材料应由生产商推荐使用。

4. 抗疲劳性能

与传统钢材一样，高性能钢(HPS)的抗疲劳性能取决于构造细节和应力比，而不受钢的类型和强度的影响。在焊接结构中疲劳强度仍然不取决于钢材的强度。由于高性能钢材强度高，焊接结构的疲劳强度越来越重要。为了提高高性能钢应用性价比，必须提高钢材的抗疲劳性能，使疲劳强度不作为结构设计的控制因素，发挥高性能钢最大使用效率。提高结构的抗疲劳强度，首先要依靠合理构造细节设计和精心施工取得好的质量。此外，还可以在焊后进一步采取一些工艺措施提高抗疲劳强度。

5. 抗腐蚀性能

钢材的抗腐蚀性能是影响钢材使用寿命主要因素，日本和美国的钢材生产商通过增加镍(Ni)和铜(Cu)合金元素生产出抗腐蚀的高性能钢材。这些新钢材与传统的抗腐蚀钢材相比有更高的抗腐蚀性能，因此允许结构建设不需要涂装或采取其他抗腐蚀措施就可以达到抗腐蚀要求。实际上，取消或部分取消油漆，可显著减少钢桥在服役期内的养护和维修费用，取得较好的经济效益。另外，对于抗腐蚀设计，可以依靠合金元素和周围环境作为抗腐蚀指标对结构抗腐蚀进行预报。

7.3.2 四种强度钢材的材料本构模型

低碳钢有明显的屈服台阶，而高强钢没有明显的屈服台阶，并且高强钢的应力—应变曲线相互间也不相同[4]。要解决高强度受压U肋加劲板稳定承载力的计算问题，材料模型对构件的稳定性分析有着重要的影响，不同强度钢材材料模型如何选取是一个关键问题。对于Q345和Q420钢，许多文献在研究压杆稳定承载力时，采用简化理想弹塑性模型，得到比较满意的结果。但对于高强钢材，应力—应变曲线几乎没有明显屈服台阶，材料的强化阶段比较平缓，如采用理想弹塑性模型是否可行，需要进一步商榷。下面对四种不同强度钢材采用接近实测的材料本构模型和理想弹塑性模型进行对比，分析材料本构模型的选取对构件极限承载力的影响。

尽管钢材在屈服范围内的应力—应变曲线存在着很大差异，但也存在共性，可以用统一的数学表达式来描述。文献[5]中提出了Q235、Q345、Q390建筑常用钢材料本构关系表达式。

$$\sigma_s=\begin{cases} E_s\varepsilon_s & (\varepsilon_s\leqslant\varepsilon_e) \\ -A\varepsilon_s^2+B\varepsilon_s+C & (\varepsilon_e<\varepsilon_s\leqslant\varepsilon_{e1}) \\ f_y & (\varepsilon_{e1}<\varepsilon_s\leqslant\varepsilon_{e2}) \\ f_y\left[1+0.6\dfrac{\varepsilon_s-\varepsilon_{e2}}{\varepsilon_{e2}-\varepsilon_{e2}}\right] & (\varepsilon_{e2}<\varepsilon_s\leqslant\varepsilon_{e3}) \\ 1.6f_y & (\varepsilon_s>\varepsilon_{e3}) \end{cases} \tag{7.23}$$

式中：$\varepsilon_e=0.8f_y/E_s$；

$\varepsilon_{e1}=1.5\varepsilon_e$；

$\varepsilon_{e2}=10\varepsilon_{e1}$；

$\varepsilon_{e3}=100\varepsilon_{e1}$；

$A=0.2f_y/(\varepsilon_{e1}-\varepsilon_e)^2$；

$B=2A\varepsilon_{e1}$；$C=0.8f_y+A\varepsilon_e^2-B\varepsilon_e$。

接近实测的Q345、Q420钢的本构关系，按上式采用。图7.11为Q345和Q420钢应力—应变曲线。有关高性能钢材的应力—应变关系的文献比较少，文献[6]中提供了板件厚度为10mm的HPS 100钢材的应力—应变曲线，文献[7]中提供了实测HPS 70钢材的平均应力—应变曲线，如图7.12所示。从图中可以看到，对于HPS 70和HPS 100这样的高强度钢材，应力—应变曲线几乎没有屈服台阶。

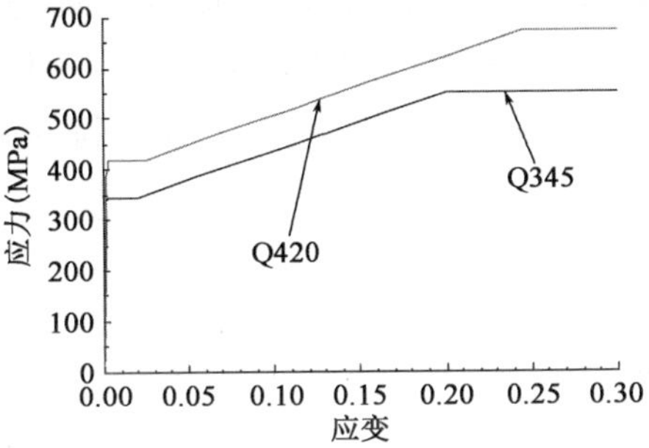

图7.11 Q345 和 Q420 应力—应变实测曲线

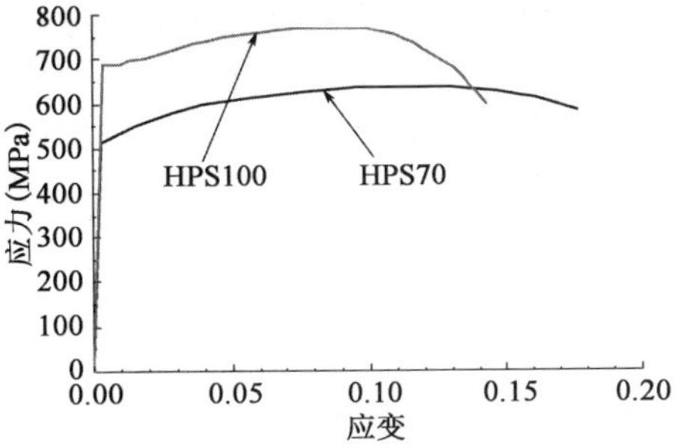

图7.12 HPS 70 和 HPS 100 应力—应变实测曲线

文献[8]做了多个 HPS 70 和 HPS 100 拉伸试验,实测的钢材弹性模量平均值达 220GPa,并认为这是测量的问题,推荐采用 204.7GPa。对于低合金钢和高强钢材弹性模量统一采用 206GPa。为有限元计算方便,将图 7.12 应力—应变关系用折线来表示,并将屈服点按规范做适当修改,参照文献[8]给出的 HPS 70 和 HPS 100 钢材的拉伸试验值,如图 7.13 所示。

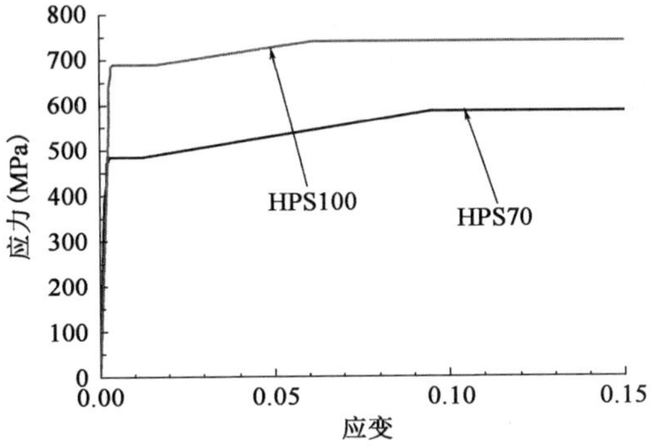

图7.13 高性能钢材有限元使用应力—应变曲线

7.3.3 材料本构模型对 U 肋加劲板受压稳定承载力影响

选用几种规格的加劲板,长细比在 0.2 ~ 0.9 之间变化,分别采用两种材料模型进行了轴心荷载作用下的稳定承载力分析,考虑板长 1/1 000(a/1 000)的整体缺陷。四种不同强度钢材的承载力计算结果如图 7.14a)、b)、c)、d)所示。从图 7.14 可以看出,Q345 和 Q420 钢采用理想弹塑性模量和采用多线性等向强化模型对稳定承载力的影响,随着构件相对长细比的增加逐渐增大,Q345 钢最大相差3.25%；Q420钢最大相差3.44%。对于HPS钢，由于强度的提高，两种模型开始随着相对长细比增加而增大，相差最大达3.6%，相对长细比达到0.7、0.8左右时又开始减小。特别对于HPS 100钢，当相对长细比达到0.9时，两者已非常接近。采用多线性等向强化模型稳定系数小些，比较保守。没有特别说明，均采用多线性等向强化模型计算构件的承载力。

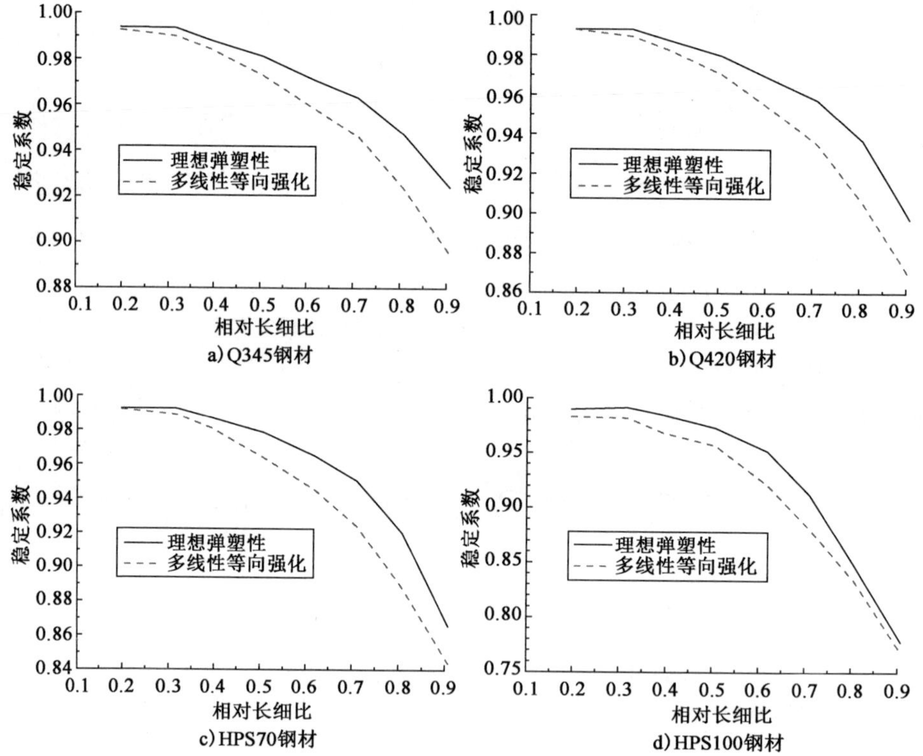

图7.14 不同强度钢材的理想弹塑性与多线性等向强化模型承载力比较

7.3.4 弹性模量对U肋加劲板受压稳定承载力影响

弹性模量也是钢材的一个重要力学参数，不同的材料在不同的试验条件下得到的数值可能也会有所差别。为了说明弹性模量对构件稳定系数的影响，材料模型取理想弹塑性，弹性模量分别取1.9×10^5MPa、2.0×10^5MPa、2.06×10^5MPa、2.1×10^5MPa、2.2×10^5MPa，对U肋加劲板进行稳定承载力分析。构件截面尺寸以标准构件为例，计算结果如图7.15所示。

图7.15中显示，随着弹性模量增加构件的稳定系数也随着增加，而且几种

强度钢材所制作的构件变化规律相同。Q345、Q420、HPS70、HPS100 钢材 U 肋加劲板承载力中最大、最小承载力分别相差 1.1%、1.1%、1.3%、2.6%。可见，弹性模量对构件承载力的影响较小，弹性模量取为 2.06×10^5MPa 时更是进一步缩小误差，所以弹性模量统一取用 2.06×10^5MPa 是可行的。

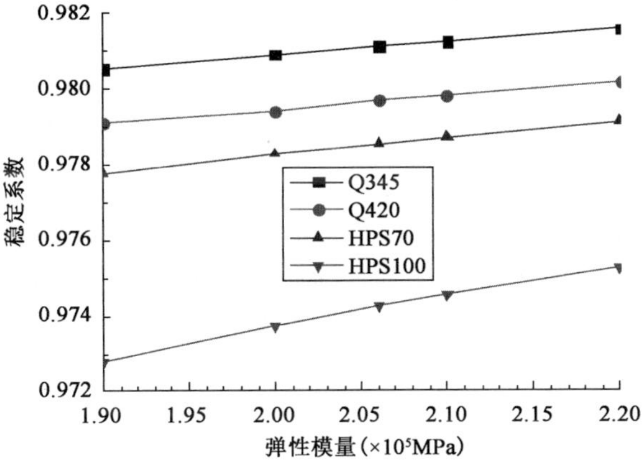

图 7.15　弹性模量对构件抗压稳定承载力的影响

7.4　初始几何缺陷对 U 肋加劲板受压稳定承载力的影响

7.4.1　初始几何缺陷的分类及在有限元中实现

板件的初始几何缺陷对于轴向压应力会产生附加弯矩，这个附加弯矩随着变形的加大而加大，因此初始几何缺陷的大小和形状对加劲板的非弹性屈曲强度影响很大，在加劲板的非线性分析模型中如何准确计入初始几何缺陷的大小和形状，就显得非常重要。

针对研究对象的不同，初始缺陷可分为两种[9]：一种是局部缺陷，主要针对局部板件的缺陷；一种是整体缺陷，主要是针对整体构件的缺陷。对于整体稳定的研究，整体缺陷又可分为加载初始偏心和初始弯曲，但往往只按照初始弯曲计入其整体缺陷的影响。一般钢结构几何初缺陷根据《钢结构工程施工质量验收规范》(GB 50205—2001)的规定，取允许偏差的最不利组合。根据文献[10]对薄壁柱的调查统计结论，进行有限元方法分析时，柱子的初挠度取 $\delta = L/750$，L 为柱子长度。考虑安装误差引起的荷载偏心距取 $e = 0.005\rho$，ρ 为截面核心距。

在有限元模型中,施加上述几何缺陷的典型方法有两种。一种是确定性方法,它通过实测或人为假定,将结构初始缺陷的大小、分布等完全确定下来,然后进行稳定研究分析,得到临界荷载和屈曲路径,并与理想结构进行对比分析,从而确定初始缺陷的影响。实测缺陷法和一致缺陷模态法均属于此种方法。另一种为随机缺陷方法,它认为初始缺陷是随机的,在此基础上通过随机计算得到结构的临界荷载,从而研究确定初始缺陷的影响。随机缺陷模态法虽能较为真实地反映实际结构的工作性能,但是由于需要对不同缺陷分布进行多次的反复计算,因此计算量比较大,难以推广。

有限元中常用的初始缺陷施加方法是一致缺陷模态法,该方法操作容易又偏于安全。该方法的原理是:屈曲模态是临界点处的结构位移趋势,即结构屈曲时的位移增量模式。结构的最低阶临界点所对应的屈曲模态为结构的最低阶屈曲模态,结构按该模态变形将处于势能最小状态,所以对实际结构来说,在施加荷载的最初阶段即有沿着该模式变形的趋势。可以想象,如果结构的缺陷分布恰好与最低阶屈曲模态相吻合,这无疑将对其受力性能产生最不利影响。利用最低阶线性屈曲模态模拟结构初始缺陷的方法就是"一致缺陷模态法"。求解线性屈曲模态的方法通常有向量迭代法、行列式搜索法、子空间迭代法等。

对于局部缺陷的施加采用方便实现的一致缺陷法。对于整体缺陷,通过将模型的节点位置按照正弦半波形式偏移,然后将偏移后的节点重新生成有限元模型来实现。

7.4.2 整体缺陷对U肋加劲板受压稳定承载力的影响

1. 初始弯曲分析

如果一根杆件只受横向荷载作用,此时杆的很小初弯曲对弯曲并无影响,而最终的挠度曲线可由初弯曲的纵坐标与根据直梁所计算挠度叠加而得。但如果有轴向力作用于杆,则初弯曲将大大影响轴向力所产生的挠度。实际的压杆不可能完全挺直,总会有微小的初始弯曲。初弯曲的形式多种多样,对两端铰支杆,通常假设初弯曲沿杆长 l 呈正弦曲线分布,即距原点距离为 x 处的初始挠度为:[11]。

$$y = \delta_0 \sin\left(\frac{\pi x}{l}\right) \tag{7.24}$$

式中:δ_0——构件中点的最大初始挠度。

文献[12]中推导了初弯曲对挠度的影响,挠度曲线总的横向坐标为:

$$y = \frac{\delta_0}{1-\alpha}\sin\left(\frac{\pi x}{l}\right) \tag{7.25}$$

式中,$\alpha = P/P_{cr}$,表示轴向力与临界力之比。

根据式(7.25),构件中点最大初始挠度 δ_0 分别取杆长的 0.01、0.02、0.04 倍。可绘出材料为无限弹性体的压杆荷载—挠度曲线,如图 7.16 所示。

2. 初始偏心分析

对于两端均有初始偏心 e_0 的铰支柱,临界状态时杆长中点的挠度为:

$$y = \frac{e_0}{\cos\frac{kl}{2}}\left[\cos\left(\frac{kl}{2} - kx\right) - \cos\frac{kl}{2}\right] \tag{7.26}$$

$$k = \sqrt{\frac{P}{EI}} = \sqrt{\frac{P}{\frac{\pi^2 EI}{l^2}}\frac{\pi^2}{l^2}} = \sqrt{\frac{P}{P_{cr}}\frac{\pi^2}{l^2}} = \frac{\pi}{l}\sqrt{\frac{P}{P_{cr}}} \tag{7.27}$$

最大挠度在杆件中点($x = l/2$):

$$y_{x=\frac{l}{2}} = e_0\left(\sec\frac{\pi}{2}\sqrt{\frac{P}{P_{cr}}} - 1\right) \tag{7.28}$$

根据上式可以绘制弹性压杆的荷载—挠度曲线,偏心距分别取构件长的 0.01、0.02、0.04 倍,如图 7.17 所示。从图中可以看出,随着偏心距的增加,杆件中点处位移发展很快。当轴力达到临界屈曲荷载 80% 时,偏心距为杆长的 0.01、0.02、0.04 倍时,对应的构件中心挠度分别为杆长的 0.05、0.1、0.2 倍。与图 7.16 对比可知,仅有初偏心的压杆与仅有初弯曲的压杆所反映的荷载—挠度的变化规律相同,只是杆件中点位移的初始位置不同。

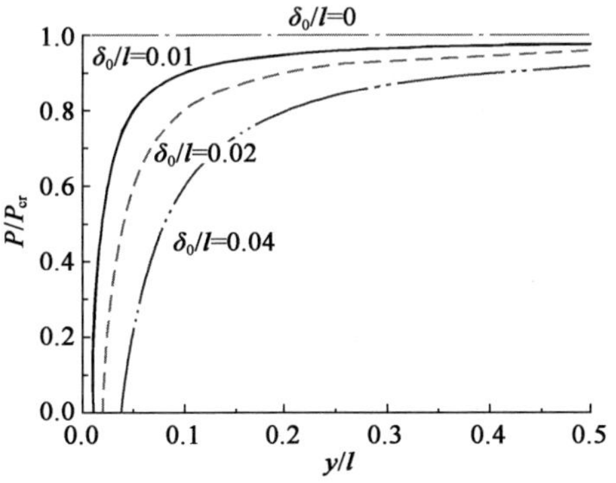

图 7.16 有初弯曲压杆的荷载—挠度曲线图

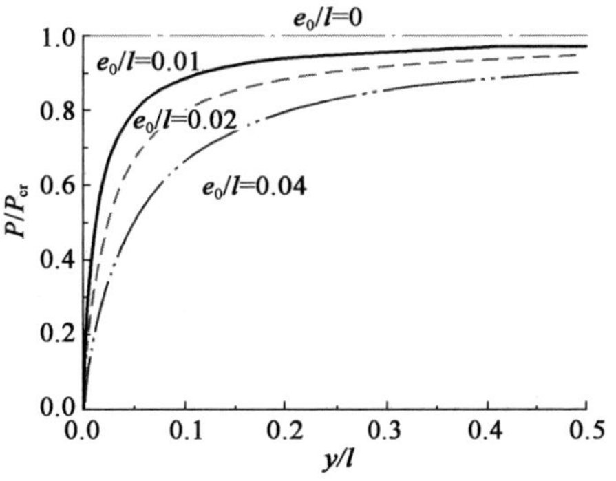

图 7.17 有初偏心压杆的荷载—挠度曲线

各国规范在制定钢结构压杆的承载力稳定系数时，对初始偏心的考虑并不完全相同。比如，国内《钢结构设计规范》（GB 50017—2003）稳定系数计算中，几何缺陷按正弦半波曲线作为初弯曲采用，幅值为杆长的1/1 000[13]，这也是目前广泛应用的方法之一。

偏心情况通常用偏心率（即偏心距与截面核心距的比值）衡量，《冷弯薄壁型钢结构技术规范》（GB 50018—2002）[14]对轴心压杆的初始偏心距取值为：

$$e_0 = 0.05\rho \tag{7.29}$$

式中：ρ——截面在失稳方向的核心距。

《公路桥涵钢结构及木结构设计规范》（JTJ 025—1986）[15]中，关于H形和箱形受压细长杆件的稳定承载力计算，对初始偏心距 e_0 规定为：

当 $\lambda > 45$

$$e_0 = 0.008b \tag{7.30}$$

式中，b 为截面高度，λ 为构件长细比。也就是说，当长细比小于45时，不考虑初始偏心对构件承载力的影响。

美国铁路桥梁规范取偶然偏心 $m = e/\rho = 0.25$，e 为偏心距，ρ 同上；德国钢结构规范采用偶然偏心 $e = 1/20i + 1/500L$，i 为杆件的回转半径，L 为杆件长；欧洲钢结构协会采用偶然偏心距 $a = L/1\ 000$；苏联铁路、公路、城市道路规范规定为 $m = 0.125 + 0.001\ 8\lambda$，$m$ 为偶然偏心[16]。

3. 初始偏心与弯曲关系

图7.18显示具有相同初始弯曲与初始偏心杆件变形示意。从图中可以看到，初始弯曲与初始偏心的缺陷大小相同时，压杆只具有初始弯曲时的变形比较大，且两者的变形规律相似。

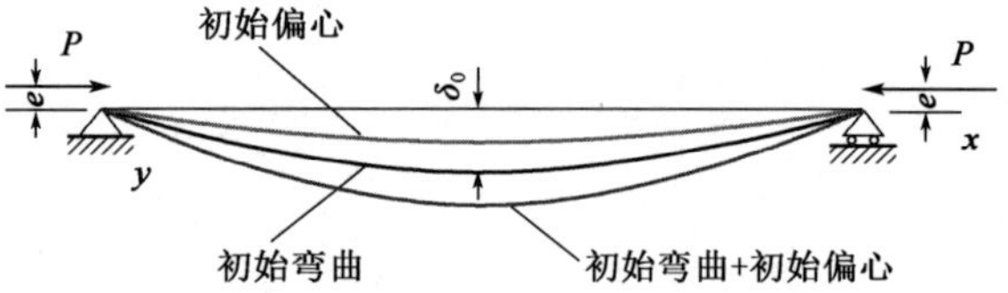

图7.18　初始弯曲与初始偏心杆件变形曲线

按照构件边缘屈曲的破坏准则，构件丧失承载力的计算公式是：

$$\sigma = \frac{P}{A} + \frac{Py}{W} \leqslant f_y \tag{7.31}$$

式中：A——构件的截面面积；

W——构件抗弯模量；

f_y——钢材的屈曲强度。

从式(7.31)可以看到,只要公式中二次弯矩 Py 相同,构件承载力 P 就会相同,因此,荷载加载偏心与构件几何初始弯曲可以进行等效。

由于初始偏心影响产生的最大弯矩为[17]:

$$M_{max}^{e}=P(y_{max}+e)=Pe\sec\frac{kl}{2} \tag{7.32}$$

利用三角函数的级数表达式[17]:

$$M_{max}^{e}\approx\frac{1+0.234\dfrac{P}{P_{cr}}}{1-\dfrac{P}{P_{cr}}}Pe \tag{7.33}$$

由于初始几何弯曲影响产生的最大弯矩为[17]:

$$M_{max}^{\delta}\approx\frac{P\delta_0}{1-\dfrac{P}{P_{cr}}} \tag{7.34}$$

设

$$M_{max}^{e}=M_{max}^{\delta} \tag{7.35}$$

可以得到

$$\delta_0=\left(1+0.234\frac{P}{P_{cr}}\right)e \tag{7.36}$$

荷载初始偏心和初始几何弯曲可以通过公式(7.36)进行等效。因此,可只考虑其中一种缺陷来模拟两种缺陷存在的影响是可行的。按上式,P/P_E 分别取0.7、0.8、0.9、1.0时,加载初始偏心 e_0 与几何初始弯曲 δ_0 关系如图7.19所示。可以看出,根据边缘屈服准则,P/P_{cr} 比值对两者关系影响不大,并随 P/P_{cr} 比值减小,e_0 与 δ_0 数值逐步相接近。当 P/P_{cr} 趋于0时,荷载初始偏心 e_0 与初始几何弯曲 δ_0 相等;当 P/P_{cr} 趋于1时,初始几何弯曲 δ_0 是荷载初始偏心 e_0 的1.234倍。

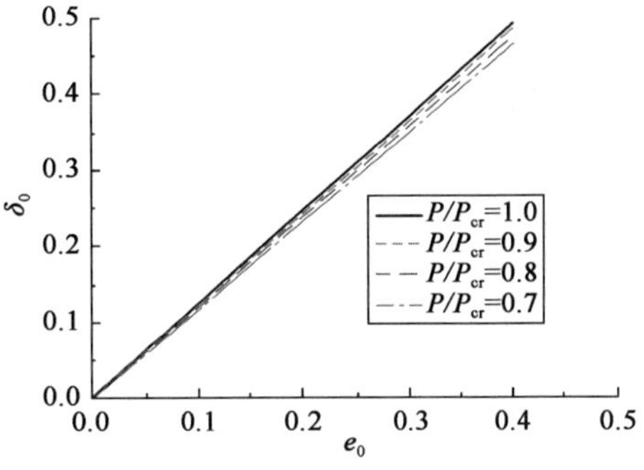

图7.19　加载初始偏心与几何初始弯曲等效关系

4. 整体缺陷对U肋加劲板抗压承载力的影响

整体缺陷是指构件沿长度方向出现的初始挠度。沈祖炎在研究方钢管的稳定性时整体初始挠度 $\delta/l = 1/750$，规范容许的整体初始挠度为 $\delta/l = 1/1\ 000$。为此在研究整体缺陷时，挠度值分别取 $\delta/l = 1/750$、$\delta/l = 1/1\ 000$ 和 $\delta/l = 1/1\ 500$。构件的参数及不同缺陷下得到的极限承载力如表 7.5 所示。将表中数据按相对长细比为横坐标，屈曲系数按纵坐标绘出如图 7.20 所示。

不同整体初始缺陷下极限承载力比较 表 7.5

模型尺寸 $b/c/d/h-t_m/t_u$ (mm)	腹板宽厚比	母板宽厚比	相对长细比	屈曲系数 $\overline{\sigma}/f_y$			最大与最小相差(%)
				$\delta/l=1/750$	$\delta/l=1/1\ 000$	$\delta/l=1/1\ 500$	
300/150/170/280-20/10	28.7	15.0	0.51	0.975	0.981	0.987	1.3
300/150/170/280-12/6	47.9	25.0	0.51	0.973	0.980	0.986	1.3
300/150/170/200-20/10	21.0	15.0	0.71	0.951	0.963	0.975	2.5
300/150/170/360-20/10	36.6	15.0	0.39	0.984	0.988	0.992	0.8
300/150/170/200-20/10	21.0	15.0	0.36	0.990	0.993	0.993	0.3
300/150/170/360-20/10	36.6	15.0	0.20	0.995	0.994	0.993	0.2
300/150/170/200-20/10	21.0	15.0	0.89	0.908	0.930	0.953	4.5
300/150/170/360-20/10	36.6	15.0	0.49	0.976	0.982	0.989	1.3
250/125/120/280-20/10	28.7	12.5	0.52	0.975	0.982	0.989	1.4
400/200/270/280-20/10	28.7	20.0	0.49	0.975	0.981	0.986	1.1
250/125/120/280-20/10	28.7	12.5	0.26	0.995	0.992	0.990	0.5
400/200/270/280-20/10	28.7	20.0	0.25	0.998	0.994	0.992	0.5
250/125/120/280-20/10	28.7	12.5	0.65	0.960	0.971	0.982	2.2
400/200/270/280-20/10	28.7	20.0	0.62	0.936	0.971	0.980	4.4

从图7.20中可以看出,随着构件相对长细比的增加,构件的抗压承载力显现下降的趋势。在构件相对长细比小于0.35时,整体初始缺陷大小对构件的承载力的影响不显著,大于0.35时,初始缺陷值越大,承载力下降越快。图7.21为不同相对长细比构件对不同整体初始缺陷的敏感性,即在同一长细比下,整体初始缺陷发生变化时构件稳定系数的变化范围。变化范围越大,说明此类长细比对整体初始缺陷敏感性越强,反之敏感性弱。从表7.5中可以看出,整体初始缺陷对不同长细比的影响是不同的。当长细比较小时,构件对整体初始缺陷的敏感性较弱,而相对长细比较大时,构件对整体初始缺陷的敏感性较强。

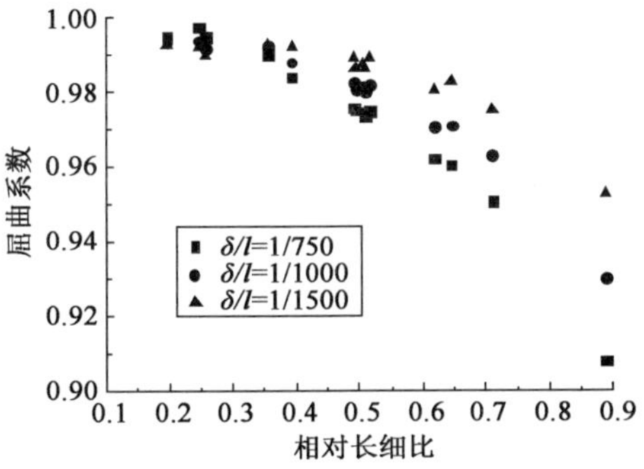

图7.20 不同初始整体几何缺陷对承载力影响

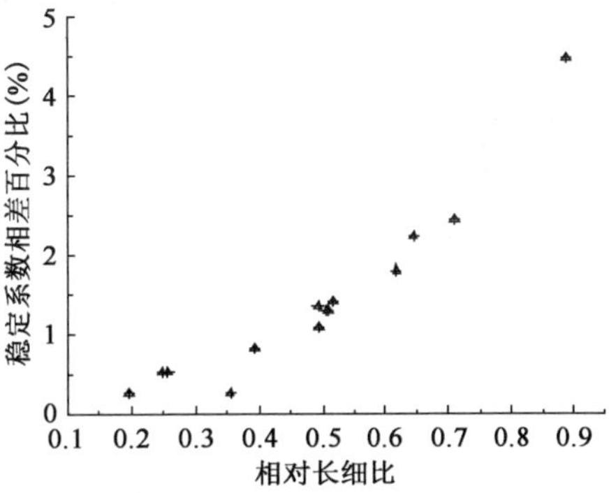

图7.21 不同相对长细比构件对不同整体初始缺陷的敏感性

7.4.3 局部缺陷对U肋加劲板受压稳定承载力的影响

局部缺陷是指在加工或运输过程中组成构件局部出现的变形。1982年张中权[18]在冷弯薄壁型钢轴心受压构件稳定性的试验研究时指出:薄壁型钢结构技术规范修订组通过对若干焊接方管截面柱的统计,认为局部初挠度曲线沿柱轴向波长为b,其值δ/b一般在0.003~0.007之间。《冷弯薄壁型钢结构技术规范》(GB 50018—2002)[14]取$\delta/b \leq 0.01$。因此,分析初始变形对承载力影响时,分别取$\delta/b = 0.01$、0.005、0.002、0.001。为使计算简单,材料模型采用理想弹塑性物体,初始缺陷只考虑局部初始几何缺陷一种。局部缺陷大小对加劲板承载力的影响见表7.6。将表7.6的数据,以U肋腹板宽厚比为横坐标,屈曲系数为纵坐标,得到图7.22。

不同局部初始缺陷下极限承载力比较 表 7.6

模型尺寸 $b/c/d/h-t_m/t_u$ (mm)	腹板宽厚比	母板宽厚比	长细比	屈曲系数 $\bar{\sigma}/f_y$				最大与最小相差(%)
				$\delta/b=0.01$	$\delta/b=0.005$	$\delta/b=0.002$	$\delta/b=0.001$	
300/150/170/220-16/8	28.7	18.8	0.3	0.975	0.981	0.982	0.982	0.738
300/150/170/280-16/8	35.9	18.8	0.3	0.964	0.978	0.980	0.980	1.573
300/150/170/350-16/8	44.5	18.8	0.3	0.915	0.943	0.968	0.975	6.014
300/150/170/220-12/10	22.9	25.0	0.3	0.968	0.976	0.978	0.978	1.025
350/175/220/220-12/10	22.9	29.2	0.3	0.949	0.974	0.977	0.978	2.908
400/200/270/220-12/10	22.9	33.3	0.3	0.913	0.962	0.977	0.978	6.441

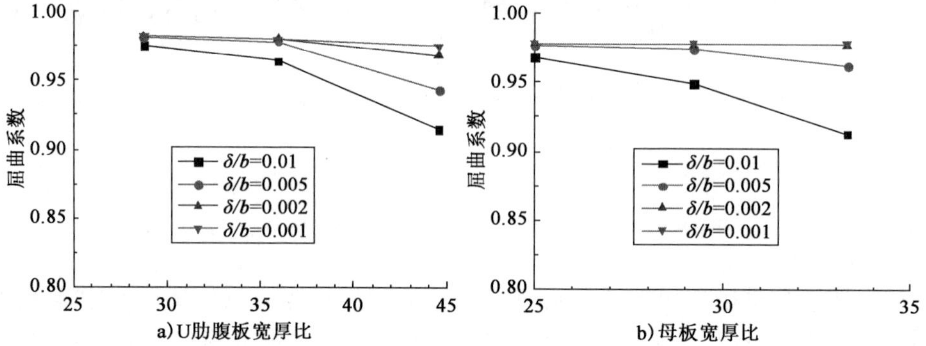

图 7.22 不同初始局部几何缺陷对承载力影响

由图 7.22 可以看出,随着 U 肋腹板或母板宽厚比的增加,U 肋加劲板受压稳定承载力随之减小。随着初始几何缺陷数值增大,U 肋加劲板受压稳定承载力同样随之减小。在板件宽厚比很小的情况下,局部缺陷取值对极限承载力的影响较小;而当宽厚比较大的情况下,局部缺陷取值对构件的极限承载力的影响较大。因此,在板件大宽厚比的情况下,初始局部几何缺陷对 U 肋加劲板受压稳定承载力折减的敏感性增大。

7.5 残余应力对 U 肋加劲板受压稳定承载力的影响

20 世纪初,美国 Lehigh 大学 Fritz 工程结构实验室 Huber A. W.,Tall L. 和 Beedle L. S. 等人对构件中残余应力的分布和其对轴心受压构件屈曲荷载的影响进行了系统研究,发现和初始几何缺陷对轴心受压构件的影响一样,残余应力也是影响屈曲荷载的重要因素[17]。U 肋加劲板形成焊缝附近为拉应力和远处为残余压应力的焊接残余应力场。当外载引起的压应力与残余应力中压应力叠加之和达到屈服点时,这部分截面就丧失进一步承受外载的能力,这样就削弱了杆件的有效截面积,并改变有效截面积的分布,使稳定性有所改变。因此,残余应力对受压杆件稳定性的影响与残余应力的分布有关。

7.5.1 残余应力在有限元中实现

对 U 肋加劲板受压稳定承载力的分析,不论是建立杆系有限元模型,还是板壳有限元模型,U 肋加劲板均横向选取 3 根 U 肋带部分母板宽,构件长为两横隔板间距。材料模型为多线性等向强化模型,弹性模量取 2.06×10^5MPa。

1. 杆系模型施加残余应力

只考虑构件的整体稳定,而不考虑板件的局部稳定,U 肋加劲板的受压稳定承载力采用杆系模型进行计算。在有限元建模过程中,首先采用 PLANE82 单元划分 U 肋加劲板截面的网格,在焊缝附近残余应力变化较大处的网格划分密些,远离焊缝处网格划分疏些,网格划分如图 7.23 所示。将已划分网格的截面存成截面属性文件,以备定义 BEAM188 单元时读取。在 BEAM188 单元施加残余应力时,残余应力作为初始应力施加在截面每一个网格的积分点上,每个单元有 4 个积分点,根据积分点坐标施加不同的初应力值。模型施加残余应力后应力云图如图 7.24 所示。

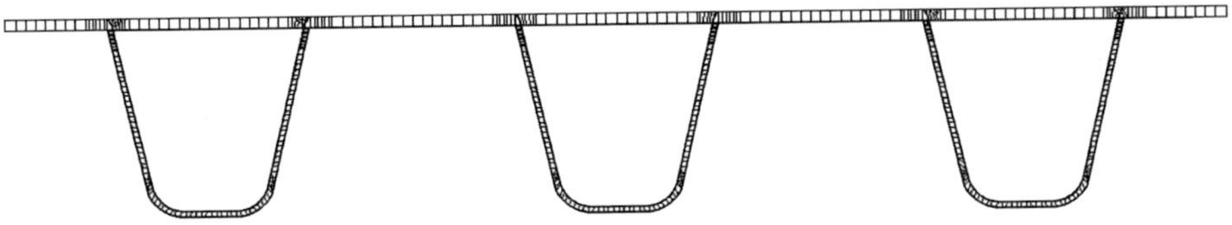

图 7.23 U 肋加劲板杆系建模网格划分

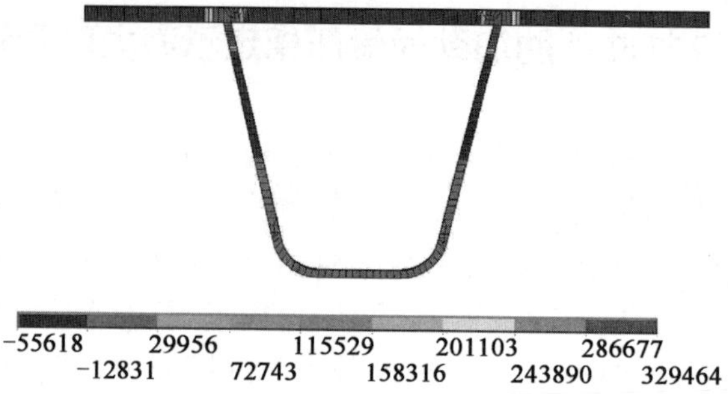

图7.24 纵向焊接残余应力分布(单位:kPa)

2.板壳模型施加残余应力

当考虑板件局部稳定,或考虑板件局部和整体稳定时,U肋加劲板的受压稳定承载力采用板壳模型进行计算,一般采用可以考虑大变形和材料非线性的Shell181壳单元。有限元模型中施加残余应力与杆系模型相同。为了精确模拟焊件的残余应力,又要顾及模型的计算效率,在焊缝位置附近单元网格划分密一些,远离焊缝的单元网格划分疏一些。有限元模型施加残余应力后应力云图如图7.25所示。

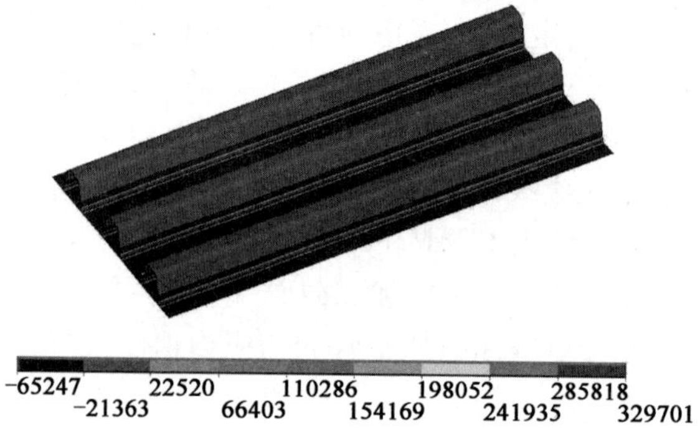

图7.25 纵向焊接残余应力分布(单位:kPa)

7.5.2 简化残余应力分布对构件受压稳定承载力的影响

采用板壳有限元方法,不考虑几何缺陷,分别按数值模拟计算的曲线残余应力分布和本书提出的简化残余应力分布施加残余应力,计算不同残余应力分布对构件承载力影响,并与不加残余应力情况进行比较。针对Q345、Q420、

HPS70、HPS100 钢，三种情况施加残余应力计算所得的荷载与轴向位移曲线图、荷载与构件中部面外位移曲线图如图 7.26 ~ 图 7.29 所示。构件稳定系数（轴向平均名义应力与材料的屈服强度比值）如表 7.7 所示。

构件稳定系数比较　　　　表 7.7

铜　材	Q345	Q420	HPS70	HPS100
数值模拟结果	0.953	0.945	0.941	0.945
数值模拟结果简化	0.952	0.941	0.937	0.945
无残余应力	0.973	0.971	0.971	0.963

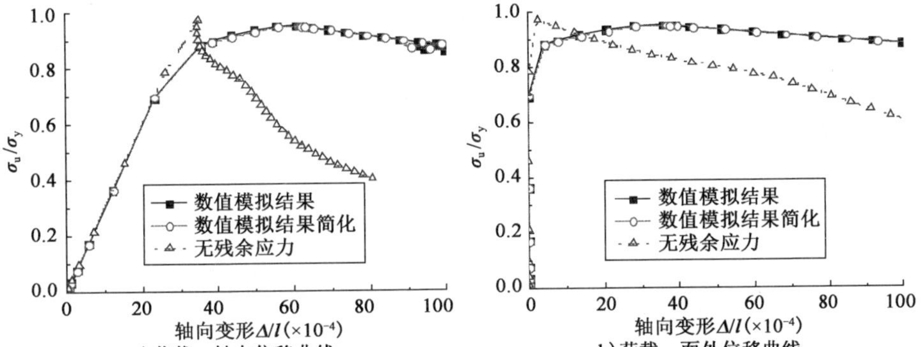

a)荷载—轴向位移曲线　b)荷载—面外位移曲线

图 7.26　Q345 钢材荷载—位移曲线

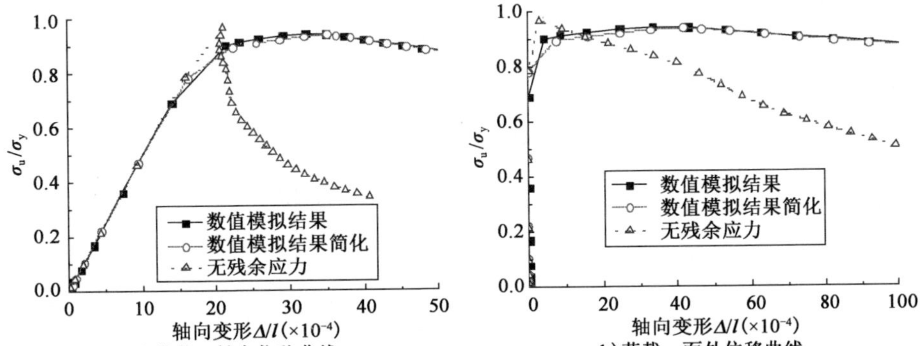

a)荷载—轴向位移曲线　b)荷载—面外位移曲线

图 7.27　Q420 钢材荷载—位移曲线

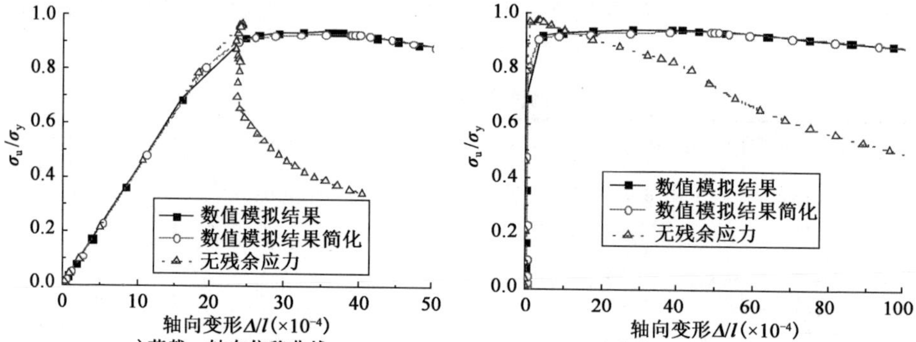

a)荷载—轴向位移曲线　　b)荷载—面外位移曲线

图 7.28　HPS70 钢材荷载—位移曲线

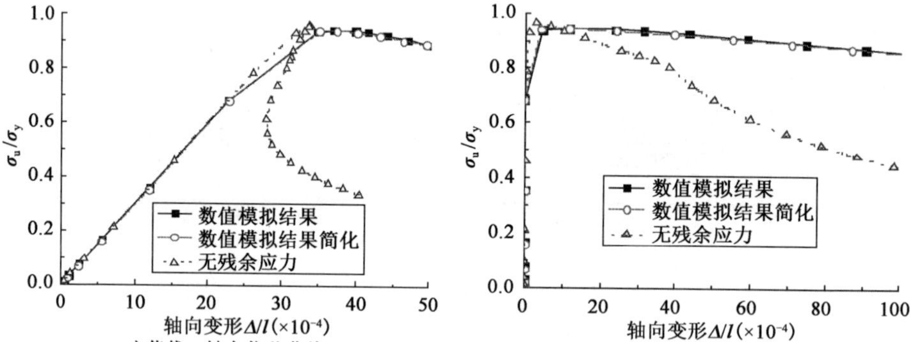

a)荷载—轴向位移曲线　　b)荷载—面外位移曲线

图 7.29　HPS100 钢材荷载—位移曲线

从四种强度钢材制作的受压 U 肋加劲板荷载—位移曲线图可以看出,采用数值模拟计算的残余应力曲线分布和采用残余应力简化直线分布所计算受压 U 肋加劲板的荷载—位移曲线基本一致;而由表 7.7 可看出,采用简化残余应力分布与数值模拟计算的残余应力曲线分布所计算的构件极限承载力十分接近。基于以上两点,在构件承载力计算中可以应用残余应力的简化分布模型,从而使计算变得简单。残余应力的存在使构件的极限载力降低 2% ~ 3%,虽然对于该结构尺寸的 U 肋加劲板残余应力对构件稳定承载力影响较小,但对构件的承载性能具有较大的影响。在构件处在弹性阶段,有无残余应力没有区别,当加载应力与残余压应力叠加达到屈服点时,构件的轴向压缩刚度显著降低。

7.5.3 改变残余应力分布大小对构件受压稳定承载力的影响

上述残余应力分布简化方法,是基于力等效原则,保证焊接产生的残余拉应力合力和残余压应力合力不变,母板残余压应力区采用均值,母板和U肋残余拉应力统一采用材料的屈服强度,U肋残余压应力采用线性递减的形式。这样的简化处理,使得残余压应力取值小于实际曲线分布的峰值,或残余拉应力的分布宽度出现减小等情况。在保持残余拉应力和残余压应力分配关系不变的情况下,现分两种情况讨论残余应力分布形式的变化对构件承载力产生的影响:①增大母板和U肋的残余压应力大小的0.5倍,相应增加残余拉应力区宽度来平衡所增加的残余压应力;②残余拉应力采用屈服强度的0.8倍,相应增加残余拉应力区宽度来保证力平衡。三种情况的荷载与轴向位移曲线如图7.30所示,荷载与构件中部面外位移曲线如图7.31所示。

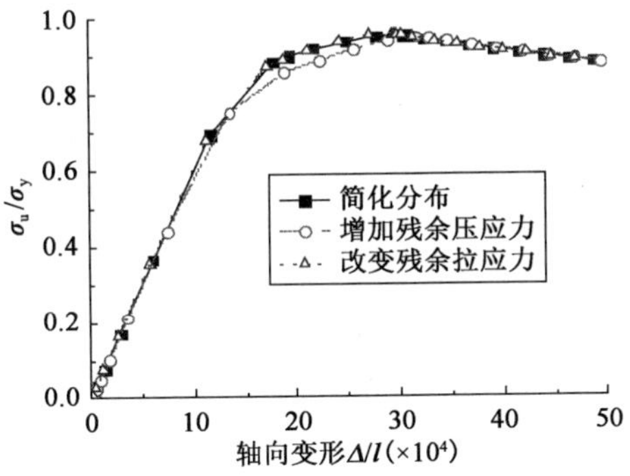

图7.30 荷载—轴向位移曲线

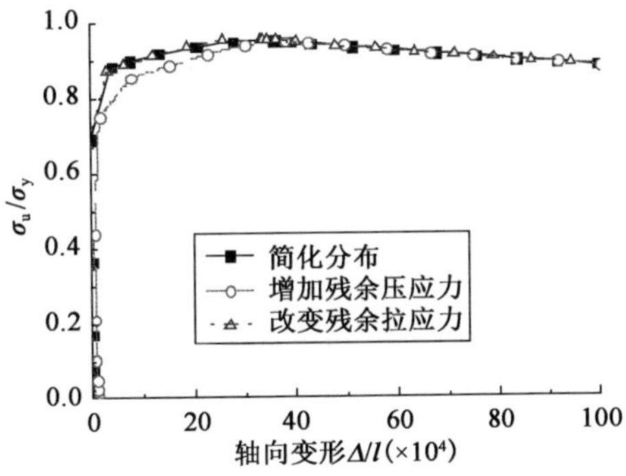

图7.31 荷载—面外位移曲线

为便于对比初始缺陷对构件的承载力影响,用构件轴向名义应力与材料的屈服强度比值σ_u/σ_y来表示构件承载力,简称名屈比(σ_u/σ_y)。三种情况构件名屈比分别为0.952、0.949、0.955,采用上述两种方式改变残余应力分布对承载力影响很小。但从结果也可以看出,如增大残余压应力峰值将导致焊件承载力下降,而加大残余拉应力区宽度减小其峰值将使焊件承载力提高。

由荷载—位移曲线可以看出,改变残余拉应力区宽度和峰值后,其压力作用下的受力特性与改变前基本一致。而增加残余压应力峰值,当加载应力与残余应力之和达到屈服时,构件的轴向刚度下降,使得轴向位移和构件中部面外变形增大,而当改变前的残余压应力与加载应力之和也达到屈服时,两者的荷载—位移曲线又相一致。

7.6 本章小结

本章分析了计算模型、扁平钢箱梁顶底板受力不均匀、初始几何缺陷、残余应力、材料本构模型对U肋加劲板受压稳定承载力的影响，得到的主要结论如下：

(1)用于计算扁平钢箱梁承载力的受压加劲板长宽比通常比较小，可简化为受压柱对构件的抗压稳定承载力进行计算，该受压柱长取为横隔板间距，截面宽度取带几个加劲肋的部分板宽，加载边约束为铰接，非加载边约束为自由。

(2)U肋加劲板由于不均匀受压而产生的等效加载偏心率分布在0~0.35之间，大部分集中在0.17左右，加载偏心等效为初始弯曲最大可达构件长度的1/250，加载偏心率大于规范对轴心受压构件中几何缺陷的规定，且加载偏心对承载力折减较大，扁平钢箱梁承载力计算时需要计入其影响，或取适当的安全系数计入。

(3)几何加载偏心和几何初始弯曲对受压柱承载力的影响线性关系，由承载力与临界屈曲荷载比值决定两者关系，表明两种缺陷可以简化为一种缺陷形式计入对承载力影响，从而使构件承载力计算简单化。

(4)当U肋加劲板板件局部屈曲破坏先于整体稳定破坏时，U肋加劲板初始局部几何缺陷幅值越大对构件稳定承载力折减越大；当U肋加劲板相对长细比较小时，构件对整体初始缺陷的敏感性较弱，而当相对长细比较大时，构件对整体初始缺陷的敏感性较强。

(5)屈服强度分别为345MPa、420MPa、485MPa和690MPa四种钢材的U肋加劲板采用多线性等向强化模型计算稳定系数比采用理想弹塑性模型计算稳定系数小，计算结果偏于安全。四种强度钢材的U肋加劲板的弹性模量在常用的变化范围内对构件抗压承载力影响较小，最大不超过3%。

(6)采用简化残余应力分布和数值模拟计算的残余应力曲线分布所得到的构件抗压极限承载力比较接近，应用本书提出的残余应力简化分布方法计入残余应力对U肋加劲板稳定承载力的影响是合理的。

(7)应用焊接残余应力简化分布模式计入残余应力对构件承载力的影响，增大残余压应力峰值将导致U肋加劲板受压稳定承载力下降，而保证残余应力合力不变、增大残余拉应力区宽度并减小其峰值，将使U肋加劲板受压稳定承载力增大，但稳定承载力增大幅度较小。

(8)残余应力按本书提出的简化公式计算施加，板件局部初始几何缺陷取板宽的1/250,整体缺陷取构件长度的1/1 000,计算U肋加劲板的受压稳定承载力。结果显示,理论计算值与试验值吻合得较好,跨中水平荷载作用对构件抗压承载力影响较小。

本章参考文献

[1] 颜海. 大跨度斜拉桥扁平钢箱梁整体—局部相关稳定问题研究[D]. 上海:同济大学, 2003.

[2] 吴冲. 千米级斜拉桥扁平钢箱梁受力性能与设计理论研究[R]. 上海: 同济大学, 2006.

[3] 吴冲, 曾明根, 冯凌云. 苏通大桥正交异性板局部模型极限承载力试验[J]. 桥梁建设, 2006(2): 21-23.

[4] Kitada T, Yamaguchi T, Matsumura M, et al. New technologies of steel bridges in Japan[J]. Journal of Constructional Steel Research, 2002, 58(1): 21-70.

[5] 陶忠. 方钢管混凝土构件力学性能若干关键问题的研究[D]. 哈尔滨: 哈尔滨工业大学, 2001.

[6] Sause R, Fahnestock L A. Strength and ductility of HPS-100W I-girders in negative flexure [J]. Journal of Bridge Engineering, 2001, 6(5): 316-323.

[7] Barth K E, Yang L, Righman J. Simplified moment redistribution of hybrid HPS 70W bridge girders in negative bending[J]. Journal of Bridge Engineering, 2007, 12(4): 456-466.

[8] Wright W J. Fracture initiation resistance of I-girders fabricated from high-performance steels [D]. Lehigh University, 2003.

[9] 赵峰, 刘华琛. 基于极限荷载准则计算薄壁型钢轴心压杆整体稳定[J]. 武汉大学学报(工学版), 2004, 37(2): 25-28.

[10] 张中权. 冷弯薄壁型钢轴心受压构件的稳定性计算[J]. 建筑结构学报, 1991, 12(4): 2-10.

[11] Timoshenko S P, Gere J M. 弹性稳定理论[M]. 2版. 北京: 科学出版社, 1965.

[12] 方洪渊. 焊接结构学[M]. 北京: 机械工业出版社, 2008.

[13] 中华人民共和国国家标准. GB 50017—2003 钢结构设计规范[S]. 北京:中国计划出版社,2003.

[14] 中华人民共和国国家标准. GB 50018—2002 冷弯薄壁型钢结构技术规范[S]. 北京: 中国计划出版社, 2002.

[15] 中华人民共和国行业标准. JTJ 025—1986 公路桥涵钢结构及木结构设计规范[S]. 北京:人民交通出版社,1986.

[16] 潘际炎. 钢桥设计(上)[J]. 铁道建筑技术, 2008(6): 1-14.

[17] 陈骥. 钢结构稳定理论与设计[M]. 北京: 科学出版社, 2001.

[18] 张中权. 冷弯薄壁型钢轴心受压构件稳定性的试验研究[C]. 钢结构研究论文报告选集 第一册, 1982.

第 8 章　U 肋加劲板受压局部稳定研究

U 形肋加劲板主要被用于钢箱梁顶板和底板，作为斜拉桥和自锚式悬索桥的主梁以及梁式桥的受压翼缘。由于受到较大的压力作用，其受压稳定问题比较突出[1,2]。通常，钢箱梁横隔板间距为 4m 左右，对钢箱梁上下翼缘的面外变形有支撑作用，U 形肋加劲板构件的长细比较小，在压力作用下，局部稳定是其受压承载力的主要控制因素。U 形肋加劲板各子板件的屈曲直接影响其局部稳定承载力[3]。如 Chen 等[4]进行了 U 形肋加劲钢板的受压承载力试验，得到防止板件局部屈曲的 U 形肋和被加劲板宽厚比限值，Chou 等[5]以旧金山—奥克兰海湾大桥为研究背景，对 U 形肋加劲钢板的设计强度进行了检验，板件首先表现为整体失稳，而后被加劲板与 U 形肋局部失稳破坏。狄谨等[6]以杭州湾跨海大桥为工程背景，对扁平钢箱梁中的 U 形肋加劲板进行缩尺，对不同构造尺寸的试件进行承载力试验，结果表明，当构件发生局部屈曲破坏时，构件的承载力没有较充分发挥。李元齐等[7]对高强冷弯薄壁型钢卷边槽形截面进行了轴压试验，分析了构件的屈曲模式和承载力，结果表明，高强超薄壁型钢卷边槽形截面轴压构件在宽厚比较大时会出现畸变屈曲模式。姚行友等[8]基于部分加劲板件的畸变屈曲和局部屈曲的稳定系数比较，提出了冷弯薄壁型钢卷边槽形截面构件畸变屈曲发生于局部屈曲之后或畸变屈曲不发生的临界控制条件。在上述研究中，未对 U 形肋各组或板件的局部稳定进行系数研究。因此，本章考虑 U 形肋腹板宽厚比和被加劲肋壁板宽厚比以及 U 形肋翼缘与腹板间弯曲半径等的变化，对 U 形肋加劲板各组成板件的屈曲性能进行试验研究，为 U 形肋加劲板受压稳定分析提供参考。

8.1　局部稳定试验研究

8.1.1　试验方案

1. 试件设计

本节试件截面尺寸参照本书第 5.1 节有关内容，试件长度则按文献[10]中的建议，长度取板件屈曲半波长度的整倍数，且取板宽的 3 倍。由此，所设计的试件分为两类：一类为U形肋腹板稳定试件，截面如图8.1a）所示，其试件参数见表8.1；另一类为被加劲板壁板稳定试件，截面如图8.1b）所示，其试件参数见表8.2。两种形式的试件均采用Q345钢材，被加劲板厚度均为12mm，U形肋板厚均为8mm。U形肋与被加劲板的焊接采用部分融透焊，熔透深度不小于U形肋板厚的75%。其中，对于U形肋腹板稳定试件，考虑了U形肋腹板高度和U形肋弯曲半径变化；对于被加劲板壁板稳定试件，考虑被加劲板宽度变化。

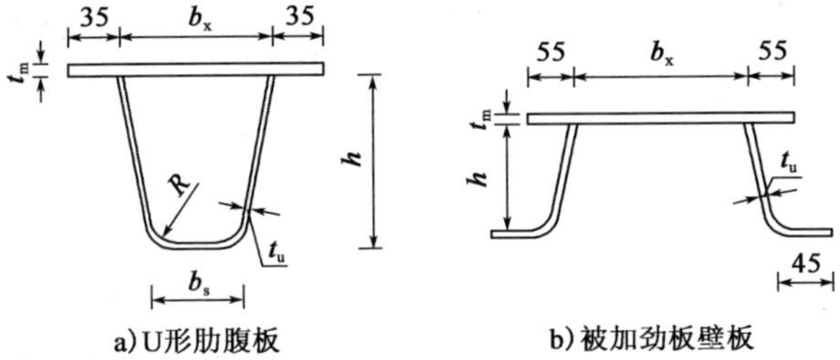

图8.1　局部稳定试件截面（尺寸单位：mm）

U形肋腹板局部稳定试件参数　　表8.1

试件编号	U形肋板厚 t_u（mm）	上缘宽 b_s（mm）	下缘宽 b_x（mm）	高度 h（mm）	弯曲半径 R（mm）	腹板高厚比 h/t_u	长度 L（mm）
hf11	8	138	210	140	40	17.5	430
hf12	8	120	210	180	40	22.5	553
hf13	8	102	210	220	40	27.5	676
hf14	8	85	210	260	40	32.5	800
hf23	8	102	210	220	20	27.5	676
hf24	8	85	210	260	20	32.5	800

被加劲板局部稳定试件参数　　表8.2

试件编号	被加劲板板厚 t_m（mm）	U形肋下缘宽 b_x（mm）	h（mm）	U形肋下缘宽厚比 b_x/t_m	长度 L（mm）
hm1	12	210	140	17.5	630
hm2	12	270	140	22.5	810
hm3	12	330	140	27.5	990
hm4	12	390	140	32.5	1 170

制作局部稳定试件时，将钢板的剩余部分制作材性试验试样，试样尺寸按照现行《金属材料 拉伸试验 第1部分：室温试验方法》（GB/T 228.1—2010）[11]进行设计。钢板厚度分为8mm和12mm两种，每组试验取3个试样，全部试样共

计6个。实测钢材的屈服强度为375MPa,抗拉强度为485MPa,弹性模量为1.92×10^5MPa,泊松比为0.28。

2.边界处理

为了模拟试件两端组成横截面的各子板件简支情况,设计了位移限制装置,见图8.2和图8.3。由于被加劲板壁板稳定试件和U形肋腹板稳定试件截面不同,限位装置也有所不同。但均在同一块平钢板中切出相应试件截面的轮廓,平钢板尺寸根据试件尺寸确定。对U形肋腹板局部稳定试件,在其四个角部开用于连接的圆孔[图8.2a)],将螺母和一块较厚的平钢板进行焊接[图8.2b)],之后用螺栓将带有试件轮廓的平钢板和厚钢板相连接,组成限位装置,如图8.2c)所示。加载时将此装置设置在试件两端横截面上,在加载过程中,试件两端实现板边简支的边界条件。

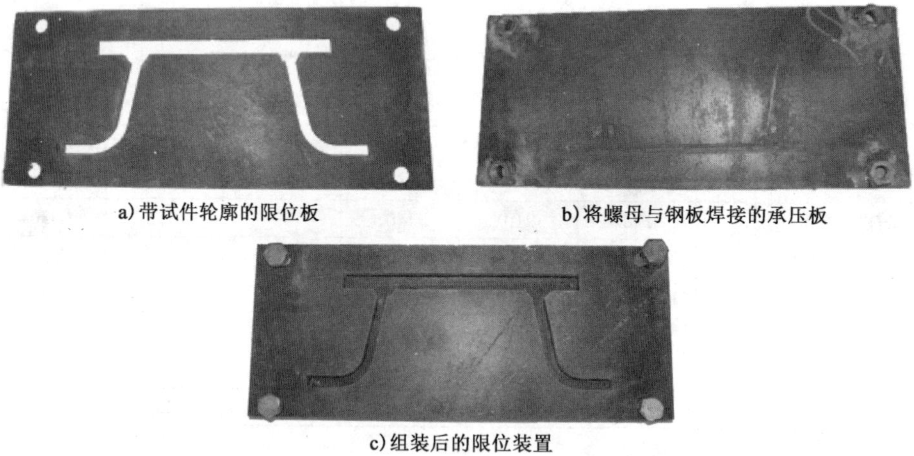

a)带试件轮廓的限位板　　b)将螺母与钢板焊接的承压板

c)组装后的限位装置

图8.2　被加劲板壁板局部稳定试件限位装置

a)带试件轮廓的限位板　　b)将螺母与钢板焊接的承压板

图　8.3

c)组装后的限位装置

图 8.3 U 形肋腹板局部稳定试件限位装置

3. 加载方案

试验加载设备采用 10 000kN 电液伺服长柱压力试验机。在正式加载前,首先进行预加载,以消除加载装置之间的初始空隙。在预压过程中,检查各种仪器是否正常工作,并通过仪器读数检查构件是否均匀受压,如不均匀受压,则通过薄钢片进行调整,直至试件均匀受压为止。预压完成后,进行正式加载,采取分级单调加载。加载初期,每级加载递增量约为 100kN,当荷载大于估算峰值荷载值的 80% 时,采用位移加载,逐步达到峰值荷载。试件加载现场见图 8.4。

4. 测点布置与测量

通过前后布置 5 个位移计来量测沿试件长度方向的位移,其中有 2 个位移计布置在试件前方的加载平台上,2 个位移计布置在试件左右两侧的加载平台上,1 个布置在试件沿构件后方的加载平台中心,位移计量程为 100mm,如图 8.5所示。应变片布置在试件 $L/4$、$L/2$、$3L/4$ 共 3 个截面上,其中对于 U 形肋

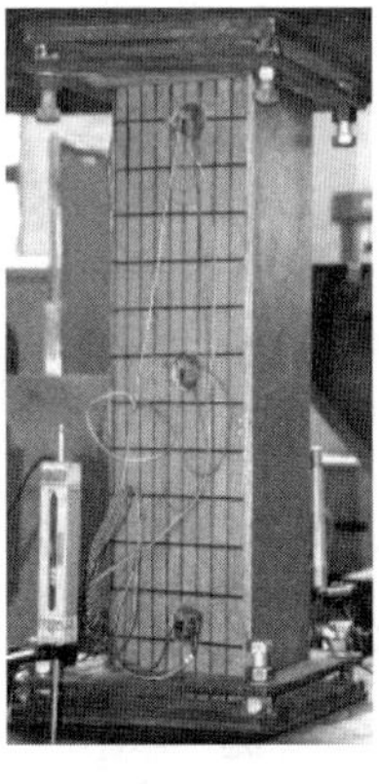

图 8.4 试件加载现场

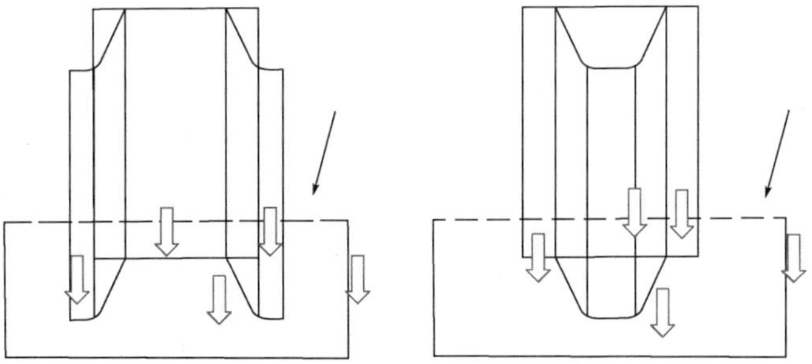

a)被加劲板壁板稳定试件

b)U肋板壁板稳定试件

图 8.5 位移计布置

腹板稳定试件,只布置在U形肋腹板和翼缘板上;对于被加劲板壁板稳定试件,布置在被加劲板板件和U形肋腹板内侧。应变片布置如图8.6所示。

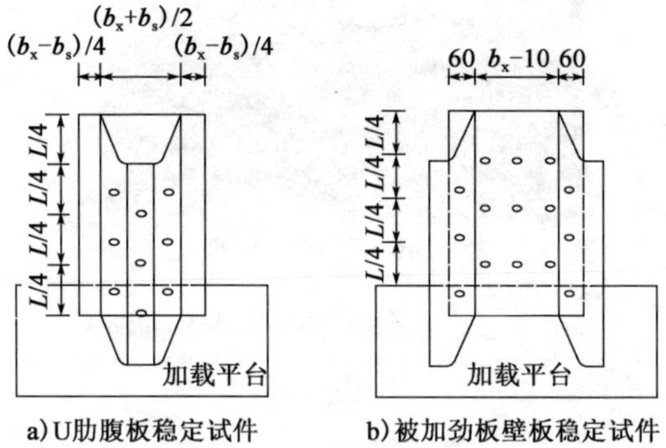

图8.6　应变测点布置(尺寸单位:mm)

8.1.2　材性试验

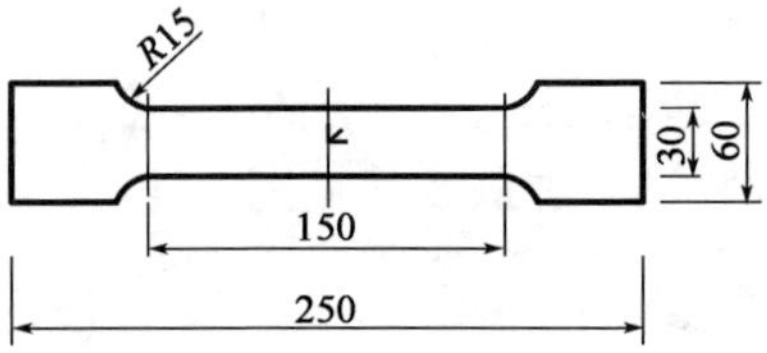

图8.7　材性试验尺寸(尺寸单位:mm)

试件钢材选用Q345钢材,厚度分别为8mm和12mm,尺寸按照金属拉伸实验规范进行设计,每组试验取3个试件,全部试件共计6个,构件尺寸如图8.7所示,试验结果如表8.3所示。

材性试验结果　　表8.3

材料	厚度(mm)	弹性模量($\times 10^5$MPa)	泊松比	屈服强度(MPa)	极限强度(MPa)
Q345	8	1.88	0.28	375.4	495
	12	1.96	0.27	372.4	499
平均值		1.92	0.275	374	497

8.1.3　试验现象

1.U形肋腹板稳定试件

对于试件hf11,当荷载达到2 597kN(74.6% N_d,N_d为峰值荷载)时,试件上部U形肋翼缘和被加劲板有向外凸的趋势[图8.8a)];当荷载达到2 860kN(82.2% N_d)时,U形肋和被加劲板变形继续增大[图8.8b)]。当荷载达到

3 480kN(100% N_d)时，荷载达到峰值。而当荷载下降到 2 500kN(71.8% N_d)时，试件变形过大，停止加载，试件最终破坏形态见图 8.8c)。

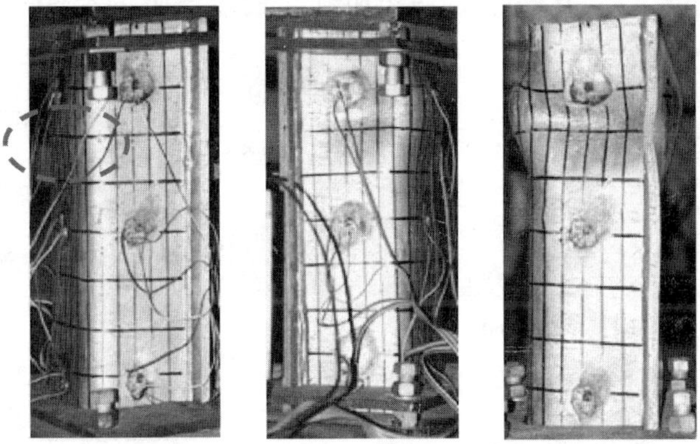

a)U肋翼缘变形　　b)U肋变形增大　　c)最终破坏形态

图 8.8　试件 hf11 破坏形态

对于试件 hf12，当荷载达到 2 650kN(76.2% N_d)时，试件两端 U 形肋腹板有向外凸的趋势[图 8.9a)]。荷载达到 2 800kN(80.5% N_d)时，U 形肋腹板屈曲，而被加劲板的变形则较小。当荷载达到 3 477kN(100% N_d)时，荷载达到峰值。当荷载下降到 2 100kN(60.3% N_d)时，试件因变形过大而停止加载，试件最终破坏状态见图 8.9b)、图 8.9c)。

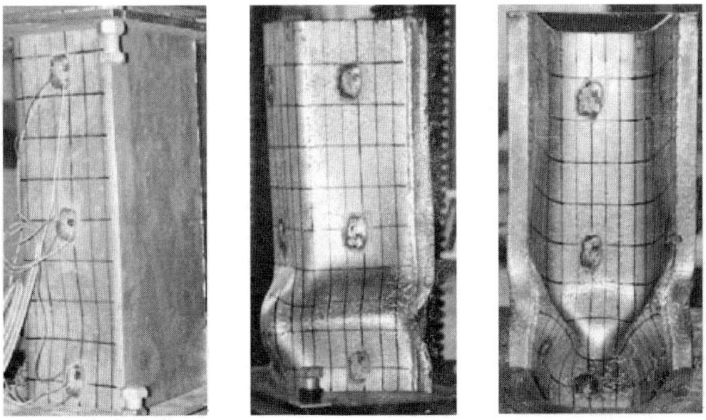

a)端部变形　　b)破坏时侧面　　c)最终破坏时形态

图 8.9　试件 hf12 破坏形态

对于试件 hf13，荷载达到 2 500kN(77.9% N_d)时，试件下部 U 形肋腹板产生变形[图 8.10a)]。当荷载达到 2 802kN(87.3% N_d)时，试件下端 U 形肋腹板出现波浪状变形,变形幅度较大,而此时被加劲板基本没有出现变形[图 8.10b)]。当荷载达到峰值荷载 3 207kN(100% N_d)后,荷载开始下降。当荷载下降到 1 800kN(56.1% N_d)时,因试件变形过大而停止加载,试件最终破坏状态见图 8.10c)。

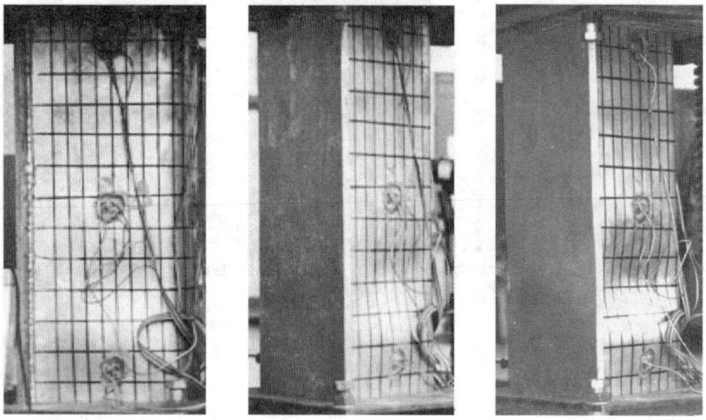

a)腹板变形　　b)腹板产生较大变形　　c)最终破坏形态

图 8.10　试件 hf13 破坏形态

对于试件 hf14,荷载达到 2 650kN(84.4% N_d)时,U 形肋腹板呈现波纹状变形,此时被加劲板基本没有出现变形[图 8.11a)]。荷载达到 2 980kN(95% N_d)时,U 形肋腹板波纹状变形增大[图 8.11b)]。当荷载增大到峰值荷载 3 138kN(100% N_d)后开始下降,荷载下降到 2 400kN(76.5% N_d)时,因试件变形过大而停止加载,试件最终破坏状态见图 8.11c)。

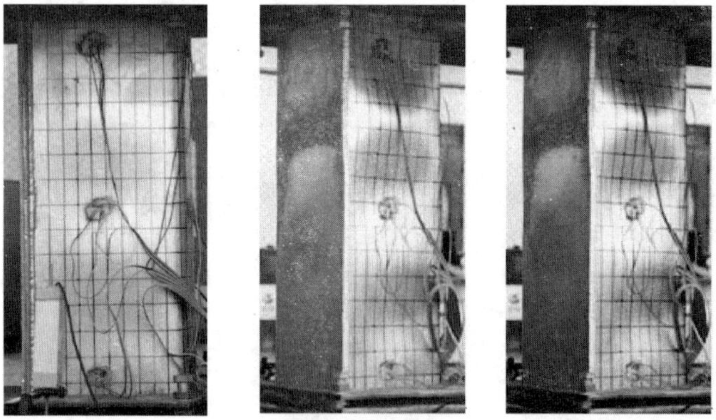

a)腹板变形　　b)腹板变形较大　　c)最终破坏形态

图 8.11　试件 hf14 破坏形态

对于试件 hf23,荷载达到 3 095kN(89.7% N_d)时,试件下端 U 形肋腹板有向内凹屈的变形,而被加劲板基本没有出现变形[图 8.12a)、图 8.12b)]。当荷载增大到峰值荷载 3 450kN（100% N_d）时，荷载开始下降，下降到 1 760kN（51% N_d），因其变形过大而停止加载，最终破坏形态见图 8.12c）。

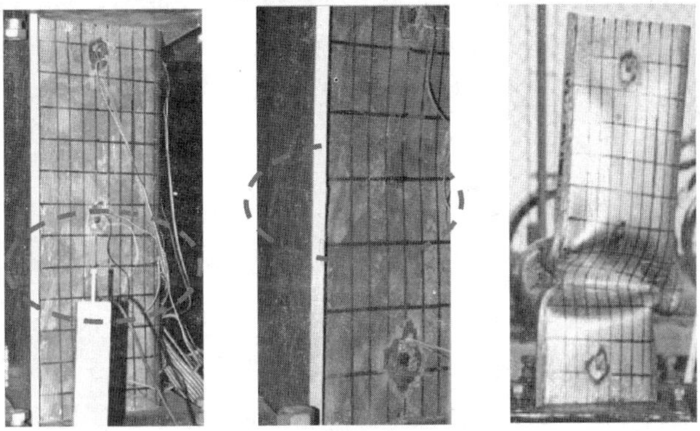

a）左腹板变形　　b）右腹板变形　　c）最终破坏

图 8.12　试件 hf23 破坏形态

对于试件 hf24，当荷载达到 2 800kN（85.3% N_d）时，U 形肋腹板有向内凹屈的趋势［图 8.13a）］。当荷载达到 2 950kN（89.9% N_d）时，U 形肋腹板向内凹屈变形明显，被加劲板基本保持不变［图 8.13b）］。当荷载达到峰值荷载 3 280kN（100% N_d）时，被加劲板也出现变形，之后荷载下降，当荷载下降到 1 724kN（52.6% N_d）时，试件由于变形过大而停止加载，最终破坏状态见图 8.13c）。

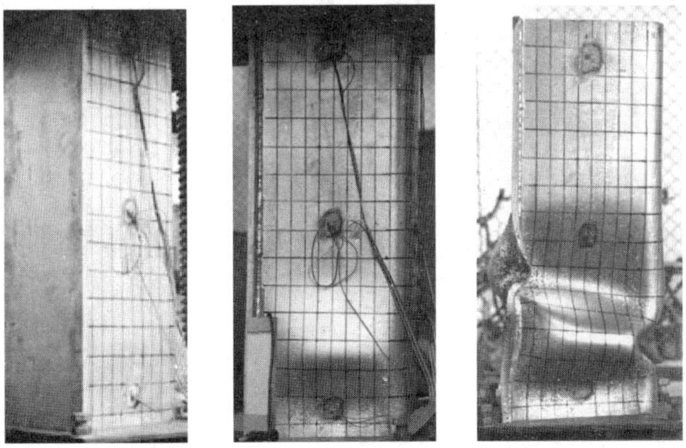

a）腹板变形　　b）腹板变形较大　　c）最终破坏形态

图 8.13　试件 hf24 破坏形态

综上，随着 h/t_u 的增大，试件由强度破坏转为稳定破坏，U 形肋腹板失稳也越发明显，并先于被加劲板和 U 形肋翼缘失稳破坏。当试件 h/t_u 为 17.5（试件

hf11)时,发生类似强度破坏模式,U 形肋与被加劲板共同变形,而当 h/t_u 不小于 22.5(除 hf11 的其他试件)时,均为 U 形肋腹板先变形而后引起试件破坏。当 U 形肋与翼缘板之间弯曲半径变小时,U 形肋腹板变形推迟,试件的承载力得到提高。其原因是弯曲半径较小时,U 形肋腹板 h/t_u 相对较小,而弯曲半径较大时,U 形肋腹板的实际宽厚比比取腹板与翼缘交界处宽厚比大,这也使试件稳定承载力降低。

2. 被加劲板壁板局部稳定试件

对于试件 hm1,当荷载达到 2 950kN(90.9% N_d)时,被加劲板 $L/3$ 截面处有向内凹变形的趋势[图 8.14a)]。当荷载达到 3 100kN(95.6% N_d)时,被加劲板端部变形越来越明显[图 8.14b)]。当荷载达到峰值荷载 3 243kN(100% N_d)后开始下降,当荷载下降到 2 597kN(80.1% N_d)时,试件的变形瞬间变大,荷载瞬间下降而停止加载,试件最终破坏形态见图 8.14c)。

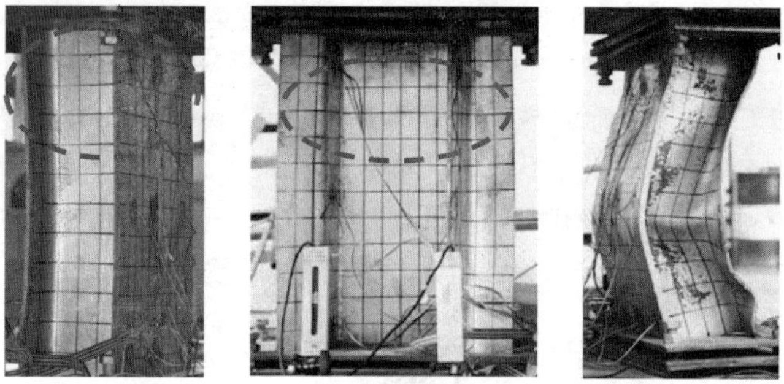

a) 被加劲板微变形　b) 被加劲板较大变形　c) 最终破坏形态

图 8.14　试件 hm1 破坏形态

对于试件 hm2,当荷载达到 2 400kN(71.5% N_d)时,被加劲板上部有向内凹的变形[图 8.15a)]。当加载到 2 975kN(88.64% N_d)时,U 形肋下端腹板有向内凹屈的变形[图 8.15b)]。当加载到 3 356kN(100% N_d)时,达到峰值荷载,之后荷载下降,当荷载下降到 2 319kN(69.1% N_d)时,试件变形过大而停止加载,最终破坏形态见图 8.15c)。

对于试件 hm3,当荷载达到 2 000kN(57.9% N_d)时,被加劲板上端 $L/3$ 发生向内凹屈的变形[图 8.16a)]。当荷载达到 2 650kN(76.7% N_d)时,U 形肋下端翼缘部分开始出现凸曲的变形,试件整体有向 U 形肋方向弯曲的趋势[图 8.16b)]。荷载达到峰值 3 454kN(100% N_d)之后,开始下降。当下降到 2 750kN(79.6% N_d)时,由于变形过大而停止加载,试件最终破坏形态见图 8.16c)。

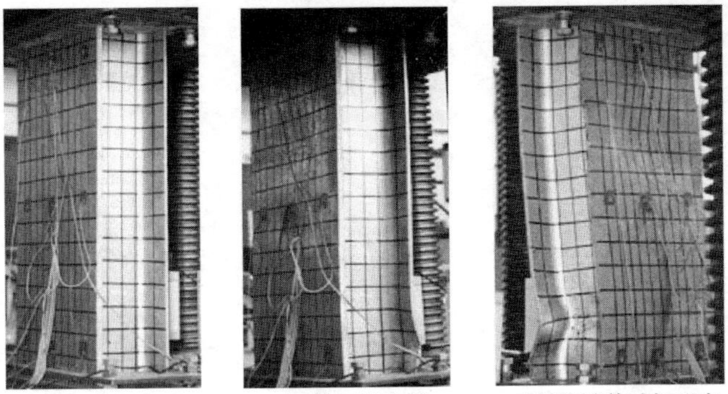

a)被加劲板变形　　b)U肋下端变形　　c)最终试件破坏形态

图 8.15　试件 hm2 破坏形态

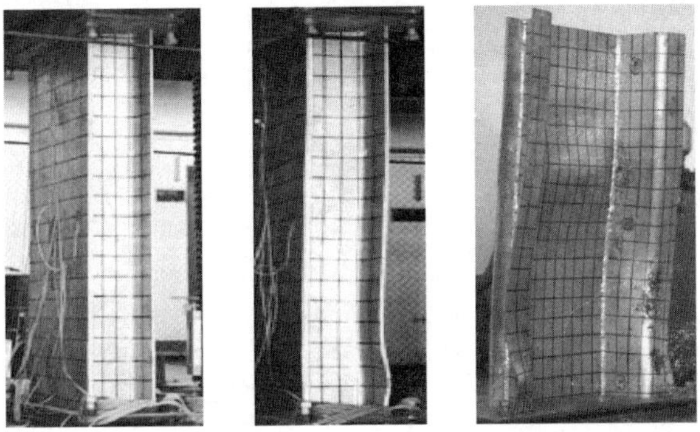

a)被加劲板变形　　b)U肋下端变形　　c)最终破坏相同

图 8.16　试件 hm3 破坏形态

对于试件 hm4，当加载到 2 850kN（77.9% N_d）时，被加劲板上部有向内凹的趋势，U 形肋没有出现变形[图 8.17a)]。当荷载达到 3 225kN（88.1% N_d）时，被加劲板的屈服明显，同时由于被加劲板屈曲导致在相应的 U 形肋位置处也开始产生变形[图 8.17b)]。当荷载达到 3 659kN（100% N_d）时，达到峰值荷载，之后荷载开始下降。当荷载下降到 2 700kN（73.8% N_d）时，试件由于变形过大而停止加载，实际破坏见图 8.17c)。

综上，随着 b_x/t_m 的增大，试件由强度破坏转为稳定破坏，被加劲板失稳破坏越明显。最终破坏时，被加劲板变形较大，U 形肋变形相对小。b_x/t_m 为 17.5（试件 hm1）时，发生类似强度破坏；当 b_x/t_m 不小于 22.5 时，被加劲板先发生变形，U 形肋后发生变形；而当 b_x/t_m 为 32.5 时，U 形肋基本没有出现变形，只有被加劲板屈服。

a) 被加劲板变形　　b) U肋变形　　c) 最终破坏形态

图 8.17　试件 hm4 破坏形态

8.1.4　试验结果分析

1. 平均应力—位移曲线

各试件平均应力(荷载与试件截面面积的比值)与竖向位移(位移计实测均值)关系曲线见图 8.18 与图 8.19。

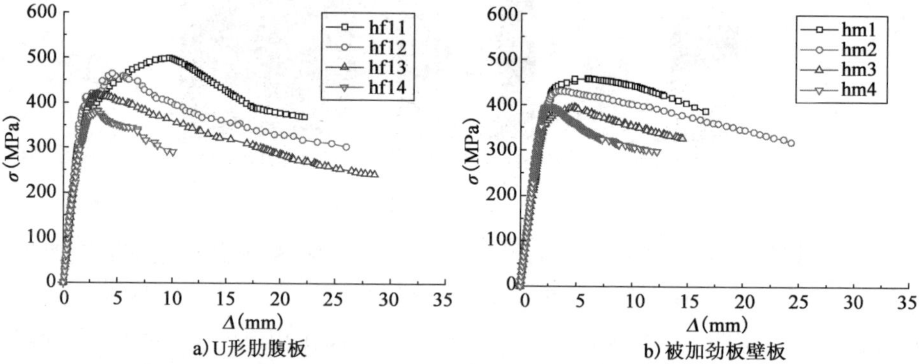

a) U形肋腹板　　b) 被加劲板壁板

图 8.18　不同部位试件平均应力—位移曲线

从图 8.18a) 中可以看出,随着 U 形肋腹板试件 h/t_u 的增大,试件的最大平均应力值随之减小,试件破坏时均进入非弹性工作阶段。试件 hf11 的应力—位移曲线类似于强度破坏,只是没有屈服台阶。试件 hf12、hf13、hf14 的应力—位移曲线走势基本一致,试件经历弹性阶段、塑性发展阶段和达到最大值后的应力下降阶段。随着 h/t_u 的增大,应力下降阶段曲线越来越陡,失稳特性也越趋于明显。从图 8.18b) 中可以看出,随着 b_x/t_m 增大,试件的最大平均应力值相应减小,试件 hm2 和试件 hm4 达到峰值荷载时未进入塑性发展阶段,而其他两个试件比较明显进入了塑性发展阶段。其中，试件 hm3 的应力—位移曲线与试件 hm2、hm4 的明显不同，这是由于该试件初始缺陷过大所致，试件 hm4 表现出较为明显的失稳破坏特征。

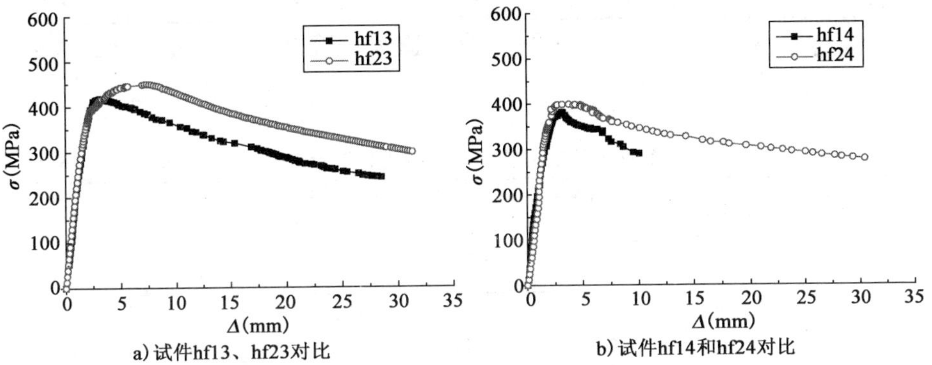

图 8.19　不同弯曲半径试件的平均应力—位移曲线

从图 8.19 可以看出，虽然各对比试件的 U 形肋弯曲半径有所不同，但试件 hf13 和试件 hf23，试件 hf14 和试件 hf24 的应力—位移曲线走势基本一致，峰值应力略有差别，应力下降阶段曲线有所差异，而局部稳定构件承载力与板件宽厚比直接相关，说明较大的 U 形肋腹板和上翼缘的弯曲半径可使板件宽度变大。

2. 稳定承载力

根据钢材的屈服强度和抗拉强度计算 U 形肋加劲板试件的承载力，与试验得到的稳定承载力进行比较，具体见表 8.4、表 8.5。从表中可以发现，当 h/t_u 为 17.5 时，采用抗拉强度换算的试件承载力与试验得到的稳定承载力基本一致；当 b_x/t_m 为 17.5 时，采用抗拉强度计算得到的承载力更接近试验结果。可见，不考虑稳定折减时，局部板件的承载力与整个构件承载力计算不同，板件屈服后将形成薄膜拉应力，可以利用钢材的强化阶段。因此，用实测屈服强度计算的局部板件承载力偏于安全，而采用实测抗拉强度计算的局部板件承载力比较接近实际数值。

U 形肋腹板试件稳定承载力计算结果比较　　表 8.4

试件编号	h/t_u	$P_{y,m}$(kN)	$P_{y,u}$(kN)	$P_{y,exp}$(kN)	φ_m	φ_u
hf11	17.5	2 505.9	3 495.1	3 480.0	1.4	1.0
hf12	22.5	2 669.1	3 764.5	3 477.0	1.3	0.9
hf13	27.5	2 893.1	4 035.1	3 225.0	1.1	0.8
hf14	32.5	3 091.3	4 311.6	3 138.0	1.0	0.7

续上表

试件编号	h/t_u	$P_{y,m}$(kN)	$P_{y,u}$(kN)	$P_{y,exp}$(kN)	φ_m	φ_u
hf23	27.5	2 922.6	4 076.2	3 450.0	1.2	0.8
hf24	32.5	3 118.1	4 348.9	3 280.0	1.1	0.8

注：$P_{y,u}$为按钢材抗拉强度计算的承载力；$P_{y,m}$为按钢材实际屈服强度计算的承载力；$P_{y,exp}$为试验承载力；$\varphi_m=\dfrac{P_{y,exp}}{P_{y,m}}$；$\varphi_u=\dfrac{P_{y,exp}}{P_{y,u}}$。

被加劲板壁板试件稳定承载力计算结果比较 表 8.5

试件编号	h/t_u	$P_{y,m}$(kN)	$P_{y,u}$(kN)	$P_{y,exp}$(kN)	φ_m	φ_u
hm1	17.5	2 441.5	3 396.9	3 243.0	1.2	1.0
hm2	22.5	2 689.9	3 742.5	3 356.0	1.1	0.9
hm3	27.5	2 938.3	4 088.1	3 454.0	1.1	0.8
hm4	32.5	3 186.7	4 433.7	3 659.0	1.0	0.8

3. 局部稳定折减系数

分别以屈服强度和抗拉强度得到试件稳定承载力，与试验得到承载力相比，得到局部稳定折减系数 φ_m、φ_u。图 8.20 为局部稳定折减系数与板件相对宽厚比 $\bar{\lambda}_p$ 的关系曲线。其中，$\bar{\lambda}_p=1.05\left(\dfrac{b_p}{t}\right)\sqrt{\dfrac{f_y}{E}\dfrac{1}{\kappa}}$；$b_p$ 为板宽；t 为板厚；E 为弹性模量；κ 为弹性屈曲系数。从图 8.20a) 可看出，φ_m 随着板件相对宽厚比的增大而减小，试验曲线均处于欧拉曲线和《公路钢结构桥梁设计规范》(JTG D64—2015)[12] 中给出的曲线上端。从图 8.20b) 可看出，φ_u 值同样随着板件相对宽厚比的增大而减小，试验曲线均处于欧拉曲线下方，h/t_u 为 17.5 时，U 形肋腹板的 φ_u 值为 1，发生强度破坏，其他试件的 φ_u 值均小于 1，试件在加载过程中均出现

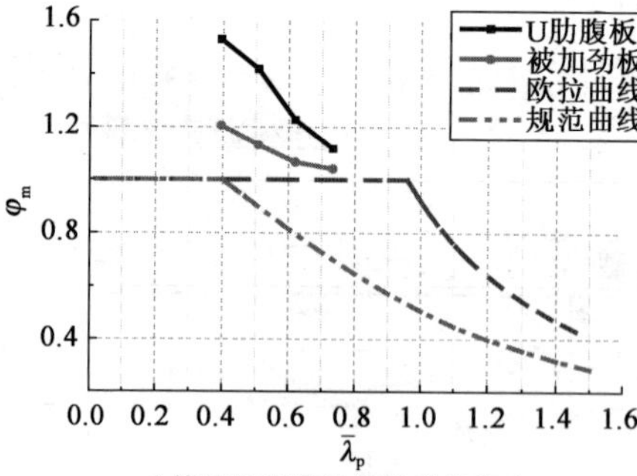

a) 按屈服强度计算板件承载力

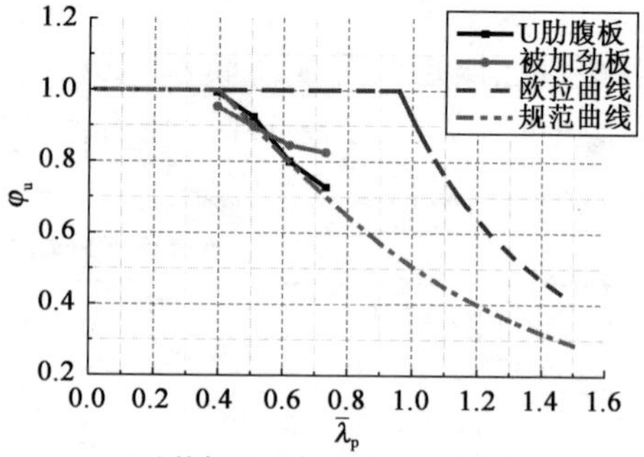

b) 按极限强度计算板件承载力

图 8.20 局部稳定折减系数与相对宽厚比关系曲线

弹塑性屈曲。U 形肋腹板 φ_u 试验曲线和规范曲线基本吻合，被加劲板的 φ_u 试验曲线从开始处于规范曲线下方后转变到规范曲线的上方。对比图 8.20a）、b）可知，采用 JTG D64—2015[12] 计算 U 形肋加劲板局部稳定承载力，其安全系数与钢材的抗拉强度和屈服强度比值相当。

8.2　U 肋加劲板受压局部稳定数值模拟分析

8.2.1　有限元模型

采用可以考虑大变形和材料非线性的 Shell181 壳单元建立有限元模型，U 肋腹板试件和被加劲板试件有限元模型如图 8.21 所示。加载限位端板和试件两端黏结起来，端板的弹性模量扩大 10^4 倍，防止端板变形。模型中考虑残余应力与初始几何缺陷影响，残余应力的分布引用文献[13]中给出的方法，残余应力施加后试件应力云图如图 8.22 所示。局部几何缺陷采用将其第一阶屈曲变形按比例赋予模型中，参考文献[14]给出局部几何缺陷幅值 $\delta = 1/200 \times b$，b 为板宽。

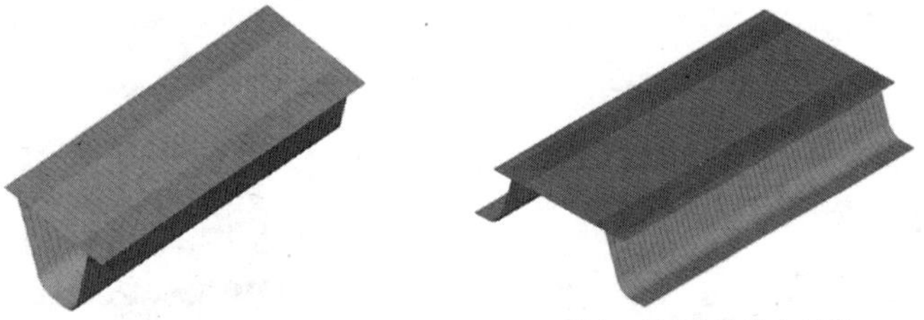

a）U肋腹板稳定试件　　　　b）被加劲板壁板稳定试件

图 8.21　有限元模型

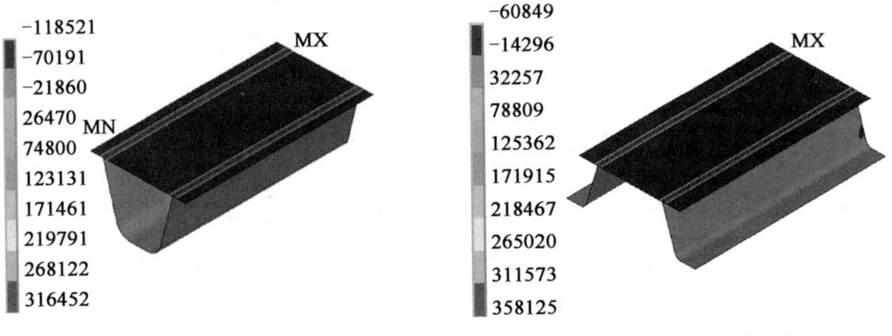

a）U肋腹板稳定试件　　　　b）被加劲板壁板稳定试件

图 8.22　试件施加残余应力后应力云图

8.2.2 试验破坏模式验证

试件不同的破坏模式往往导致不同的承载力，因此，试验破坏模式和有限元破坏模式是否相似，可以初步判定有限元是否正确。由于试件较多，限于篇幅，选取宽厚比较大的试件 hf14 为代表进行加载过程试件变形发展验证。在加载过程中，试件 hf14 有限元计算的变形发展与试验对比如图 8.23 所示。

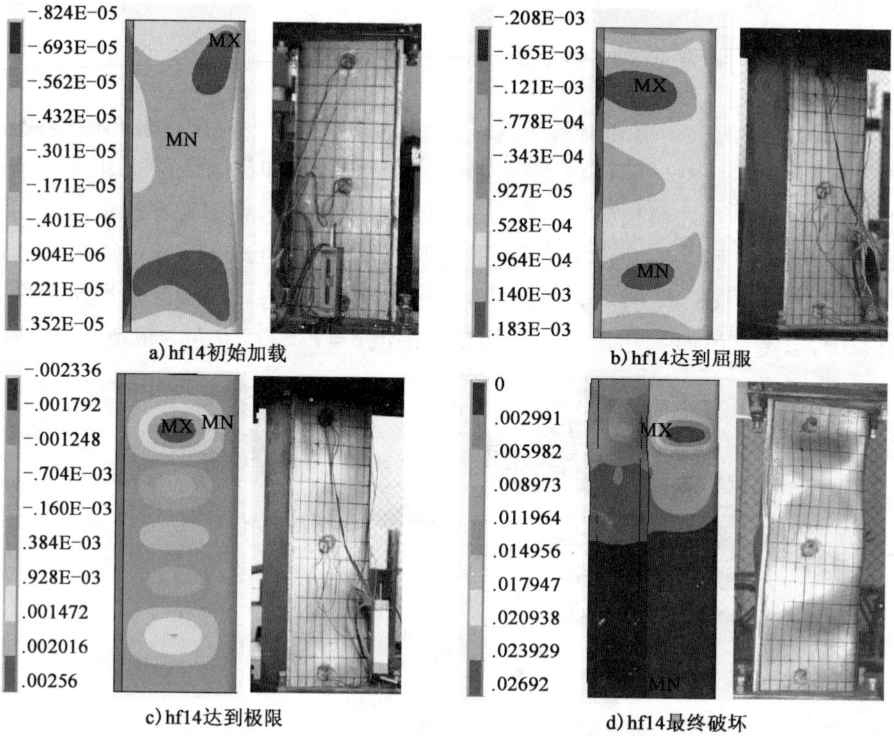

a) hf14初始加载　b) hf14达到屈服

c) hf14达到极限　d) hf14最终破坏

图 8.23　试件变形发展过程对比

从图 8.23 可以看出，试件 hf14 从开始加载到达到峰值过程中发生局部变形过大的现象，说明试件达到峰值的过程中发生的是局部屈曲破坏，之后由于 U 肋腹板宽厚比较大，导致其变形发展较快，最终发生图 8.23d）所示的破坏模式。

U 肋腹板稳定试件组各试件试验破坏时状态图与有限元中达到峰值时的应力和破坏变形图如图 8.24 所示。从图中可以看出，试件 hf11 靠近支撑端附近变形较大，U 肋腹板向内凹，与之相对应的被加劲板向外凸。试件 hj12 的变形和 hf11 的变形类似，只是变形位置有所差别，hf12 的破坏位置发生在加载端附近。试件 hf13 在加载端附近的 U 肋腹板发生向外凸的破坏变形,与有限元破坏变形一致。试件 hf14 的 U 肋腹板在试验中发生波浪式的变形,而有限元在试件

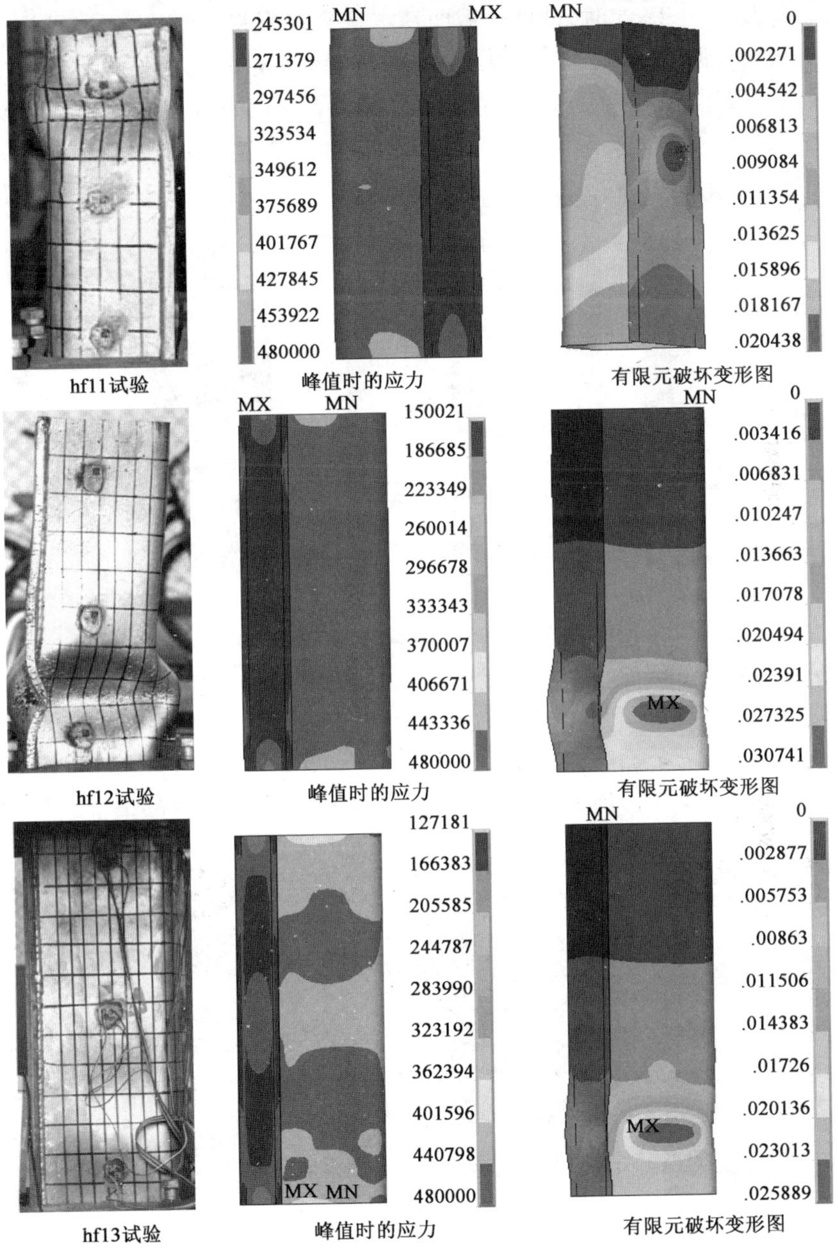

图　8.24

支撑端附近发生 U 肋腹板向外凸的破坏变形，虽然均为 U 肋腹板先破坏，但破坏变形有所差异。从有限元计算结果中可以看出，试件 hf11 和 hf12 达到峰值时，即宽厚比小于 22.5 时，试件全截面基本达到极限强度，发生强度破坏。hf13 与 hf14 达到峰值时，即是宽厚比大于 22.5 时，部分截面未达到极限强度，发生 U 肋腹板失稳破坏，试验与有限元吻合较好。随着宽厚比的增大，试件的破坏模式发生变化，从强度破坏转换为失稳破坏，且失稳破坏随宽厚比的增大越来越明显。

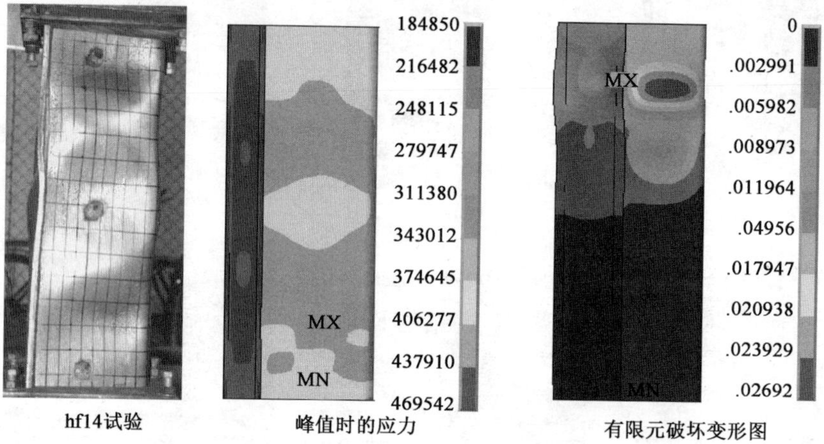

图 8.24　U 肋腹板稳定试件的破坏模式对比

被加劲板稳定试件组各试件试验破坏时状态图与有限元中达到峰值时的应力和破坏变形图对比如图 8.25 所示。从图中可以看出，各试件试验与有限元的最终破坏模式均为被加劲板发生向 U 肋方向的凹起，只是部分试件具体的部位有些偏离中心。对于被加劲板试件来说，试件 hm1 有限元在峰值时，即宽厚比

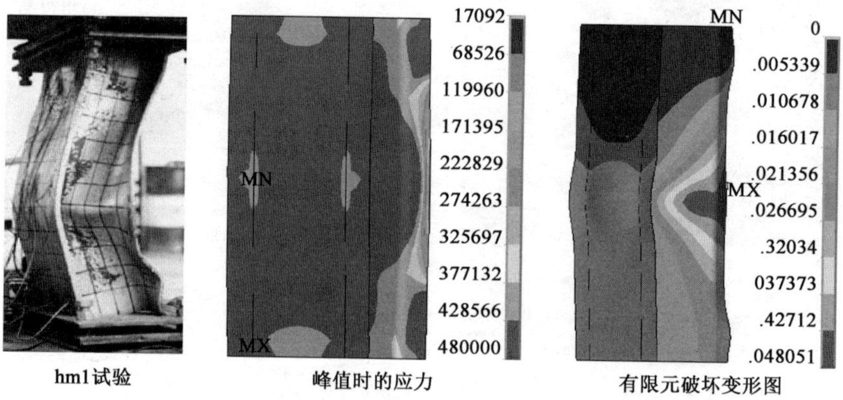

图　8.25

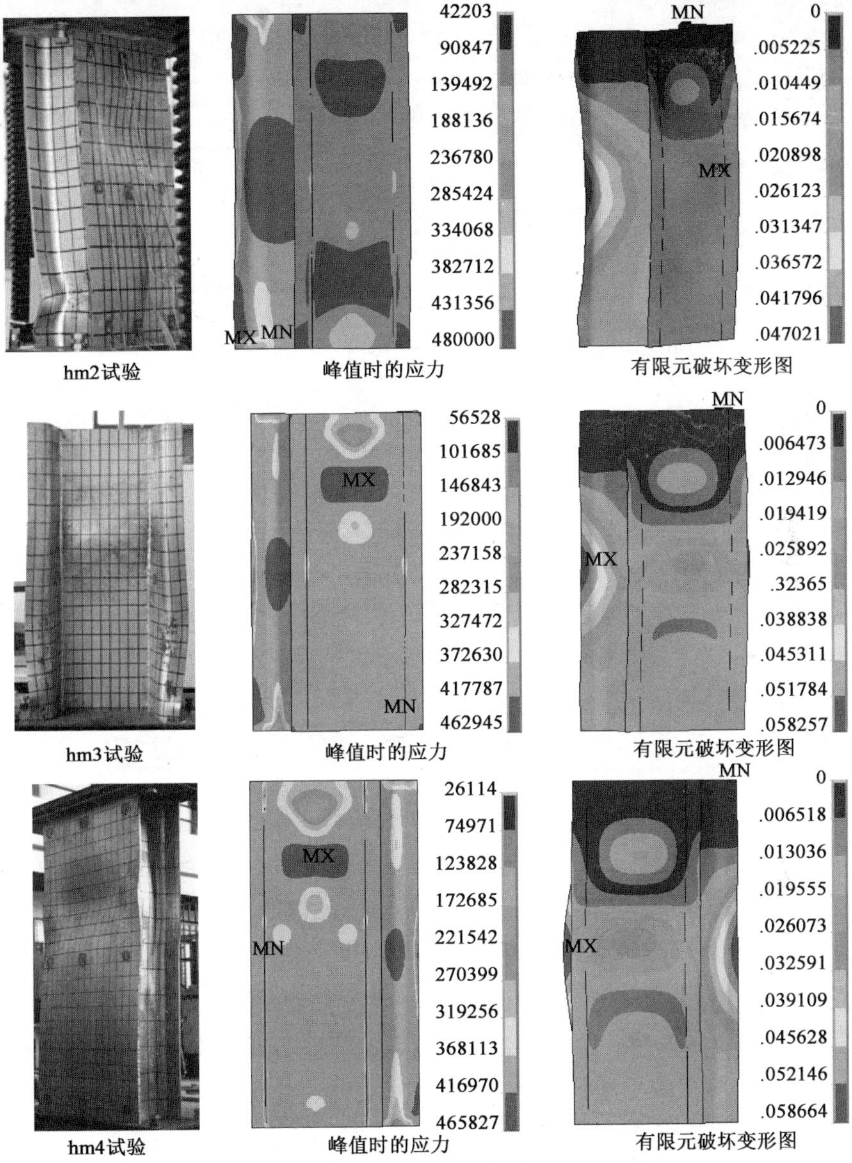

图 8.25 被加劲板稳定试件的破坏模式对比

在 17.5 左右，全截面基本达到极限强度，发生强度破坏，与试验结果相一致。随着宽厚比的增大，即宽厚比大于 17.5，构件在达到其峰值时，只有被加劲板壁板部分和局部 U 肋腹板达到其极限强度，发生局部屈曲破坏，而且这种破坏模式随着被加劲板宽厚比的增大而越来越明显。

8.2.3 试验承载力与荷载—位移曲线验证

U 肋腹板和被加劲板试件组各试件试验测试的荷载—位移曲线与有限元方法对比如图 8.26 和图 8.27 所示。

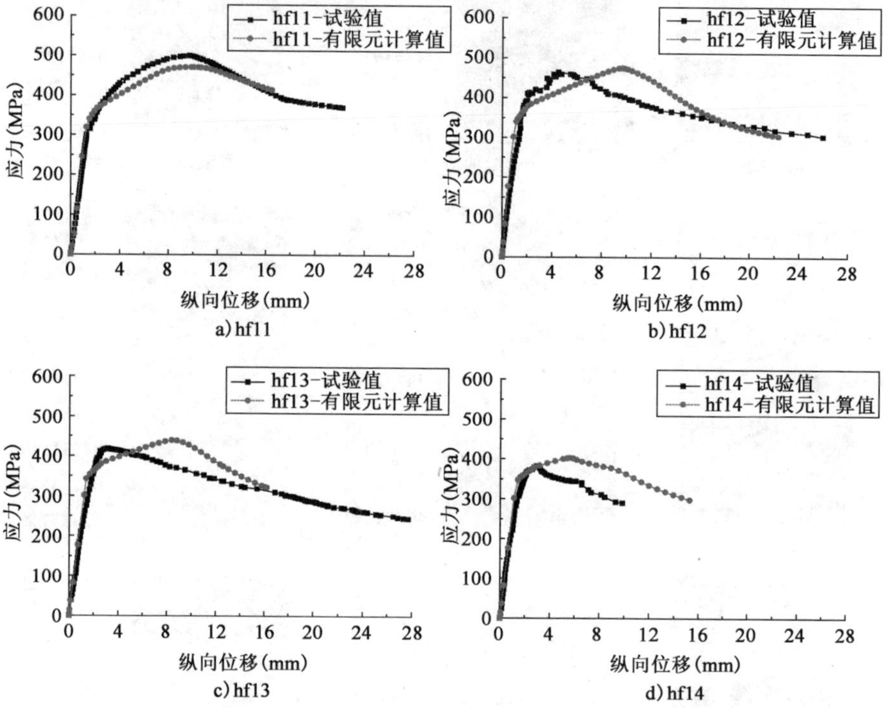

图 8.26 U 肋腹板稳定试件的应力、位移对比

图 8.26 为 U 肋腹板稳定试件的应力—位移曲线对比，从图中可以看出，hf11 试件的试验曲线与有限元曲线基本吻合，发生强度破坏，而试件 hf12、hf13 和 hf14 的有限元与试验曲线有少量偏差。试件 hf11 和 hf12 的试验应力—位移曲线表现和有限元计算曲线有相同的走势，而试件 hf13 和 hf14 试验应力位移曲线首先直线上升达到峰值后直接下降，具有一定的失稳性质，试件 hf14 失稳性质表现得更加明显。

图 8.27 为被加劲板稳定试件的应力—位移曲线对比，从图中可以看出，所有试件荷载峰值和有限元荷载峰值相差不大，试件 hm1、hm2 和 hm3 试验曲线和有限元计算曲线吻合较好，试件 hm4 有限元计算曲线下降较为平缓，没有如

试验中试件所表现出的明显失稳性质。对比试件 hm1、hm2、hm3 和 hm4 的试验得到的应力—位移曲线可以看出，随着被加劲板宽厚比的增大，试验与有限元应力峰值基本呈现下降趋势，试验应力—位移曲线应力强化段越来越小，到构件 hm4 时，基本没有强化阶段，表现出明显的失稳性质。

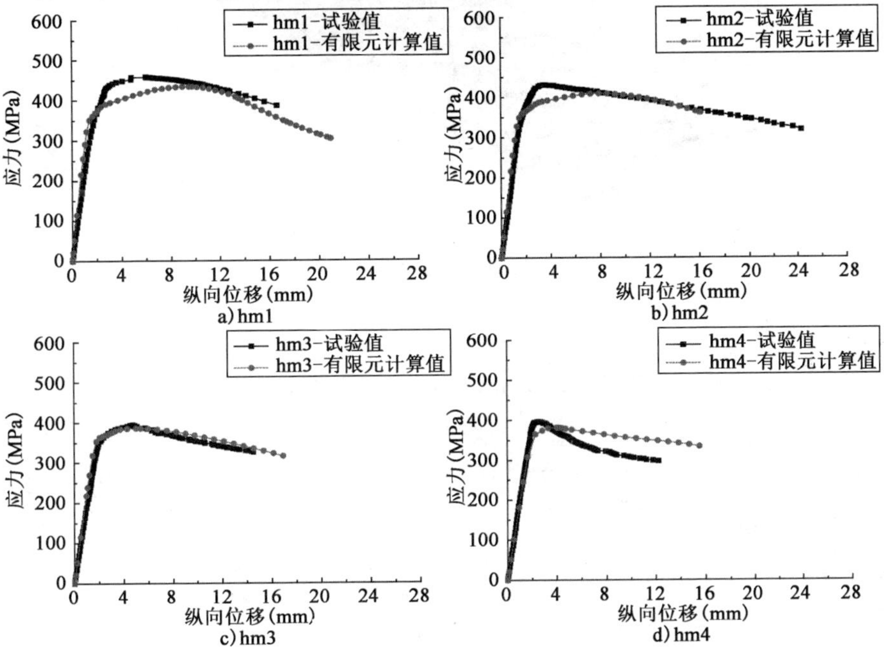

图 8.27 被加劲板稳定试件的应力、位移对比

8.2.4 模型等效分析

理论分析板件局部稳定时，一般按四边简支板分析，有限元分析时也可以采用该简化方式。被加劲板可以简化为支承在 U 肋腹板和两横隔板之间的四边简支板，同时 U 肋腹板也可以看简化为支承在 U 肋翼缘、被加劲板和两横隔板之间的四边简支板。

1. 等效有限元模型

四边简支板长度取与试验模型等长，对于 U 肋腹板试件宽度，为 U 肋腹板与 U 肋翼缘相交圆弧的中点之间的距离，而被加劲板宽度为两 U 肋腹板之间的宽度。模型的四边边界采用简支约束，本构关系、初始缺陷和残余应力的采用同试验模型，有限元模型如图 8.28 所示。

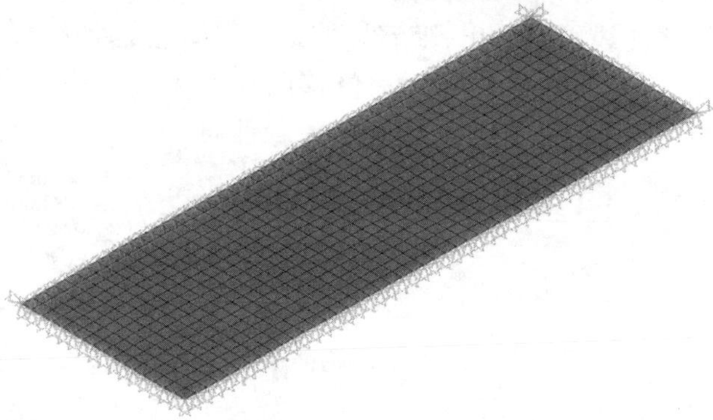

图 8.28　四边简支板有限元模型

2. 结果对比

将试验试件有限元模型与经简化的四边简支板有限元模型的计算结果进行对比，分析两种模型的计算结果是否吻合。两种模型结果对比如图 8.29 所示。

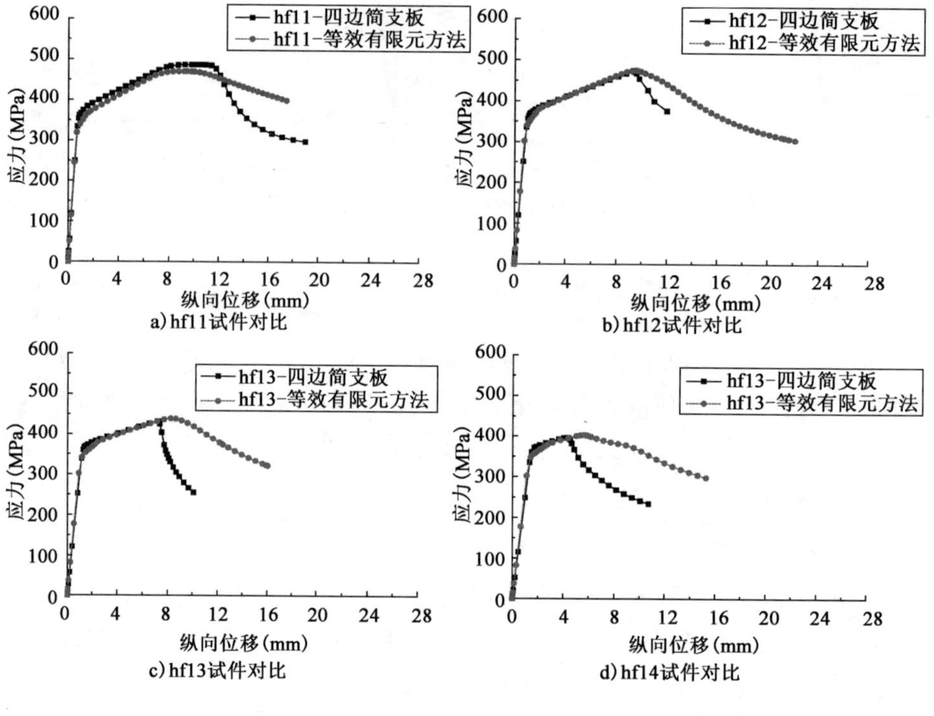

图　8.29

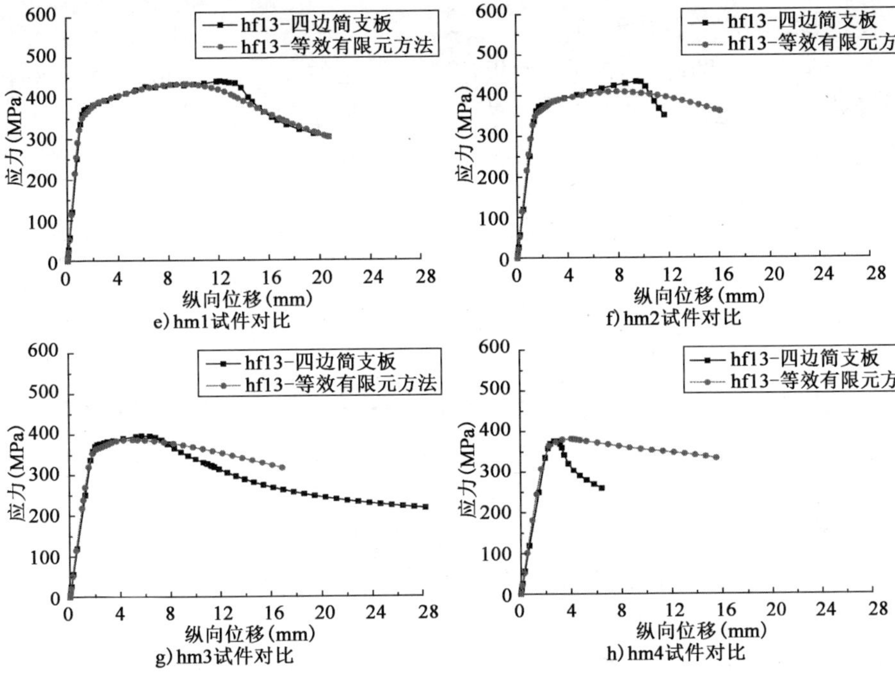

图 8.29　两种模型结果对比

从图 8.29 中可以看出,四边简支板简化模型与试验有限元模型的最大承载力基本相同,两种建模方式得到的荷载—位移曲线在直线段基本重合,达到最大值后,荷载—位移曲线出现差别。其中四边简支板简化模型得到的荷载—位移曲线达到荷载峰值后下降段斜率略大,是由于在试验试模型中还有未发生失稳的板件在继续承载。两者得到的荷载峰值基本相同,说明用四边简支板对构件进行等效在荷载从 0 达到峰值阶段比较吻合,因此可以运用四边简支板来分析 U 肋加劲板试件的稳定承载力。

8.3　本章小结

(1)随着 U 形肋腹板或被加劲板宽厚比的增大,试件由开始的强度破坏转为失稳破坏,宽厚比较大的板件在破坏时失稳变形表现得越明显,当板件宽厚比大于 22.5 时,宽厚比大的先于其他板件失稳。

(2)随着 U 形肋腹板与其翼缘之间的弯曲半径增大,U 形肋腹板计算宽度变大,相应稳定承载力降低。当弯曲半径较小时,在 U 形肋翼缘与腹板交界处,翼缘对腹板的支承接近简支;当弯曲半径比较大时,U形肋腹板的宽度大于在U形肋腹板与翼缘交界处的取值。

(3)随着U形肋腹板和被加劲板试件宽厚比的增大,平均应力逐渐减小。两组试件在宽厚比为17.5时,平均应力—位移曲线发生类似强度破坏的特征。随着试件宽厚比的增大,平均应力—位移曲线达到最大值后瞬间下降,呈现失稳破坏特征,特别是在半径宽厚比较大时。

(4)应用屈服强度计算钢桥规范局部稳定曲线,得到的板件稳定承载力明显小于试验值;应用抗拉强度计算规范局部稳定曲线,得到的板件稳定承载力接近试验值,进一步说明采用钢桥规范计算U形肋加劲板稳定承载力,其安全系数与钢材的抗拉强度和屈服强度比值相当。

(5)采用试件的材性试验数据,考虑残余应力与初始几何缺陷(板宽的1/200)分别建立U肋加劲板的被加劲板和U肋腹板局部稳定试验试件的有限元数值模拟模型,试验验证表明该模拟方法是正确的。

(6)对于U肋腹板稳定试件来说,试验试件的破坏形式和有限元数值模拟结果基本一致,只是试件的变形有所差异。试件腹板宽度比为17.5时,试验与有限元荷载—位移曲线符合较好,发生强度破坏;试件腹板宽度比大于或等于22.5时,试验与有限元荷载—位移曲线有少量偏差,但是稳定承载力基本吻合。

(7)对于被加劲板壁板稳定试件来说,试验试件与有限元的最终破坏模式均为被加劲板发生向U肋方向的凹起,只是部分试件具体的部位有些偏离中心。除被加劲板宽厚比为32.5的试件,试验和有限元荷载—位移曲线均吻合较好,该试件有限元计算曲线下降较为平缓,没有如试验中试件所表现出的明显失稳性质。

(8)采用考虑残余应力和计入板宽1/200的初始几何缺陷的四边简支板来等效模拟U肋加劲板被加劲板和U肋腹板局部稳定承载力,分析表明,四边简支板简化模型和试验试件有限元模型的荷载—位移曲线从开始到峰值吻合较好,在下降段四边简支板模型曲线斜率相对较大,两个模型计算的稳定承载力吻合较好。

本章参考文献

[1] SHIN D K, LE V A, KIM K. In-plane ultimate compressive strengths of HPS deck panel system stiffened with U-shaped ribs [J]. Thin-Walled Structures, 2013, 63: 70-81.

[2] 李立峰,邵旭东. 扁平钢箱梁闭口U形加劲板屈曲特性理论分析[J]. 公路交通科技,

2008,3(25):88-92.
[3] 吴冲，曾明根，冯凌云. 苏通大桥正交异形板局部模型极限承载力试验[J]. 桥梁建设，2006,36(2):21-23.
[4] Chen S J,Yang K C. Inelastic behavior of orthotropic steel deck stiffened by U-shaped stiffeners[J]. Thin-Walled Structures, 2002,40(6):537-553.
[5] Chou C C,Uang C M,Seible F. Experimental evaluation of compressive behavior of orthotropic steel plates for the new San Francisco-Oakland Bay Bridge[J]. Journal of Bridge Engineering, ASCE, 2006,11(2):140-150.
[6] 狄瑾,周绪红,吕忠达,等. 正交异性钢箱梁U型肋加劲钢板极限承载力试验[J]. 中国公路学报, 2009,22(2):59-64.
[7] 李元齐,王树坤,沈祖炎,等.高强冷弯薄壁型钢卷边槽形截面轴压构件试验研究及承载力分析[J].建筑结构学报,2010,31(11):17-25.
[8] 姚行友,李元齐.冷弯薄壁型钢卷边槽形截面构件畸变屈曲控制研究[J].建筑结构学报,2014,35(6):93-101.
[9] 李立峰,邵旭东.正交异性闭口加劲钢板的承载力分析理论及试验研究[J]. 土木工程学报,2007, 6(40): 43-48.
[10] 陈绍蕃.柱段试验与钢压杆的局部—整体相关屈曲[J].建筑钢结构进展,2013,15(2):1-5.
[11] 中华人民共和国国家标准. GB/T 228. 1—2010 金属材料 拉伸试验 第1部分:室温试验方法[S].北京:中国标准出版社,2010.
[12] 中华人民共和国行业标准. JTG D64—2015 公路钢结构桥梁设计规范[S].北京:人民交通出版社股份有限公司,2015.
[13] 郭智勇.混合钢U肋加劲板焊接残余应力研究[D].福州:福州大学,2013.
[14] 赵秋,翟战胜,王捷,等. 基于数值模拟方法的U肋加劲板初始几何缺陷研究[J]. 公路交通科技, 2016, 33(1): 64-69.

第9章 U肋加劲板整体稳定研究

带U肋的加劲板由于其抗扭性能好,刚度较大,用钢量和焊接量少,屈曲稳定性能好等优点经常作为钢箱梁的顶底板[1]。如果将其应用在斜拉桥和自锚式悬索桥的主梁以及梁式桥的受压翼缘上,加劲板的受压稳定问题将变得比较突出[2]。早在2002年,台湾学者 Sheng-Jin Chen,Kuo-Chen Yang 进行了U肋加劲板的抗压承载力试验,得到了防止板件局部屈曲所对应的U肋和被加劲板宽厚比限值[3]。吴冲等在进行苏通大桥钢箱梁设计时,截取钢箱梁顶底板节段—U肋加劲板按1∶2.5的比例进行缩尺,完成了抗压承载力试验,得到了U肋加劲板试件的抗压极限承载力[4]。C. C. Chou 等以旧金山—奥克兰海湾大桥为背景,对U肋加劲板的设计强度进行了检验,试件先表现为整体失稳,而后被加劲板与U肋局部失稳破坏[5]。李立峰、邵旭东研究了U肋加劲板的非线性稳定,设计了3种不同形式的6块U肋加劲板,对它们进行了稳定承载力试验,得到加劲板的破坏形态、极限承载力大小和荷载—位移关系曲线[6]。狄谨以杭州湾跨海大桥为工程背景,对扁平钢箱梁中的U肋加劲板进行缩尺,对不同构造尺寸的试件进行极限承载力试验,得到U肋加劲板尺寸变化对极限承载力和破坏模态的影响[7]。

上述研究对象是针对U肋与被加劲板为等强钢情况,如果根据U肋和被加劲板作用的不同采用不同强度等级的钢材设计,充分发挥材料的使用效率,可降低工程造价,该U肋加劲板称为混合钢U肋加劲板。本章通过变换U肋加劲板的构造尺寸和钢材强度等级组合,对混合钢U肋加劲板的受压稳定性能进行研究,以期掌握受压混合钢U肋加劲板的受力机理与稳定承载能力。

9.1 稳定承载力试验研究

9.1.1 试验方案

1. 构件设计

在钢箱梁顶底板稳定承载力计算时,可将其简化为简支在腹板和横隔板上的四边简支加劲板[8]。在保证四边简支加劲钢板长度 a 不变而宽度 b 变化的情况下,四边简支加劲钢板临界屈曲应力σ_{cr}随长宽比a/b变化曲线见图9.1。从图9.1中可以看出,随着加劲钢板长宽比的减小,加劲钢板临界屈曲应力的减小幅度逐渐减小,当加劲钢板的长宽比小于0.5时,加劲钢板临界屈曲应力基本不变。也就是说,当钢箱梁腹板间距或纵隔板间距大于横隔板间距2倍以上时,腹板简支约束对加劲钢板稳定性能影响变小,受压破坏模态趋于柱式破坏。这样,单向受压四边简支加劲钢板可进一步简化为单根加劲肋与其相邻部分加劲钢板组成的单根U形肋加劲钢板,按两端简支的轴心受压构件计算。常用的钢箱梁结构,大部分满足这一条件,这也便于结构试验中试件边界条件的模拟。

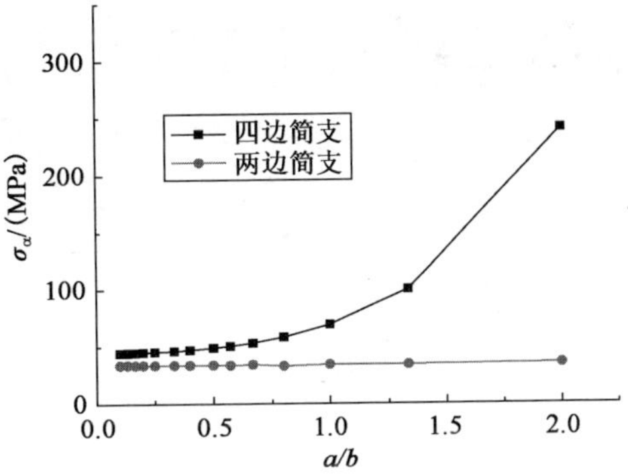

图9.1 加劲钢板临界屈曲应力随长宽比变化曲线

在试件设计时,在钢箱梁的顶板或底板横桥向选取含有3个U形肋的加劲钢板宽度,纵桥向选取两横隔板间距作为混合强度U形肋加劲钢板研究对象,并统计以往工程上所采用的U形肋加劲钢板尺寸,通过变换加劲钢板尺寸和不同强度钢材组合,共设计3组9个混合强度U形肋加劲钢板试件,其中同组U形肋加劲钢板具有相同强度组合。试件主要变化参数为被加劲板与U形肋的钢材强度组合、U形肋下缘宽、U形肋腹板高度和被加劲板厚度4个参数。试件按实际尺寸的1∶2.5进行缩尺,缩尺后试件长为1.6m,宽度根据U形肋尺寸的不同而定,试件主要设计参数见表9.1,图9.2为加劲钢板的断面示意。

试件设计参数变化表 表9.1

试件		钢材强度等级		t_m (mm)	t_u (mm)	b_s (mm)	b_x (mm)	h (mm)
分组	编号	被加劲板	U形肋					
Hj1	Hj1-1	Q345	Q235	8	4	74	120	100
	Hj1-2	Q345	Q235	10	4	64	120	120
	Hj1-3	Q345	Q235	8	4	104	160	100
Hj2	Hj2-1	Q235	Q345	8	4	74	120	100
	Hj2-2	Q235	Q345	10	4	64	120	120
	Hj2-3	Q235	Q345	8	4	104	160	100

续上表

试件		钢材强度等级		t_m	t_u	b_s	b_x	h
分组	编号	被加劲板	U 形肋	(mm)	(mm)	(mm)	(mm)	(mm)
Hj3	Hj3-1	Q345	Q345	8	4	74	120	100
	Hj3-2	Q345	Q345	10	4	64	120	120
	Hj3-3	Q345	Q345	8	4	104	160	100

注:试件高度均为 1 600mm。

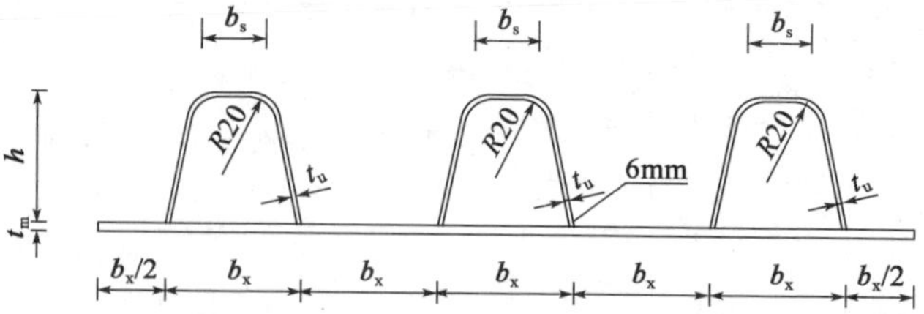

图 9.2 试件断面示意

2. 边界条件

为了模拟试件两边铰接的情况,在试件加载端和支承端设置了圆钢转动装置,释放平面外方向(绕 Y 轴)的转角,加载装置见图 9.3a)。

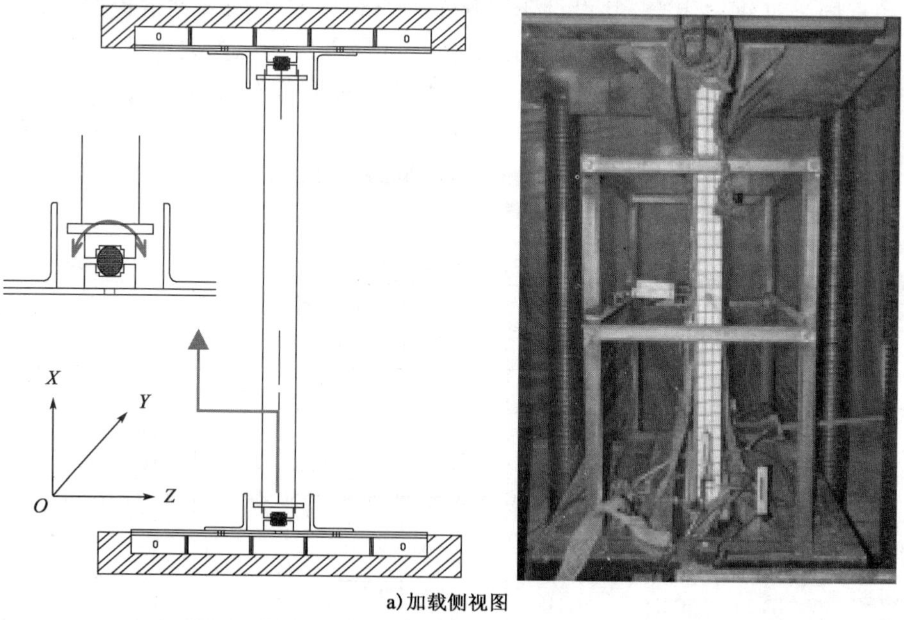

a)加载侧视图

图 9.3

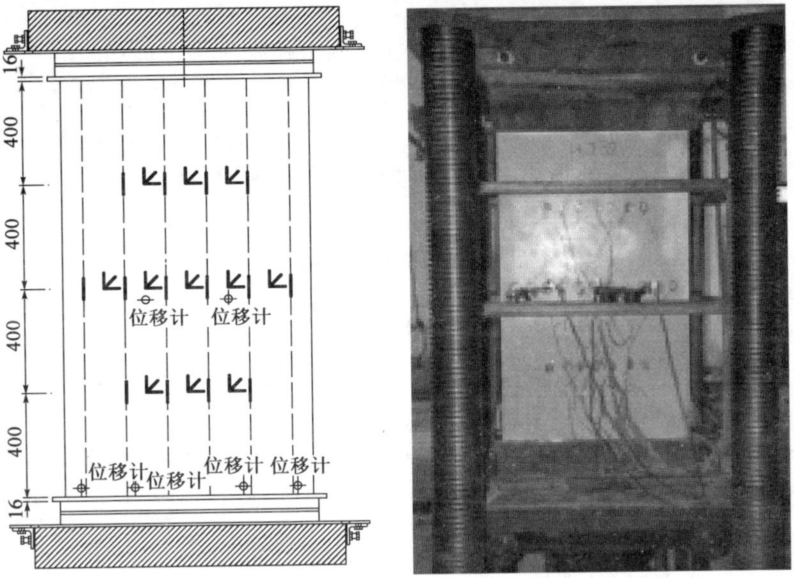

b)加载正视及测点布置正面

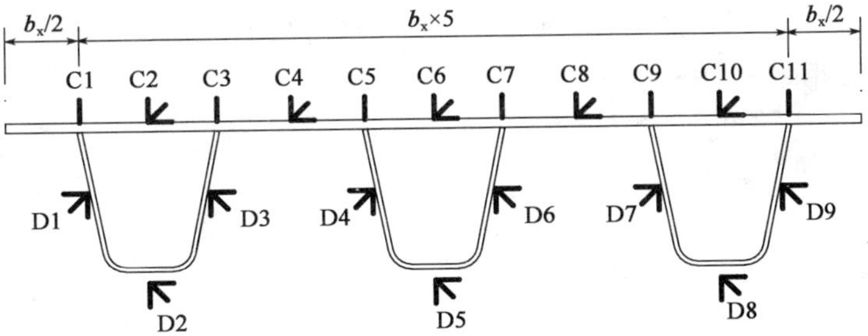

c)L/2截面应变测点布置

图 9.3　加载装置与测点布置图

注:C1 ~ C11 为应变片,D1 ~ D9 为位移计。

3. 测试内容与测点布置

通过在试件前后布置 6 个位移计来测试沿试件长度方向的位移,其中 4 个布置在加劲钢板端板靠近加劲肋处,2 个布置在加载平台上;在试件中间 $L/2$ 截面处左中右布置 3 个位移计测量面外位移,位移计量程为 100mm,如图 9.3b)所示。应变片布置在试件 $L/4$、$L/2$、$3L/4$ 三个截面上,以 $L/2$ 截面为例,应变片横断面布置如图 9.3c)所示。

4. 加载方案

试验加载设备采用10 000kN电液伺服长柱压力试验机。在正式加载前,先进行预加载,以消除加载装置之间的初始空隙,在预压过程中,检查各种仪器是否正常工作,并通过仪器读数检查构件是否均匀受压,如不均匀受压,则通过薄钢片进行调节,直至构件均匀受压为止。预压完成后,进行正式加载,采取分级单调加载,加载初期每级荷载增量为100kN,当总荷载大于估算极限荷载值的50%时,采用位移加载,加载速率0.2mm/min,直至试件破坏。

9.1.2　试验现象

1. Hj1 组试件

试件Hj1-1试件加载过程中,荷载在达到峰值荷载之前,没出现较明显的破坏现象。在荷载达到2 320kN(接近峰值)时,开始出现钢材被撕裂的声音,达到峰值(2 517kN)后荷载瞬间下降到1 970kN,中间加劲肋发生屈曲,而两侧两根加劲肋保持完好,整个加劲钢板出现弯向加劲肋方向变形,见图9.4a)。随后荷载继续下降,但是下降速率变得较慢,当荷载从1 960kN下降到1 550kN时,中间和左边的加劲肋均发生屈曲,见图9.4b),当荷载下降到1 130kN左右,3个U形肋均发生屈曲,见图9.4c)、d)。

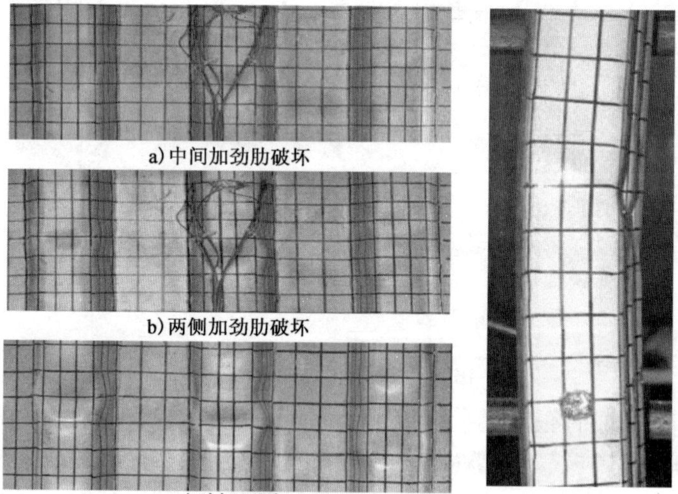

a)中间加劲肋破坏

b)两侧加劲肋破坏

d)破坏正面

c)破坏侧面

图9.4　试件Hj1-1破坏形态

试件Hj1-2加载到2 061kN时,U形肋上端根部和距离上端$L/3$左右截面处油漆剥落，见图9.5a）。之后加载到2 673kN左右（接近峰值荷载）时，两侧U形肋下端根部出现轻微变形，见图9.5b），整个加劲钢板出现弯向加劲肋方向变形。荷载下降到2 540kN，距U形肋下端$L/4$截面的U形肋腹板出现较为明显的变形，见图9.5c）。荷载继续下降到1 930kN，3根U形肋距下端$L/4$截面处全部屈曲，同时被加劲板出现屈曲，转动装置发生较大的转角，见图9.5d）、e）。

a）油漆剥落

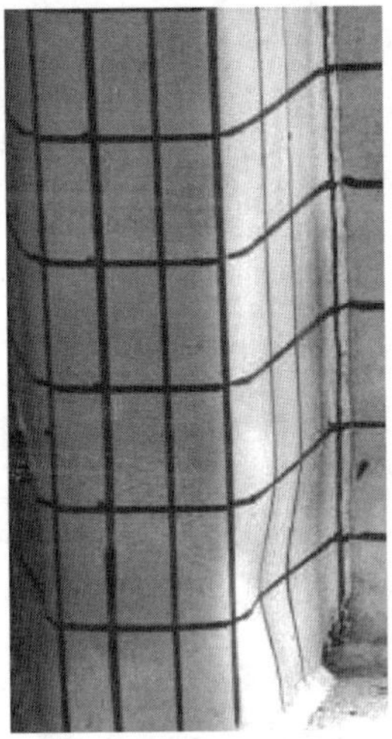

b）根部变形

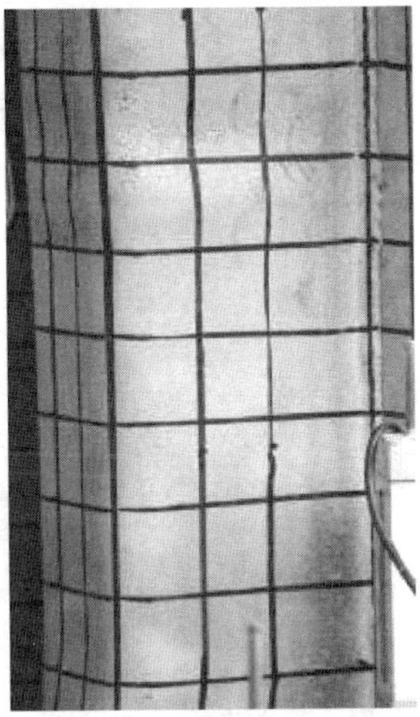

c）腹板屈曲

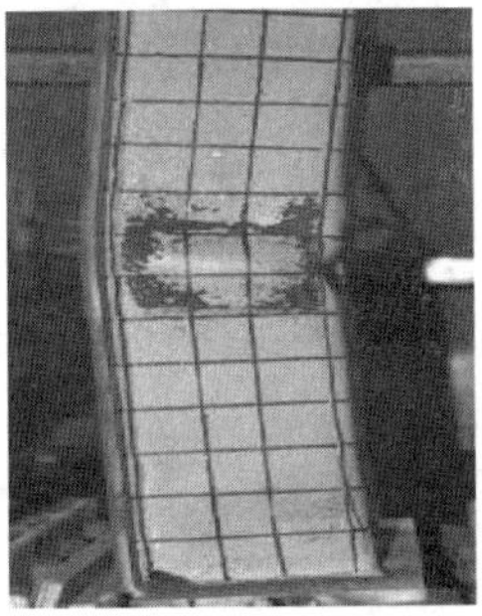

d）破坏侧面

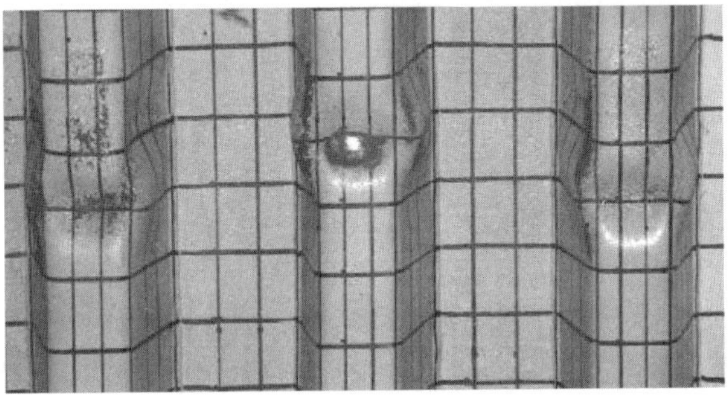

e）破坏正面

图9.5　试件Hj1-2破坏形态

试件Hj1-3试件在荷载达到895kN时，U形肋上下端根部均出现油漆剥落现象，但剥落程度较轻，见图9.6a）。当荷载达到3 440kN时，U形肋下端根部突然出现屈曲，导致试件Hj1-3破坏，荷载达到峰值后由于构件瞬间破坏，只采集到上升段，整个加劲钢板出现不明显的弯向加劲肋方向的变形，见图9.6b）、c）。

a)顶端油漆剥落

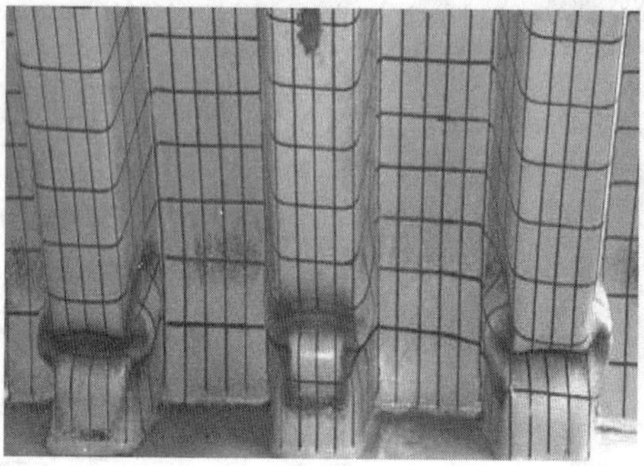

b)破坏正面

c)破坏侧面

图 9.6　试件 Hj1-3 破坏形态

2. Hj2 组试件

试件 Hj2-1 加载到 1 400kN 时,U 形肋下端根部油漆开始剥落,继续加载,油漆剥落面积增大,见图 9.7a)、b)。荷载达到峰值(2 150kN)后,U 形肋下端根部变形较大,其中右边 U 形肋变形最大,中间 U 形肋次之,左边 U 形肋变形最小,见图 9.7c),加劲钢板有向加劲肋弯曲的趋势。随后荷载下降,当荷载下降到 1 860kN 时,3 根 U 形肋下端根部屈曲,荷载瞬间下降到 1 695kN,试件破坏,见图 9.7d),停止加载。

试件 Hj2-2 加载到 2 790kN 时,距 U 形肋下端大约 $L/3$ 截面处的右侧 U 形肋油漆剥落,同时加劲钢板有向被加劲板方向弯曲的趋势,见图 9.8a)。荷载达到峰值(3 241kN)时油漆大面积剥落,弯向变形增大,见图 9.8b)所示。之后荷载慢慢下降,变形越来越大,当荷载下降到 1 950kN 时,试件破坏,见图 9.8c)、d),停止加载。

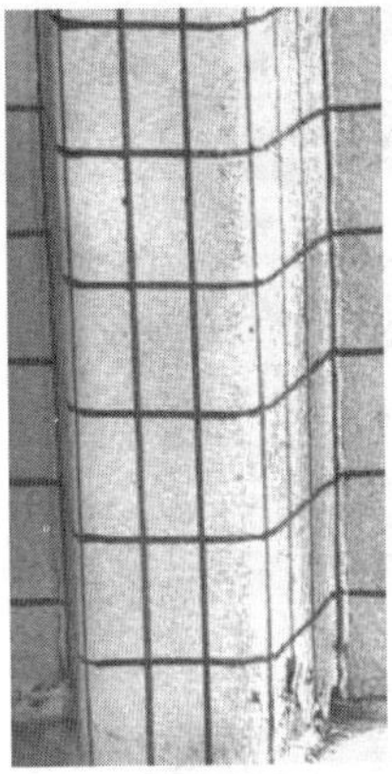

a)油漆剥落（1 400kN）

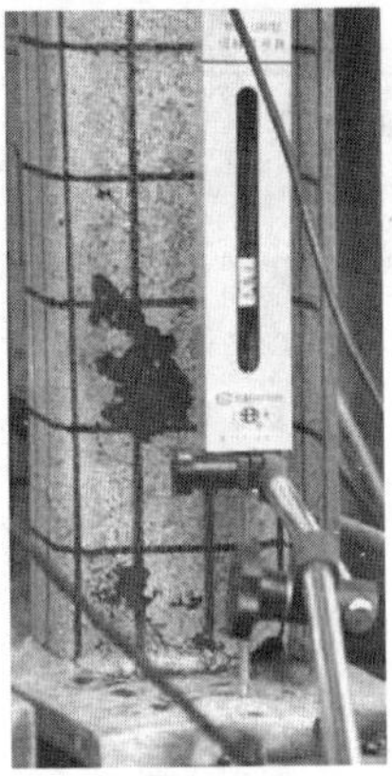

b)油漆剥落（1 640kN）

c)破坏侧面

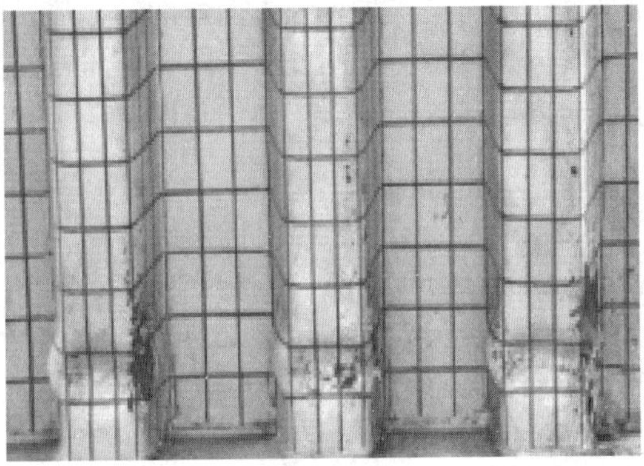

d)破坏正面

图 9.7 试件 Hj2-1 破坏形态

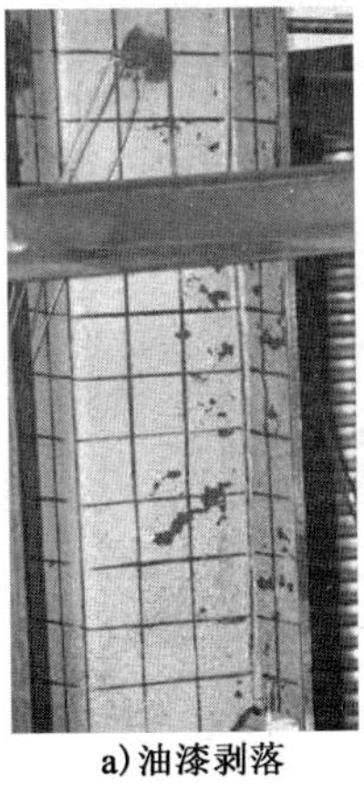

a)油漆剥落

b)整体弯曲

c)破坏侧面

图 9.8

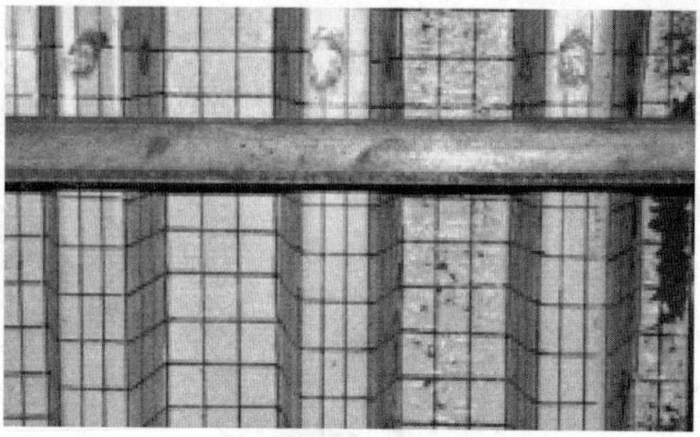

d)破坏正面

图9.8　试件 Hj2-2 破坏形态

试件 Hj2-3 加载到 2 720kN 左右，距 U 形肋下端大约 $L/3$ 截面处的右侧 U 形肋油漆剥落，同时加劲钢板有向被加劲板方向弯曲的趋势，见图 9.9a)。荷载继续增大，当荷载达到峰值(2 810kN)后下降的过程中，弯曲的变形也越来越大，见图 9.9b)。当荷载下降到 2 070kN 时，试件破坏，见图 9.9c)、d)，停止加载。

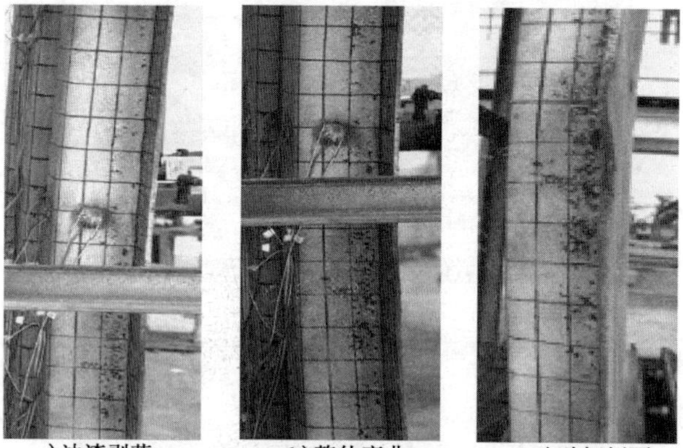

a)油漆剥落　b)整体弯曲　c)破坏侧面

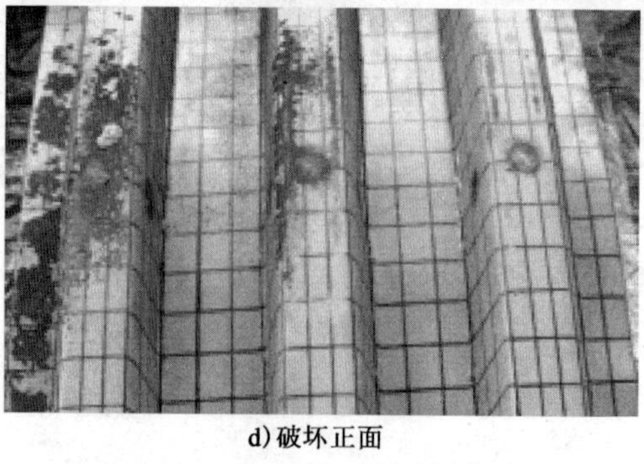

d)破坏正面

图9.9　试件 Hj2-3 破坏形态

3. Hj3 组试件

试件 Hj3-1 加载过程中，首先是 U 形肋上端根部出现油漆剥落现象，程度较轻，见图 9.10a)。当荷载达到 2 800kN(接近峰值)时加劲钢板 $L/2$ 截面处的油漆剥落明显，加劲钢板整体有向被加劲板方向弯曲的趋势，见图 9.10b)。荷载达到峰值后进入下降段，当荷载下降到 1 310kN 时，弯曲变形明显，见图 9.10c)、d)，停止加载。

a)油漆剥落 b)整体弯曲 c)破坏侧面

d)破坏正面

图 9.10 试件 Hj3-1 破坏形态

试件 Hj3-2 加载到峰值荷载(2 960kN)过程中，未见明显现象。荷载达到峰值后，荷载瞬间下降到 873kN，3 根 U 形肋在距下端 $2L/3$ 截面左右发生屈曲失稳，为 U 形肋突然屈曲带动被加劲板向 U 形肋方向弯曲，见图 9.11a)、b)。

试件 Hj3-3 加载到 2 910kN 时，中间加劲肋上端根部有向内凹的趋势，见图 9.12a)。加载到峰值(3 102kN)后，中间和左侧加劲肋突然屈曲，荷载瞬间下降到 2 854kN,右侧加劲肋保持完好,见图 9.12b)。当荷载下降到 2 330kN 时,右侧加劲肋 U 形肋上端根部也发生屈曲,屈曲形式为 U 形肋屈曲带动加劲钢板上端向 U 形肋方向弯曲,见图 9.12c)、d)。

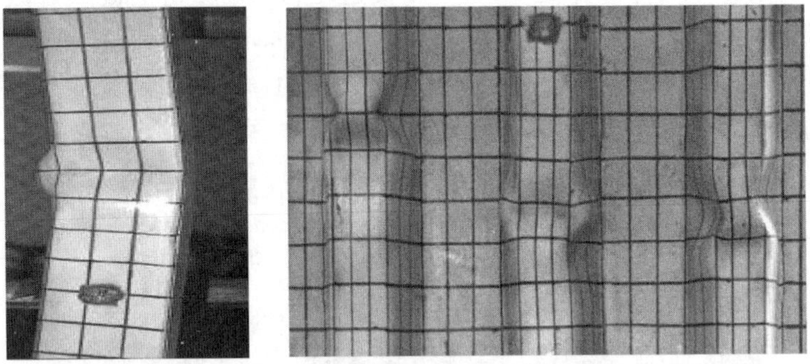

a)破坏侧面　　b)破坏正面

图 9.11　试件 Hj3-2 破坏形态

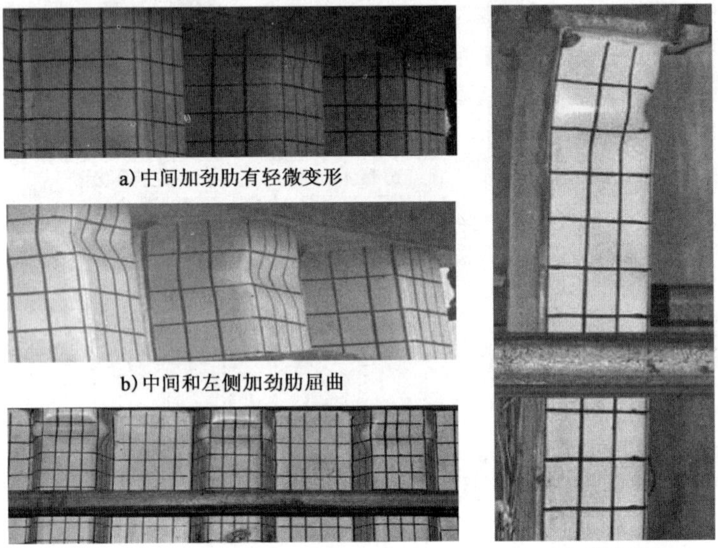

a)中间加劲肋有轻微变形

b)中间和左侧加劲肋屈曲

c)破坏正面　　d)破坏侧面

图 9.12　试件 Hj3-3 破坏形态

9.1.3　试件两端转动约束影响

无论取理想铰,还是在试验中制作的机械铰,杆端约束的差异会导致构件的受压稳定承载力有所不同[8]。当试件发生整体弯曲时,试件两端必然会出现转动。若试件两端未设置转动装置或转动装置受到限制未发生作用时,构件两端不能有效地实现转动,通常会在试件两端形成塑性角,当组成试件板元的宽厚比比较大时,试件端部首先会发生局部屈曲。试件 Hj1-3,Hj2-1,Hj3-3 均因端部发生局部屈曲而破坏,主要是由试件转动约束受到限制导致,其中试件 Hj1-3 的破坏最具有代表性,如图 9.6c)所示。试件 Hj1-3、Hj3-3,在试验中通过螺栓顶在试件端部限制其水平位移,但同时也阻碍了试件的转动,是导致试件端部发生局部屈曲的主要原因,其他试件在试验中去掉了该水平限位装置。

上述现象在其他 U 形肋加劲钢板试验中也同样出现。在文献[5]中,试件两端未设置转动装置,加载时导致试件端部发生局部屈曲。文献[4,6]中,试件两端设置了转动装置但是转动装置被限制,加载时大部分试件发生局部屈曲。

9.1.4　受力及破坏机理分析

对于 U 形肋加劲钢板来说,由于 U 形肋与被加劲板焊接存在焊接残余应力,根据已有的研究[9-11]成果,U 形肋加劲板钢板的初始应力分布如图 9.13 所示。图中 f_y 为被加劲板屈服强度,f_{y2} 为 U 形肋屈服强度,靠近焊缝的残余应力为残余拉应力,远离焊缝的残余应力为残余拉应力。由于构件受压,初始压应力将与加载压应力相叠加,截面上有初始压应力部分首先发生屈服。按照钢材为理想弹塑性的简化假定,屈服部分的刚度将消失,压杆稳定承载力也就取决于剩余刚度。杆件截面上残余应力的大小与残余压应力区的部位,都对压杆的稳定性有着很大的影响。

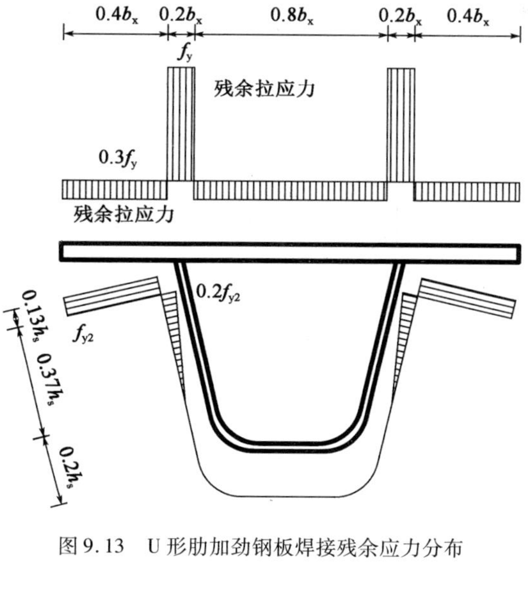

图 9.13　U 形肋加劲钢板焊接残余应力分布

为了简化分析，可以把混合强度 U 形肋加劲钢板看成由等强度钢材组成，其强度均取其中较高的钢材强度等级，假设被加劲板的屈服强度中 f_y = 345MPa，而原混合强度钢材中低强钢可以看成具有等效初始压应力，其初始压应力大小为原混合强度钢材中高强钢与低强钢差值，345 − 235 = 110（MPa）= 0.32f_y。这样的简化，使得原混合强度钢材中低强度部分达到屈服时所需的加载应力与实际混合结构是相同的。因此，混合强度 U 形肋加劲钢板初始应力状态应为焊接残余应力与等效初始压应力之和，见图 9.14a）、b）、c）中第一幅图。图中虚线部分表示加载过程中钢板屈服区域。

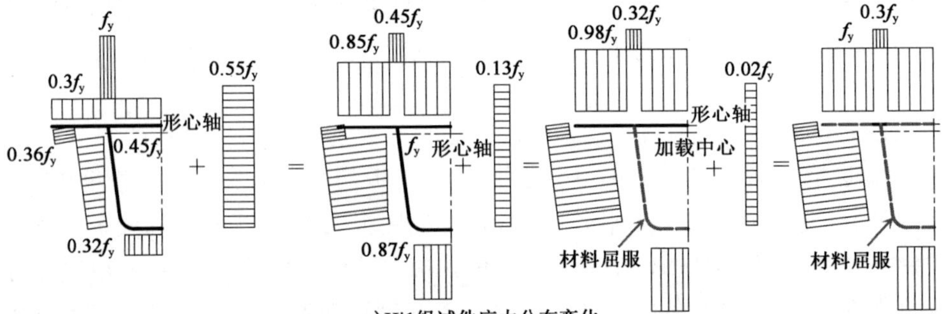

a）Hj1组试件应力分布变化

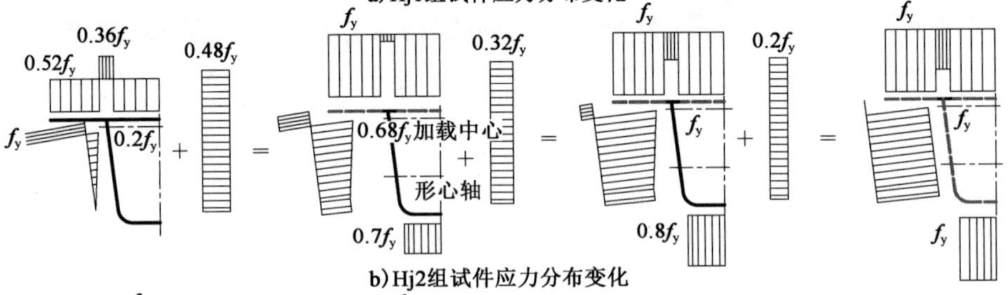

b）Hj2组试件应力分布变化

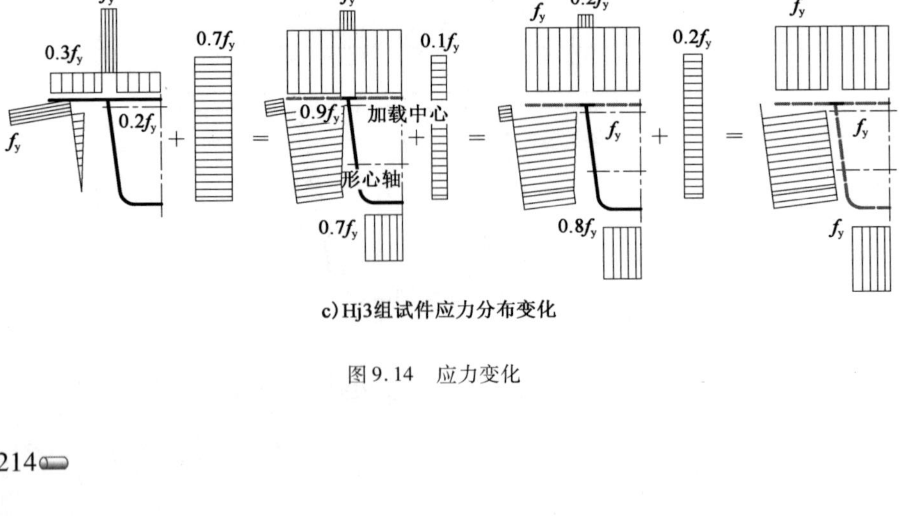

c）Hj3组试件应力分布变化

图 9.14　应力变化

1. Hj1 组试件

Hj1 组试件中被加劲板为 Q345，而 U 形肋为 Q235，施加轴向荷载时，截面应力变化见图 9.14a)。当施加的外应力为 0.55f_y时，U 形肋腹板端部附近有残余压应力区域开始出现屈服，屈服区域逐步向 U 形肋翼缘扩展。随着 U 形肋腹板屈服区域扩大，试件截面形心轴向被加劲板方向移动，加载由轴心加载转变为偏心加载。当外加应力再增加 0.13f_y时，U 形肋除残余拉应力区域外，其他区域全部屈服，截面刚度急剧减小，此时形心轴接近被加劲板的中轴线，加载偏心进一步加大。如果试件还没有发生稳定破坏，当外加应力再增加 0.02f_y时，被加劲板大部分区域发生屈服。从加载应力变化可以看出，U 形肋会先于被加劲板屈服，从而产生偏心加载和截面刚度减小。结合试件各组成板件的宽厚比，该组试件的 U 形肋腹板或翼缘首先发生材料屈服或局部屈曲，从而导致试件发生整体破坏，破坏模式见图 9.15c)、e)。

2. Hj2 组试件

Hj2 组被加劲板为 Q235，而 U 形肋为 Q345，施加轴向荷载时，截面应力变化见图 9.14b)。当外加应力达到 0.48f_y时，被加劲板首先屈服，截面刚度急剧减小，形心轴向 U 形肋翼缘方向偏移，加载由轴心加载转变为偏心加载。外应力再增加 0.32f_y时，U 形肋腹板部分开始屈服，此时形心继续向 U 形肋翼缘方向偏移，当外应力再增加 0.2f_y后，除残余拉应力外的区域外均达到屈服。该组试件的被加劲板发生材料屈服时的外加应力较低，因此会更多地表现为弯向被加劲板方向的破坏模式，如图 9.15d) 所示，试件 Hj2-2、Hj2-3 均是这种破坏模式。如果 U 形肋腹板和翼缘的宽厚比较大，当加载应力未达到 0.48f_y时，也就是被加劲板材料未屈服时，U 形肋发生局部失稳，并导致最终的整体失稳出现，失稳模式见图 9.15c)、e)。

3. Hj3 组试件

Hj3 组试件的被加劲板和 U 形肋均为 Q345 钢材，施加轴向荷载时，截面应力变化见图 9.14c)。当外加应力达到 0.7f_y时，被加劲板有残余压应力部分首先屈服，截面刚度急剧减小，此时形心轴向 U 形肋翼缘方向移动，加载由轴心加载转变为偏心加载。如果试件没有因为失稳而破坏，当外加应力再增加 0.1f_y，U 形肋腹板屈服，外加应力再增加 0.2f_y，U 形肋除残余拉应力区外全部屈服。试件 Hj3-2、Hj3-3 相对试件 Hj3-1，U 形肋腹板和翼缘的宽厚比较大，当加载应力未达到 0.7f_y时，也就是被加劲板材料未屈服时，U 形肋首先发生局部失稳，并导致最终的整体失稳出现,失稳模式见图 9.15c)、e)。而试件 Hj2-1 加载至被加劲板出现屈服,从而产生偏心加载,最终出现图 9.15d)所示的破坏模式。若被加劲板宽厚比较大,被加劲板会出现局部屈曲,而不是材料屈服,被加劲板也会发生图 9.15d)所示的破坏模式。

综上所述,由于混合强度 U 形肋加劲钢板为非对称结构,其 U 形肋和被加劲板的不同钢材强度组合以及焊接残余应力分布与大小将直接影响受压过程中的截面刚度和加载偏心变化,从而导致混合强度 U 形肋加劲钢板不同的受压破坏模式。如果当混合强度 U 形肋加劲钢板构件的长细比较大,当各组成板件的宽厚比较小时,会出现如图 9.15a)、图 9.15b)所示的整体失稳模式。如果再考虑试件的几何缺陷和加载偏心,试件的破坏机理更加复杂,但最终的破坏模式离不开如图 9.15 中这 5 种模式。试验中发生了图 9.15b)、c)、e)这 3 种破坏模式,说明了理论上的正确性,其他两种破坏模式由于试件数量较少,加上初始缺陷分布有所差异没有发生。

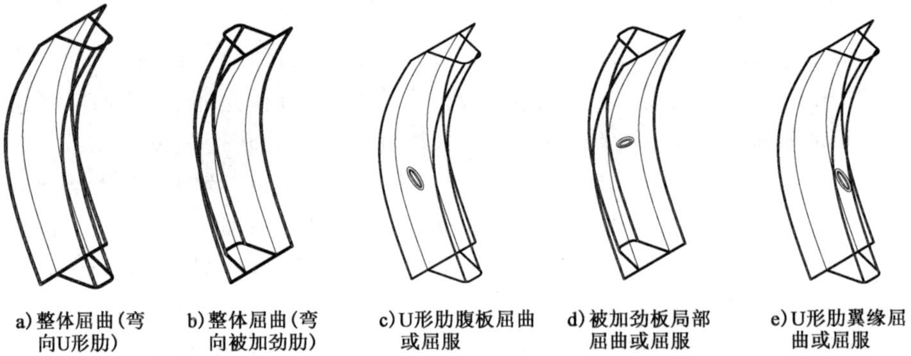

图 9.15　各种破坏模式

9.1.5　荷载—位移曲线分析

为了对比不同断面尺寸的试件承载力,荷载—位移曲线中的荷载除以试件断面面积,得到截面平均应力。3 组试件受压过程的平均应力 σ_{avg}—位移曲线实测值见图 9.16 ~ 图 9.18,面外位移以试件中心处被加劲板偏离加劲肋的方向为正。

由图 9.16a)看出,平均应力—位移曲线先直线上升,平均应力达到 244MPa($0.7f_y$,这里 f_y 取为 345MPa,下同)后,试件 Hj1-1 和 Hj1-2 出现屈服台阶,其中 Hj1-2 较为明显,之后当平均应力达到最大值后急速下降,试件 Hj1-1 发生 U 形肋翼缘屈曲，试件 Hj1-2 发生 U 形肋腹板失稳。试件 Hj1-3 由于转动装置受约束，其 U 形肋屈曲的部位发生在 U 形肋根部，且平均应力高于另外两个试件。由图 9.16b) 可看出，Hj1-3 面外位移曲线也和其他两个不同，试件 Hj1-1、Hj1-2 面外位移均为正方向，而试件 Hj1-3 面外位移有向负方向变化的趋势。

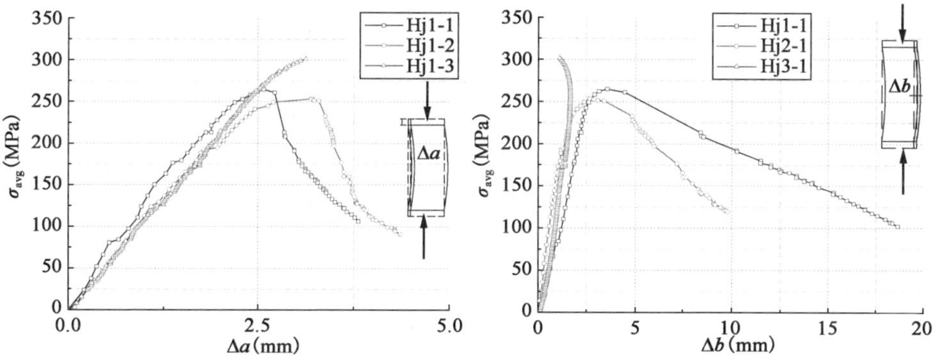

a) Hj1组试件平均应力—纵向位移曲线　　b) Hj1组试件平均应力—平面外位移曲线

图 9.16　Hj1 组试件平均应力—位移曲线

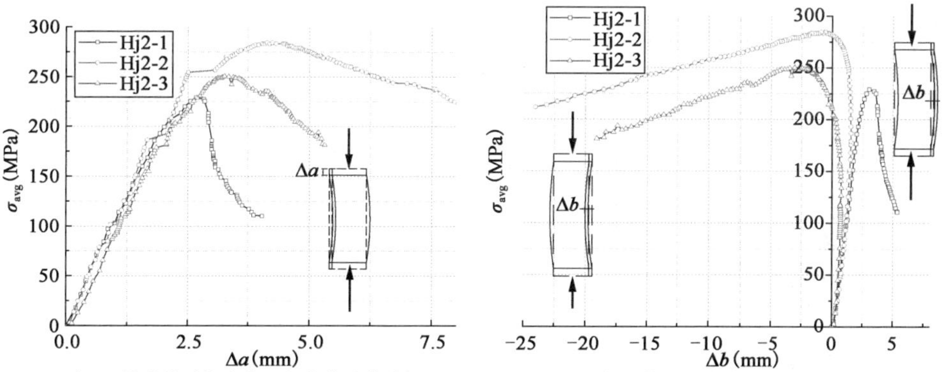

a) Hj2组试件平均应力—纵向位移曲线　　b) Hj2组试件平均应力—平面外位移曲线

图 9.17　Hj2 组试件平均应力—位移曲线

由图 9.17a) 可以看出，平均应力—位移曲线表现开始阶段是直线上升，平均应力达到 184MPa（0.53f_y）后，刚度逐步下降。当平均应力达到 220MPa（0.64f_y）时，试件 Hj2-1 端部由于转动受到约束，其 U 形肋根部首先发生局部屈曲，导致荷载瞬间下降；而试件 Hj2-2、Hj2-3 的平均应力分别达到 286MPa（0.83f_y）、244MPa（0.7f_y）时试件发生整体失稳破坏，此后荷载缓慢下降。由图 9.17b) 可以看出，试件 Hj2-2、Hj2-3 均发生向加劲肋方向的整体失稳破坏，表现出一定的韧性。其中试件 Hj2-2 由于被加劲板宽厚比较小,其韧性表现的更加突出。而试件 Hj2-1 发生向被加劲板方向失稳模式。

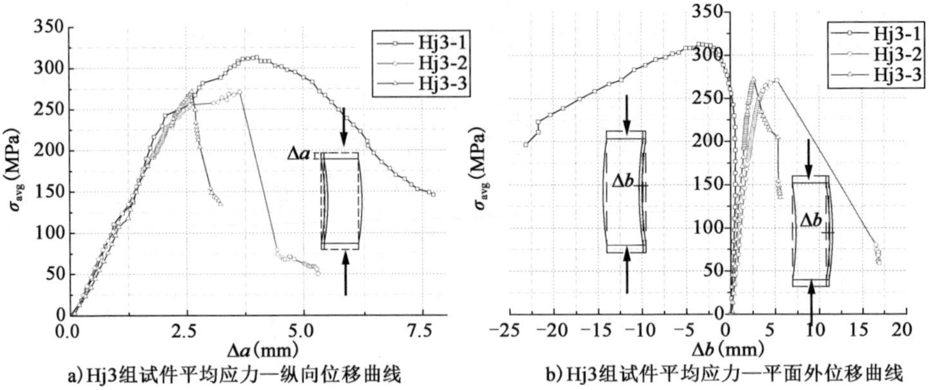

图 9.18　Hj3 组试件平均应力—位移曲线

由图 9.18a)可以看出,平均应力—位移曲线先直线上升,平均应力达到 244MPa($0.7f_y$)后,3 个试件刚度逐步下降。其中试件 Hj3-2 出现明显屈服台阶,当平均应力达到 268MPa($0.77f_y$)时,U 形肋腹板失稳后荷载瞬间下降;试件 Hj3-3 在刚度下降过程中,同样当平均应力达到 268MPa($0.77f_y$)时,由于 U 形肋端部转动受到限制而在端部发生翼缘失稳,荷载瞬间下降;试件 Hj3-1 平均应力—位移曲线非线性上升,斜率缓慢减小,当平均应力达到峰值 316MPa($0.92f_y$)后,荷载缓慢下降,并发生了弯向加劲肋方向的整体失稳破坏。由图 9.18b)看出,试件 Hj3-1 开始阶段与 Hj3-2、Hj3-3 两个试件一样产生向被加劲板方向的面外位移,荷载加载到承载力的 80% 左右时,逐步产生向加劲肋方向的面外位移。

根据构件的不同破坏形式可以将构件分为两类:一类是整体失稳破坏,包括构件 Hj2-2、Hj2-3、Hj3-1,其平均应力—位移曲线见图 9.19a);另一类是局部失稳破坏(U 形肋失稳),包括构件 Hj1-1、Hj1-2、Hj3-2、Hj3-3,其应力—位移曲线见图 9.19b)。

从图 9.19 中可以发现,当发生整体失稳时,其平均应力峰值变化较大,与试件的长细比、不同强度组合有关;而发生局部失稳时,其平均应力峰值基本一致,说明了破坏是由试件的宽厚比决定。比较整体屈曲时的平均应力—位移曲线可以看出,当发生整体屈曲时,被加劲板宽厚比越小,其韧性越好。对于局部屈曲来说,试件 Hj2-2、Hj3-2 的 U 形肋腹板宽厚比较大,导致 U 形肋腹板发生屈曲,平均应力—位移曲线有明显的屈服台阶;Hj1-1、Hj2-3 翼缘发生局部屈曲,达到峰值荷载时发生突然破坏。

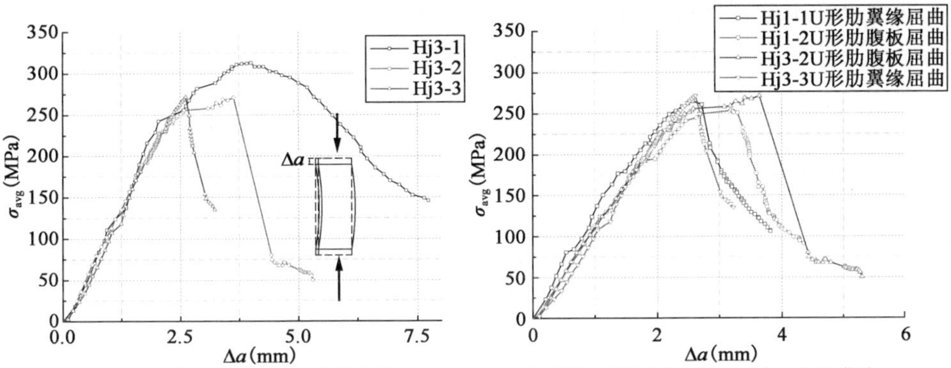

a)发生整体屈曲时平均应力—位移曲线　　b)发生局部屈曲时平均应力—位移曲线

图9.19　发生整体和局部屈曲时平均应力—位移曲线

9.2　混合钢U肋加劲板受力性能数值模拟方法

钢构件在受压状态下，一般发生两种情况的屈曲破坏，一种是局部屈曲，一种是整体屈曲，对于U肋加劲板来说，在一般钢箱梁中，U肋加劲板构件的长细比较小，在受压状态下，U肋加劲板子板件的局部屈曲是影响其抗压稳定承载力，因此需要对U肋加劲板各组成子板件的屈曲性能进行研究，而进行试验分析所需成本较高，而有限元技术的飞速发展为减少研究成本提供了可能，本书探讨了U肋加劲板的受压稳定的数值模拟方法，模拟结果与U肋加劲板受压稳定承载力结果进行验证，研究成果可为进一步对混合钢U肋加劲板受压性能的研究提供研究手段，减少试验成本。

9.2.1　有限元模型

有限元模型采用可以考虑大变形和材料非线性的shell181壳单元，弹模采用2.06×10^5MPa，为了防止端板变形，端板刚度扩大10^4倍，然后分析不同的边界条件对试件稳定的影响，根据试验试件的规格建立有限元模型，有限元模型如图9.20所示。

图9.20　有限元模型

9.2.2　边界条件影响

加劲板作为扁平钢箱梁的顶底板，受到横隔板和两边侧腹板的约束,相当于四边简支板。但是由于扁平钢箱梁均较宽,两侧腹板对加劲板的约束作用变得不明显,因此可以把加劲板的边界条件简化为两边简支。为了模拟两边简支受力,试件两端设置了转动装置。但在试验过程中,转动装置并非为理想的铰,且有时转动装置由于各种原因出现失效现象。因此,在对试件受压机理和承载力分析时,有必要考虑转动装置受到约束和转动装置没有受到约束两种边界情况。

采用有限元方法模拟试件边界约束时,当转动装置受约束时(简称转动受限),在试件支承端约束端板的 UX、UY、UZ 三个方向,在加载端约束端板的 UY、UZ 和 ROTY。当转动装置自由时(简称为转动自由),在加载端形心轴约束 UY、UZ,在支承端形心轴约束 UX、UY、UZ。三组试件中的一号试件在两种约束情况下的荷载位移曲线如图 9.21 所示。其中纵坐标为平均应力 σ_u 与材料等效屈服强度 σ_y 的比值,材料等效屈服强度是利用组成 U 肋加劲板的 U 肋和被加劲板钢材的强度不同,按照被加劲板和 U 肋的截面积比值进行加权得到。

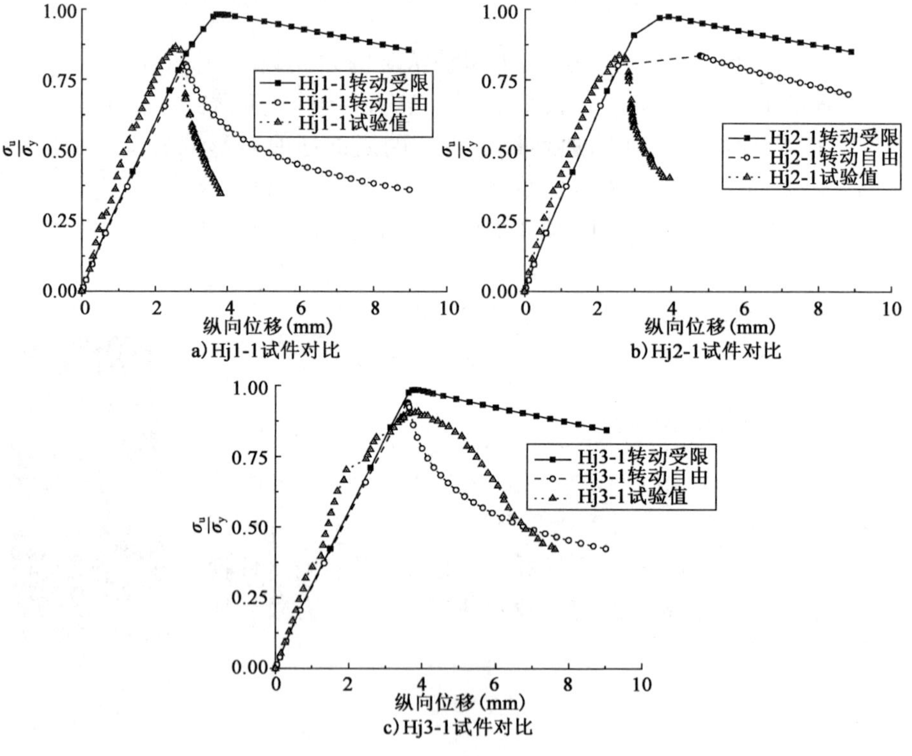

a) Hj1-1试件对比

b) Hj2-1试件对比

c) Hj3-1试件对比

图 9.21 荷载位移曲线

现将转动受限的试件与试验试件分别于转动自由的试件进行对比,见图9.21。从图中可以看出,在转动受到限制的情况下,试件的平均应力峰值较转动自由情况下峰值有不同程度的增大,Hj1-1 增大了 24.5%,Hj2-1 增大了11%,Hj3-1 增大了 3.39%;试验值平均应力峰值略大于转动自由情况下峰值,其中 Hj1-1 增大了 7.5%,Hj2-1 与 Hj3-1 的试验值峰值与转动自由情况下的峰值基本相同。此外,试件 Hj1-1 和 Hj3-1 的破坏模式随着转动装置受到约束而发生变化。当转动装置自由时,Hj1-1 和 Hj3-1 表现明显的失稳破坏,而 Hj2-1 的破坏模式并没有改变,有强度破坏或整体失稳的性质。转动自由时,Hj1-1 试件的破坏模式和试验结果相吻合,Hj3-1 和 Hj2-1 试件的破坏模式和试验结果不同,说明这两个试件的转动装置有受限情况发生。三个试件破坏时的应力图如9.22 所示,可以看出对于同一个试件来说,转动装置受限与否将影响试件的破

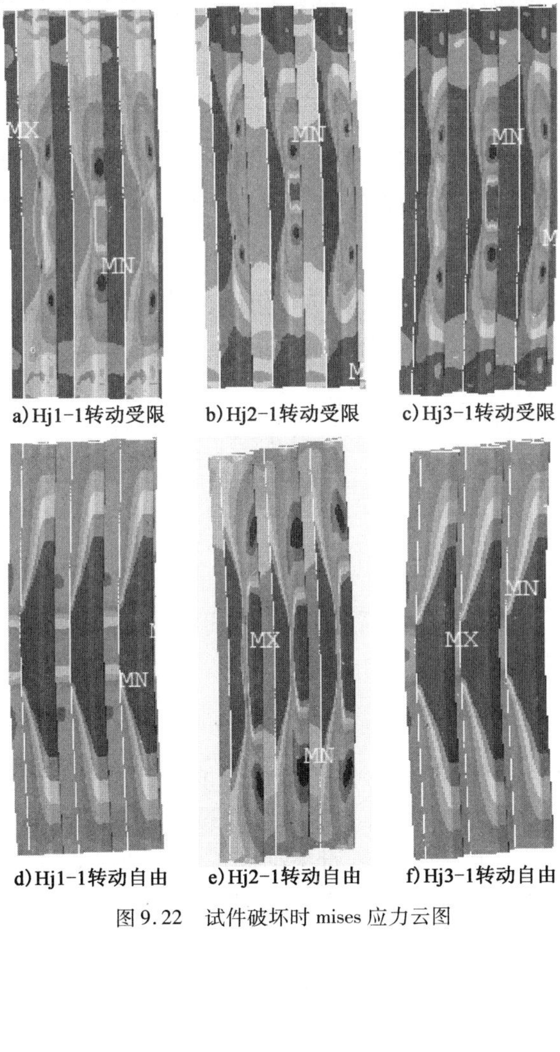

a) Hj1-1转动受限　b) Hj2-1转动受限　c) Hj3-1转动受限

d) Hj1-1转动自由　e) Hj2-1转动自由　f) Hj3-1转动自由

图 9.22　试件破坏时 mises 应力云图

坏模式，进而导致承载力的变化。从以上分析结果可以看出，采用约束形心轴，释放其转动自由度的边界条件更加接近试验情况，本书如无特别说明，均采用此种边界条件。

9.2.3 初始几何缺陷影响

初始几何缺陷可以分为两种，一种是局部缺陷，针对的是局部板件的缺陷，一种是整体缺陷，针对的是整体试件的缺陷。在有限元模型中，整体试件的缺陷往往只按照初始弯曲计入其整体缺陷的影响，通过将模型的节点按照正弦半波形式的偏移来实现；对于局部缺陷的施加，采用将其第一阶屈曲变形按比例赋予模型中。为使简化计算，材料模型均取理想弹塑性。以第一组3个试件为代表，来分析初始几何缺陷对试件承载力的影响。

1. 整体几何缺陷

整体几何缺陷指的是沿长度方向出现的初始挠度，规范[12]对于初始挠度的容许值为 $\delta/l = 1/1\ 000$。本书的挠度值分别取 $\delta/l = 1/750$、$\delta/l = 1/1\ 000$ 和 $\delta/l = 1/1\ 500$，分析整体几何缺陷对试件承载力的影响如图9.23所示。

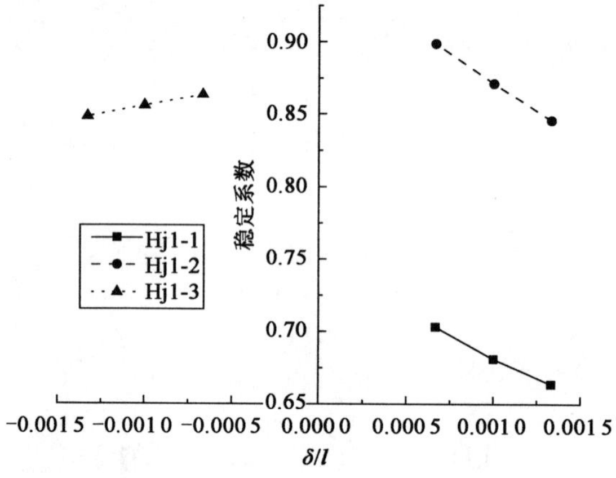

图9.23 稳定系数随着整体初始挠度的变化

从图9.23可以看出，随着整体初始挠度值 δ/l 的增大，试件的稳定系数呈现下降的趋势，其中Hj1-1和Hj3-1下降幅度较大，下降约7%，Hj2-1下降幅度较小，约为2.35%。整体缺陷幅值对于试件承载力的影响随着混合钢试件不同强度组合而不同，但都是随着整体几何缺陷幅值的增大呈现下降的趋势。

2. 加载偏心分析

加载过程中由于对中不精确往往产生加载偏心，这个加载偏心在试验中是无法避免的。对于偏心矩的取值，在《公路桥涵钢结构及木结构设计规范》(JTJ 025—1986)[13]中，关于H型钢和箱形受压细长杆的稳定承载力计算，对初始偏心矩 e_0 的规定为：

当 $\lambda > 45$ 时　　$e_0 = 0.008b$　　(9.1)

式中，b 为截面高度，λ 为试件长细比，也就是说，当长细比小于45时，不考虑初始偏心对试件承载力的影响。在有限元的分析模型中，分别考虑与不考虑残余应力影响，偏心距由0.000 2 ~0.003m之间变化[构件根据公式(9.1)计算得到的偏心矩均在此范围内]，进行稳定承载力计算，结果见图9.24。图9.24中纵坐标表示破坏时，平均应力与材料等效屈服强度比值。

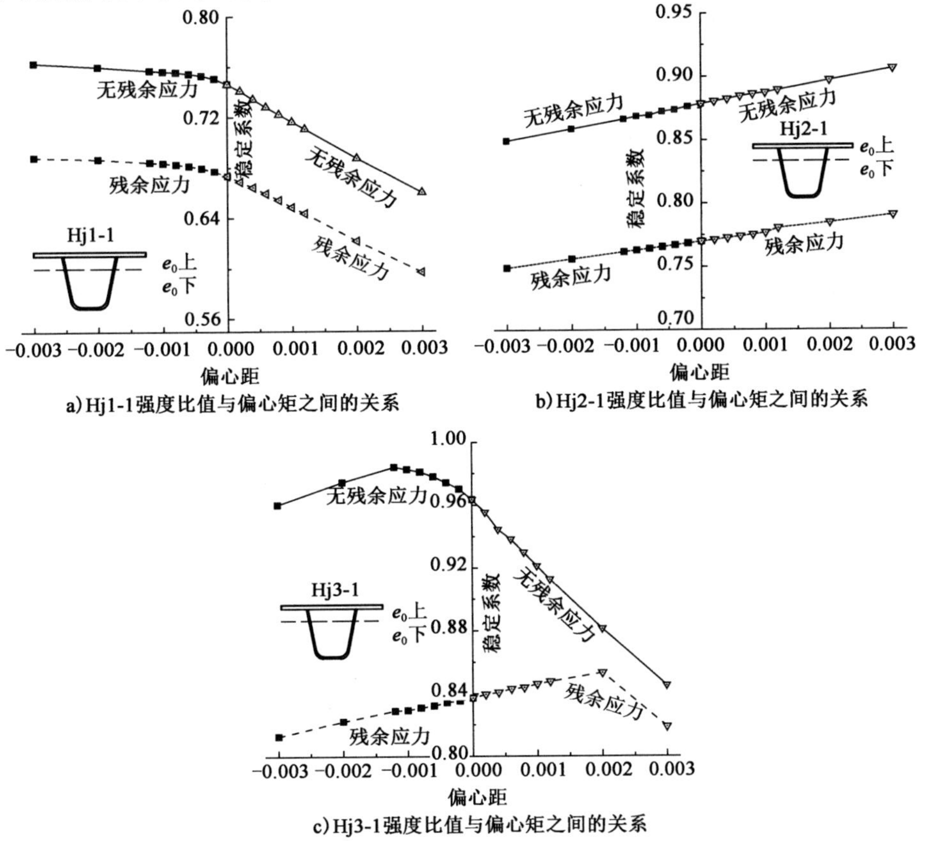

a) Hj1-1强度比值与偏心矩之间的关系

b) Hj2-1强度比值与偏心矩之间的关系

c) Hj3-1强度比值与偏心矩之间的关系

图9.24　强度比值与偏心矩之间的关系

从图 9.24 中可以看出，计入残余应力的试件稳定系数不计入残余应力情况下一般下降幅度约为 20%。偏心率对试件强度比值的影响和偏心的方向有关。对于被加劲板强度高于 U 肋强度的加劲板来说，偏心方向设置在偏向 U 肋方向会导致其承载力的降低；而对于等强钢 U 肋加劲板来说，其偏心的方向要根据试件轴心受压时的失稳破坏方向和偏心矩的大小而定，与试件的初始缺陷分布有关；对于被加劲板强度低于 U 肋强度时的情况，偏心方向偏向被加劲板会导致其承载力的降低。

3. 局部缺陷

局部缺陷对应的是局部板件的缺陷，参考文献[14]认为局部初始挠度曲线沿柱轴向波长为 b，《冷弯薄壁型钢结构设计规范》(GB 50018—2002)[12]规定 $\delta/b \leqslant 0.01$。因此，本书分别取 $\delta/b = 1/100$、$\delta/b = 1/150$、$\delta/b = 1/200$、$\delta/b = 1/250$、$\delta/b = 1/300$，分析局部缺陷对试件承载力的影响。

从图 9.25 中可以看出，随着试件局部缺陷幅值的增大，试件的稳定系数呈现下降的趋势，但是下降的幅度不同，其中 Hj1-1 和 Hj3-1 下降幅度较大，随着缺陷幅值的增大，稳定系数最大与最小相比下降约 18%，而 Hj2-1 下降幅度较小，最大与最小相差约为 5%。说明了试件的局部缺陷幅值对于试件承载力的影响和试件的强度有关，但都是随着局部几何缺陷幅值的增大呈现下降的趋势。

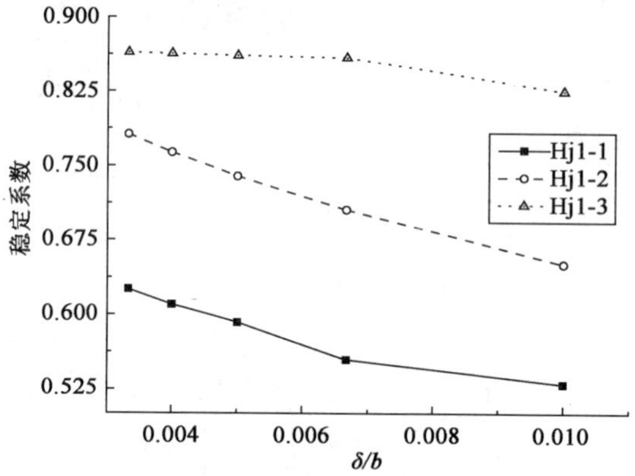

图 9.25 稳定系数随着局部初始挠度的变化

9.2.4 焊接残余应力的影响

根据美国 Lehigh 大学的 Huber A. W.，Tall L. 和 Beedle L. S. 等人的研究[15]，残余应力也是影响屈曲荷载的重要因素。当外加荷载和残余压应力向叠加达到试件的材料屈服强度时，这部分截面就失去了进一步的承载能力，这样就削弱了试件的有效面积，影响试件的稳定性。

1. 残余应力简化方式

图9.26为文献[11]得到的混合钢U肋加劲板残余应力分布的以折代曲的简化分布。

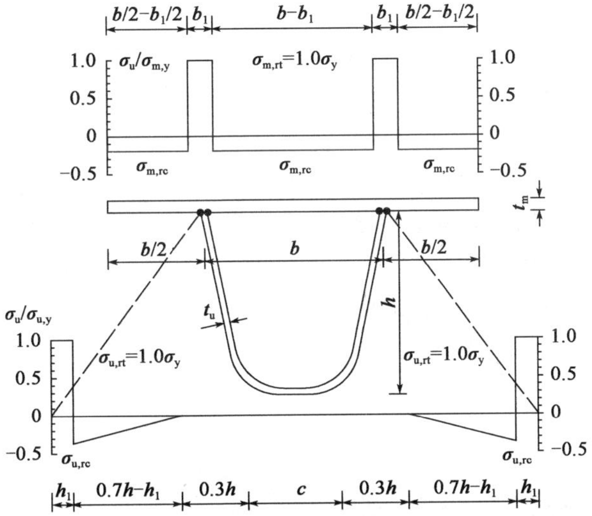

图9.26　残余应力简化分布形式

该成果首先通过盲孔法的残余应力测试试验结果验证有限元数值模拟方法的正确性，再通过数值模拟方法对不同结构尺寸、不同强度组合的混合钢U肋加劲板的焊接残余应力进行参数分析，揭示其残余应力分布规律，最终利用残余应力自平衡原理，提出该简化分析。图9.26中各参数计算如下列公式：

$$\sigma_{u,rc}=\frac{2(1-p_2)h_1\sigma_{u,rt}}{(1-p_2)(0.7h-h_1)} \tag{9.2}$$

$$h_1=\frac{(1-p_1)b_1t_m\sigma_{m,rt}}{p_1t_u\sigma_{u,rt}} \tag{9.3}$$

$$\sigma_{m,rc}=\frac{p_2h_1t_u\sigma_{u,rt}}{(1-p_1)t_m(b-b_1)} \tag{9.4}$$

式中：$\sigma_{m,rc}$、$\sigma_{m,rt}$——母板残余压、拉应力值；

$\sigma_{u,rc}$、$\sigma_{u,rt}$——U肋残余压、拉应力值；

b——U肋腹板间距；

b_1——母板残余拉应力分布宽度；

h——U 肋高度；

h_1——U 肋残余拉应力分布宽度；

p_1——被加劲板所分配的残余拉应力分配比例；

p_2——被加劲板所分配的残余压应力分配比例。

具体数值选取请参考相关文献。

2. 残余应力对结构稳定承载力影响

对于在 ANSYS 软件的残余应力施加，首先编写初始应力文件（IST 文件），在加载的第一步用 ISFILE 读入这个初始应力文件，也就是把初始应力作为一种荷载施加在结构上，这样结构中就存在初始应力（残余应力），然后进行承载力分析。为更好模拟焊件的残余应力，并顾及模型的计算效率，在焊缝位置附近单元网格划分密一些，远离焊缝的单元网格划分粗一些。以试件 Hj1-1 为例，有限元模型施加残余应力后的应力云图如图 9.27 所示。在施加整体几何缺陷 $\delta/l=1/750$ 情况下，分析未考虑残余应力、采用数值模拟计算的残余应力曲线分布以及简化分布对试件承载力的影响，三种情况下的荷载与位移曲线图如图 9.28 所示。

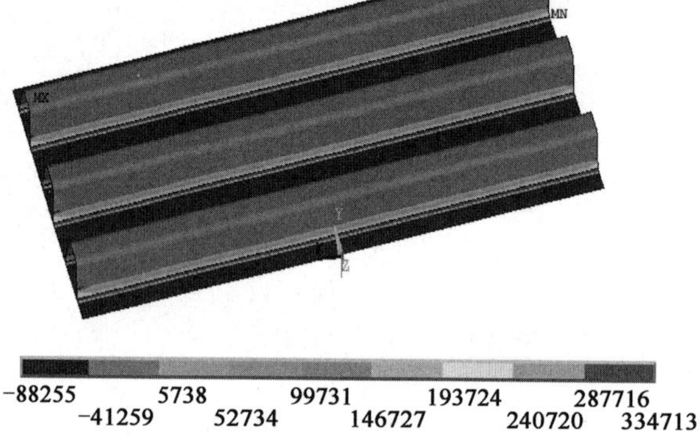

图 9.27　纵向焊接残余应力分布（单位：MPa）

从图 9.28 可以看出，采用数值模拟计算的残余应力分布和采用残余应力简化分布的试件受压稳定荷载—位移曲线基本一致。因此在试件承载力计算中可以应用残余应力的简化分布模型，从而简化计算。比较计入残余应力和无残余应力情况下试件的承载力，Hj1-1 和 Hj2-1 试件有无残余应力的荷载—位移曲线走势基本一致；而 Hj3-1 试件的荷载—位移曲线趋势发生变化，无残余应力时有明显的局部失稳现象，而施加残余应力之后，荷载—位移曲线的延性却有了很大程度的增大。施加残余应力后，Hj1-1、Hj2-1 和 Hj3-1 最大加载平均应力均下降

24% 左右，加载应力与残余应力叠加达到屈服强度，会导致试件的轴向压缩刚度降低。

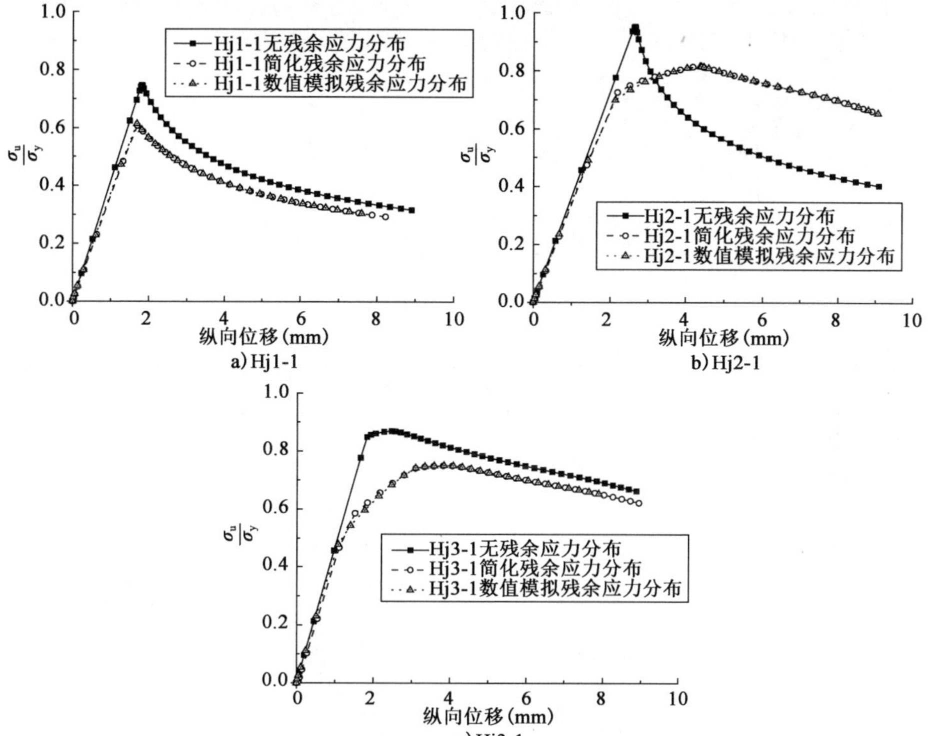

a) Hj1-1　b) Hj2-1　c) Hj3-1

图 9.28　试件荷载—位移曲线比较

9.2.5　有限元与试验验证

1. 破坏模式验证

试件不同的破坏模式往往导致不同的承载力，因此，试验破坏模式和有限元破坏模式是否相似，可以判定有限元是否正确，破坏模式对比如图 9.29 所示。

从图 9.29 中可以看出，试件 Hj1-1、Hj1-2 和 Hj3-2 在试验和有限元中均发生 U 肋局部屈曲，但有限元局部屈曲一般发生在加劲板中间位置，而试验局部屈曲的位置不固定，较多的表现在距 U 肋顶底端 $L/3$ 截面的地方发生局部屈曲，这与试件实际缺陷的位置分布有关。对于试件 Hj3-1、Hj2-2 和 Hj2-3 来说，试验和有限元均发生了整体弯曲，破坏模式基本一致。而试件 Hj2-1、Hj1-3 和 Hj3-3 由于转动受到约束导致 U 肋端部或根部发生屈曲，不作对比。

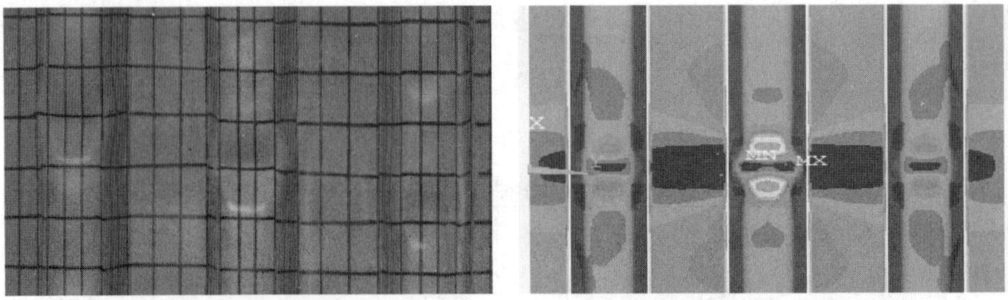

a) Hj1-1试件破坏图　b) Hj1-1试件有限元破坏图

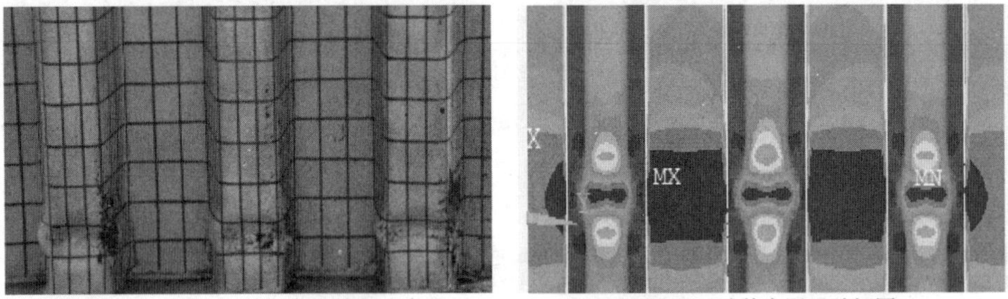

c) Hj2-1试件破坏图　d) Hj2-1试件有限元破坏图

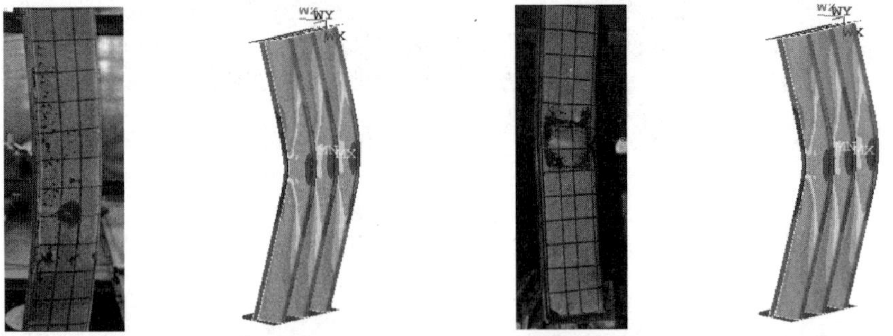

e) Hj3-1试件破坏图　f) Hj3-1试件有限元破坏图　g) Hj1-2试件破坏侧面图　h) Hj1-2有限元破坏图

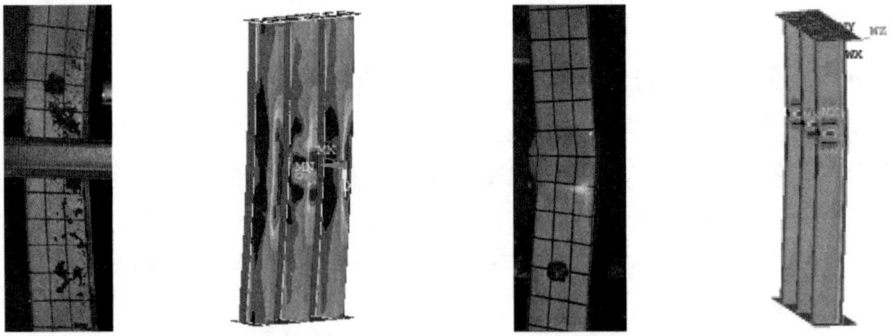

i) Hj2-2试件破坏侧面图　j) Hj2-2试件有限元破坏图　k) Hj3-2试件破坏侧面图　l) Hj3-2试件有限元破坏图

图 9.29

m) Hj1-3试件破坏侧面图

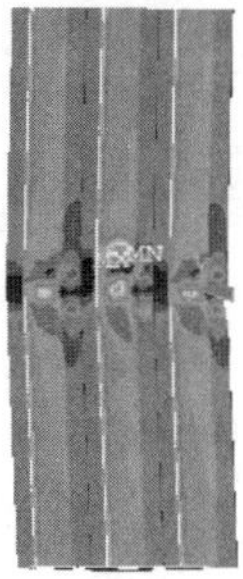

n) Hj1-3试件有限元破坏图

o) Hj2-3试件破坏侧面图

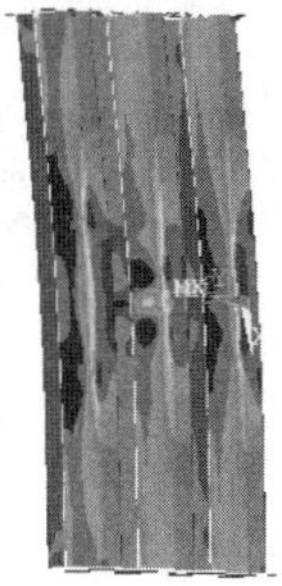

p) Hj2-3试件破坏正面图

q) Hj3-3试件破坏侧面图

r) Hj3-3试件有限元破坏图

图9.29　各个试件的破坏模式对比

2. 试验承载力与荷载—位移曲线验证

各试件的有限元方法和试验测试的荷载—位移曲线如图9.30所示。

从图9.30中可以看出，对比Hj1-1、Hj1-2和Hj1-3，属于U肋强度低于被加劲板强度的情况，有限元计算结果和试验结果均为先直线式上升，之后逐渐偏离直线，曲线上升，然后达到最大值后瞬间下降的现象，表现出明显的失稳现象，且Hj1-1、Hj1-2和Hj1-3的有限元计算结果分别小于试验值7.5%、11.3%、8.1%左右；对比Hj3-1、Hj3-2和Hj3-3，为等强钢U肋加劲板，有限元计算结果峰值和试验承载力峰值基本一致，但曲线走势有较大差异，具有随机性，其中Hj3-1试件试验曲线没有出现到达峰值后突然下降的现象，延性较好，而有限元曲线出现了突然下降的现象，表现出明显的失稳现象，Hj3-2和Hj3-3试验和有限元曲线均出现了突然下降的现象。对比Hj2-1和Hj2-3，为被加劲板强度低于U肋强度的加劲板，试验曲线和有限元曲线吻合较好，荷载峰值和有限元荷载峰值相差不大。

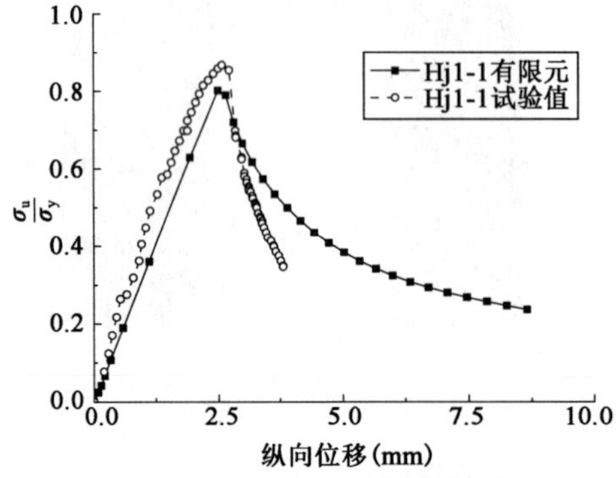

a) Hj1-1有限元与试验值对比

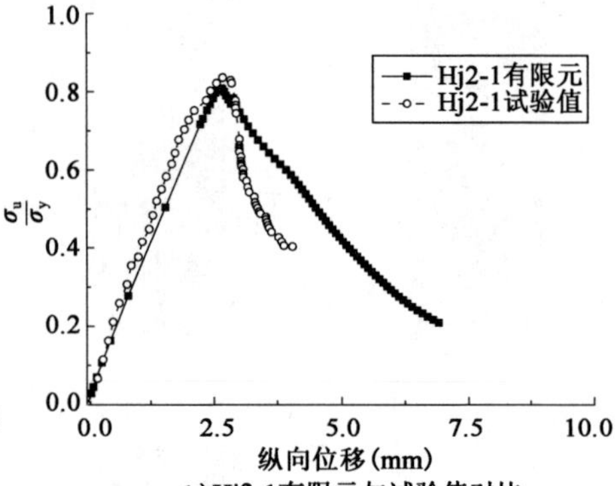

b) Hj2-1有限元与试验值对比

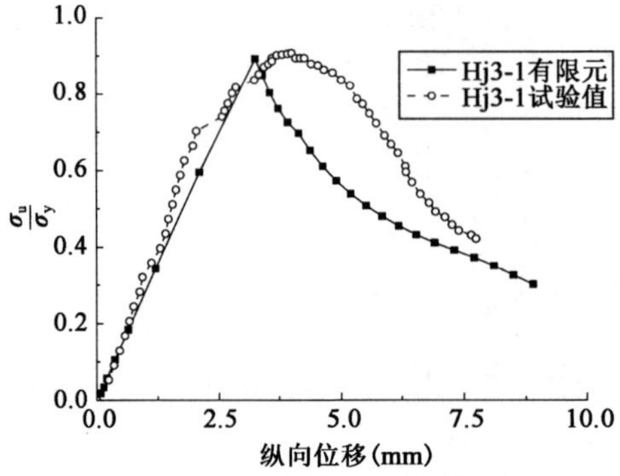

c) Hj3-1有限元与试验值对比

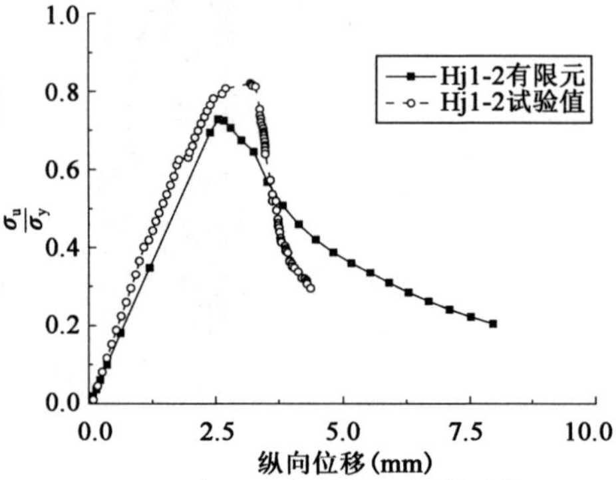

d) Hj1-2有限元与试验值对比

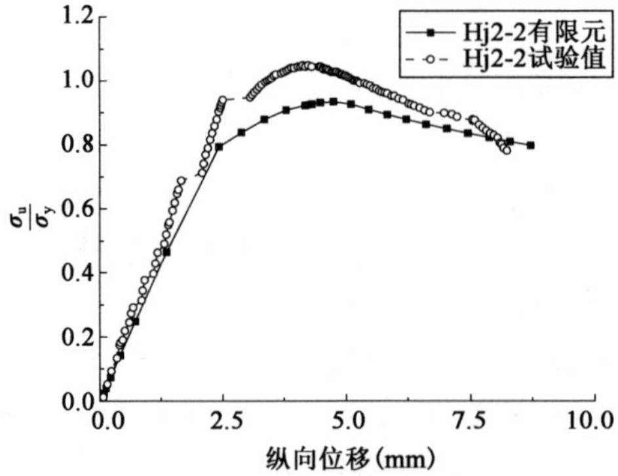

e) Hj2-2有限元与试验值对比

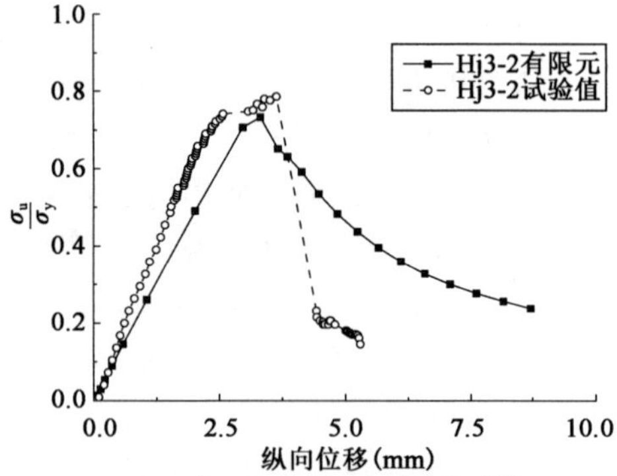

f) Hj3-2有限元与试验值对比

图 9.30

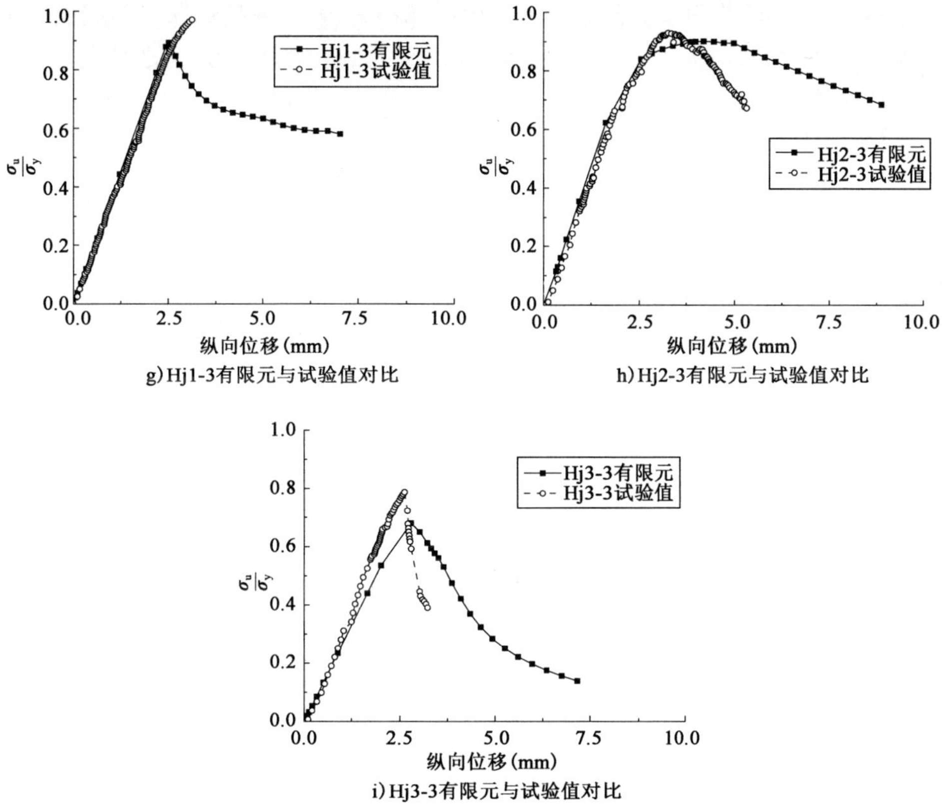

g) Hj1-3有限元与试验值对比

h) Hj2-3有限元与试验值对比

i) Hj3-3有限元与试验值对比

图9.30　有限元与试验值对比

9.3　本章小结

(1)试件两端的转动装置是否被约束对试验结果有较大影响,有约束情况下,在试件端部附近的U肋会发生局部屈曲破坏;未被约束的情况下,在试件中部区域的U肋会发生局部屈曲破坏或试件整体发生弯曲破坏。

(2)可以把受压混合钢U加劲板看作均为原高强钢材组成的等强钢,而原低强度钢部分看作有等效初始压应力来分析混合钢U肋加劲板的受压应力变化。在轴向压力作用下,由于等效初始压应力与焊接残余压应力的存在,截面部分区域首先达到材料屈服,截面刚度变小,形心偏移形成偏心受压构件,进一步加速试件破坏。

(3)受压混合钢U肋加劲板有五种破坏模式,分别为:U肋翼缘局部屈曲或屈服破坏模式、U 肋腹板局部屈曲或屈服破坏模式、被加劲板局部屈曲或屈服破坏模式,弯向被加劲板的整体弯曲失稳破坏模式,以及弯向 U 肋的整体弯曲失稳破坏模式。

(4)从平均应力与位移变化曲线可以看出,整体失稳时,结构破坏为具有较大延性的破坏,在应力达到峰值后应力—位移曲线缓慢下降。局部失稳时,构件表现为脆性破坏,当应力达到峰值后,应力瞬间下降到一定程度。

(5)对于混合钢 U 肋加劲板来说,若发生整体屈曲破坏,其平均应力峰值变化较大,承载力与构件的长细比和不同的强度组合有关。若发生局部屈曲破坏,其平均应力峰值基本一致,承载力与局部板元的宽厚比有关。

(6)试件两端转动约束是否被限制将导致试件的破坏模式和承载力的改变。

(7)当加载偏心产生的弯矩效应与轴心受压试件整体弯曲破坏方向一致时,试件的稳定承载力会随着偏心矩的增大而减小;当加载偏心产生的弯矩效应和轴心受压试件整体弯曲破坏方向不同时,试件的稳定承载力会随着偏心矩的增大而增大。

(8)构件的稳定系数随着整体几何缺陷和局部几何缺陷的增大而减小,但减小的程度和构件强度组合有关。

(9)采用以直代曲形式的简化残余应力分布模式和采用数值模拟得到的曲线残余应力分布模式对构件的承载力的影响基本一致,采用简化残余应力分布模式可以提高工作效率。

(10)边界条件采用约束形心轴的办法,一端约束形心轴 UY、UZ 两个方向,一端约束形心轴 UX、UY 和 UZ 三个方向;对于初始几何缺陷采用分两种形式,一种是局部初始几何缺陷,取板宽的 1/200,一种为整体缺陷,取试件长度的 1/1 000;加载偏心矩取值为截面高度的 0.02 倍;残余应力采用简化分布形式添加。经过破坏模式和荷载—位移曲线的双重检验,两者符合较好,且有限元值较试验值具有一定的安全性。

本章参考文献

[1] Shin D K, Le V A, Kim K. In-plane ultimate compressive strengths of HPS deck panel system stiffened with U-shaped ribs[J]. Thin-Walled Structures, 2013, 63: 70-81.

[2] 李立峰,邵旭东. 扁平钢箱梁闭口 U 形加劲板屈曲特性理论分析[J]. 公路交通科技, 2008, 3(25).88-92.

[3] Chen S J, Yang K C. Inelastic behavior of orthotropic steel deck stiffened by U-shaped stiffen-

ers[J]. Thin-Walled Structures, 2002,40(6):537-553.

[4] 吴冲，曾明根，冯凌云. 苏通大桥正交异形板局部模型极限承载力试验[J]. 桥梁建设，2006(2):21-23.

[5] Chou C C,Uang C M,Seible F. Experimental evaluation of compressive behavior of orthotropic steel plates for the new San Francisco-Oakland Bay Bridge[J]. Journal of Bridge Engineering, 2006,11(2) :140-150.

[6] 李立峰,邵旭东. 正交异性闭口加劲板的承载力分析理论及试验研究[J]. 土木工程学报 2007, 6(40): 43-48.

[7] 狄瑾,周绪红,吕忠达,等. 正交异性钢箱梁U型肋加劲板极限承载力试验[J]. 中国公路学报, 2009,2(22): 59-64.

[8] 赵秋,熊礼鹏,王旭. 扁平钢箱梁U肋加劲板的加载偏心[J]. 江南大学学报(自然科学版),2010, 6(9): 680-684.

[9] 北田俊行，中井博，古田富保. 閉断面補剛材を有する鋼板の初期不整に関する研究[J]. 土木学会論文集, 1991, NO. 428(I-15): 127-136.

[10] 大橋治一，依田照彦，樋口康三. 長大斜張橋鋼床版の初期不整の実測データとその圧縮強度の評価[J]. 土木学会論文集, 1996, 549(I-37): 55-64.

[11] 郭智勇. 混合钢U肋加劲板残余应力研究[D]. 福州：福州大学, 2013.

[12] 中华人民共和国国家标准. GB 50018—2002 冷弯薄壁型钢结构技术规范[S]. 北京：中国建筑工业出版社,2002.

[13] 中华人民共和国行业标准. JTJ 025—1986 公路桥涵及木结构设计规范[S]. 北京:人民交通出版社,1986.

[14] 张中权. 冷弯薄壁型钢轴心受压构件稳定性的试验研究[C]. 钢结构研究论文报告选集 第一册, 1982:152-190.

[15] Huber A W, Beedle L S. Residual stress and the compressive strength of steel[J]. Welding Journal, 1954, 33(12); 589-s-614-s.

第 10 章 U 肋加劲板受压稳定承载力简化分析计算方法

10.1 受压加劲板实用计算理论

10.1.1 概述

弹性屈曲理论中将加劲板假设为理想结构,未考虑板件初始变形和残余应力等因素的影响。而实际构件不可能是理想结构,由于初始变形产生的二次应力和残余应力等影响,在受压加劲板平均应力小于屈服应力时,部分板件有可能先屈服,降低了加劲板的刚度,导致实际极限承载力小于屈服强度。

对于构件长细比和壁板宽厚比数值均比较小的构件,极限荷载为其全截面屈服荷载。对于构件长细比较大的构件,受压破坏伴随着构件的整体失稳;对于壁板宽厚比数值较大的构件,构件破坏伴随着壁板的局部屈曲。当 U 肋加劲板不发生整体失稳和局部失稳时,U 肋加劲板设计仅仅是强度问题,只要保证构件的应力不超过材料的屈服应力即可。当构件发生整体稳定或壁板发生局部失稳破坏时,U 肋加劲板设计就成为稳定问题。二者最大区别是,前者是一截面上的强度验算,后者是考虑稳定的承载力计算,其分析的工作量和难度均远远超过前者。

构件的稳定问题发生可分为整体稳定、局部稳定和整体局部稳定。整体稳定和局部稳定是一个相对的概念,对于扁平钢箱梁来说,整个扁平钢箱梁像单根梁一样屈曲可称为整体屈曲;而加劲板的整体屈曲可称为局部屈曲。但对于单个加劲板来说,整体屈曲指的是母板和加劲肋组成的加劲板整体像一块单板一样屈曲;而局部屈曲指加劲板的各子板件的屈曲。在文献[1]中指出,由于密索斜拉桥体系的多点弹性支承作用,使得箱梁的整体长细比较小,绝大多数扁平钢箱梁密索体系斜拉桥不会发生整体失稳,往往由于局部失稳而导致破坏。也就是说,对于扁平钢箱梁承载力的计算,只要以加劲板为分析对象,对其整体稳定和局部稳定进行分析就可以得到扁平钢箱梁的承载力。

一般来说,规范对受压加劲板的计算精度主要取决于以下三个方面:设计计算思想、柱子曲线的精度、板件局部屈曲折减精度。

10.1.2　设计计算思想

长期以来关于加劲板稳定设计计算的研究得到许多学者和工程技术人员的极大关注。综合以往的研究成果,目前受压加劲板的设计计算方法大致分三大类:①以弹性理论为基础,采用简化方法得到加劲板整体、局部屈曲简化公式;②以弹塑性理论为基础,得到加劲板极限强度的近似表达式;③用有限元、有限条法进行参数分析并辅以试验,拟合出屈曲荷载、极限强度近似表达式。

在求解加劲板的极限强度时常用两种简化方法,一种将加劲板简化成柱,另一种方法简化成板,也就是压柱法和正交异性板法。压柱法将加劲板简化成由加劲肋和有效宽度的盖板组成的受压柱,柱的非弹性屈曲强度可以采用有关柱的理论公式进行计算,通过有效分布宽度来考虑计算结果的修正。该方法的缺点是不能考虑边界条件之间的相互作用和横向薄膜作用。正交异性板法将纵向、横向加劲肋的刚度均匀分配到板上,形成纵向、横向刚度不同的异性板,并且通过大挠度分析理论来进行分析。与受压柱理论不同的是正交异性板法可以考虑横向薄膜力对板的稳定性的有利作用。

国外钢桥设计规范关于加劲板稳定承载力的设计计算方法并不相同。可以大致分为:①以 BS5400 为代表的压柱理论极限承载力设计方法;②以 EUROCODE 为代表的考虑压柱理论和正交异性板理论的极限承载力设计方法;③以日本《道路桥示方书》为代表的刚性加劲肋的局部板元容许应力设计法;④以 AASHTO 为代表的非完全刚性加劲肋的局部板元极限承载力设计方法。这些设计计算方法多数以试验数据、弹性稳定理论、弹塑性稳定和有限元分析为依据制定,公式中计入了初始缺陷对承载力的影响。

10.1.3　整体稳定系数计算准则

关于构件弹塑性屈曲问题,1889 年 Engesser F 提出切线模量理论,建议用变形模量 E_t 代替欧拉公式的弹性模量 E,从而获得弹塑性屈曲荷载。但是构件微弯时凹面的压应力增加而凸面的应力减少,遵循着不同的应力—应变关系。1895 年 Engesser F. 提出双模量理论,建议用于 E_t 和 E 都有关的折算模量 E_r 计算屈曲荷载。但试验资料表明,实际的屈曲荷载介于两者之间并且更接近于切线模量屈曲荷载。直到 1946 年 Shanley F. R. 提出构件在微弯状态下加载的下限,而双模量屈曲荷载是其上限[2]。但对于钢结构构件,由于内部存在残余应力,截面各根纵向纤维的应力—应变关系并不相同,这样就不能直接根据钢材在弹塑性阶段的应力—应变关系来确定轴心受压构件的切线模量屈曲荷载,而必须考虑构件中残余应力的影响。

对于整体稳定计算,钢结构规范主要有三种确定柱稳定系数的方法:

(1)以分岔屈曲荷载为准则确定轴心受压构件的稳定系数。

在弹性阶段用欧拉荷载 P_E,在弹塑性阶段用切线模量屈曲荷载 P_t 作为计算轴心受压构件的依据。所得到的柱子曲线只考虑残余应力的影响,而对于几何缺陷的影响,则通过除以一个随构件长细比而变化的安全系数来实现。

(2)以截面边缘纤维屈服为准则确定轴心受压构件的稳定系数。

考虑初弯曲采用边缘屈服准则确定柱子曲线。由于薄壁构件的板厚一般都比较小,不宜过多考虑截面塑性的发展,而且残余应力的影响较小,因此此种方法主要适用于薄壁结构。

(3)以构件的极限荷载为准则确定轴心受压构件的稳定系数。

考虑初弯曲和残余应力的影响,采用最大强度设计准则来确定柱子曲线。采用此种方法很难列出解析公式,只有借助于计算机采用数值计算方法,同时辅助试验来进行必要的验证,目前各种钢结构规范大都采用这种方法[2]。

10.1.4 局部稳定系数计算准则

当不考虑构件整体稳定影响时,对于壁板宽厚比数值较小的构件,极限荷载为其全截面屈服荷载;壁板宽厚比数值较大的构件在破坏时则伴随着壁板的局部屈曲。当相对宽厚比较小的U肋加劲板不发生局部失稳破坏时,U肋加劲板设计仅仅是强度问题,只要保证构件的应力不超过材料的屈服应力即可;当构件壁板发生局部失稳破坏时,U肋加劲板设计就成为稳定问题。二者最大区别是,前者是一截面上的强度验算,后者是考虑局部屈曲后的稳定承载力计算,其分析的工作量和难度均远远超过前者。

《钢结构设计规范》(GB 50017—2013)中针对板的受力性能特点和其在构件中所起的作用,对构件中板件局部稳定的设计,主要表现在对板件宽厚比规定,目前有两种不同的考虑方法:一种是保证板的屈曲荷载不低于构件的极限荷载,也就是说保证构件在整体失稳前不允许出现局部失稳;另一种是允许板件屈曲并发展屈曲后强度,设计时考虑板件屈曲后对构件承载力的影响,一般可采用有效截面的处理方法[2]。其中,前一种主要用于普通厚度板件的计算,后一种主要用于薄壁板件的计算。

防止构件局部稳定的准则有以下三个:

①使板件的局部失稳的临界应力不小于材料的屈服强度,即 $\sigma_{cr} \geqslant f_y$;

②使板件的局部失稳的临界应力不小于构件的整体稳定临界应力，即 $\sigma_{cr} \geqslant \varphi f_y$；

③使板件的局部失稳的临界应力不小于构件的实际工作应力，即 $\sigma_{cr} \geqslant \sigma$。

这三个准则中①要求最严，以材料的破坏为准则，②次之，③要求最松，按准则③设计的构件承载力富余量最小。并且设计时对不同的构件对应不同的规定，目前各国规范关于局部稳定的规定采用前两种准则[1]。如美国 AISC LRFD93 对轴心受压厚实截面的板件宽厚比的设计公式采用准则①；英国 BS5400 对梁防止受压翼缘局部屈曲采用了准则①；我国《钢结构设计规范》（GBJ 1717—1988）对轴心受压构件的防止局部稳定计算采用准则②；我国《公路桥涵钢结构及木结构设计规范》（JTJ 025—1986）对轴心受压实腹构件防止局部失稳计算也采用了准则②。

10.2　轴心受压构件计算方法

10.2.1　美国规范 AASHTO[3]

美国规范里没有专项关于受压加劲腹板的条文规定，可以参考加劲翼缘有关条文。AASHTO 中加劲板条文是以 Timoshenko 和 Cere（1961 年）的弹性理论为基础。同样，通过设置加劲肋的几何限值来防止发生加劲肋的局部屈曲破坏。规范给出的极限承载力计算公式是与板块的弹性屈曲系数 k 的函数，k 值取值范围为 2.0 ~ 4.0，可由设计人员选定，k 值选定后加劲板的性能也就确定下来，相应地加劲肋的必要刚度也得以确认；反过来，已知加劲肋的刚度，则可以推算 k 值，加劲板的极限强度也得以确定。如果 k 值选值等于 4，则相应于前文所述概念为刚性加劲，加劲板屈曲破坏表现为肋间板的局部屈曲破坏模式，破坏时加劲肋能够形成波节线；如 k 值小于 4，破坏时加劲肋将不能形成波节线[4]。

在条文说明中，提到加劲肋的个数增加时，理论上得到的加劲肋刚度增加得太快且有些不符合实际，为了达到最经济的设计，推荐加劲肋的个数不要超过 1 个，仅仅规定了最多有 2 个纵向加劲肋的加劲肋刚度计算方法。对于组成扁平钢箱梁的受压加劲板，加劲板的长宽比均很小，加劲肋数量很多。因此，按美国规范对扁平钢箱梁加劲板进行设计并不适用。

作为轴向受压构件，可以按照美国规范（AASHTO）采用整体稳定和局部稳定分别计算的方法来确定其承载力。按整体和局部计算中偏不安全的结果作为整个构件的承载力，通过引入整体稳定系数计算构件强度是否满足要求。

$$\sigma = \frac{N}{A} \leqslant \varphi f_y \tag{10.1}$$

以板件抗局部屈曲强度 f_{nc} 作为设计准则考虑局部稳定性对构件承载力的影响，令 $f_{nc} = k_{nc} f_y$，则：

$$\sigma \leqslant f_{nc} = k_{nc} f_y \tag{10.2}$$

轴心受压整体稳定系数仅与构件的相对长细比有关，与其他规范相比，AASHTO 只采用了一条柱子曲线，按下式计算：

$$\left.\begin{array}{ll} \text{当 } \bar{\lambda} \leqslant 1.5 \text{ 时} & \varphi = 0.66^{\bar{\lambda}^2} \\ \text{当 } \bar{\lambda} > 1.5 \text{ 时} & \varphi = \dfrac{0.88}{\bar{\lambda}^2} \end{array}\right\} \tag{10.3}$$

式中，$\bar{\lambda} = \sqrt{\dfrac{f_y}{\sigma_E}} = \dfrac{\lambda}{\pi}\sqrt{\dfrac{f_y}{E}}$。

考虑局部稳定的受压加劲板计算公式如下：

当 $\lambda_f \leqslant R_1 \sqrt{\dfrac{kE}{F_{yc}}}$，有

$$f_{nc} = R_b R_h F_{yc} \Delta \tag{10.4}$$

当 $R_1 \sqrt{\dfrac{kE}{F_{yc}}} \leqslant \lambda_f \leqslant R_2 \sqrt{\dfrac{kE}{F_{yc}}}$，有

$$f_{nc} = R_b R_h F_{yc} \left\{ \Delta - \left(\Delta - \frac{F_{yr}}{R_h F_{yc}} \right) \left[1 - \sin \frac{\pi}{2} \cdot \left(\frac{R_2 - \lambda_f \sqrt{\dfrac{F_{yc}}{kE}}}{R_2 - R_1} \right) \right] \right\} \tag{10.5}$$

当 $\lambda_f > R_2 \sqrt{\dfrac{kE}{F_{yc}}}$，有

$$f_{nc} = \frac{0.9 E R_b k}{\lambda_f^2} - \frac{R_b f_v^2}{0.9 E k_s^2} \lambda_f \tag{10.6}$$

式中：λ_f——加劲肋间板件宽厚比，$\lambda_f = \dfrac{w}{t_{fc}}$；

Δ——按照以下公式计算：

$$\Delta = \sqrt{1 - 3\left(\frac{f_v}{F_{yc}}\right)^2} \tag{10.7}$$

F_{yc}——受压翼缘规定的最小屈服强度（MPa）；

f_v——扭转剪应力（MPa），$f_v = \dfrac{T}{2A_0 t_{fc}}$；

A_0——封闭箱梁截面围成的面积（mm^2）；

T——扭矩（N · mm）；

F_{yr}——考虑残余应力影响(这里翼缘板残余应力值取为 $0.4F_{yc}$)的翼缘板屈服应力值和腹板屈服应力(F_{yw})值中较小者:$F_{yr}=(\Delta-0.4)F_{yc}\leqslant F_{yw}$;

k——板块均布轴压下的屈曲系数,$2.0\leqslant k\leqslant 4.0$;

当 $n=1$ 时,有

$$k=\left(\frac{8I_l}{wt_{fc}^3}\right)^{\frac{1}{3}} \tag{10.8}$$

当 $n\geqslant 2$ 时,有

$$k=\left(\frac{I_l}{0.07wt_{fc}^3n^4}\right)^{\frac{1}{3}} \tag{10.9}$$

R_b——减荷系数,表示考虑薄柔腹板屈曲后荷载向翼缘板重分布导致的翼缘板极限承载力降低影响;

R_h——混合系数,表示翼缘板、腹板用不同屈服强度材料时对翼缘板极限承载力的影响;为了与别的计算方法和规范进行比较,不考虑混合系数和腹板的卸载系数,即 R_b、R_h 均取 1.0;

k_s——板块剪力作用下的屈曲系数:

$$k_s=\frac{5.34+2.84\left(\frac{I_l}{wt_{fc}^3}\right)^{\frac{1}{3}}}{(n+1)^2}\leqslant 5.34 \tag{10.10}$$

$$R_1=\frac{0.57}{\sqrt{\frac{1}{2}\left[\Delta+\sqrt{\Delta^2+4\left(\frac{f_v}{F_{yc}}\right)^2\left(\frac{k}{k_s}\right)^2}\right]}} \tag{10.11}$$

$$R_2=\frac{1.23}{\sqrt{\frac{1}{1.2}\left[\frac{F_{yr}}{F_{yc}}+\sqrt{\left(\frac{F_{yr}}{F_y}\right)^2+4\left(\frac{f_v}{F_{yc}}\right)^2\left(\frac{k}{k_s}\right)^2}\right]}} \tag{10.12}$$

10.2.2　英国规范 BS5400[4]

英国规范 BS5400 中没有专项关于受压加劲板的规定,可以参考受压翼缘板的设计条例。在对受压加劲板验算中,BS5400 设计思想与换压柱法较为相似,同样是把受压加劲板简化为一根加劲肋和相邻有效分布宽度的母板所组成的受压柱模型来计算。为避免加劲肋自身的局部屈曲、侧扭屈曲,BS5400 首先对加劲肋的尺寸做出限制,也就是说规范允许母板发生局部失稳,而不允许加劲肋板件发生

局部失稳。在规范中,构件的承载力是否满足要求是以考虑有效宽度后压杆应力验算的形式给出的,为便于比较,受压加劲板极限承载力可以表示为:

$$N_{\mathrm{Rd}}=\sigma_{\mathrm{a}}A_{\mathrm{e}}=\min\left\{\frac{k_{l1}\sigma_{\mathrm{ys}}}{\gamma_{\mathrm{m}}\gamma_{\mathrm{f3}}},\frac{k_{l2}\sigma_{\mathrm{ye}}}{\gamma_{\mathrm{m}}\gamma_{\mathrm{f3}}}\right\} \tag{10.13}$$

$$A_{\mathrm{e}}=\sum K_{\mathrm{c}}(K_{\mathrm{h}}A_{\mathrm{c}}) \tag{10.14}$$

式中,σ_{a} 为加劲板有效截面形心处的纵向应力;σ_{ys} 为加劲材料的屈服应力;γ_{m}、γ_{f3} 为材料分项安全系数和荷载分项安全系数;$\sigma_{\mathrm{ye}}=\sqrt{\sigma_{\mathrm{yf}}^{2}-3\tau^{2}\gamma_{\mathrm{m}}^{2}\gamma_{f3}^{2}}$;$\tau=\tau_{1}+0.5\tau_{2}$;$\tau_{1}$ 是由于箱梁扭转而在翼缘板内产生的面内剪应力;τ_{2} 是由于梁内剪力在腹板和翼缘相交处所产生的翼缘板剪应力;σ_{yf} 为翼缘板材料的屈服应力;A_{c} 为母板扣除孔洞的净截面面积;k_{l1}、k_{l2} 为整体稳定折减系数;K_{h} 为对板中孔洞的折减系数;K_{c} 为有效面积折减系数,对于内部板件其值则由规范中相应的曲线确定,方法如下:

(1)当开口加劲肋的数目大于或等于 3,或闭口加劲肋的数目大于或等于 2 时,无论连接方式,按曲线 1 或曲线 3 查得,取其大值。

(2)当没有或仅有一条纵向加劲肋时,对于边缘以螺栓、铆钉作连接的构件,按曲线 1 或曲线 3 查得,取其大值;对于轧制截面或焊接构造,按曲线 2 或曲线 3 查得,取其大值。

(3)当开口加劲肋数目为 2 时,对于边缘以螺栓、铆钉作连接的构件,按曲线 1 或曲线 3 查得,取其大值;对于焊接构造,按曲线 1 和曲线 2 取其平均值,或按曲线 3 查得,取其大值。

计算 K_{c} 三条曲线的表达式为:

①曲线 1(受约束的):

$$K_{\mathrm{c}}=\begin{cases}1 & (\lambda\leqslant 24)\\ \left(\dfrac{24}{\lambda}\right)^{0.50} & (24<\lambda\leqslant 43)\\ \left(\dfrac{28}{\lambda}\right)^{0.68} & (43<\lambda\leqslant 59)\\ \left(\dfrac{30}{\lambda}\right)^{0.75} & (59<\lambda\leqslant 90)\\ \left(\dfrac{36}{\lambda}\right)^{0.90} & (90<\lambda\leqslant 130)\\ 0.38-\dfrac{\lambda}{2\,000} & (130<\lambda\leqslant 200)\\ 0.33-\dfrac{\lambda}{4\,000} & (200<\lambda\leqslant 300)\end{cases}$$

②曲线2(无约束的):

$$K_c=\begin{cases}1 & (\lambda\leqslant 24)\\ \left(\dfrac{24}{\lambda}\right)^{0.75} & (24<\lambda\leqslant 47)\\ \left(\dfrac{26}{\lambda}\right)^{0.85} & (47<\lambda\leqslant 130)\\ 0.274-\dfrac{\lambda}{7\,000} & (130<\lambda\leqslant 300)\end{cases}$$

③曲线3(受约束的和无约束的):

$$K_c=0.5\left\{\left[1+(1+\eta)\frac{475}{\lambda^2}\right]-\sqrt{\left[1+(1+\eta)\frac{475}{\lambda^2}\right]^2-\frac{1\,900}{\lambda^2}}\right\} \tag{10.15}$$

式中:$\eta=0.015\,6(\lambda-4.33)$。

BS5400 对于构件整体稳定折减系数采用边缘屈服准则,以 Perry 公式为基础计算受压加劲板的承载力。

$$K_c=\begin{cases}1 & (\lambda\leqslant 4.33)\\ 0.5\left\{\left[1+(1+\eta)\dfrac{475}{\lambda^2}\right]-\sqrt{\left[1+(1+\eta)\dfrac{475}{\lambda^2}\right]^2-\dfrac{1\,900}{\lambda^2}}\right\} & (4.33<\lambda\leqslant 300)\end{cases} \tag{10.16}$$

式中:

$$\eta=\begin{cases}0 & (\lambda\leqslant 15)\\ \alpha(\lambda-15) & (\lambda>15)\end{cases}$$

$$\alpha=\begin{cases}0.002\,5 & (\text{曲线 } A)\\ 0.004\,5 & (\text{曲线 } B)\\ 0.006\,2 & (\text{曲线 } C)\\ 0.008\,3 & (\text{曲线 } D)\end{cases}$$

根据构件截面类型选取对应的曲线,但对于加劲板件,BS5400 通过下列公式计算 η 值:

$$\eta=\begin{cases}\dfrac{y_0\Delta}{r_{se}^2} & (\text{当求 } k_{l1}\text{ 时})\\ \dfrac{y_z\Delta}{r_{se}^2} & (\text{当求 } k_{l2}\text{ 时})\end{cases} \tag{10.17}$$

$$\Delta=\frac{l}{625}+\frac{r_{se}^2}{2y_{Bs}}+\frac{e_f}{2} \tag{10.18}$$

式中，l 为约束纵向加劲肋的横梁和(或)隔板两相邻件的间距；r_{se} 为纵向加劲肋有效截面绕其与板件平行的形心轴的回转半径；y_0 为从加劲肋有效截面形心至该加劲肋离板最远点的距离；y_z 为从加劲肋有效截面形心至板件中面的距离；y_{Bs} 为从加劲肋有效截面形心至整个构件横截面的中性轴的距离(注：以总纵向应力为零的线为中性轴)；e_f 为由于设置上拱度或竖曲线，板件在长为 l 的直线上呈现的最大偏离量。

10.2.3 欧洲规范[5,6]

欧洲规范关于受压加劲板的计算不同于其他规范，构件承载力通过局部屈曲折减系数与整体屈曲折减系数求得，局部屈曲板件承载力考虑了屈曲后强度的提高。受压加劲板极限承载力由下式得到：

$$N_{Rd}=\frac{A_{eff}f_y}{\gamma_{M1}} \tag{10.19}$$

$$A_{eff}=\rho_c A_{c,eff,loc}+\sum b_{edge,eff}t \tag{10.20}$$

$$A_{c,eff,loc}=A_{sl,eff}+\sum\rho_{loc}b_{c,loc}t \tag{10.21}$$

式中：N_{Rd}——加劲板抗压承载力；

f_y——钢材的屈服强度；

A_{eff}——加劲板有效截面面积；

γ_{M1}——与构件稳定性有关的抗力分项系数；

$A_{sl,eff}$——所有加劲肋的有效面积；

$b_{c,loc}$——子板件有效宽度；

t——板件厚度；

$b_{edge,eff}$——加劲板边缘板有效板宽；

ρ_{loc}——子板件屈曲系数；

ρ_c——加劲板件有效截面折减系数，由下式求得：

$$\rho_c=(\rho-\chi_c)\xi(2-\xi)+\chi_c \tag{10.22}$$

$$\xi=\sigma_{cr,p}/\sigma_{cr,c}-1\quad 且\ 0\leqslant\xi\leqslant1 \tag{10.23}$$

$\sigma_{cr,p}$——板弹性失稳模态临界屈曲应力；

$\sigma_{cr,c}$——柱弹性失稳模态临界屈曲应力；

ρ——板失稳模态局部折减系数；

χ_c——柱失稳模态稳定折减系数，由下式求得：

$$\chi_c=\frac{1}{\varphi+\sqrt{\varphi^2-\overline{\lambda}_c^2}}\quad 且\chi_c\leqslant 1.0 \tag{10.24}$$

$$\varphi=0.5[1+\alpha(\overline{\lambda}_c-0.2)+\overline{\lambda}_c^2] \tag{10.25}$$

$$\overline{\lambda}_c=\sqrt{\frac{\beta_{A,c}f_y}{\sigma_{cr,c}}}\qquad \beta_{A,c}=\frac{A_{sl,1,eff}}{A_{sl,1}} \tag{10.26}$$

α——初始缺陷系数；

$A_{sl,1,eff}$——加劲板与相邻板件的有效截面面积；

$A_{sl,1}$——加劲板与相邻板件的截面面积。

对于内部受压板件，式(10.21)中ρ_{loc}和式(10.22)中ρ可通过下式确定：

$$\begin{cases}\rho=1.0 & (\overline{\lambda}_p\leqslant 0.673)\\ \rho=\dfrac{\overline{\lambda}_p-0.055(3+\psi)}{\overline{\lambda}_p^2}\leqslant 1.0 & (\overline{\lambda}_p>0.673)\end{cases}\quad 且(3+\psi)\geqslant 0 \tag{10.27}$$

$$\overline{\lambda}_p=\sqrt{\frac{f_y}{\sigma_{cr}}}=\frac{\overline{b}/t}{28.4\varepsilon\sqrt{k_\sigma}}\qquad \varepsilon=\sqrt{\frac{235}{f_y}} \tag{10.28}$$

式中：k_σ——与应力比和边界条件有关的屈曲系数；

σ_{cr}——基于毛截面的弹性屈曲临界力；

$\overline{b}$——板件有效宽度；

ψ——应力比；

t——板厚。

10.2.4　日本规范[7]

日本《道路桥示方书》对加劲肋尺寸构造和最小刚度作了详细的规定，计算公式采用容许应力法，为便于比较，可将规范公式转换成下式表示受压加劲板极限承载力：

$$N_{Rd}=\varphi\varphi_l A\sigma_{cao} \tag{10.29}$$

$$\varphi=\frac{\sigma_{cag}}{\sigma_{cao}}\qquad \varphi_l=\frac{\sigma_{cal}}{\sigma_{cao}} \tag{10.30}$$

式中：σ_{cag}——考虑加劲板整体稳定的轴心受压容许应力；

σ_{cal}——考虑局部板元稳定的容许应力；

σ_{cao}——未考虑稳定的轴心受压容许应力；

A——加劲板毛截面面积；

φ——整体稳定系数；

φ_l——局部稳定系数。

日本《道路桥示方书》只有一条柱子曲线，采用经验公式的方法计算轴心受压加劲板整体稳定系数 φ：

$$\left.\begin{aligned} &\varphi = 1.0 && (\bar{\lambda} \leqslant 0.2) \\ &\varphi = 1.109 - 0.545\bar{\lambda} && (0.2 < \bar{\lambda} \leqslant 1.0) \\ &\varphi = \frac{1.0}{0.773 + \bar{\lambda}^2} && (1.0 < \bar{\lambda}) \end{aligned}\right\} \tag{10.31}$$

$$\bar{\lambda} = \frac{\lambda}{\pi} \cdot \sqrt{\frac{\sigma_y}{E}} \tag{10.32}$$

式中：λ——加劲板的长细比；

σ_y——钢材屈服强度；

E——弹性模量。

不带加劲肋的板件局部稳定系数 φ_1 可由下式确定：

$$\begin{aligned} &\varphi_l = 1.0 && (R \leqslant 0.7) \\ &\varphi_l = \frac{0.5}{R^2} && (0.7 < R) \end{aligned} \tag{10.33}$$

$$R = \frac{b}{t}\sqrt{\frac{12\sigma_y(1-\mu^2)}{E\pi^2 k}} \tag{10.34}$$

式中：b——板件宽度；

t——板件厚度；

k——屈曲系数（四边简支板 k 取 4，三边简支一边自由板件 k 取 0.43）。

10.3 U 肋加劲板构造

10.3.1 U 肋加劲板构造尺寸规定

U 肋加劲板由于具有刚度大、屈曲稳定性好、焊接工作量少等无可比拟的优点而被广泛采用。由于 U 肋截面需要弯制加工，板厚不易太厚，通常在 6 ~ 10mm 左右。而 U 肋加劲板作为构造复杂的正交异性板，其纵肋间距也不宜过大，间距过大容易导致顶板产生局部屈曲，变形过大影响桥面铺装等问题；但是间距也不宜过小，过小不方便桥面板的制作安装。为了受力均匀，U 肋之间的距离应与其下翼缘等宽。各国规范对 U 肋加劲板的构造也有一些规定，如表 10.1 所示。

U 肋加劲板构造规范规定　　表 10.1

参　数	欧洲规范	日本规范	美国规范
被加劲板板厚(mm)	≥14	≥12	≥8
U 肋板厚(mm)	≥6	6～10	≥7
U 肋开口宽度(mm)	—	280～340	—
U 肋腹板间距(mm)	≤300	—	—
加劲肋间距(mm)	—	600～850	—

10.3.2　常用 U 肋加劲板相对长细比变化

受压构件的整体稳定与长细比有较大关系，图 10.1 为 U 肋加劲板标准横断面图，可以看出，6 个参数决定了 U 肋加劲板截面尺寸，在稳定计算中，以相对长细比来表达稳定系数的变化，以下分别以 U 肋板厚与被加劲板板厚比值、U 肋高度、加劲肋间距、U 肋翼缘宽度、加劲板长度 a 为参数，讨论 U 肋加劲板相对长细比的变化。设加劲板构造尺寸 b_x = 300mm、b_s = 185mm、h = 250mm、a = 4 000mm、t_m = 20mm、t_u = 10mm 为基本结构，当某个参数变化时，其他参数保持不变，根据对 U 肋加劲板尺寸的统计可以发现，U 肋加劲板各参数变化的范围为：加劲肋间距一般在 300～400mm 之间变化，被加劲板板厚度一般在 12～24mm 之间变化，U 肋的板厚一般为 6mm、8mm、10mm，而且当被加劲板厚度较大，与之对应的 U 肋厚度一般也取 6mm、8mm 和 10mm 之间的较大值。U 肋高度一般在 240～360mm，U 肋下缘宽度一般为 300～400mm，U 肋与母板相交夹角中锐角的余切值在 1/4.2～1/4.7之间变化，加劲板长度 a = 2 000～5 000mm。构件相对长细比的变化如图 10.2所示。

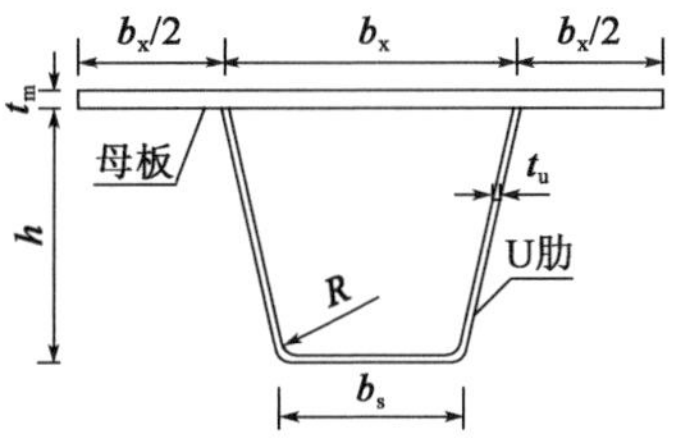

图 10.1　U 肋加劲板标准横断面图

从图 10.2 中可以看出，U 肋高度和加劲板长度对构件相对长细比影响很大，而翼缘宽度与 U 肋间距对相对长细比影响较小，厚度比 t_u/t_m 增加相对长细比影响较大。

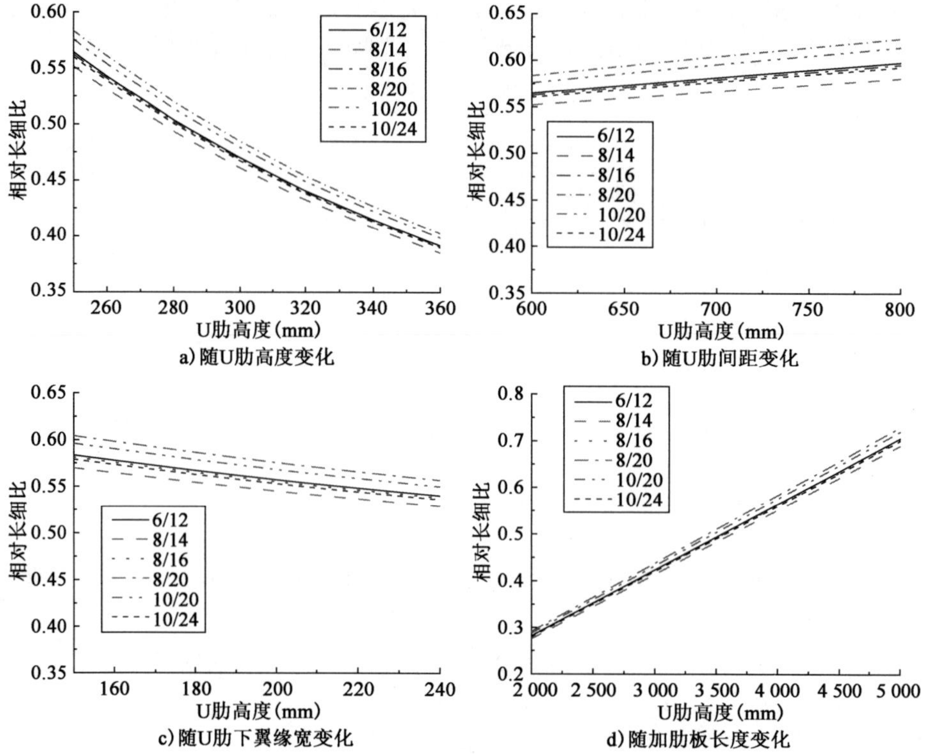

a)随U肋高度变化

b)随U肋间距变化

c)随U肋下翼缘宽变化

d)随加肋板长度变化

图 10.2　相对长细比随各参数变化变化

10.4　U 肋加劲板受压局部稳定分析

10.4.1　局部稳定分析方法

1. 局部稳定屈曲模态

目前对于局部稳定的研究多集中在传统的工字形截面和箱形截面的板件,由于不同结构形式的焊接残余应力分布和大小并不相同,有必要针对 U 肋加劲板板件局部屈曲强度进行研究。U 肋加劲板的局部稳定破坏表现为 U 肋加劲板各子板件的局部失稳,如 U 肋翼缘、腹板、母板子板件,通常局部失稳往往由 U 肋腹板和母板子板件控制,特别在常用的构件尺寸中,U 肋腹板宽厚比较大,局部失稳比较常见,母板子板件和 U 肋腹板、翼缘失稳模态如图 10.3 的 a)与 b)所示。

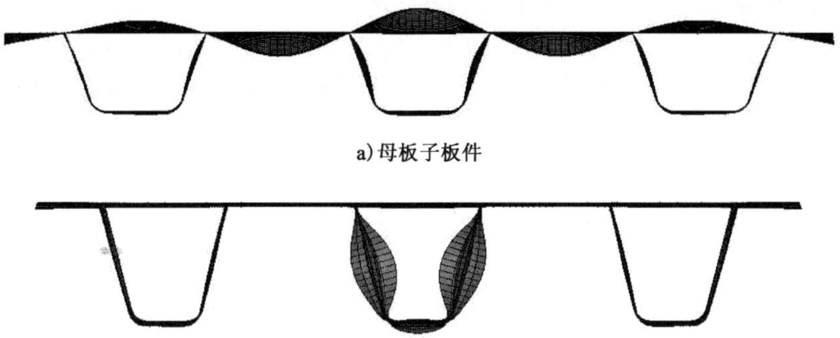

图 10.3 受压 U 肋加劲板局部失稳

2. 局部稳定公式概述

关于受压板和受压加劲板的极限承载力,有许多学者进行了大量的研究,并且取得了很多显著的成果。图 10.4 中绘出了部分学者关于受压四边简支板的研究成果和部分规范的规定值[8]。其中:

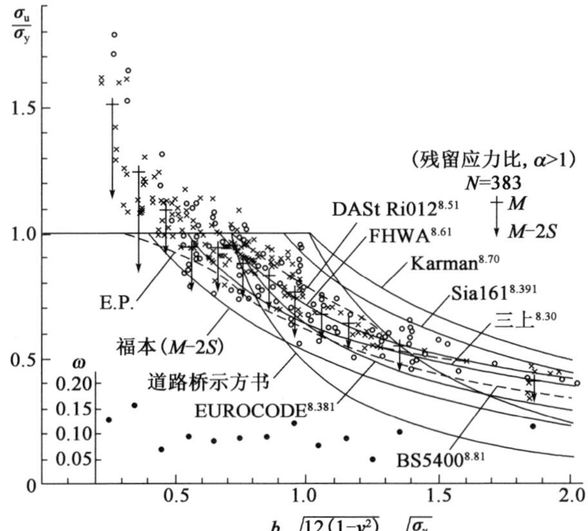

图 10.4 受压板件极限承载力

(1)曲线 E. P. 为假设初始变形为 $b/150$,最大残余变形为 $0.4\sigma_y$ 时,由弹塑性有限变位法求得的结果。

当 R 很小时,板厚较大、初始变形相对较小,同时可以考虑材料强化效果,对图中 E. P. 曲线进行修正，修正后的公式为：

$$\frac{\sigma_u}{\sigma_y}=\begin{cases}1.0 & (R\leqslant 0.5)\\ 0.390(R-0.5)^2-0.911(R-0.5)+1.0 & (0.5<R\leqslant 1.0)\\ -0.146R+0.015/(R-0.8)+0.713 & (1.0<R\leqslant 2.1)\end{cases}\tag{10.35}$$

(2)三上曲线：根据 BS449(1959 年)公式提出，其公式为：

$$\frac{\sigma_u}{\sigma_y}=\begin{cases}1.0 & (R\leqslant 0.526)\\ (0.526/R)^{0.7} & (R>0.526)\end{cases}\tag{10.36}$$

(3)Karman 曲线未考虑初始变形，公式如下：

$$\frac{\sigma_u}{\sigma_y}=\frac{1}{R}\quad (R\geqslant 1)\tag{10.37}$$

(4)福本曲线(M-曲线)。为根据 383 个试验结果的回归经验曲线，表示其试验结果的平均值，其公式为：

$$\frac{\sigma_u}{\sigma_y}=\begin{cases}1.0 & (R\leqslant 0.571)\\ \dfrac{0.968}{R}-\dfrac{0.286}{R^2}+\dfrac{0.0338}{R^3} & (R>0.571)\end{cases}\tag{10.38}$$

(5)福本曲线(M-2S 曲线)。为平均值 M-曲线减去 2 倍标准偏差后的回归经验曲线，公式为：

$$\frac{\sigma_u}{\sigma_y}=\begin{cases}1.0 & (R\leqslant 0.389)\\ -0.174+\dfrac{0.968}{R}-\dfrac{0.286}{R^2}+\dfrac{0.0338}{R^3} & (R>0.389)\end{cases}\tag{10.39}$$

(6)宇佐美曲线($c=0.7$)。考虑初始变形的影响对三上曲线修正，得到公式：

$$\frac{\sigma_u}{\sigma_y}=\frac{c}{R}\quad (R\geqslant c)\tag{10.40}$$

由图 10.4 可知，相对宽厚比 $R=\sqrt{\dfrac{f_y}{\sigma_{cr}}}=\left(\dfrac{b}{t}\right)\sqrt{\dfrac{12(1-\nu^2)f_y}{\pi^2 E}\left(\dfrac{1}{k}\right)}$ 大约在 0.5 ~1.3 之间时，试验值小于欧拉应力。其主要原因可以认为，弹性屈曲理论中将加劲板假设为理想结构，未考虑板件初始变形和残余应力等因素的影响。而实际构件不可能是理想结构，由于初始变形产生的二次应力和残余应力等影响，在受压加劲板平均应力小于屈服应力时，部分板件有可能先屈服，降低了加劲板的刚度，导致实际极限承载力小于屈服强度。

而当 R 约大于 1.3 时试验值比较接近于欧拉应力或大于欧拉应力。这可以认为，相对宽厚比很大时，由于边界条件的约束产生拉力场，提高了受压加劲板的极限承载力[8]，也就是所说的板件屈曲后强度的提高。

3. 局部分析有限元模型

采用壳单元 Shell181 建立 U 肋加劲板局部分析有限元模型，母板、U 肋腹板及 U 肋翼缘模型均为四边简支板，边界条件按四边简支施加，有限元模型如图 10.5 所示。材料采用 Von Mises 屈服准则和多线性随动强化模型，同时计入残余应力和初始几何缺陷对承载力的影响，按本文提供残余应力简化公式计算母板和 U 肋腹板焊接残余应力分布，局部初始缺陷按板宽的 1/200 计入。

图 10.5　母板或 U 肋腹板或 U 肋翼缘板壳有限元模型图

10.4.2　四边简支板（母板）局部稳定简化实用公式

板件屈曲与其宽厚比相关，但根据 U 肋加劲板的焊缝形式，U 肋与母板的板厚比也会对残余应力分布影响较大。为了了解板件的屈曲性能，本文通过改变母板板宽、母板板厚与 U 肋板厚组合共两种方式得到母板的受压稳定承载力。母板板件选用 300mm 和 400mm 两种宽度，U 肋高度取 260mm，母板板厚在 10 ~ 24mm 之间变化，U 肋厚度分 6mm、8mm、10mm 三种，这样 U 肋与母板的厚度组合共有 14 种，见表 10.2。这样的选择几乎涵盖了所有 U 肋加劲板的常用板件形式。

母板与 U 肋板厚组合　　表 10.2

编　号	母板板厚 t_m（mm）	U 肋板厚 t_u（mm）
1	10	6
2	10	8
3	12	6
4	12	8
5	12	10
6	14	6
7	14	8
8	14	10
9	16	6

续上表

编　　号	母板板厚 t_m(mm)	U 肋板厚 t_u(mm)
10	16	8
11	16	10
12	20	10
13	22	10
14	24	10

通过对母板与 U 肋强度组合 M345-U345、M345-U390、M345-U420、M390-U345、M420-U345 各 28 个不同构造尺寸的四边简支板进行局部稳定承载力计算,得到板件稳定承载力折减系数与相对宽厚比的关系。

在前面文献中,比较有代表性的是福本曲线,该曲线是将实验值进行多项式拟合得到的,但由于多项式次数很高,曲线对多项式系数变化比较敏感,且容易出现拐点。而 Perry 公式的曲线线形与欧拉公式很接近,且只有一个变化参数,对不同拟合的曲线容易进行比较,现行《公路钢结构桥梁设计规范》(JTG D64—2015)受压构件局部稳定计算也采用该曲线形式。本文对板件局部屈曲分别采用上述两种方式进行拟合,并对拟合后的效果进行比较。

1. 多项式拟合

采用多项式对母板稳定承载力折减系数 φ 进行拟合,三种强度钢材的稳定承载力折减系数、平均值拟合曲线以及 95% 保证率拟合曲线如图 10.6 所示。拟合曲线计算公式如表 10.3 所示。图 10.7 给出三条不同强度钢材 U 肋加劲板母板的 95% 保证率的拟合曲线。

U 肋加劲板母板局部稳定系数实用计算公式　　表 10.3

钢材等级	保证率	计算公式
Q345	平均值	$\frac{\sigma_u}{f_y}=\begin{cases}1 & (R\leqslant 0.45)\\ -0.495+1.556/R-0.533/R^2+0.061/R^3 & (R>0.45)\end{cases}$
	95% 下限	$\frac{\sigma_u}{f_y}=\begin{cases}1 & (R\leqslant 0.39)\\ -0.515+1.562/R-0.535/R^2+0.061/R^3 & (R>0.39)\end{cases}$
Q390	平均值	$\frac{\sigma_u}{f_y}=\begin{cases}1 & (R\leqslant 0.44)\\ -0.604+1.784/R-0.667/R^2+0.085/R^3 & (R>0.44)\end{cases}$
	95% 下限	$\frac{\sigma_u}{f_y}=\begin{cases}1 & (R\leqslant 0.37)\\ -0.635+1.804/R-0.676/R^2+0.086/R^3 & (R>0.37)\end{cases}$
Q420	平均值	$\frac{\sigma_u}{f_y}=\begin{cases}1 & (R\leqslant 0.44)\\ -0.556+1.711/R-0.627/R^2+0.078/R^3 & (R>0.44)\end{cases}$
	95% 下限	$\frac{\sigma_u}{f_y}=\begin{cases}1 & (R\leqslant 0.39)\\ -0.595+1.737/R-0.639/R^2+0.079/R^3 & (R>0.39)\end{cases}$

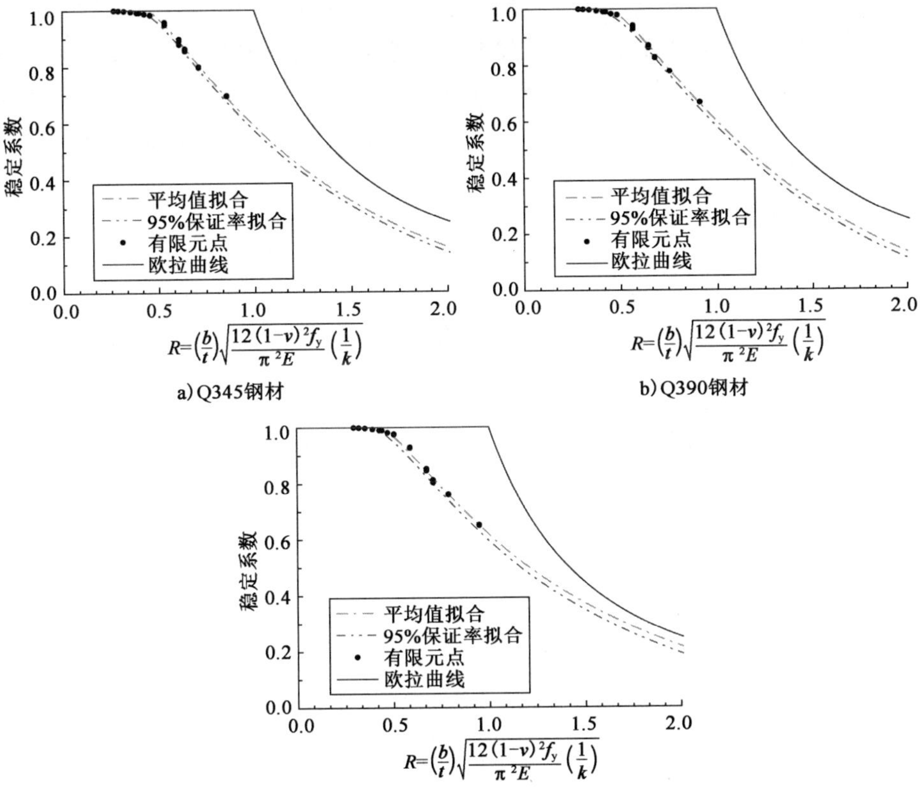

a) Q345钢材

b) Q390钢材

c) Q420钢材

图 10.6 多项式拟合 U 肋加劲板母板稳定屈曲曲线

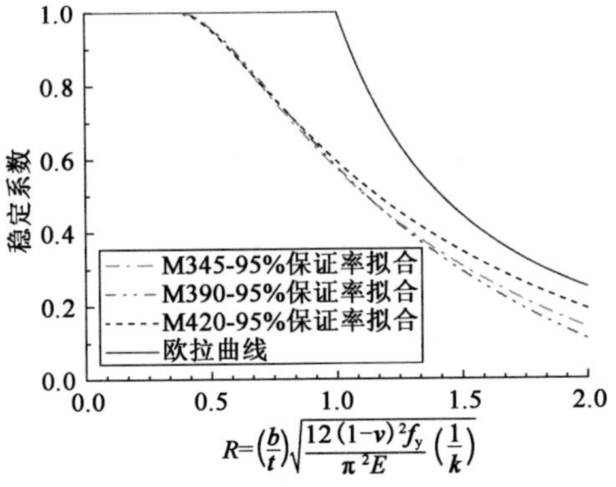

图 10.7 不同强度钢材 U 肋加劲板母板稳定屈曲曲线

2. Perry 公式拟合

采用 Perry 公式对板件稳定承载力进行拟合，三种强度钢材的稳定承载力折减系数、平均值拟合曲线以及95%保证率拟合曲线如图10.8所示，相应缺陷系数如表10.4所示。图10.9给出四条不同强度钢材U肋加劲板母板的95%保证率拟合曲线。

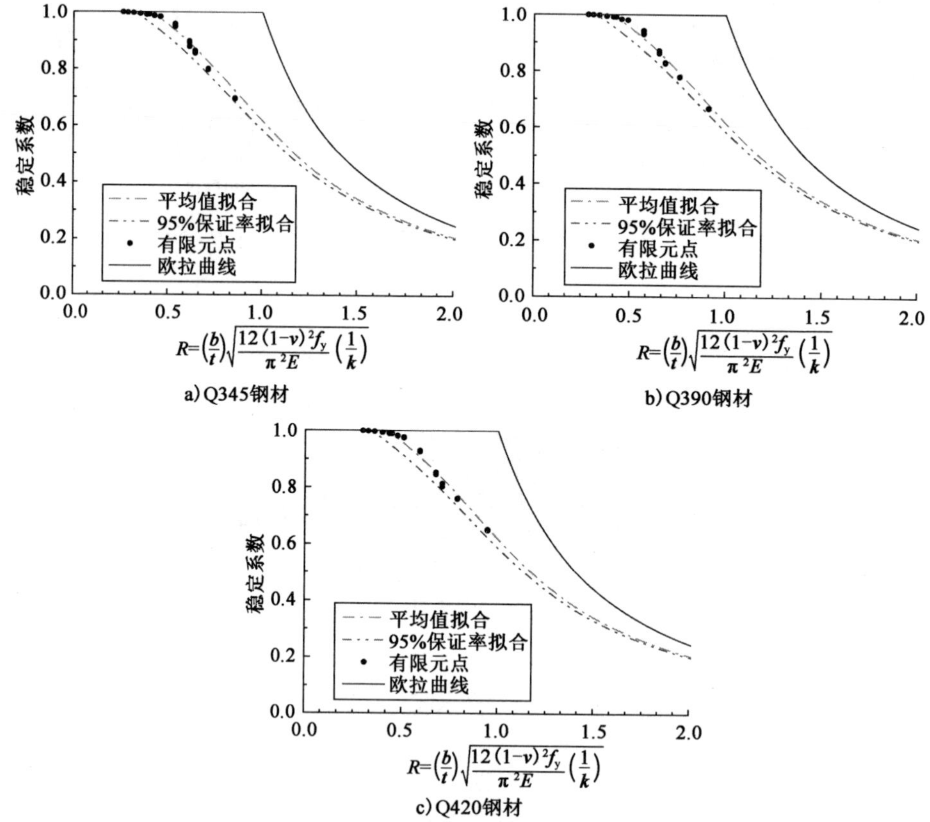

图10.8　Perry 公式拟合U肋加劲板母板稳定屈曲曲线

Perry 公式参数　　表10.4

曲线类别		Q345	Q390	Q420
平均值拟合	λ_0	0.403	0.406	0.418
	α	0.413	0.397	0.402
95%保证率拟合	λ_0	0.329	0.324	0.337
	α	0.439	0.428	0.436

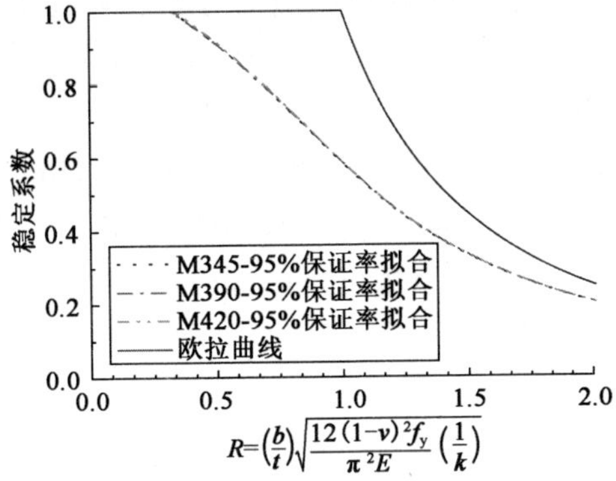

图10.9　不同强度钢材U肋加劲板母板稳定屈曲曲线

3. 比较

从图10.7中可以看出，各种强度母板的稳定系数几乎从同一相对宽厚比开始折减，在相对宽厚比小于1时，三种强度曲线几乎没有区别，但随着相对宽厚比的增加，M390的多项式拟合曲线折减最大。从图10.9中可以看出，各种强度Perry拟合曲线基本重合。现把多项式拟合与Perry公式拟合的曲线整理于图10.10中。从图中可以看出，Perry公式拟合曲线比多项式拟合曲线更早开始折减，在相对宽厚比小于0.8时，Perry公式拟合得到的稳定系数折减比多项式拟合多，当相对宽厚比小于0.8时，Perry公式拟合得到的稳定系数折减比多项式拟合少。

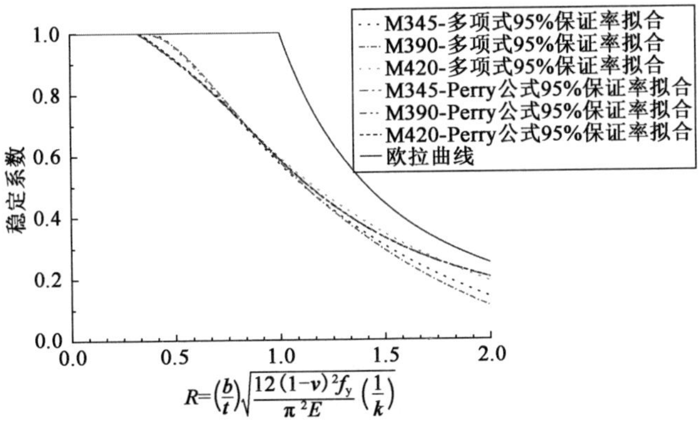

图10.10　母板多项式拟合与Perry公式拟合对比图

10.4.3　四边简支板(U肋腹板)局部稳定简化实用公式

受U肋加工工艺的限制，常用的U肋板厚板有6mm、8mm、10mm三种厚度。

母板板厚和板宽对 U 肋腹板的焊接残余应力分布影响很小，这与分析母板局部屈曲时不同。母板板宽取 300mm，板厚分别为 12mm、16mm、20mm，板厚组合共有 t_m-t_u 为 12-6、16-8、20-10 的三种（t_m 表示母板厚度，t_u 表示 U 肋厚度）；U 肋高度有 220mm、240mm、260mm、280mm、300mm、330mm、350mm 七种。通过对母板与 U 肋强度组合 M345-U345、M345-U390、M345-U420、M390-U345、M420-U345 各 21 个不同构造尺寸的四边简支板进行局部稳定承载力计算，得到稳定承载力折减系数 φ 与相对宽厚比的关系。

1. 多项式拟合

采用多项式对 U 肋板件稳定承载力折减系数进行拟合，三种强度钢材的稳定承载折减系数、平均值拟合曲线以及 95% 保证率拟合曲线如图 10.11 所示，拟合代表曲线计算公式如表 10.5 所示。图 10.12 给出四条不同强度钢材 U 肋

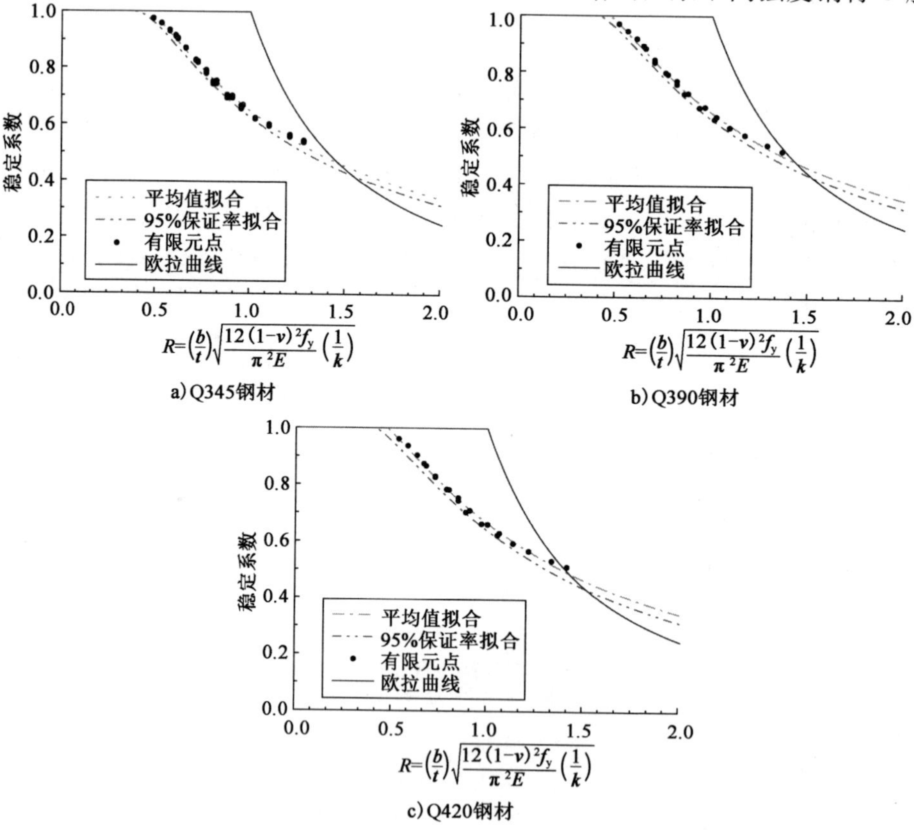

图 10.11　多项式拟合 U 肋腹板稳定屈曲曲线

腹板的95%保证率拟合曲线。

U肋腹板局部稳定系数实用计算公式 表10.5

钢材等级	保证率	计算公式
Q345	平均值	$\frac{\sigma_u}{f_y}=\begin{cases}1 & (R\leqslant 0.46)\\ -0.084+0.971/R-0.256/R^2+0.018/R^3 & (R>0.46)\end{cases}$
	95%下限	$\frac{\sigma_u}{f_y}=\begin{cases}1 & (R\leqslant 0.39)\\ -0.109+0.976/R-0.258/R^2+0.018/R^3 & (R>0.39)\end{cases}$
Q390	平均值	$\frac{\sigma_u}{f_y}=\begin{cases}1 & (R\leqslant 0.46)\\ -0.075+0.98/R-0.27/R^2+0.022/R^3 & (R>0.46)\end{cases}$
	95%下限	$\frac{\sigma_u}{f_y}=\begin{cases}1 & (R\leqslant 0.41)\\ -0.118+1.017/R-0.292/R^2+0.026/R^3 & (R>0.41)\end{cases}$
Q420	平均值	$\frac{\sigma_u}{f_y}=\begin{cases}1 & (R\leqslant 0.47)\\ -0.118+1.093/R-0.349/R^2+0.039/R^3 & (R>0.47)\end{cases}$
	95%下限	$\frac{\sigma_u}{f_y}=\begin{cases}1 & (R\leqslant 0.41)\\ -0.159+1.124/R-0.368/R^2+0.042/R^3 & (R>0.41)\end{cases}$

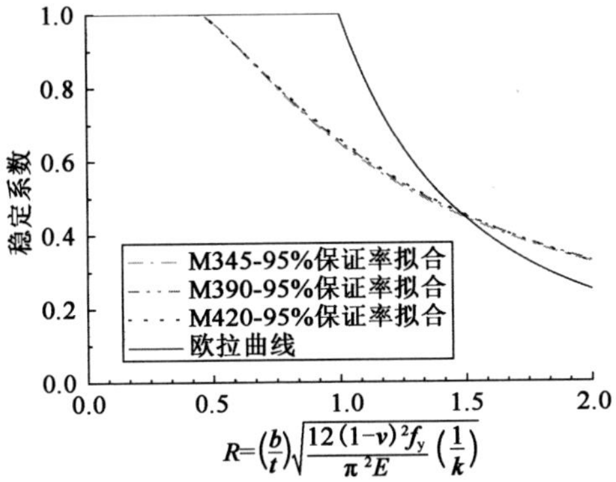

图10.12 不同强度钢材U肋腹板稳定屈曲曲线

2. Perry 公式拟合

采用Perry公式对板件稳定承载力进行拟合，三种强度钢材的稳定承载力折减系数、平均值拟合曲线以及95%保证率拟合曲线如图10.13所示，相应缺陷系数 α 如表10.6所示。图10.14给出四条不同强度钢材U肋腹板的95%保证率拟合曲线。

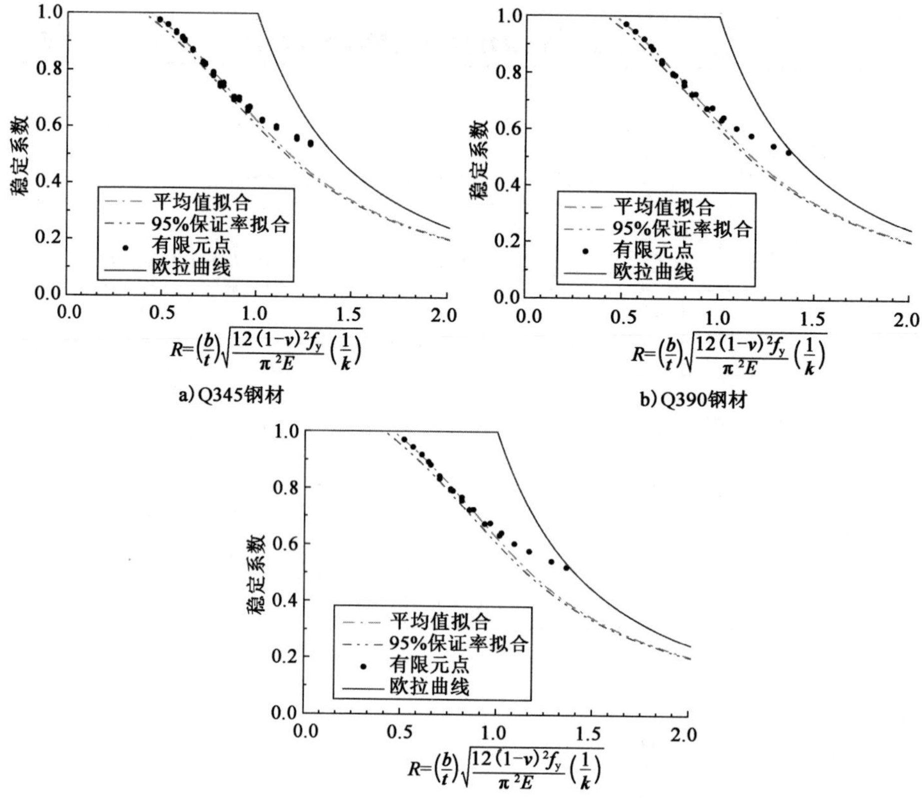

a) Q345钢材

b) Q390钢材

c) Q420钢材

图 10.13　Perry 公式拟合 U 肋腹板稳定屈曲曲线

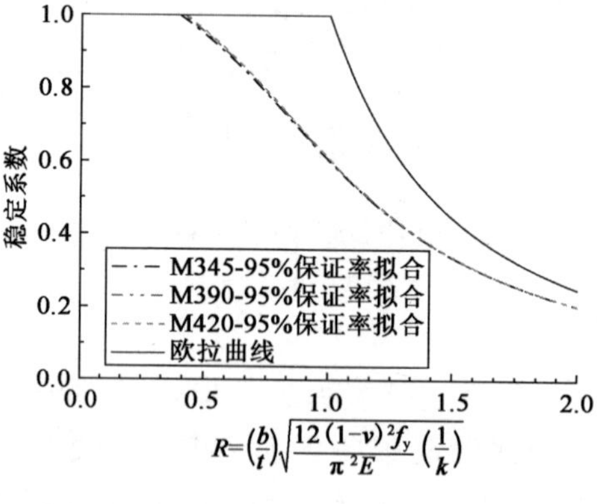

图 10.14　不同强度钢材 U 肋腹板稳定屈曲曲线

Perry 公式参数 表 10.6

曲线类别		Q345	Q390	Q420
平均值拟合	λ_0	0.441	0.456	0.469
	α	0.414	0.414	0.41
95%保证率拟合	λ_0	0.4	0.412	0.421
	α	0.436	0.437	0.436

3. 比较

从图 10.12 中可以看出,对于多项式拟合,各种强度 U 肋的稳定系数几乎从同一相对宽厚比开始折减,且折减趋势基本重合,在相对宽厚比为 1.48 时超过欧拉曲线,表明其发挥了屈曲后强度。从图 10.14 中可以看出,各种强度 Perry 拟合曲线基本重合。现把多项式拟合与 Perry 公式拟合的曲线整理于图 10.15中。从图中可以看出,Perry 公式拟合曲线比多项式拟合曲线更早折减,且在图示范围内,Perry 公式得到的稳定系数折减始终比多项式大。

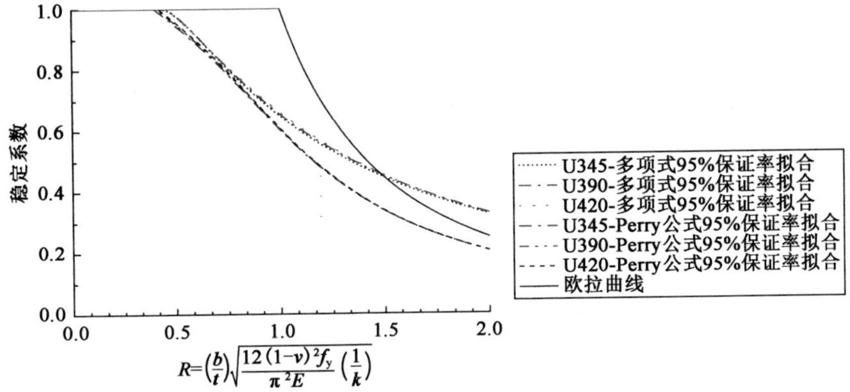

图 10.15 U 肋腹板多项式拟合与 Perry 公式拟合对比图

10.4.4 四边简支板(翼缘板)局部稳定简化公式

从闭口 U 肋构造可知,翼缘板受母板宽度(几乎决定翼缘板宽)、U 肋高度及翼缘板厚度有关,因此本节中母板板件将选取 300mm、350mm、400mm 三种宽度,U 肋高度选择常用的 300mm,翼缘板厚度取 6mm、8mm、10mm 三种,并取 U

肋与母板相交夹角中锐角的余切值为 1/4.5，这样的选择可以满足当代大部分工程的尺寸要求。由于翼缘受焊接残余应力影响小，因此在分析中不计入焊接残余应力的影响。通过对母板与 U 肋强度组合 M345-U345、M345-U390、M345-U420、M390-U345、M420-U345 各 15 个不同构造尺寸的四边简支板进行局部稳定承载力计算，得到稳定承载力折减系数 φ 与相对宽厚比的关系。

1. 多项式拟合

采用多项式对 U 肋翼缘板稳定承载力折减系数进行拟合，三种强度钢材的稳定承载折减系数、平均值拟合曲线以及 95% 保证率拟合曲线如图 10.16 所示。拟合代表曲线计算公式如表 10.7 所示。图 10.17 给出四条不同强度钢材 U 肋腹板的 95% 保证率拟合曲线。

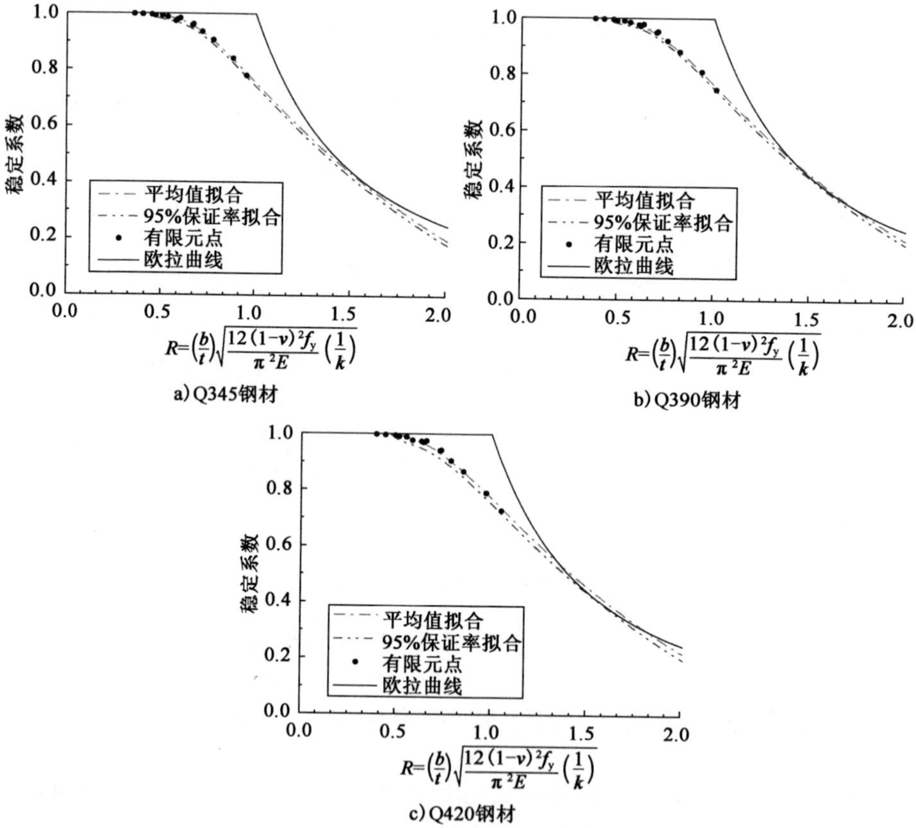

图 10.16　多项式拟合 U 肋翼缘稳定屈曲曲线

U 肋翼缘板局部稳定系数实用计算公式 表 10.7

钢材等级	保证率	计算公式
Q345	平均值	$\frac{\sigma_u}{f_y}=\begin{cases}1 & (R\leqslant 0.46)\\ -0.904+2.888/R-1.486/R^2+0.258/R^3 & (R>0.46)\end{cases}$
	95%下限	$\frac{\sigma_u}{f_y}=\begin{cases}1 & (R\leqslant 0.43)\\ -0.925+2.902/R-1.493/R^2+0.259/R^3 & (R>0.43)\end{cases}$
Q390	平均值	$\frac{\sigma_u}{f_y}=\begin{cases}1 & (R\leqslant 0.46)\\ -0.873+2.858/R-1.477/R^2+0.257/R^3 & (R>0.46)\end{cases}$
	95%下限	$\frac{\sigma_u}{f_y}=\begin{cases}1 & (R\leqslant 0.43)\\ -0.892+2.868/R-1.482/R^2+0.258/R^3 & (R>0.43)\end{cases}$
Q420	平均值	$\frac{\sigma_u}{f_y}=\begin{cases}1 & (R\leqslant 0.47)\\ -0.905+2.99/R-1.608/R^2+0.295/R^3 & (R>0.47)\end{cases}$
	95%下限	$\frac{\sigma_u}{f_y}=\begin{cases}1 & (R\leqslant 0.46)\\ -0.93+3/R-1.614/R^2+0.296/R^3 & (R>0.46)\end{cases}$

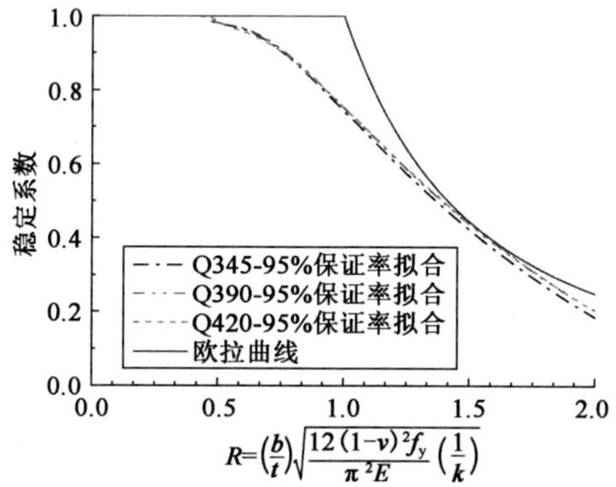

图 10.17 不同强度钢材 U 肋翼缘稳定屈曲曲线

2. Perry 公式拟合

采用 Perry 公式对板件稳定承载力进行拟合，三种强度钢材的稳定承载力折减系数、平均值拟合曲线以及 95% 保证率拟合曲线如图 10.18 所示，相应缺陷系数 α 如表 10.8 所示。图 10.19 给出四条不同强度钢材 U 肋翼缘的 95% 保证率拟合曲线。

Perry 公式参数　　表 10.8

曲线类别		Q345	Q390	Q420
平均值拟合	λ_0	0.459	0.462	0.463
	α	0.148	0.134	0.127
95%保证率拟合	λ_0	0.37	0.34	0.317
	α	0.148	0.137	0.136

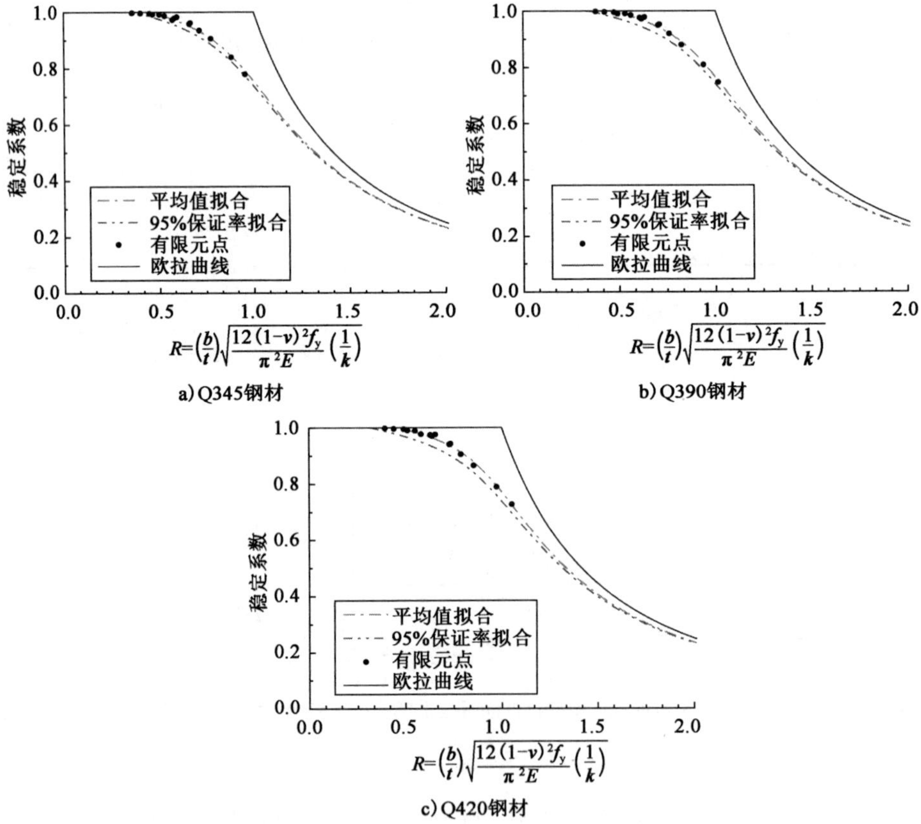

图 10.18　Perry 公式拟合 U 肋翼缘稳定屈曲曲线

3. 比较

从图 10.17 中可以看出，对于多项式拟合，翼缘强度为 390MPa 与 345MPa

的拟合曲线开始折减的位置基本重合，420MPa 的拟合曲线折减开始点略有推迟，且随着相对宽厚比的增加，翼缘强度 345MPa 的拟合曲线折减最多。从图 10.19 中可以看出，各种强度 Perry 拟合曲线基本重合。现把多项式拟合与 Perry 公式拟合的曲线整理于图 10.20 中。从图中可以看出，Perry 公式拟合曲线比多项式拟合曲线更早开始折减，当相对宽厚比小于 1.7 时，Perry 公式得到稳定系数折减比多项式大；当相对宽厚比大于 1.7 时，Perry 公式得到稳定系数折减比多项式小。

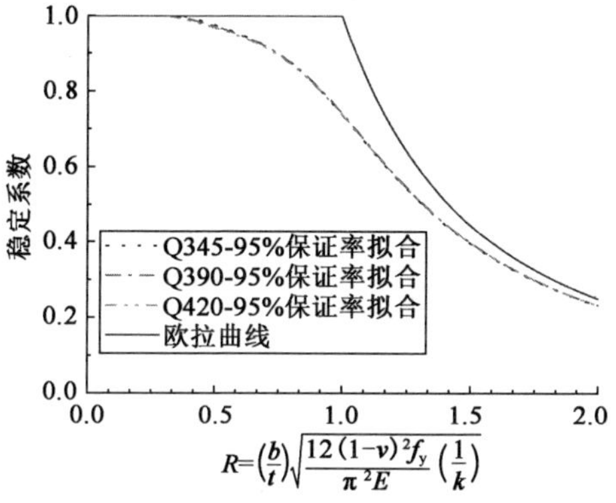

图 10.19　不同强度钢材 U 肋翼缘稳定屈曲曲线

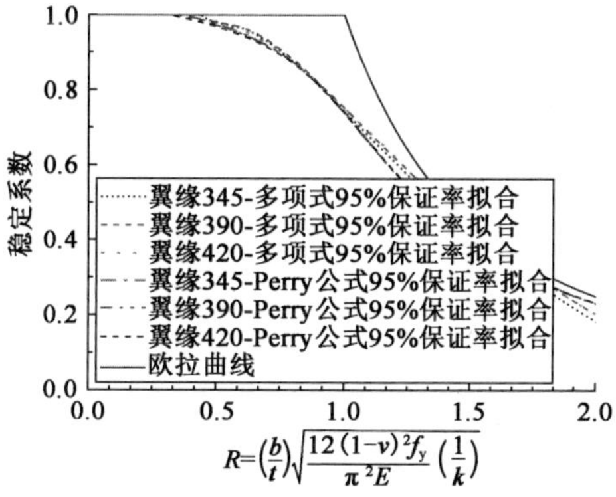

图 10.20　翼缘多项式拟合与 Perry 公式拟合对比图

10.4.5　U 肋加劲板板件宽厚比限值分析

国内外规范关于板件宽厚比限值的规定：

各国规范根据受压加劲板设计计算思想，对加劲肋或母板板件的宽厚比设定了限值。但对于 U 肋板件宽厚比限值规范很少，下面简单列举。

我国《公路桥涵钢结构及木结构设计规范》[9]（JTJ 025—1986）关于宽厚比规定是以 1972—1973 年铁道部科学研究院所进行的试验为依据而制订的。规范采用准则②防止板件局部失稳，公式基于弹性理论，再通过乘以 0.6 ~ 0.7 的折减系数得到最终宽厚比限定值。但规范只适用于无加劲肋的箱形、H 形和 T 形构件的板件，对目前广泛应用的带加劲肋的加劲板并不适用。

我国《钢结构设计规范》[10]（GB 50017—2003）采用准则②设计防止板件局部失稳的方法，对于整体稳定与局部稳定承载力均考虑了残余应力和初始几何缺陷的影响，并通过西安建筑科技大学所做焊接 I 形截面轴心受压构件和短柱局部屈曲试验，得到一等效弹性模量折减系数。宽厚比为长细比的函数，对于工字形截面翼缘规定为：

$$\frac{b}{t} \leqslant (10 + 0.1\lambda)\sqrt{\frac{235}{f_y}} \tag{10.41}$$

当长细比 $\lambda \leqslant 30$ 时，取 $\lambda = 30$；当 $\lambda \geqslant 100$ 时，取 $\lambda = 100$。而对于箱形截面轴心受压构件的翼缘和腹板计算宽度与其厚度之比应符合下列要求：

$$\frac{b}{t} \leqslant 40\sqrt{\frac{235}{f_y}} \tag{10.42}$$

BS5400[11]对加劲板构造规定得比较详细，包括扁钢加劲肋、勾头扁钢加劲肋、角钢加劲肋、T形加劲肋以及闭口加劲肋等。BS5400对闭口加劲肋的尺寸进行如下规定：

①$\frac{d_{s1}}{t_s}\sqrt{\sigma_{ys}/355} \leqslant 29$；

②$\frac{d_{s2}}{t_s}\sqrt{(\sigma_{ys} + \sigma_a)/355} \leqslant 41$。

式中，σ_a 为加劲肋有效截面形心处，在破坏极限状态下的纵向应力（压为正），可保守取为 σ_{ys}；d_{s1}，d_{s2} 为加劲肋各壁的宽度；t_s 为加劲肋的厚度；σ_{ys} 为钢材的屈服强度，如图10.21所示。

AASHTO[3]对受压构件宽厚比限值如下：

$$\frac{b}{t} \leqslant k\sqrt{\frac{E}{f_y}} \tag{10.43}$$

式中：k——板压屈系数，两条边支承的板如箱梁的翼缘和盖板取1.40，对矩形闭口截面 $k = 1.7$；

b——加载板宽；

t——板厚。

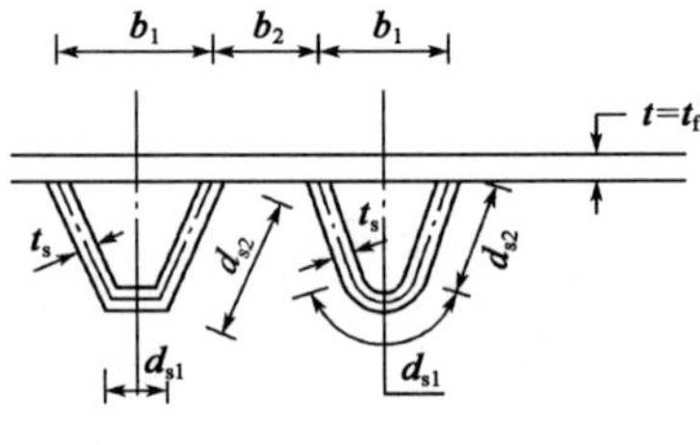

图10.21　闭口加劲肋示意图

日本《道路桥示方书》[7]关于受压构件做出很多详细的构造规定，如设计足够刚的加劲肋、控制母板加劲肋之间的宽厚比等，以保证能够发生与理论相同的破坏形态。《道路桥示方书》以容许应力法进行设计，受压构件的极限强度的计算以钢材的屈服强度 f_y 为依据除以一个材料安全系数 k（一般钢梁部分取1.7），对于各种强度钢材的容许应力考虑加劲板局部稳定进行折减，如对于等间距加劲板的四边简支加劲板，钢材为SM490（Q345）：

$$\begin{cases} 185 & \left(\dfrac{b}{tn} \leqslant 24\right) \\ 185-3.9\left(\dfrac{b}{tn}-24\right) & \left(24<\dfrac{b}{tn} \leqslant 56\right) \\ 210\,000\left(\dfrac{tn}{b}\right)^{2} & \left(48<\dfrac{b}{tn} \leqslant 80\right) \end{cases} \tag{10.44}$$

规定加劲肋的面积 A_1 和刚度 I_1 必须满足下式要求：

$$A_1 \geqslant \frac{bt}{10n} \tag{10.45}$$

$$I_1 \geqslant \frac{bt^3}{11}\gamma_{1,\mathrm{req}} \tag{10.46}$$

式中：b——加劲板的宽（腹板间距）；

t——被加劲板板厚；

n——被加劲肋分隔的局部板件数目，$n=n_s+1$，n_s 为纵向加劲肋数目；

$\gamma_{1,\mathrm{req}}$——加劲肋最佳刚度比。

Eurocode[12]中将截面按宽厚比的大小分为四类：第一类截面中板件的宽厚比最小，塑性设计时应采用这类截面，因此这类截面称为塑性设计截面，也称特厚实截面；第二类截面在构件受弯并形成塑性铰但不发生塑性转动时，板件不会发生局部失稳，因此这类截面称为弹塑性设计截面，也称厚实截面；第三类截面在构件受弯并当边缘纤维达到屈服点时，板件不会发生局部失稳，因此这类截面称为弹性设计截面，也称非厚实截面；第四类截面在构件受弯时会发生局部失稳，应按利用屈曲后强度的设计方法进行计算，因此这类截面称为纤细截面或薄柔截面。这四类截面的界定虽然是根据受弯构件而得到，但也可近似应用于划分轴向受压构件。对内部受压板件薄柔截面分类界限为

$$\frac{b}{t}>1.51\sqrt{\frac{E}{f_{\mathrm{y}}}} \tag{10.47}$$

现行《公路钢结构桥梁设计规范》（JTG D64—2015）[13]对闭口加劲肋比例尺寸的要求如下：

（1）U 肋翼缘：

$$\frac{b}{t} \leqslant 30\sqrt{\frac{345}{f_{\mathrm{y}}}} \tag{10.48}$$

（2）U 肋腹板：

$$\frac{b}{t} \leqslant 40\sqrt{\frac{345}{f_{\mathrm{y}}}} \tag{10.49}$$

10.4.6 母板、U肋腹板及翼缘板宽厚比限值分析

1. 短、长柱屈服准则确定法

下面按文献[14]方法确定U肋加劲板宽厚比。按准则①确定压杆板件宽厚比,要求板件临界应力不低于所用钢材的屈服强度,即满足下列公式:

$$\sigma_{cr,p}=\frac{\chi k\pi^2 E}{12(1-\nu^2)}\left(\frac{t}{b}\right)^2\geqslant f_y \tag{10.50}$$

式中:$\sigma_{cr,p}$——板件临界应力;

k——板件屈曲系数,两纵边简支板,取4;

b、t——受压板件的宽度和厚度;

E——钢材弹性模量;

f_y——钢材的屈曲强度;

ν——泊松比,钢材,取0.3;

χ——板件相关屈曲的约束系数。

由式(10.50)可得:

$$\frac{b}{t}\leqslant 0.95\sqrt{\chi k\left(\frac{E}{f_y}\right)} \tag{10.51}$$

按准则②确定压杆板件宽厚比,要求板件局部失稳的临界应力不小于构件的整体稳定临界应力,即满足下列公式:

$$\frac{\chi k\pi^2 E\sqrt{\tau}}{12(1-\nu^2)}\left(\frac{t}{b}\right)^2\geqslant\frac{\pi^2 E\tau}{\lambda^2} \tag{10.52}$$

公式(10.52)的两端分别为板件和杆件临界应力的理论值,没有考虑缺陷影响。杆件的初弯曲使部分板件的压力大于平均值。有鉴于此,需要把上式的右端乘以增大系数,修正后可转化为:

$$\frac{t}{b}\leqslant\frac{0.303}{\sqrt[4]{\tau}}\lambda\sqrt{\frac{\chi k}{\alpha}} \tag{10.53}$$

式中:α——构件缺陷增大系数,随部位不同而变化;

τ——切线模量与弹性模量之比,$\tau=E_t/E$,弹性范围内$\tau=1$。

1948年Stowell E Z在其“柱和板塑性屈曲统一理论”一文中对于不计残余应力的板,依据Shanley F R.的切线模量理论的概念建立了弹塑性屈曲理论,即塑性变形理论,得到弹塑性屈曲系数的最小值:

$$k_{\min}=2(1+\sqrt{1-\tau_s}) \tag{10.54}$$

系数 τ_s 取决于与板的屈曲应力 σ_{crx} 相对应的切线模量 E_t 和割线模量 E_s。对于单向均匀受压的矩形板，Bleich F 首先建议把弹塑性板看作是双向正交异性板，在弹性板的平衡方程中引进与比值 $\tau=E_t/E$ 有关的弹性模量折减系数，假定板在主要受力方向抗弯刚度按照比值 τ 折减，而在非加载方向抗弯刚度不折减，加载方向对非加载方向的抗扭刚度按照 $\sqrt{\tau}$ 折减[15]。对于四边简支板，解得最小屈曲系数：

$$k_{\min}=4\sqrt{\tau} \tag{10.55}$$

弹性模量折减系数可以由 Bleich 给出的下列近似公式计算：

$$\tau=\frac{(f_y-\sigma)\sigma}{(f_y-f_p)f_p} \tag{10.56}$$

式中：σ——弹塑性阶段的杆件临界应力，$\sigma=\varphi f_y$，φ 为压杆稳定系数；

f_p——材料的比例极限，$f_p=f_y-\sigma_{rc}$，σ_{rc} 为截面上残余压应力的最大值。

上式可改写为：

$$\tau=\frac{(1-\varphi)\varphi}{(1-\alpha_p)\alpha_p} \tag{10.57}$$

式中，$\alpha_p=f_p/f_y$；φ 系数为完善杆的理论值。

$$\varphi=\frac{\tau\pi^2E}{\lambda^2f_y}=\frac{\tau}{\lambda_n^2}\qquad \lambda_n=\frac{\lambda}{\pi}\sqrt{\frac{f_y}{E}} \tag{10.58}$$

φ 代入 τ 的表达式，可以得到

$$\tau=\lambda_n^2[1-\alpha_p(1-\alpha_p)\lambda_n^2] \tag{10.59}$$

在已知 k、λ、α_p 和 χ 的条件下，由式(10.53)和式(10.59)即可计算 b/t 的限值。但是，由于两个公式都存在一定的近似性，当柱的长细比较小时，算得的 b/t 限值过小。很明显，由修正后的等稳准则公式(10.53)计算得到的 b/t 不应小于式(10.51)计算得到的值。不过式(10.51)还需要引进缺陷影响系数。因此，确定板件宽厚比的途径应是上述两种准则并用，对短柱采用屈服准则，对中、长柱则采用修正等稳准则。

短柱屈服准则按式(10.51)代入 $k=4.0$ 后，可得：

$$\frac{b}{t_p}\leqslant 46.44\sqrt{345/f_y} \tag{10.60}$$

考虑残余应力和初弯曲的不利影响，除以折减系数 1.25 后得到：

$$\frac{b}{t_p}\leqslant 37\sqrt{345/f_y} \tag{10.61}$$

中长柱按修正等稳准则，在式(10.53)中将 $k=4.0$ 和 $\chi=1.0$ 代入，α 系数针对绕强轴屈曲而取1.33，得到：

$$\frac{b}{t_p}\leqslant\frac{0.526\lambda}{\sqrt[4]{\tau}} \tag{10.62}$$

U肋加劲板可按箱形截面各板件的约束条件计算，视各组成板件为四边简支加劲板。在前面众多的模型计算中，U肋加劲板各部位焊接残余压应力峰值和材料屈服强度的比值如表10.9所示。板件的残余压应力按最大值选取，可以包含常用的U肋加劲板的截面尺寸。以Q345钢材母板为例，公式(10.59)中，$\alpha_p=0.53$，则

$$\tau=\lambda_n^2[1-0.249\lambda_n^2] \tag{10.63}$$

U肋加劲板板各部位焊接残余压应力峰值和材料屈服强度的比值 表10.9

	Q345			Q390			Q420		
部位	母板	腹板	翼缘	母板	腹板	翼缘	母板	腹板	翼缘
比值	0.47	0.33	0.25	0.44	0.24	0.25	0.42	0.22	0.25

注：母板与腹板位置残余压应力最大值根据5.4节中提出的残余应力简化公式计算得到，翼缘根据AASHTO规范中U肋残余应力分布添加，其值为 $-0.25f_y$。

为了使用方便，对计算数据进行拟合，得到实用公式(表10.10)。

U肋加劲板宽厚比限值实用计算公式 表10.10

钢材等级	部位	计算公式	
Q345	母板	$\begin{cases} b/t\leqslant 37 \\ b/t\leqslant 8.783+0.469\lambda \end{cases}$	当 $\lambda\leqslant 60$ 当 $\lambda\leqslant 60$
	U肋腹板	$\begin{cases} b/t\leqslant 37 \\ b/t\leqslant 8.629+0.469\lambda \end{cases}$	当 $\lambda\leqslant 60$ 当 $\lambda\leqslant 60$
	U肋翼缘	$\begin{cases} b/t\leqslant 37 \\ b/t\leqslant 8.451+0.47\lambda \end{cases}$	当 $\lambda\leqslant 60$ 当 $\lambda\leqslant 60$
Q390	母板	$b/t\leqslant 35$ $b/t\leqslant 7.647+0.475\lambda$	当 $\lambda\leqslant 57$ 当 $\lambda\leqslant 57$
	U肋腹板	$b/t\leqslant 34$ $b/t\leqslant 7.385+0.477\lambda$	当 $\lambda\leqslant 55$ 当 $\lambda\leqslant 55$
	U肋翼缘	$b/t\leqslant 34$ $b/t\leqslant 7.405+0.477\lambda$	当 $\lambda\leqslant 55$ 当 $\lambda\leqslant 55$

续上表

钢材等级	部位	计 算 公 式	
Q420	母板	$b/t \leqslant 33$	当 $\lambda \leqslant 56$
		$b/t \leqslant 6.807+0.48\lambda$	当 $\lambda \leqslant 56$
	U 肋腹板	$b/t \leqslant 33$	当 $\lambda \leqslant 54$
		$b/t \leqslant 6.652+0.481\lambda$	当 $\lambda \leqslant 54$
	U 肋翼缘	$b/t \leqslant 33$	当 $\lambda \leqslant 54$
		$b/t \leqslant 6.652+0.481\lambda$	当 $\lambda \leqslant 54$

公式(10.51)中 b/t 限值和 $1/\sqrt{f_y}$ 成正比，说明钢材强度越高，b/t 越小。这是在小长细比范围内，对于大长细比的压杆，压杆在弹性范围内失稳，此时 $\tau=1$，公式(10.51) b/t 与 $1/\sqrt{f_y}$ 无关。中长细比压杆易发生介于弹性和塑性状态之间的弹塑性失稳，b/t 与 f_y 有关，但没有小细比的压杆影响大。基于上述公式对不考虑局部失稳板件宽厚比的规定，不但考虑了构件长细比对板件宽厚比的影响，还体现了钢材强度对宽厚比的影响，特别通过引入系数 α_p，利用本书前面章节所研究的残余应力分布，考虑了随着钢材强度的提高残余应力对构件不利影响的减小，一些文献没有考虑这一点。

2. *局部稳定分析法*

根据 10.2.2 ~ 10.2.4 节的分析，可以通过相对宽厚比的计算公式得到板件宽厚比限值，即

$$\frac{b}{t} \leqslant \frac{R_0}{\sqrt{\frac{12(1-v)^2 f_y}{\pi^2 E k}}} \tag{10.64}$$

式中：R_0——95%保证率多项式稳定系数拟合曲线折减时对应的相对宽厚比；

v——钢材泊松比；

f_y——钢材屈服强度；

E——钢材弹性模量；

k——板块的弹性屈曲系数，对于四边简支板，取 4。

根据式(10.28)与 10.2.2 ~ 10.2.4 节的稳定系数折减曲线，我们可以得到不同强度、不同部位加劲板的宽厚比限值：

对于母板：

$$\frac{b}{t} \leqslant 22\sqrt{\frac{345}{f_y}} \tag{10.65}$$

对于 U 肋腹板：

$$\frac{b}{t}\leqslant 23\sqrt{\frac{345}{f_{\mathrm{y}}}} \tag{10.66}$$

对于 U 肋翼缘：

$$\frac{b}{t}\leqslant 25\sqrt{\frac{345}{f_{\mathrm{y}}}} \tag{10.67}$$

3. 比较

现将通过各种方法得到的宽厚比限值进行比较，其中短、长柱准则确定法以板件的短柱屈服为准，即公式(10.61)。此外，考虑现行规范对闭口加劲肋宽厚比的限值，闭口加劲肋宽厚比限值比较的结果见表 10.11。

闭口加劲肋宽厚比限值比较　　表 10.11

部位／方法	母　板	U 肋腹板	U 肋翼缘
局部稳定分析法	$\frac{b}{t}\leqslant 22\sqrt{\frac{345}{f_{\mathrm{y}}}}$	$\frac{b}{t}\leqslant 23\sqrt{\frac{345}{f_{\mathrm{y}}}}$	$\frac{b}{t}\leqslant 25\sqrt{\frac{345}{f_{\mathrm{y}}}}$
短柱屈服准则	$\frac{b}{t}\leqslant 37\sqrt{\frac{345}{f_{\mathrm{y}}}}$	$\frac{b}{t}\leqslant 37\sqrt{\frac{345}{f_{\mathrm{y}}}}$	$\frac{b}{t}\leqslant 37\sqrt{\frac{345}{f_{\mathrm{y}}}}$
《公路钢结构桥梁设计规范》(JTG D64—2015)	—	$\frac{b}{t}\leqslant 40\sqrt{\frac{345}{f_{\mathrm{y}}}}$	$\frac{b}{t}\leqslant 30\sqrt{\frac{345}{f_{\mathrm{y}}}}$

从表 10.11 中可以看出，按照短柱屈服准则确定的闭口 U 肋宽厚比限值最宽松，《公路钢结构桥梁设计规范》(JTG D64—2015)次之，局部稳定分析法最严。因此，采用局部稳定分析法相对保守。

10.5　受压 U 肋加劲板整体稳定计算方法研究

对于构成钢箱梁顶底板的 U 肋加劲板来说，若采用混合钢 U 肋加劲板(被加劲板与 U 肋为不同强度的钢材)设计时，可以提高材料的使用效率，减少工程造价。U 肋加劲板应用在斜拉桥和自锚式悬索桥的钢箱梁顶底板，以及受弯钢箱梁正弯矩区上翼缘，负弯矩区下翼缘，其受压稳定承载力是设计中所关心的问题[16-18]。对于受压加劲板来说，当 U 肋随着被加劲板一起变形称为整体失稳，而 U 肋加劲板各组成子板件的失稳称为局部失稳[19-21]。如果限制各组成板件的宽厚比，受压 U 肋加劲板只发生整体失稳。同时整体稳定问题也是受压构件整体稳定与局部相关稳定分析的前提。因此，有必要混合钢 U 肋加劲板整体稳定进行研究，为混合结构应用于钢箱梁设计提供参考。

10.5.1　整体稳定数值模拟

1.整体稳定试验

从本书第9章9.1节中选取3个典型的试件，其横截面如图10.22所示。

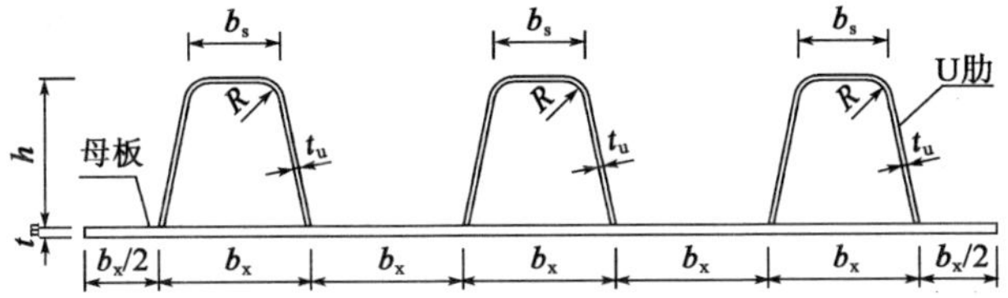

图10.22　试件横截面图

在钢箱梁的顶板或底板横桥向选取含有3个U肋的加劲板宽度，纵桥向选取两横隔板间距作为混合钢U肋加劲板研究对象。通过变换加劲板尺寸和不同强度钢材组合，共设计3组9块混合钢U肋加劲板试件。根据试验设备能力，试验试件按1∶2.5缩尺，下面将有代表性的发生整体弯曲破坏的3个试件列出，其参数如表10.12所示。

试件参数表　　表10.12

试件编号	被加劲板强度(MPa)	U肋强度(MPa)	被加劲板板厚 t_m(mm)	U肋板厚 t_u(mm)	U肋上缘宽 b_s(mm)	U肋下缘宽 b_x(mm)	U肋高度 h(mm)
Hj1-1	345	235	8	4	74	120	100
Hj3-1	345	345	8	4	74	120	100
Hj2-1	235	345	10	4	64	120	120

2.有限元模型

有限元模型采用BEAM188来建立，边界条件为两边简支，模型横截面网格如图10.23所示。材料采用Von Mises屈服准则和多线性随动强化模型，其屈服强度和弹性模量采用试验得到的数据，几何缺陷通过初始弯曲计入，初始弯曲为试件长度的1/1 000。共50个单元。

对于等强钢受压试件，通常考虑的残余应力为沿试件长度方向的应力，残余应力的分布模式采用文献[22]中提供的简化公式计算，施加在试件截面单元的积分点上。残余应力施加通过以下方法：①通过命令SLIST列出单元截面所有

图 10.23　有限元模型

积分点的坐标;②根据积分点的坐标和残余应力分布模式可以得到每个积分点的残余应力数值;③用命令 * CFOPEN 创建并打开一个文件,用 * VWRITE 命令将残余应力写入文件;④采用 * DO 循环,用 * VWRITE 命令循环执行 n 次(n 为试件划分单元的数量,本文为 50),而执行一次 * VWRITE 命令,即可将一个单元截面所有积分点的残余应力写入文件;⑤在有限元分析计算的第一荷载步求解过程中,采用 ISFILE 命令将残余应力文件读入,完成残余应力的输入。施加残余应力后的应力云图如图 10.24 所示。

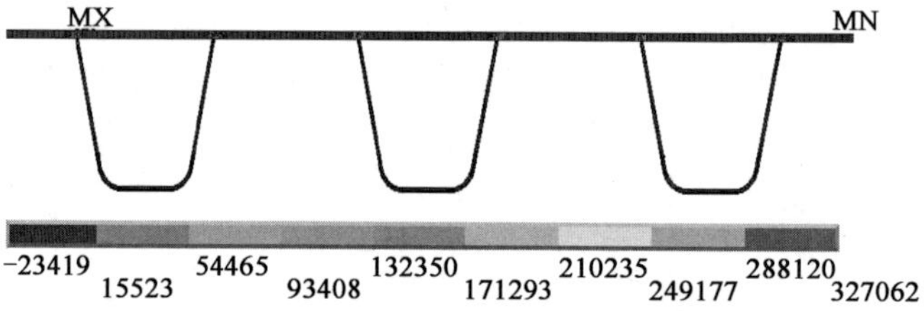

图 10.24　施加残余应力云图(单位:kPa)

在第 2 步中,将积分点的残余应力数值储存在数组中,残余应力数值有 6 个分量,由于只需要考虑的残余应力为沿试件长度方向的残余应力,因此第一个应力分量为非零值,其他 5 个分量值均为 0,初始应力文件如表 10.13 所示。表 10.13 中 S_x、S_y 和 S_z 代表 x、y 和 z 三个方向的应力,其中,x 方向为沿试件长度方向,S_{xy}、S_{yz}、S_{xz}分别为 xy、yz 和 xz 平面的切应力。

初始应力文件(部分)　　表 10.13

S_x	S_y	S_z	S_{xy}	S_{yz}	S_{xz}
345 000.000	0.	0.	0.	0.	0.
345 000.000	0.	0.	0.	0.	0.
345 000.000	0.	0.	0.	0.	0.
345 000.000	0.	0.	0.	0.	0.

而对于混合钢 U 肋加劲板来说,由于杆系单元只能赋予一种材料属性,因此需要将不同的钢材进行等效。当混合钢是由 Q235 与 Q345 混合,杆件赋予

Q345 材料属性,对于 Q235 部分的钢材,通过对单元的积分点施加等效初始压应力(345 - 235 = 110MPa)来模拟。由于等效初始应力并不像残余应力那样可以自平衡,直接施加在模型上将产生支反力。为解决上述问题,本文对初始等效应力的施加通过以下方式实现:建模→编写初始应力文件(即 IST 文件,包括残余应力与等效应力)→施加全约束(即两端固结)→用命令 ISFILE 读入编好的初始应力文件→计算得到结果文件(即支反力)→通过命令 lsclear 删除上述约束和支反力→然后施加真实约束(两边简支)→重新读入初始应力文件(包括残余应力和等效应力)和上一步的固结条件下的支反力进行计算→施加压力荷载进行计算。这样就实现了在模型中施加初始等效应力和残余应力。图 10.25a)为混合钢 U 肋加劲板(被加劲板为 Q345 钢材,U 肋为 Q235 钢材)单独施加等效应力结果,在此基础上,再施加残余应力得到应力云图,可以对混合钢数值模拟和施加残余应力方法的正确性进行验证。

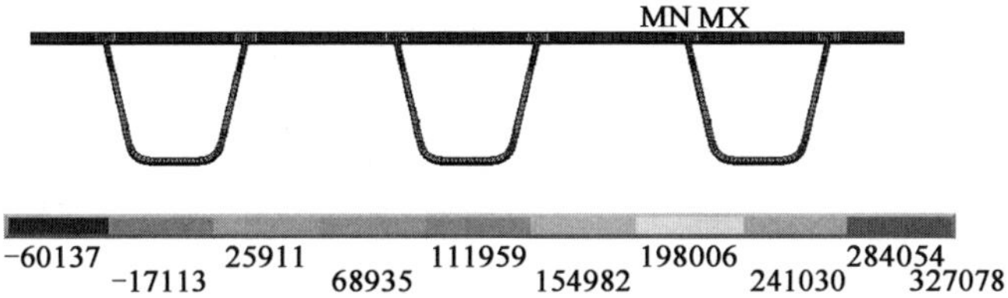

a)施加残余应力

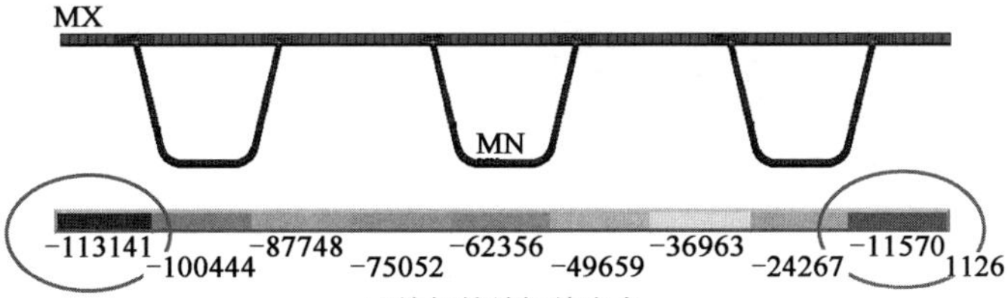

b)施加等效初始应力

图 10.25　施加初始应力后混合钢应力云图(单位:kPa)

3. 有限元验证

模型建立之后需要对 U 肋加劲板整体稳定试验结果进行验证。在 3 个整体失稳的试件中,Hj1-1 为非等强度组合,被加劲板强度为 345MPa,U 肋强度为 235MPa,强度组合表示为 M345-U235;Hj3-1 为等强度组合,可表示为 M345-U345;Hj2-2 为非等强度组合,被加劲板强度为 235MPa,U 肋强度为 345MPa,强度组合表示为 M235-U345。

图 10.26 为 3 个整体失稳试件破坏模式验证。其中试件 M345-U345 在试验和有限元模拟中均发生弯向被加劲板方向的弯曲破坏,只有变形的最大位置

有所不同,试验弯曲破坏发生在距试件上端 $L/3$ 的位置,而有限元发生在试件中间位置。试件 M235-U345 在试验与有限元中均发生弯向被加劲板方向的弯曲破坏,发生的位置均在试件中间位置,符合较好。试件 M345-U235 在试验与有限元中均发生弯向 U 肋方向的弯曲破坏,试验试件由于整体弯向 U 肋方向失稳导致 U 肋之后发生局部屈曲,而有限元方法由于采用杆系单元模拟无法体现 U 肋的局部失稳。

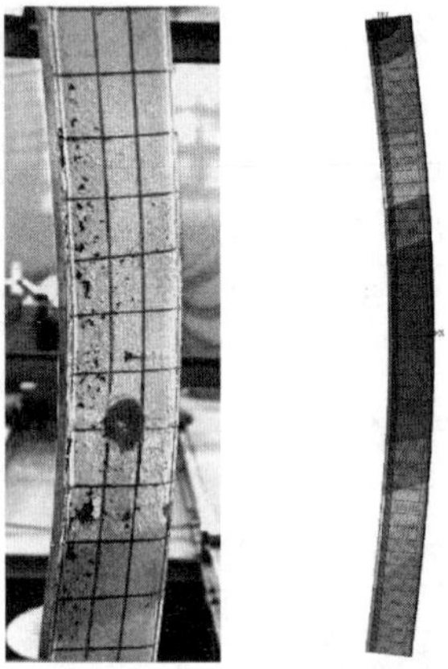

试验破坏模式　有限元破坏模式

a)强度组合M345-U345试件

试验破坏模式　有限元破坏模式

b)强度组合M235-U345试件

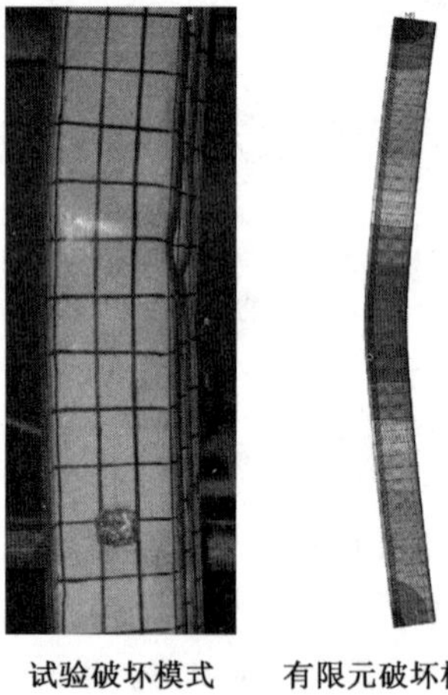

试验破坏模式　有限元破坏模式

c)强度组合M345-U235试件

图 10.26　破坏模式验证

图 10.27 为荷载—位移曲线验证,3 种试件的试验和有限元得到的曲线均为先直线上升,再曲线上升到峰值,最后下降。试件 M345-U345 试验曲线和有

限元曲线在直线段吻合较好，之后两者差距变大，有限元曲线峰值略小于试验曲线峰值，结构失稳后两条曲线均表现出瞬间下降的现象。试件 M235-U345 和 M345-U235，试验曲线和有限元曲线在各个阶段均吻合较好，达到最大值后均表现出缓缓下降的现象。

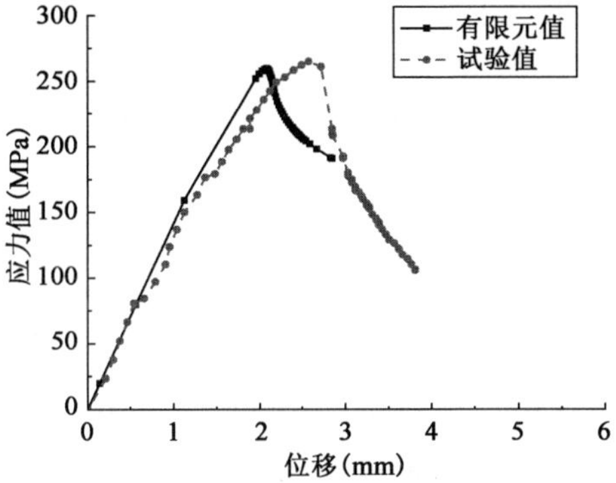

a) 强度组合M345-U345试件

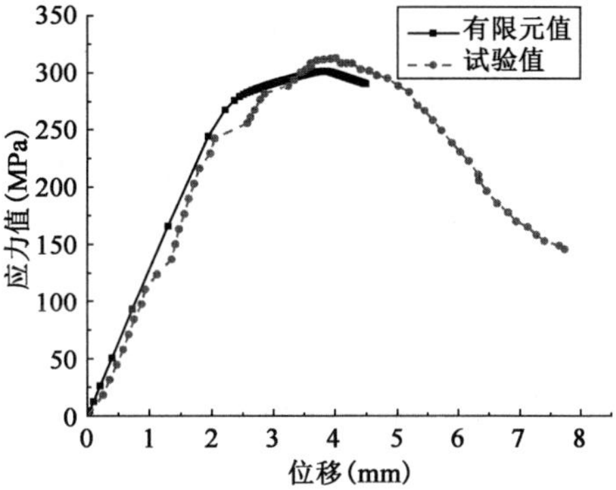

b) 强度组合M235-U345试件

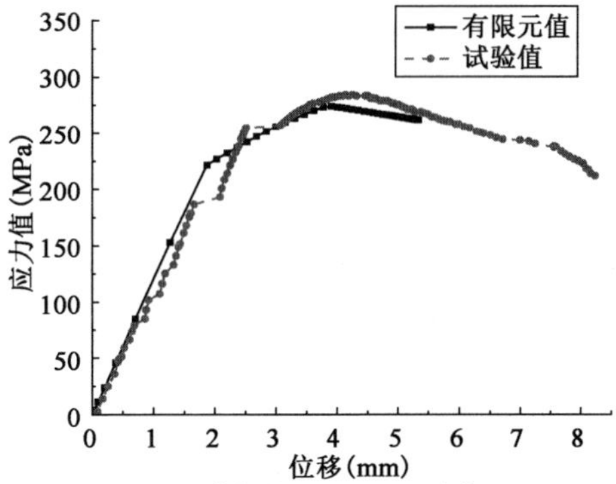

c) 强度组合M345-U235试件

图 10.27 荷载—位移曲线验证

对于 3 种强度组合试件的破坏模式和荷载—位移曲线，有限元数值模拟方法和试验值吻合较好，而且有限元计算值略小于试验值，偏安全，证明了数值模拟方法的正确性和可行性。

10.5.2 整体稳定分析

1. 计算模型构造尺寸选择

U 肋加劲板由于具有刚度大、屈曲稳定性好、焊接工作量少等无可比拟的优点而被广泛采用。由于 U 肋截面需要弯制加工，板厚不易太厚，通常在 6 ~ 10mm 左右。而 U 肋加劲板作为构造复杂的正交异性板，其纵肋间距也不宜过大,间距过大容易导致顶板产生局部屈曲,变形过大影响桥面铺装等;但是间距也不宜过小,过小不方便桥面板的制作安装。为了受力均匀,U 肋之间的距离应与其上翼缘等宽。各国规范对 U 肋加劲板的构造也有一些规定,如表 10.14 所示。

U 肋加劲板构造规范规定 表 10.14

参　　数	欧洲规范	日本规范	美国规范
被加劲板板厚(mm)	≥14	≥12	≥8
U 肋板厚(mm)	≥6	6 ~ 10	≥7
U 肋开口宽度(mm)	—	280 ~ 340	—
U 肋腹板间距(mm)	≤300	—	—
加劲肋间距(mm)	—	600 ~ 850	—

受压构件的整体稳定与长细比有较大关系,为了探究不同长细比构件的屈曲性能,本文通过改变 U 肋与被加劲板厚度比、U 肋高度和构件的长度来改变 U 肋加劲板构件长细比。U 肋加劲板焊接残余应力的分布与 U 肋和被加劲板板厚比有很大关系,为了涵盖不同的相对板厚比,同时考虑统计的 U 肋加劲板常见尺寸,U 肋和被加劲板厚度分别选用 6 ~ 12mm、8 ~ 14mm、8 ~ 16mm、8 ~ 20mm、10 ~ 20mm、10 ~ 24m 共 6 种组合。构件长度选择 1m、1.5m、2m、3m、4m、5m、6m 共 7 种规格,U 肋高度分别取 250mm、260mm、280mm、300mm、320mm、340mm、360mm 共 7 种变化。考虑目前 Q420 钢材在桥梁上应用有逐步增多趋势,被加劲板与 U 肋强度变化按 345MPa-420MPa、345MPa-390MPa、345MPa-345MPa、390MPa-345MPa、420MPa-345MPa 五组强度组合考虑。U 肋加劲板标准横断面如图 10.28 所示,以 U 肋与被加劲板的板厚 8/20mm、横隔板间距 4m 为例,U 肋加劲板的主要参数如表 10.15所示。

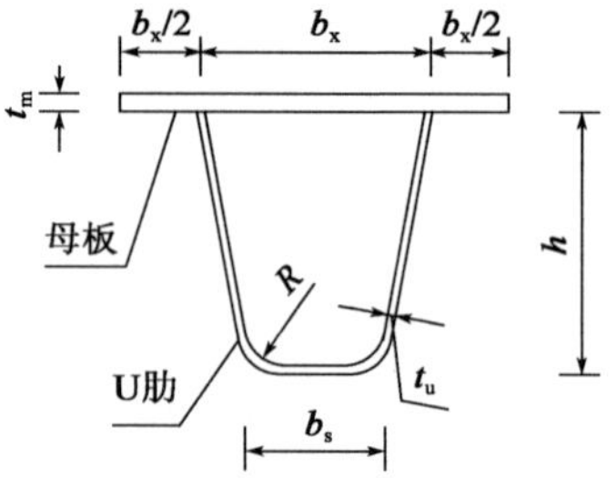

图 10.28　U 肋加劲板标准横断面图

用于分析的 U 肋加劲板参数表 表 10.15

模型尺寸 $b_x/b_s/h-t_u/t_m-a$	加劲板面积 (mm^2)	加劲板抗弯惯矩 ($\times 10^8 mm^4$)	相对长 细比
300/185/250-8/20-4000	17 467.8	1.39	0.56
300/185/260-8/20-4000	17 623.6	1.52	0.54
300/185/280-8/20-4000	17 936.0	1.80	0.50
300/185/300-8/20-4000	18 249.3	2.11	0.47

续上表

模型尺寸 $b_x/b_s/h-t_u/t_m-a$	加劲板面积 (mm^2)	加劲板抗弯惯矩 ($\times 10^8 mm^4$)	相对长 细比
300/185/320-8/20-4000	18 563.4	2.45	0.44
300/185/340-8/20-4000	18 878.3	2.82	0.41
300/185/360-8/20-4000	19 193.6	3.22	0.39

2. 强度组合变化

按上述尺寸及强度组合来考虑,共 1470 个不同构造尺寸的 U 肋加劲板进行受压稳定承载力计算。计算中,通过承载力得到构件的最大平均应力,通过平均应力与构件屈服强度的比值得到其整体稳定折减系数 φ。对于混合钢来说,由于构件子板件的屈服强度不同,采用相应各子板件的屈服强度和其横截面积的比值进行加权得到等效屈服强度进行计算。然后分析不同强度钢材组合混合钢 U 肋加劲板相对长细比与整体稳定折减系数的关系,其结果如图 10.29 所示。

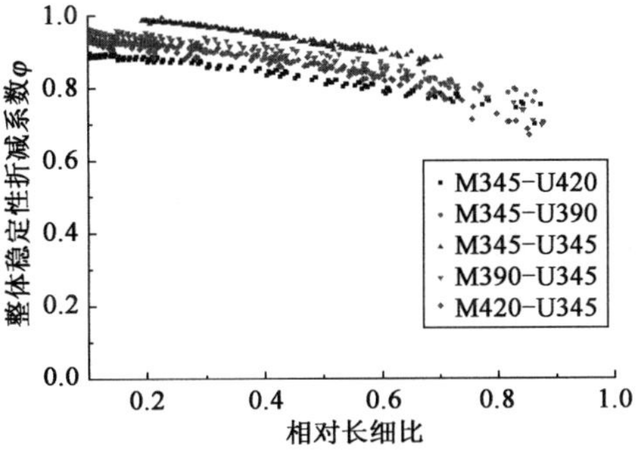

图 10.29 不同强度组合下的整体稳定曲线

从图中可以看出,常用的受压 U 肋加劲板的相对长细比主要集中在 0.2 ~ 0.8 之间,不同钢材强度组合下整体稳定折减系数分布区域明显不同,说明构件的强度组合对其整体稳定系数具有决定性作用。5 种强度组合下构件的整体稳定折减系数在相对长细比较小时分布较为集中,随着相对长细比的增大而逐渐分散。3 种强度组合下构件的整体稳定系数均随着构件相对长细比的增大而逐渐减小。对于强度组合为 M345-U345 类的构件来说,当相对长细比趋近 0.2 左右时,构件的整体稳定系数趋近于定值 1,而对于强度组合 M345-U420、M345-U390、M390-U345 和 M420-U345 来说,当其相对长细比趋近于 0 时,其整体稳定系数小于 1。

10.5.3 整体稳定承载力计算方法

1. Perry 公式

采用边缘屈服准则作为整体稳定判定准则,假定边界条件为两边简支,考虑沿杆长方向的正弦初始弯曲,通过 Perry 公式得到屈曲应力与材料屈服强度的比值,进一步得到构件的整体稳定系数:

$$\varphi = \frac{\sigma_{cr}}{f_y} = \frac{1}{2}\left\{1 + \frac{1}{\overline{\lambda}^2}(1+\varepsilon_0) - \sqrt{\left[1 + \frac{1}{\overline{\lambda}^2}(1+\varepsilon_0)\right]^2 - \frac{4}{\overline{\lambda}^2}}\right\} \tag{10.68}$$

$$\varepsilon_0 = \alpha(\overline{\lambda} - \lambda_0) \tag{10.69}$$

式中：α——缺陷系数，柱子曲线的高低通过缺陷系数进行调整；

φ——轴心受压杆件整体稳定系数；

λ_0——轴心受压构件的长细比；

$\overline{\lambda}$——相对长细比；

f_y——构件屈服强度。

欧洲规范[23]和《公路钢结构桥梁设计规范》（JTG D64—2015）[13]将相对长细比限值限制在0.2，当$\overline{\lambda} \leqslant 0.2$时，默认构件发生强度破坏，承载力不予折减。我国《钢结构设计规范》[10]将此限值设置在$\overline{\lambda} \leqslant 0.215$。根据残余应力与初弯曲对构件承载力的影响将各构件截面形式分为几类，并用公式（10.69）中的缺陷系数α体现。公式（10.68）是针对等强钢受压构件，对于混合钢受压构件来说，强度低的部分会先屈服，强度高的部分会后屈服，构件出现偏心受压，导致混合钢受压构件的整体稳定承载力不能达到1，因此本文在后面对混合钢构件分析中需要将公式（10.68）进行调整。公式（10.68）中系数1/2改为变量β，变量α保持不变。公式（10.68）变为：

$$\varphi = \beta\left\{1 + \frac{1}{\overline{\lambda}^2}(1+\varepsilon_0) - \sqrt{\left[1 + \frac{1}{\overline{\lambda}^2}(1+\varepsilon_0)\right]^2 - \frac{4}{\overline{\lambda}^2}}\right\} \tag{10.70}$$

2. 强度组合拟合

每一种钢材强度组合选择一条曲线来代表，分别采用平均值拟合和95%的保证率拟合出两种曲线。5种不同强度组合的U肋加劲板柱子拟合曲线如图10.30所示，各条曲线相应的β和缺陷系数α取值如表10.16和图10.31所示。

公式参数取值 表10.16

曲线类别	平均值β	95%保证率β	平均值α	95%保证率α
M345-U420	0.45	0.44	0.13	0.14
M345-U390	0.46	0.45	0.14	0.14
M345-U345	0.50	0.50	0.20	0.27
M390-U345	0.47	0.46	0.18	0.18
M420-U345	0.48	0.46	0.19	0.20

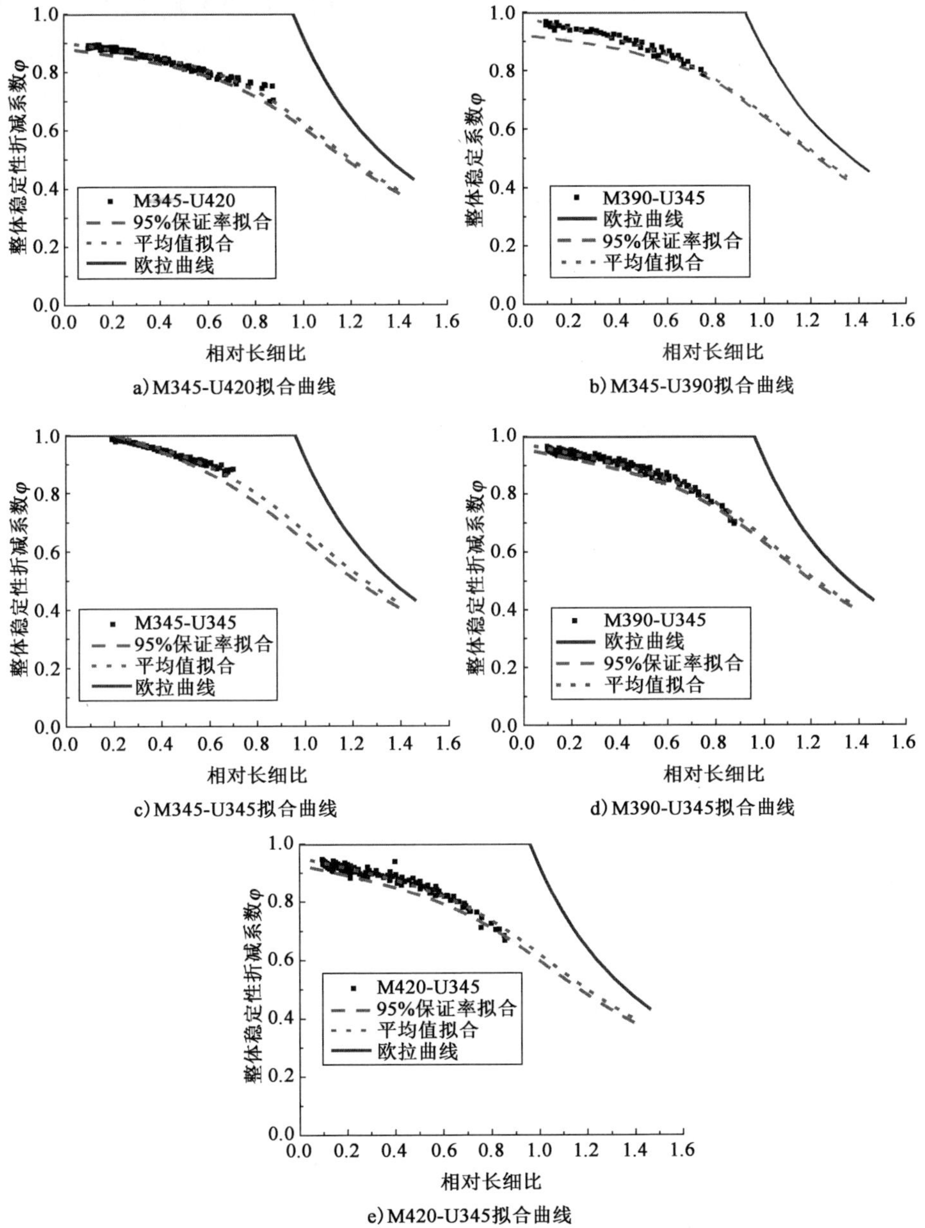

a) M345-U420拟合曲线

b) M345-U390拟合曲线

c) M345-U345拟合曲线

d) M390-U345拟合曲线

e) M420-U345拟合曲线

图 10.30 不同强度组合下的拟合曲线

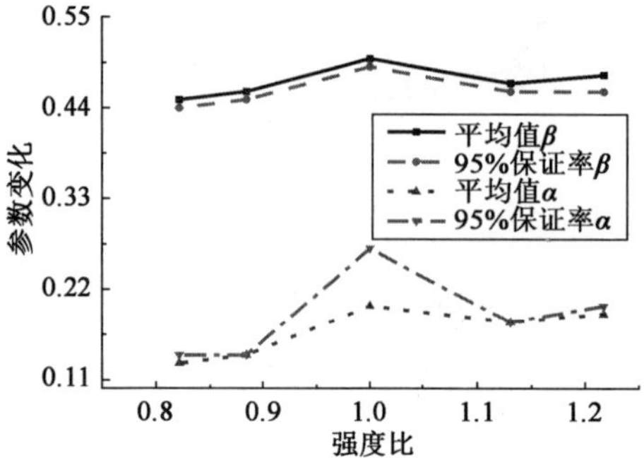

图 10.31　参数随强度比变化

从图 10.30 中可以看出，不同的强度组合，其整体稳定系数所拟合的函数也会不同。混合钢 U 肋加劲板受压整体稳定系数小于 1，其中强度组合 M345-U420 最大值趋近于 0.9，强度组合 M345-U390 最大值趋近于 0.97，强度组合 M390-U345 最大值趋近于0.97，强度组合 M420-U345 最大值趋近于 0.95，等强钢构件的整体稳定系数趋近于 1。从表 10.16 和图 10.31 中可以看出，参数 β 随着强度比的增大而增大，当强度比为 1 时，达到峰值；当强度比大于 1 时，参数基本保持不变；而参数 α 当强度比小于 1 时基本保持不变，强度比等于 1 时，达到峰值，之后参数 α 下降，下降后又出现上升的变化现象，波动较大。对于 U 肋强度的提高和被加劲板强度的提高来说，均出现 95% 保证率状况下缺陷系数 α 的降幅较大，而对于参数 β，平均值和 95% 保证率两种情况下 β 的降幅基本一致，对比提高 U 肋强度与提高被加劲板强度，可以看出，提高被加劲板强度情况下，缺陷系数 α 和参数 β 的降幅均小于提高 U 肋强度的情况。

10.6　U 肋加劲板受压稳定系数比较

10.6.1　整体稳定

欧洲规范[23]在制定轴心受压构件的柱子曲线时，将柱子曲线分为 5 组，对应不同的截面类型，分别称为 a_0、a、b、c、d 五种截面类型。a、b、c 曲线分别由钢管、焊接箱形截面和轧制 H 型钢绕弱轴屈曲确定，其他截面根据分析和试验结果分别采用这三根曲线。板件厚度超过 40mm 的重型截面，翼缘外边缘的残余压应力很高，欧洲钢铁协会为此增添了一条比 c 曲线更低的 d 曲线。a_0 曲线比 a 曲线更高，它是适用于屈服强度 $f_y = 430\text{N/mm}^2$ 的钢材。我国现行的《公路钢结构桥梁设计规范》(JTG D64—2015)参照了欧洲规范中的 a、b、c、d 四条屈曲曲线，对其中的参数 α 进行取整处理，得到我国的 a、b、c、d 四条屈曲曲线。因此，可以将我国《公路钢结构桥梁设计规范》的屈曲曲线与欧洲规范归为一类。

实质上，对整体稳定系数取值方法的比较就是对各规范采用的柱子曲线

(屈曲曲线)的比较。现将 EUROCODE、BS5400、AASHTO 和日本道路桥示方书涉及的 11 条柱子曲线及欧拉临界曲线和本书提出的受压 U 肋加劲板整体稳定简化公式绘于图 10.32,其中混合钢 U 肋加劲板柱子曲线考虑 95% 保证率。从图中可以较为直观地看出各条曲线的特点及它们之间的相对关系。

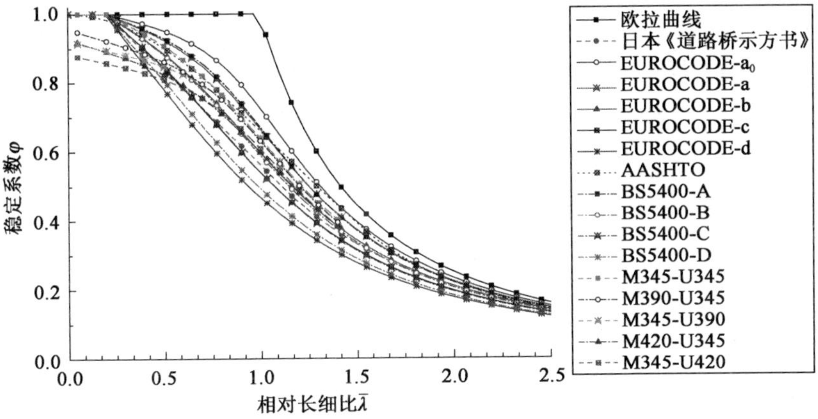

图 10.32 整体稳定承载力折减曲线比较

从图中可以看到,BS5400 和 EUROCODE 所采用的多条柱子曲线分布比较分散,取值的浮动范围也较大,曲线值由 a 类向 d 类递减。EUROCODE 除 a_0 类曲线的值比较大,其余四条曲线与 BS5400 相应的曲线基本一致,只是欧洲规范中 d 类曲线的值略小。AASHTO 和日本道路桥示方书都只有一条柱子曲线,前者取值偏大,后者取值略小。如果 AASHTO 屈曲系数取到 1.0 值,理论上只有 $\bar{\lambda}=0$ 这一点。各条柱子曲线在 $\bar{\lambda}>2$ 的情况下,整体稳定系数的取值相差很小。

现将 M345-U345 的等强钢柱子曲线(下称等强钢柱子曲线)与各国规范柱子曲线进行比较,见图 10.33。从图中可以看出,等强钢柱子曲线与各国规范柱子曲线均在 $\bar{\lambda}=0.2$ 处开始折减。等强钢柱子曲线高于日本道桥方书的柱子曲线,且与 AASHTO 的柱子曲线相近;把等强钢柱子曲线与 EUROCODE 系列柱子曲线对比可以看出,等强钢柱子曲线高于 EUROCODE-b、EUROCODE-c 与 EUROCODE-d 柱子曲线且低于 EUROCODE-a_0 与 EUROCODE-a 柱子曲线;把等强钢柱子曲线与 BS5400 系列柱子曲线对比可以看出,等强钢柱子曲线高于 BS5400-B、BS5400-C 与 BS5400-D 柱子曲线并低于 BS5400-A 柱子曲线。当 $\bar{\lambda}>1.2$ 时,等强钢柱子曲线与各国规范柱子曲线相差不大。

对于非等强钢系列柱子曲线,从图 10.33 中可以看出,所有非等强钢柱子曲线均低于等强钢柱子曲线。在非等强钢系列柱子曲线中,M390-U345 的柱子曲线最高;M345-U390 与 M420-U345 柱子曲线整体稳定系数最高值基本相同,但随着相对长细比 $\overline{\lambda}$ 的增大,M345-U390 略高于 M420-U345 柱子曲线。当相对长细比 $\overline{\lambda}$ 大于 1.4 时,非等强钢系列柱子曲线基本重合。此外,当相对长细比 $\overline{\lambda}$ 在 0 ~ 0.8 范围内,非等强钢各柱子曲线差别较大,M345-U420 和 M420-U345 两种柱子曲线随着相对长细比的增大逐步和欧洲规范 b 类构件接近;M345-U390 和 M390-U345 两种柱子曲线随着相对长细比的增大逐步与等强钢 M345-U345 柱子曲线重合接近,而等强钢 M345-U345 柱子曲线位于曲线 a 和曲线 b 之间,并随着相对长细比的增大逐渐向 b 曲线靠近。

10.6.2 局部稳定

由于局部屈曲对构件承载力折减可采用两种方法:一种方法使用了有效面积的概念,另一种方法则引入局部稳定系数对钢材强度的设计指标进行折减。BS5400 和 EUROCODE 采用的是第一类方法,而 AASHTO 和日本《道路桥示方书》则采用第二类方法。两种方法在形式上是有共同点的,即都可归结为一个与板件相对宽厚比有关的折减系数。

从前面对 U 肋加劲板局部屈曲分析可知,不同强度钢材对母板和 U 肋腹板影响很小,因此下面对屈曲系数进行比较,只显示 Q345 钢材屈曲曲线,并分多项式拟合和 Perry 公式拟合两种方法。局部屈曲比较可以用相对宽厚比 $\overline{\lambda}=\sqrt{f_y/\sigma_{crx}}$ 和比值 $\varphi=\overline{\sigma}_{crx}/f_y$ 来说明它们之间的关系,如图 10.33 所示。

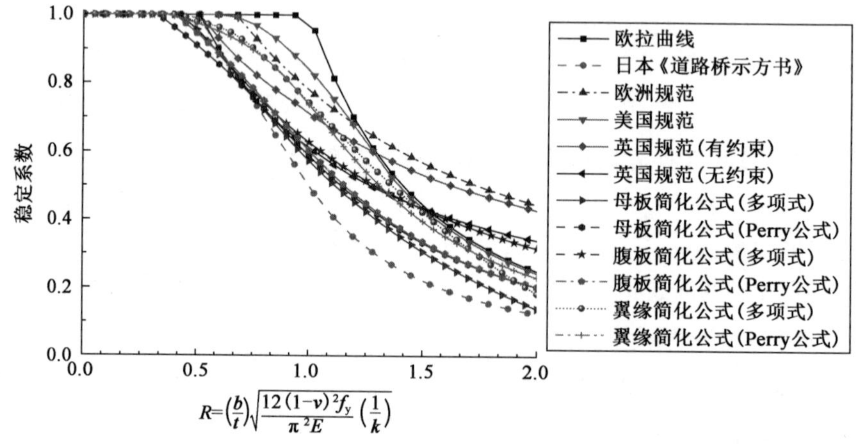

图 10.33 局部稳定承载力折减曲线比较

从图中可以看出，对于 EUROCODE，当板件相对宽厚比大于 1.2，或对于 BS5400，当取有约束曲线相对宽厚比大于 1.3，或者无约束曲线相对宽厚比大于 1.6 时，计算得到的承载力大于欧拉临界荷载。这说明，规范允许加劲肋之间的板件发生局部屈曲，并且利用了屈曲后强度。BS5400 对加劲板件承载力的计算比较特殊，其考虑局部屈曲效应对承载力的影响并不是单由一个系数确定的，而是根据规定的荷载（构件本身承受的轴力以及附加弯矩）按有效截面进行应力验算，分别验算每个加劲板中面和加劲肋有效截面形心处的应力是否满足要求，取最不利结果作为承载力验算的依据。

AASHTO 和日本《道路桥示方书》采用局部稳定系数对构件的强度设计指标（屈服强度、容许应力等）进行折减，折减系数是板件相对宽厚比的函数。从图 10.33 中可以看出，AASHTO 和《道路桥示方书》的板件屈曲曲线均在欧拉临界曲线的下方或相近，即不允许加劲肋之间的板件发生局部屈曲。

单独看图 10.33 中的简化公式，仅有采用多项式拟合的腹板简化公式在相对宽厚比大于 1.5 时超过欧拉曲线，利用了屈曲后强度。此外，从各个部件的多项式简化公式中可以看出，母板最早进行折减，这是母板残余压应力大于 U 肋腹板及翼缘的缘故。

针对多项式拟合的曲线与欧洲规范和英国规范相比较，可以看出，欧洲规范屈曲曲线最高，且在相对宽厚比大于 0.673 时才进行折减，对于屈服强度 345MPa 的钢材，相当于宽厚比达到 31。英国规范无约束曲线最低，无约束曲线与本文给出的腹板简化公式十分接近，母板简化曲线介于英国规范有约束和无约束曲线之间。

针对 Perry 公式拟合的曲线与美国规范、日本规范相比，可以看出，本文拟合的母板和腹板曲线是介于美国规范、日本规范曲线之间的两条曲线。美国规范除在相对宽厚比等于 1 附近对欧拉曲线进行折减，其余部分十分靠近欧拉曲线，而日本规范对承载力折减比较大，偏于保守。由日本规范的局部屈曲曲线可以看出，在结构设计时，对于宽厚比较大的板件利用率很小，不提倡应用大宽厚比的板件。

10.7　U 肋加劲板受压稳定承载力的计算方法与实例

1. 计算方法概述

对于受压加劲板承载力的计算，主要体现在如何考虑构件的整体稳定与局部稳定的关系，即如何把整体稳定系数和局部稳定系数引入到受压构件承载力计算公式中。各国规范对受力构件稳定承载力的表达式各不相同。有的公式比较简单如日本规范和美国规范，有的比较麻烦，如欧洲规范。最简单的处理，是把整体稳定系数与局部稳定系数相乘来考虑它们之间的关系，如日本规范。欧洲规范 EUROCODE 对加劲板件承载力的计算，它用最终的有效截面面积来考虑加劲板整体与局部稳定的综合效应。这个综合折减系数 ρ_c 是由板的屈曲曲线和柱子曲线进行插值求得的，即将加劲板等效为正交异性板，按板的相对宽厚比求出屈曲折减系数 ρ，再将加劲板视为压杆，按柱的长细比求出整体稳定折减系数 χ_c，然后二者插值求出一个最终的折减系数 ρ_c，这在某种程度上体现了正交异性板法和压杆法的结合。上述设计计算方法各有各的好处，前者计算简单，后者考虑全面。

本书为使受压 U 肋加劲板的承载力求解方便，且概念清晰，以便于设计人员参考和理解，将局部稳定对承载力的影响转化为有效截面计算，而整体稳定的计算建立在有效截面基础上，表达式如下：

$$P_{Ed} = \varphi(A_{eff,m,loc} f_{d,m} + A_{eff,u,loc} f_{d,u}) \tag{10.71}$$

$$\begin{cases} A_{eff,m,loc} = \sum \varphi_m b_x t_m \\ A_{eff,u,loc} = \sum \varphi_f h_s t_u + \sum \varphi_y b_s t_u \end{cases} \tag{10.72}$$

式中：P_{Ed}——U 肋加劲板的受压稳定承载力（N）；

φ——整体稳定系数，其计算方法可参见公式（10.70）；

$f_{d,m}$——母板抗压强度设计值（MPa）；

$f_{d,u}$——U 肋抗压强度设计值（MPa）；

$A_{eff,m,loc}$——考虑局部稳定的母板有效截面面积（mm^2）；

φ_m、φ_f、φ_y——母板、U 肋腹板、U 肋翼缘的局部稳定系数，其计算方法可参见本书第 10.4.2 节至第 10.4.4 节中多项式拟合公式或 Perry 拟合公式；

b_x、h_s、b_s——母板、U 肋腹板、U 肋翼缘的宽度（mm）；

t_m、t_u——母板、U 肋腹板和翼缘的厚度（mm），见图 10.34。

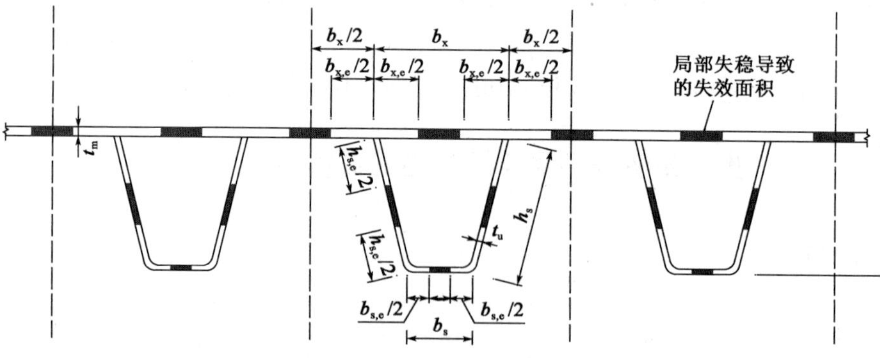

图 10.34 U 肋加劲板有效截面计算简图

在钢箱梁设计中,U 肋间距的设置一般为等间距,为简化计算,可先按照图 10.35 对 U 肋加劲板进行划分,选用虚线间的单根 U 肋的结构单元进行稳定承载力计算。为求单根 U 肋加劲板的受压稳定承载力,可按图 10.35 的等效计算关系,将其拆分为母板板元(图 10.35 中的①号板元)与 U 肋板元(图 10.35 中的②号板元)两种分别计算,最后根据式(10.71)、式(10.72)便可获得单根 U 肋加劲板的受压稳定承载力。

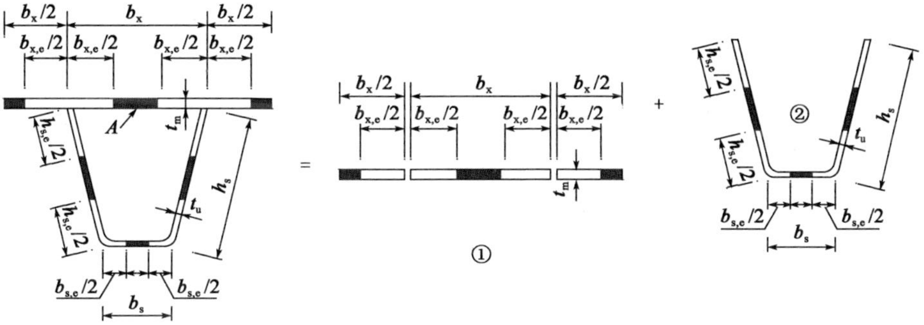

图 10.35 单根加劲板等效计算简图

2. 计算流程与相关公式

上述计算流程可简单总结于图 10.36 中。为方便参考,将本书中推荐的局部稳定系数和整体稳定系数计算公式列于下面。

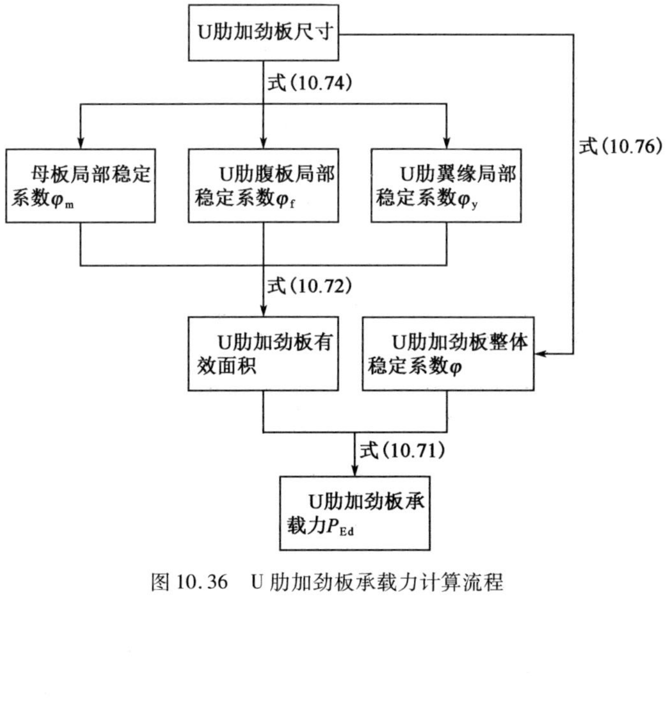

图 10.36 U 肋加劲板承载力计算流程

(1)局部稳定系数

在单根U肋加劲板尺寸已知的情况下,可根据图10.35中的划分方式并通过式(10.73)分别计算各个部位的相对宽厚比,从而得到局部稳定系数。对于局部稳定系数,按95%保证率下限拟合出Perry公式形式,见式(10.74)。式(10.74)内参数的选取见表10.17。

$$R=\left(\frac{b}{t}\right)\sqrt{\frac{12\,(1-v)^2 f_y}{\pi^2 E}\left(\frac{1}{k}\right)} \tag{10.73}$$

式中:b——板元计算宽度(mm);

t——板元计算厚度(mm);

f_y——钢材屈服强度;

v——钢材泊松比,取$v=0.31$;

E——钢材弹性模量,取$E=2.06\times10^5$MPa;

k——屈曲系数,取$k=4.0$。

$$\begin{cases}\varphi=\dfrac{1}{2}\left\{1+\dfrac{1}{R^2}(1+\varepsilon_0)-\sqrt{\left[1+\dfrac{1}{R^2}(1+\varepsilon_0)\right]^2-\dfrac{4}{R^2}}\right\}\\ \varepsilon_0=\alpha(R-R_0)\end{cases} \tag{10.74}$$

公式参数取值 表10.17

部　位	参数值	Q345	Q390	Q420
母板	R_0	0.329	0.324	0.337
	α	0.439	0.428	0.436
U肋腹板	R_0	0.4	0.412	0.421
	α	0.436	0.437	0.436
U肋翼缘	R_0	0.37	0.34	0.317
	α	0.148	0.137	0.136

(2)整体稳定系数

对于整体稳定系数,可先通过式(10.75)计算U肋加劲板相对长细比$\overline{\lambda}$,再通过整体稳定Perry公式得到整体稳定系数,本书推荐整体稳定Perry公式采用经修正处理并拥有95%保证率的Perry公式,见式(10.76)。式(10.76)中参数的选取见表10.18。

$$\overline{\lambda}=\sqrt{\frac{f_y}{\sigma_E}}=\frac{\lambda}{\pi}\sqrt{\frac{f_y}{E}} \tag{10.75}$$

式中:λ——构件长细比,$\lambda=\dfrac{l}{i}$;

l——构件计算长度(mm);

i——截面回转半径(mm)。

$$\begin{cases}\varphi = \beta\left\{1+\dfrac{1}{\overline{\lambda}^2}(1+\varepsilon_0)-\sqrt{\left[1+\dfrac{1}{\overline{\lambda}^2}(1+\varepsilon_0)\right]^2-\dfrac{4}{\overline{\lambda}^2}}\right\} \\ \varepsilon_0 = \alpha(\overline{\lambda}-0.215)\end{cases} \tag{10.76}$$

公式参数取值　　表10.18

强度组合	β	α
M345-U420	0.44	0.14
M345-U390	0.45	0.14
M345-U345	0.50	0.27
M390-U345	0.46	0.18
M420-U345	0.46	0.20

3.计算实例

已知某一钢箱梁结构,母板与U肋均为Q345钢材,横隔板间距l为4m,箱梁腹板间距远大于横隔板间距,需计算钢箱梁受压翼缘稳定承载力。按图10.34选取任一虚线间单根U肋加劲板,其尺寸见图10.37。

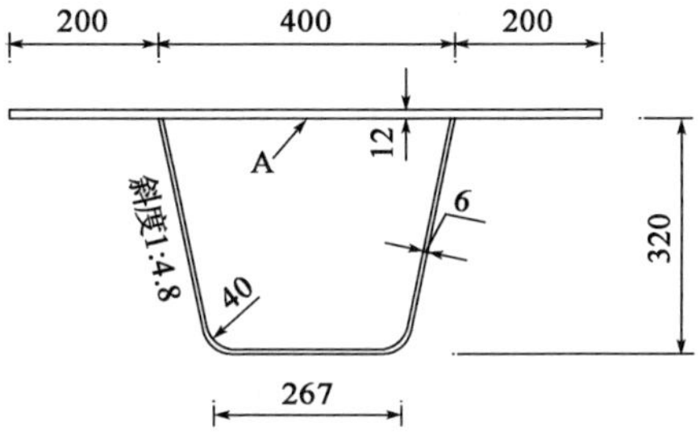

图10.37　U肋加劲板截面尺寸(单位:mm)

解:按照图10.35中的等效方式将图10.37中的U肋加劲板截面等效为母板板元和U肋板元分别计算。

根据图10.37各板元的尺寸为:

$$t_m = 12\text{mm}$$

$$t_u = 6\text{mm}$$

$$b_x = 400\text{mm}$$

$$h_s = \frac{h}{\sin(\arctan 4.8)} = \frac{320}{\dfrac{4.8}{\sqrt{4.8^2+1}}} = 327(\text{mm})$$

$$b_s = b_x - 2\times h\times\frac{1}{4.8} = 400-2\times320\times\frac{1}{4.8} = 267(\text{mm})$$

在母板板元中:

根据式(10.73),母板相对宽厚比:

$$R_{\mathrm{m}}=\left(\frac{b_{\mathrm{x}}}{t_{\mathrm{m}}}\right)\sqrt{\frac{12\ (1-v)^2 f_{\mathrm{y}}}{\pi^2 E}\left(\frac{1}{k}\right)}=\left(\frac{400}{12}\right)\times\sqrt{\frac{12\ (1-0.31)^2\times 345}{\pi^2\times 2.06\times 10^5}\times\left(\frac{1}{4}\right)}=0.52$$

所以,由表10.17可查得对应参数为:

$$\begin{cases}\alpha=0.439\\R_0=0.329\end{cases}$$

通过式(10.74)计算如下参数:

$$\varepsilon_0=\alpha(R-R_0)=0.439\times(0.52-0.329)=0.084$$

$$\begin{aligned}\varphi_{\mathrm{m}}&=\frac{1}{2}\left\{1+\frac{1}{R_{\mathrm{m}}^2}(1+\varepsilon_{)}-\sqrt{\left[1+\frac{1}{R_{\mathrm{m}}^2}(1+\varepsilon_0)\right]^2-\frac{4}{R_{\mathrm{m}}^2}}\right\}\\&=\frac{1}{2}\left\{1+\frac{1}{0.52^2}\times(1+0.084)-\sqrt{\left[1+\frac{1}{0.52^2}(1+0.084)\right]^2-\frac{4}{0.52^2}}\right\}\\&=0.90\end{aligned}$$

根据式(10.72),母板板元的有效截面面积:

$$A_{\mathrm{eff,m,loc}}=\varphi_{\mathrm{m}}b_{\mathrm{x}}t_{\mathrm{m}}=0.90\times 2\times 400\times 12=8\ 640(\mathrm{mm}^2)$$

在U肋板元中:

根据式(10.73),U肋腹板板元相对宽厚比:

$$R_{\mathrm{f}}=\left(\frac{h_{\mathrm{s}}}{t_{\mathrm{u}}}\right)\sqrt{\frac{12\ (1-v)^2 f_{\mathrm{y}}}{\pi^2 E}\left(\frac{1}{k}\right)}=\left(\frac{327}{6}\right)\times\sqrt{\frac{12\ (1-0.31)^2\times 345}{\pi^2\times 2.06\times 10^5}\times\left(\frac{1}{4}\right)}=0.85$$

所以,由表10.18可查得对应参数为:

$$\begin{cases}\alpha=0.436\\R_0=0.4\end{cases}$$

通过式(10.74)计算如下参数:

$$\varepsilon_0=\alpha(R-R_0)=0.436\times(0.85-0.4)=0.196$$

$$\begin{aligned}\varphi_{\mathrm{f}}&=\frac{1}{2}\left\{1+\frac{1}{R_{\mathrm{f}}^2}(1+\varepsilon_0)-\sqrt{\left[1+\frac{1}{R_{\mathrm{f}}^2}(1+\varepsilon_0)\right]^2-\frac{4}{R_{\mathrm{f}}^2}}\right\}\\&=\frac{1}{2}\left\{1+\frac{1}{0.85^2}\times(1+0.196)-\sqrt{\left[1+\frac{1}{0.85^2}(1+0.196)\right]^2-\frac{4}{0.85^2}}\right\}\\&=0.71\end{aligned}$$

同理,U肋翼缘板板元相对宽厚比:

$$R_{\mathrm{y}}=\left(\frac{b_{\mathrm{s}}}{t_{\mathrm{u}}}\right)\sqrt{\frac{12\ (1-v)^2 f_{\mathrm{y}}}{\pi^2 E}\left(\frac{1}{k}\right)}=\left(\frac{267}{6}\right)\times\sqrt{\frac{12\ (1-0.31)^2\times 345}{\pi^2\times 2.06\times 10^5}\times\left(\frac{1}{4}\right)}=0.69$$

由表10.17可查得对应参数为:

$$\begin{cases}\alpha = 0.148 \\ R_0 = 0.37\end{cases}$$

通过式(10.74)计算如下参数：

$$\varepsilon_0 = \alpha(R - \lambda_0) = 0.148 \times (0.69 - 0.37) = 0.047$$

$$\varphi_y = \frac{1}{2}\left\{1 + \frac{1}{R_y^2}(1+\varepsilon_0) - \sqrt{\left[1 + \frac{1}{R_y^2}(1+\varepsilon_0)\right]^2 - \frac{4}{R_y^2}}\right\}$$

$$= \frac{1}{2}\left\{1 + \frac{1}{0.69^2} \times (1+0.047) - \sqrt{\left[1 + \frac{1}{0.69^2}(1+0.047)\right]^2 - \frac{4}{0.69^2}}\right\}$$

$$= 0.92$$

根据公式(10.72)有：

$$A_{\mathrm{eff,u,loc}} = t_u(2\varphi_f h_s + \varphi_y b_s)$$

$$= 6 \times (2 \times 0.71 \times 327 + 0.92 \times 267) = 4\ 259.88(\mathrm{mm}^2)$$

U 肋加劲板有效截面尺寸见图 10.38。

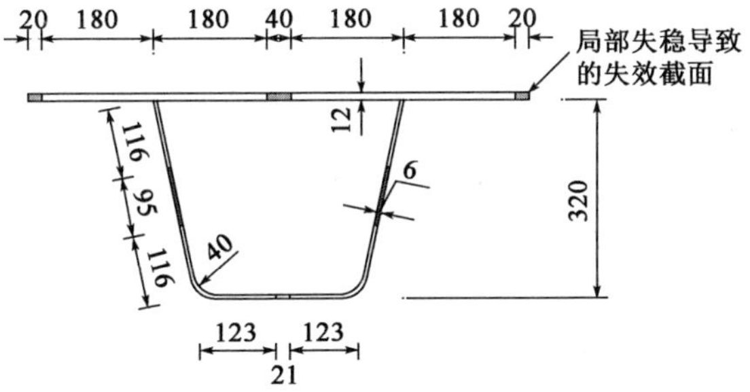

图 10.38　U 肋加劲板有效截面(尺寸单位：mm)

根据图 10.38，该 U 肋加劲板对 A 点的惯性矩 I 为 211 838 639mm^4，截面面积 A 为 14 974mm^2，回转半径 i 为：

$$i = \sqrt{\frac{I}{A}} = \sqrt{\frac{211\ 838\ 639}{14\ 974}} = 119(\mathrm{mm})$$

长细比 λ 为：

$$\lambda = \frac{l}{i} = \frac{4\ 000}{119} = 33.61$$

根据公式(10.75)可得相对长细比 $\overline{\lambda}$ 为：

$$\overline{\lambda} = \frac{\lambda}{\pi}\sqrt{\frac{f_y}{E}} = \frac{33.61}{\pi} \times \sqrt{\frac{345}{2.06 \times 10^5}} = 0.44$$

查表10.18可得 α 与 β:

$$\begin{cases}\alpha = 0.27 \\ \beta = 0.5\end{cases}$$

则根据式(10.76)有:

$$\varepsilon_0 = \alpha(\bar{\lambda} - 0.215) = 0.27 \times (0.44 - 0.215) = 0.06$$

$$\varphi = \beta\left\{1 + \frac{1}{\bar{\lambda}^2}(1 + \varepsilon_0) - \sqrt{\left[1 + \frac{1}{\bar{\lambda}^2}(1 + \varepsilon_0)\right]^2 - \frac{4}{\bar{\lambda}^2}}\right\}$$

$$= 0.5 \times \left\{1 + \frac{1}{0.44^2} \times (1 + 0.06) - \sqrt{\left[1 + \frac{1}{0.44^2} \times (1 + 0.06)\right]^2 - \frac{4}{0.44^2}}\right\}$$

$$= 0.93$$

所以该块加劲板在考虑整体稳定与局部稳定情况下的承载力 P_{Ed} 为:

$$\begin{aligned}P_{\text{Ed}} &= \varphi(A_{\text{eff,m,loc}} f_{\text{d,m}} + A_{\text{eff,u,loc}} f_{\text{d,u}}) \\ &= 0.93 \times (8\,640 \times 190 + 4\,259.88 \times 190) \\ &= 2\,279.41(\text{kN})\end{aligned}$$

10.8 本章小结

(1)U肋高度和加劲板长度变化对构件相对长细比影响较大,而翼缘宽度和U肋间距对构件相对长细比影响较小,且随着厚度比 t_u/t_m 的增加构件相对长细比减小。

(2)采用计入局部几何缺陷和残余应力的板壳有限元模型,对4种强度钢材、各37个不同构造尺寸的四边简支板进行受压稳定承载力计算,分别利用Perry公式和三次多项式进行拟合,得到U肋加劲板母板和U肋腹板的板件局部稳定折减系数。

(3)采用三次多项式拟合的板件局部稳定系数曲线,考虑了板件屈曲后强度,而采用Perry公式拟合没有考虑板件屈曲后强度。钢材强度对板件局部屈曲承载力影响较小,可以偏安全采用最低的一条代表曲线进行计算。

(4)按陈绍蕃对轴心压杆板件宽厚比限值统一分析的建议,对4种不同强度钢材的U肋加劲板板件宽厚比限值进行了分析,并引入本文对U肋加劲板焊接残余应力分布的研究成果,最终给出U肋加劲板宽厚比的限值。

(5)在杆系模型中,通过施加初应力的方式来模拟混合钢U肋加劲板中被加劲板与U肋所采用不同强度钢材,并证明该方法是有效的。

(6)建立受压混合钢U肋加劲板杆系有限元模型,计入残余应力和几何缺陷,与三种不同强度组合的混合钢试验试件破坏模式一致,荷载—位移曲线基本吻合,证明混合钢U肋加劲板整体稳定模型的正确性。

(7)不同U肋与被加劲板强度组合下的混合钢U肋加劲板受压整体稳定系数分布区域明显不同,非等强钢U肋加劲板由于加载过程中发生偏心受压现象,导致其不同相对长细比整体稳定系数均小于1。

(8)M345-U420和M420-U345两种柱子曲线随着相对长细比的增大逐步和欧洲规范b类构件接近;M345-U390和M390-U345两种柱子曲线随着相对长细比的增大逐步与等强钢M345-U345柱子曲线重合接近,而等强钢M345-U345柱子曲线位于曲线a和曲线b之间,并随着相对长细比的增大逐渐向b曲线靠近。

(9)按钢材强度划分提出的整体稳定折减系数简化公式的缺陷系数α随着钢材强度提高由0.42变化到0.34,介于欧洲规范b曲线和c曲线之间。如采用欧洲规范计算U肋加劲板承载力,用c曲线计算偏安全,而采用b曲线对于屈服强度低于690MPa,不适用。HPS 100钢材整体稳定折减系数代表曲线高于BS5400中b曲线,其他强度曲线均低于b曲线,高于c曲线。美国规范只有一条曲线高于本文拟定的所有强度的代表曲线,对于受压U肋加劲板采用美国规范将不安全。日本《道路桥示方书》标准承载能力曲线略低于本文拟定的所有强度的代表曲线,并与Q345钢材的代表曲线相接近。

(10)对于板件局部稳定折减曲线的拟合,采用三次多项式拟合曲线与欧洲规范、英国规范的思想相一致,利用了板件的屈曲后强度。而采用Perry公式拟合曲线与日本规范、美国规范的基本思想相一致,没有利用板件的屈曲后强度。三次多项式拟合的曲线与欧洲规范、英国规范相比,欧洲规范稳定折减曲线最高,英国规范无约束曲线最低,有约束曲线与本文给出的腹板稳定折减代表曲线十分接近,母板稳定折减代表曲线介于英国规范有约束和无约束曲线之间。Perry公式拟合的曲线与美国规范、日本规范相比,拟合的母板和腹板稳定折减代表曲线是介于美国规范和日本规范曲线之间的两条曲线。

本章参考文献

[1] 颜海. 大跨度斜拉桥扁平钢箱梁整体—局部相关稳定问题研究[D]. 上海:同济大学, 2003.

[2] 陈骥. 钢结构稳定理论与设计[M]. 北京:科学出版社, 2001.

[3] AASHTO. AASHTO LRFD Bridge Design Specifications[S]. 2007.

[4] BS5400 B S. Steel, concrete and composite bridges-Part 3: Code of practice for design of steel

bridges[S]. 2000.

[5] EN1993-1-1. Eurocode 3: Design of steel structures-Part 1-1: General rules and rules for buildings[S]. Brussels, Standardisation E C F, 2005.

[6] EN1993-1-5. Eurocode 3: Design of steel structures-Part 1-5: Plated structural elements[S]. Brussels, Standardisation E C F, 2006.

[7] 日本道路協会. 道路橋示方書[S].

[8] 吴冲. 千米级斜拉桥扁平钢箱梁受力性能与设计理论研究[R]. 上海: 同济大学, 2006.

[9] 中华人民共和国行业标准. JTJ 025—1986 公路桥涵钢结构及木结构设计规范[S]. 1986.

[10] 中华人民共和国国家标准. GB 50017—2003 钢结构设计规范[S]. 北京:中国计划出版社,2003.

[11] Institution B S. Steel,concrete and composite bridge[S]. 英国, 2000.

[12] EN1993-1-2:2005. Eurocode 3: Design of steel structures-Part 1-2: General rules-Structural fire design[S]. Brussels, Standardisation E C F, 2006.

[13] 中华人民共和国行业标准. JTG D64—2015 公路钢结构桥梁设计规范[S]. 北京:人民交通出版社股份有限公司,2015.

[14] 陈绍蕃. 轴心压杆板件宽厚比限值的统一分析[J]. 建筑钢结构进展, 2009(05): 1-6.

[15] 陈骥. 钢结构稳定理论与设计[M]. 北京: 科学出版社, 2001.

[16] 项海帆. 高等桥梁结构理论[M]. 北京: 人民交通出版社,2013.

[17] 陈绍蕃. 钢结构稳定设计指南[M]. 北京: 中国建筑工业出版社,2013.

[18] 武晓东,宋波. 抗弯刚度比对加劲板屈曲性能的影响 [J]. 北京交通大学学报, 2012,34.

[19] 李立峰,邵旭东. 扁平钢箱梁闭口 U 肋加劲板屈曲特性理论分析[J]. 公路交通科技, 2009, 25(3): 88-92.

[20] 程斌,赵金城,肖汝诚. 基于等稳定水准的中厚板加劲肋的优化设计[J]. 上海交通大学学报,2011,4(45):528-533.

[21] 姚行友,李元奇. 冷弯薄壁型钢卷边槽形截面构件畸变屈曲承载力计算方法研究[J]. 工程力学, 2014,31(9):174-181.

[22] 郭智勇. 混合钢 U 肋加劲板焊接残余应力研究[D]. 福州:福州大学,2013.

[23] EN1993-2:2006. Eurocode 3: Design of steel structures-Part2: Steel bridges [S]. Brussels, Standardisation E C F,2006.